Christian Felber
50 Vorschläge für eine gerechtere Welt

Christian Felber

50 Vorschläge für eine gerechtere Welt

Gegen Konzernmacht und Kapitalismus

Deuticke

7 8 9 10   11 10 09 08

ISBN 978-3-552-06040-1
Alle Rechte vorbehalten
© Deuticke im Paul Zsolnay Verlag Wien 2006
Satz: Eva Kaltenbrunner-Dorfinger, Wien
Umschlaggestaltung: Thomas Kussin/buero 8
Druck und Bindung: Ebner & Spiegel, Ulm
Printed in Germany

INHALT

	Vorwort	9
	Was ist Globalisierung?	13
	Bändigung der Finanzmärkte	17
①	Ein neues Bretton Woods	25
②	Reform des Internationalen Währungsfonds	29
③	Kapitalverkehrskontrollen	34
④	Verbot von Hochrenditefonds	46
	Zinsen runter!	51
⑤	Schengen für das Kapital	61
⑥	Demokratisierung der EZB	62
⑦	Steuerliche Korrektur der Umverteilung durch den Zins	65
	Börsen auf euren Platz!	68
⑧	Alternative Kapitalmarktoffensive	82
⑨	Shareholdervalue brechen	83
⑩	Betriebsklimabonus statt Stock Options ...	86
	Entwicklung braucht Entschuldung	89
⑪	Umfassende Entschuldung	102
⑫	Faires und transparentes Schiedsverfahren	104
⑬	Reform der Weltbank	108
	Entwicklungsfinanzierung	115
⑭	0,7 Prozent Entwicklungshilfe	120
⑮	Globales Management der Rohstoffpreise	121
⑯	Globale Steuern	123
⑰	Loseisen der Devisenreserven	126

	Globale Steuergerechtigkeit	128
⑱	Steueroasen schließen	139
⑲	Global einheitliche Konzernbesteuerung	142
⑳	Weltsteuerbehörde	146

	Stopp Standortwettbewerb	149
㉑	Kooperation statt Konkurrenz	158

	Faire Spielregeln für den Welthandel	165
㉒	Freier Handel nur zwischen Gleichen	176
㉓	Ökonomische Subsidiarität	179
㉔	Vorrang für Fair Trade	181

	Ernährungssouveränität	185
㉕	Ernährungssouveränität statt Freihandel	192
㉖	Umstellung der Agrarförderungen	193
㉗	Landreformen	195

	Technologietransfer statt globalem Patentschutz	199
㉘	Solidarischer Technologietransfer	211
㉙	Keine Patente auf Leben	212
㉚	Freie Software für freie Menschen	216

	Zähmung von Konzernen	219
㉛	Verbindliche Regeln für Konzerne	219
㉜	Standortschutzabkommen	224
㉝	Globale Fusionskontrolle	227
㉞	Demokratisierung und Größenschranke für Unternehmen	230

	Soziale Sicherheit	236
㉟	Sichere Renten	241
㊱	Finanzierung der Gesundheitsversorgung	247
㊲	Grundsicherung: Null Armut!	251
㊳	20-Stunden-Woche	254

Moderne Allmenden 257
㊴ Demokratisches Kleeblatt statt
   neoliberalem Zwilling 263
㊵ GAPS statt GATS 270

Grenzen für die Gier 274
㊶ Gerechtigkeitsformel 20-10 276

Ökologische Gerechtigkeit 282
㊷ Globales Umweltrecht vor Handels-
   und Investitionsfreiheit 291
㊸ EU-Strategie für nachhaltige Entwicklung 292
㊹ Kostenwahrheit und Ökologisierung
   des Steuersystems 295
㊺ Ökologische Konten 296
㊻ Alternativer Wohlstandsindikator 299

Globale Kooperation 301
㊼ Stärkung des UN-Systems 303

Neue Werte 308
㊽ Homo socialis statt Homo oeconomicus 318
㊾ Solidarische Ökonomie 320

Nie wieder »Idiotes« 326
㊿ Citoyens braucht die Demokratie 328

Literaturverzeichnis 331
Danksagung 336

Vorwort

»Wenn die Globalisierung weiter so betrieben wird wie bisher, wird sie Armut und Instabilität fördern und keinen Beitrag zur Entwicklung leisten.«

JOSEPH STIGLITZ

Das Unbehagen wächst. Zwei Drittel der Deutschen erwarten sich heute mehr Nach- als Vorteile von der globalen Konkurrenz. Die Ungleichheiten nehmen nicht nur zwischen den Ländern zu, sondern auch innerhalb der meisten Länder. Größe und Macht der Konzerne wachsen unaufhörlich. Parallel dazu steigt die Ohnmacht vieler Menschen in Süd und Nord. Im einst wohlfahrtsstaatlich orientierten Europa hat der Standortwettbewerb den sozialen Frieden zerstört, Ängste und Unsicherheit in Bezug auf Arbeitsplatz, Rente und Zukunft breiten sich aus.

Von den politischen Eliten wird uns eingeredet, dass dieser Prozess naturgegeben und daher unveränderlich sei: »Die Globalisierung findet statt, ob es uns freut oder nicht«, meint der österreichische Wirtschaftsminister Martin Bartenstein stellvertretend für viele andere. Gegen die Schwerkraft könne man schwerlich ankämpfen, sagen sie. Solche Reden sind perfid, denn obwohl derzeit eine ganz bestimmte Form der Globalisierung forciert wird, im Interesse ganz bestimmter Gruppen, wird sie als einzig mögliche behauptet. »Es gibt keine Alternative«, sagte als Erste Margaret Thatcher, die den Neoliberalismus zum politischen Programm erhob: »There is no alternative«, kurz TINA. Ihr wirtschaftspolitischer Geistesvater, Friedrich August von Hayek, sah im freien Markt eine »natürliche Entwicklung«. Zu einem Naturgesetz gibt es freilich keine Alternative.

Das erste Ziel dieses Buches ist es, mit dem TINA-Märchen gründlich aufzuräumen und eine Fülle von Alternativen vorzustellen. In einer Demokratie gibt es immer Alternativen. Wir müssen uns nur trauen, diese wieder zu denken, und dafür eintreten. Das wertvollste Kapital des Neoliberalismus sind Menschen, die glauben, nichts verändern zu können, und es daher nicht einmal versuchen. Solange all jene, die mit der aktuellen Entwicklung nicht einverstanden sind, wie die Kaninchen auf die Globalisierungsschlange starren, werden ihre Betreiber ein leichtes Spiel haben und die Spielregeln weiterhin zu ihren Gunsten festlegen. Würden sich die Betroffenen hingegen zusammenschließen und die »Wiedereinbettung« der Wirtschaft in ein gesellschaftliches Werte- und Regelsystem einfordern, würde dieses liberale Projekt auch rasch gelingen. Denn auch wenn sich manche den globalen Markt noch so sehr als Regulativ des Zusammenlebens wünschen, formal leben wir immer noch in einer Demokratie. Und in einer aufgeklärten Demokratie ist auch die Wirtschaft ein Teil der Res publica, also Gestaltungsgegenstand und kein metaphysisches Ereignis.

Dieses Buch ist ein Plädoyer, die Gestaltung der Zukunft und des Zusammenlebens aktiv in die Hand zu nehmen. Denn die Politik kann nur so lange gegen die Interessen der Mehrheit handeln, solange die Mehrheiten sich das gefallen lassen. Die Macher der Globalisierung sind schamlos und frech und sie bedienen sich pseudoreligiöser Legitimationsargumente, die ihre Interessen verschleiern. Dennoch: Erfolgreich sind sie nur deshalb, weil der Widerstand bislang zu gering ist.

In den letzten Jahren wurden zwar immer wieder Alternativen vorgeschlagen und zum Teil auch diskutiert, aber sie wurden allesamt abgeschmettert – mit dem notorischen Hinweis, dass sie die »Wettbewerbsfähigkeit« der deutschen/österreichischen/europäischen Unternehmen schwächen oder den »Standort« gefährden würden und deshalb – leider – nicht umgesetzt werden könnten. Der Wettbewerb wurde zum Generalhindernis jedes vernünftigen Gestaltungsvorschlages. Das Regiment des Standorts und der globalen Konkurrenzfähigkeit muss daher ein Ende haben. Niemand hat sie in die Regierung gewählt. Nie wurde darüber abgestimmt, ob sie höherrangig sein sollen als alle anderen Ziele der Wirtschaftspolitik, als alle anderen Werte in einer Demokratie. Mit dem Slogan »Wir wollen den Standortwettbewerb verschärfen« wäre keine Partei jemals an die Regierung gekommen.

Der Prozess der Globalisierung ist vielschichtig und komplex, deshalb sind auch die in diesem Buch vorgestellten Alternativen nicht immer einfach und nicht von jedem von uns sofort umsetzbar, sie beziehen sich mehrheitlich auf die Spielregeln, nach denen die Globalisierung funktioniert. Die/der Einzelne kann wenig tun, wenn die persönlichen Eingriffsmöglichkeiten am System gering sind. Sie/er kann biologische Lebensmittel aus Nahversorgung kaufen und auf Ökostrom umsteigen, aber das ändert noch nichts an der Verschuldung der armen Länder, am Boom der Derivatebörsen und an der Macht der globalen Konzerne.

Hier geht es um weiter reichende Vorhaben: die völlige Neugestaltung der globalen Finanzmärkte, des Welthandels, der Nord-Süd-Beziehungen, des Umgangs mit der Natur und schließlich um die Werte, die der Wirtschaft zugrunde liegen. Die Wirtschaft muss den Menschen und dem Gemeinwohl dienen. Sie muss zurückkehren in den Schoß der Gesellschaft und der Demokratie. Das erfordert nicht kosmetische Korrekturen, sondern eine tief greifende Transformation.

Die leitenden Ziele sind umfassende Demokratisierung, soziale Sicherheit und Gerechtigkeit, ökologische Nachhaltigkeit, Achtung und Weiterentwicklung der Menschenrechte, kulturelle und regionale Vielfalt, echte Globalität des Geistes und der Solidarität. Ob dadurch mehr oder weniger Globalisierung entsteht, ist vordergründig egal. Dennoch darf vermutet werden: Es wird ein Weniger an materieller und finanzieller Globalisierung sein – Waren- und Kapitalströme werden abschwellen; und ein Mehr an politischer und kultureller Globalisierung – internationale Kooperation und Menschenmobilität werden zunehmen.

Das Volumen des Handels – und damit der Finanzströme – wird allein schon aus einem Grund zurückgehen: Die gegenwärtige Transportintensität der globalen Wirtschaft ist ökologisch keinesfalls nachhaltig und bedroht lokale, überlebensfähige Strukturen. Durch ökologische Kostenwahrheit würde die lokale Wirtschaft gegenüber dem Weltmarkt an Terrain gewinnen, diesen aber nicht vollständig verdrängen: Die Dinge kämen nur wieder ins (ökologische) Lot.

Es geht also nicht um Abschottung oder das Errichten neuer Grenzen aus Prinzip, sondern um ein ökologisch und ökonomisch sinnvolles Zusammenspiel von Lokalität und Globalität unter neuen Vor(rang)zeichen. Um graduelles Öffnen und Schließen, je nach Entwicklungsstand und politischer Zielsetzung.

Die 50 Vorschläge kommen aus allen Teilen der Welt, von KleinbäuerInnen aus dem Süden, von globalisierungskritischen Bewegungen, aus der Wissenschaft, zum Teil von mir selbst. Allen gemeinsam ist der Geist echter Freiheit, radikaler Demokratie und globaler Solidarität.

In fast allen Kapiteln geht den Alternativen eine Analyse der brennenden Themen der Globalisierungsdebatte voraus. Denn das Buch ist auch für all jene gedacht, die zwar schon von Globalisierungskritik gehört haben, sich aber außer einigen Schlagworten noch wenig darunter vorstellen können. Dabei werden auch so grundlegende Dinge aufgearbeitet wie die dem Freihandel zugrunde liegende Theorie der komparativen Kostenvorteile oder das Verhältnis von Eigennutz und Gemeinwohl im Kapitalismus. Die LeserInnen erhalten umfangreiches Argumentationsmaterial für wirtschaftspolitische und Globalisierungsdebatten, sowohl auf der Fakten- als auch auf der Werte-Ebene.

In Anbetracht der Fülle der Vorschläge wäre es sehr überraschend, würden alle auf Zustimmung stoßen. Das ist gar nicht das Ziel. Wichtig ist, dass das Nachdenken über Alternativen angeregt wird. Je mehr Menschen über die Lösung globaler Probleme diskutieren, desto wahrscheinlicher wird ihre Umsetzung. Das schönste Verdienst des Buches wäre, dass sich die LeserInnen – im Rahmen ihrer Möglichkeiten – für eine gerechtere Welt engagieren. Denn die bessere Welt wird nicht von selbst kommen, und schon gar nicht von oben. Sie wird nur dann kommen, wenn sich alle, die sie sich wünschen, auch dafür einsetzen. Die bessere Welt können letztendlich nur wir selbst sein.

Wien, im Juni 2006

Was ist Globalisierung?

*»Globalisierung heißt, dass sich die Managergehälter
an den USA orientieren sollen und die Löhne an China.«*

JÜRGEN PETERS, VORSITZENDER IG METALL

»Globalisierung« ist ein junges Wort mit erstaunlicher Karriere. Wurde es in der *Frankfurter Allgemeinen Zeitung* 1993 erst 34-mal gezählt, so kam es 2001 schon auf 1136 Nennungen. Der Begriff an sich ist neutral: Er bezeichnet schlicht, dass etwas global zusammenwächst, sich vernetzt oder verflicht. Das tut die Luft seit jeher, und wenn es Gedanken tun oder Menschen, soll das nur recht sein. Wenn die indische Küche, die arabische Wissenschaft oder die afrikanische Musik sich weltweit ausbreiten, ohne die jeweils lokale zu verdrängen, sind das lauter erfreuliche Neuerungen. Wo ist also das Problem?

Es geht natürlich um wirtschaftliche Globalisierung. Dass auch die nicht neu ist, stimmt zunächst. In der Geschichte gibt es seit vielen Jahrhunderten ökonomische Expansionsschübe. Der Kolonialismus war die erste große Welle wirtschaftlicher Globalisierung, vor dem Ersten Weltkrieg war der Anteil des Außenhandels an der Gesamtwirtschaft ähnlich hoch wie heute. Dennoch: Eine ganze Reihe von ökonomischen Entwicklungen ist neu und gibt Anlass für die so genannte Globalisierungskritik.

- Die weltweite Liberalisierung des Kapitalverkehrs und die Deregulierung der Finanzmärkte, die zu einer enormen Beschleunigung der Kapitalbewegungen und zu einer gefährlichen Häufung von Finanz-, Währungs- und Schuldenkrisen geführt haben. Das täglich auf den Devisenmärkten gehandelte Geldvolumen beträgt mit 1,9 Billionen US-Dollar rund das Fünfzigfache des (zugrunde liegenden) Welthandels. Finanzderivate, die zum Teil erst Ende der Neunzigerjahre zu

existieren begonnen haben, explodieren derzeit jenseits aller Grenzen des Vorstellbaren.
- Die einseitige Durchsetzung von Freihandel im Interesse transnationaler Konzerne. Der Wettbewerb verlagert sich dadurch zusehends vom Unternehmenswettbewerb zum Standortwettbewerb: Das global mobile Kapital kann die Staaten – lokale Demokratien – gegeneinander ausspielen.
- Konzerne fusionieren zu Oligopolen und Monopolen und lähmen den Wettbewerb. Ihre Größe und Macht wächst unaufhörlich. Sie eignen sich immer mehr an: Erdöl, Saatgut, Trinkwasser, Software, Erbgut.
- Innerhalb von Aktiengesellschaften verschiebt sich die Macht infolge politischer Regulierung zu den Shareholdern, die ohne Rücksicht auf andere Anspruchsgruppen in immer kürzeren Intervallen auf irreal hohe Renditen pochen.
- Die Spielregeln der neoliberalen Globalisierung werden von demokratisch kaum legitimierten Organisationen wie der Welthandelsorganisation, der Weltbank oder dem Währungsfonds gemacht. Keines dieser Gremien wird direkt gewählt.
- Die gegenwärtige Form der Globalisierung ist blind gegenüber den ökologischen Lebensgrundlagen, mehr noch, sie sieht in Umweltschutzgesetzen vorwiegend störende »Regulierungen« und »Handelshindernisse«.
- Das Ökonomieverständnis, das der Globalisierung zugrunde liegt, ist keine »Mischform«. Globalisierung bedeutet die weltweite Ausdehnung eines bestimmten ökonomischen Modells. Von gleichberechtigtem und freiem »Austausch« keine Spur: Globalisierung als nationalistisches Projekt des Westens, als Einbahn.
- Bei Bedarf wird diese ökonomische Einbahn militärisch begleitet, um den freien Ressourcen(rück)fluss zu sichern.

Kurz: Die gegenwärtige Form der Globalisierung raubt zahllosen Menschen politische Freiheitsrechte und ökonomische Existenzrechte. Sie ist Ausdruck eines neuen ökonomischen Extremismus: des Neoliberalismus.

Neoliberaler globaler Fundamentalismus

Neoliberalismus ist eine weitgehende »Reinform« des Kapitalismus. Nicht demokratisch vereinbarte Ziele gestalten die Wirtschaft, sondern die Kapitalvermehrung ist Selbstzweck. Der Mensch wird zum Homo oeconomicus fantasiert, dessen ausschließliches Lebensziel darin liegt, seinen Kapitalbesitz zu maximieren. Die Verfolgung des Eigennutzes führe automatisch zum Gemeinwohl, glauben die Neoliberalen. Damit propagieren sie einen rücksichtslosen Individualismus. Dieses Gesellschaftsverständnis steht in krassem Widerspruch zum politischen Liberalismus: Während dieser gleiche Freiheitsrechte für alle zum Ziel hat, will der Neoliberalismus Freiheit über den Markt verwirklichen, wodurch die ökonomisch Stärkeren ihre »Freiheit« auf Kosten der Schwächeren durchsetzen: Sozialdarwinismus.

Im Zentrum neoliberaler Ideologie steht der Glaube an den Markt als »natürliches« Phänomen, das in der Steuerung von Wirtschaft und Gesellschaft dem Staat überlegen ist. Der Staat solle sich zurückziehen – mittels Liberalisierung, Deregulierung und Privatisierung – und dem freien Wettbewerb und Privatunternehmen das Feld überlassen. Die unsichtbare Hand des Marktes würde auf wundersame Weise zum besten Ergebnis für alle führen: Metaphysik.

Auf globaler Ebene hat diese Ideologie zu Standortkonkurrenz und Freihandel, zum Vorrang von privaten Direktinvestitionen vor öffentlicher Entwicklungszusammenarbeit und zum generellen Rückzug des Staates geführt. Die Strukturanpassungsprogramme von Weltbank und Währungsfonds in mehr als 100 Entwicklungsländern folgten dem neoliberalen Paradigma: Marktöffnung, Sozialabbau, Privatisierung. Dieses Programm suchte in Form von Maastricht-Kriterien, Sparpaketen und beispielsweise der »Agenda 2010« auch die abnehmend sozialen Marktwirtschaften in Europa heim. Die Staaten werden seit 2000 schlanker, die Kürzungen betreffen fast alle öffentlichen Leistungen, von der Rente über die Bildung bis zur Gesundheitsversorgung und zur kommunalen Infrastruktur.

Obwohl diese Rezeptur bisher nirgends erfolgreich war, soll sie nun via WTO und Co. globalisiert werden. Aus dieser Sicht hat der Neoliberalismus etwas dreifach Totalitäres: Er will ein Einheitsmodell für alle, erhebt den Markt zum Naturgesetz und erlaubt keine Alternativen. Anschaulich zeigt sich dieser Extremismus an den wichtigsten Zielsetzungen der aktuellen Globalisierung:
- freier Kapitalverkehr,
- Freihandel mit Waren und Dienstleistungen,
- Konkurrenz, auch zwischen Staaten,
- Kapitalakkumulation und Wirtschaftswachstum,
- Schutz der globalen Investitionen transnationaler Konzerne,
- globaler Schutz der Patente transnationaler Konzerne.

Bei genauem Hinsehen handelt es sich hierbei nicht um Menschheitsziele, sondern um wirtschaftspolitische Instrumente, die zum Zweck der Veranstaltung geworden sind. Der Grundvorschlag dieses Buches lautet, die Mehrheitsinteressen wieder zum Zweck ökonomischer und zwischenstaatlicher Beziehungen zu machen. Wirtschaftspolitische Instrumente sollen nur dann eingesetzt werden, wenn sie folgenden Zielen dienen:
- Wohlstand und soziale Sicherheit aller Beteiligten,
- Verteilungsgerechtigkeit und Chancengleichheit,
- Achtung und Weiterentwicklung der Menschenrechte,
- Gleichstellung der Geschlechter,
- ökologische Nachhaltigkeit,
- kulturelle und regionale Vielfalt.

Globalisierung unter diesen Vorzeichen ist freudig zu begrüßen. Derzeit sind die Dinge aber verdreht. Die Instrumente sind zu Zielen geworden, die Ziele leiden zusehends unter den Instrumenten: Das ist die Herrschaft des Marktes, die »Diktatur« oder der »Terror« der Ökonomie, wie er in zahlreichen Werken anschaulich beschrieben wurde. In den nun folgenden Alternativen wird der Markt – bestenfalls – wieder zum Diener. Globalisierung und Wirtschaft dienen der Erreichung der eigentlichen Ziele. Oder sie finden nicht statt.

Bändigung der Finanzmärkte

»*Ideen, Kunst, Wissen, Gastfreundschaft und Reisen sollten international sein. Dagegen sollten Waren lokal erzeugt werden, wo immer dies vernünftig möglich ist; vor allem aber die Finanzen sollten weitgehend im nationalen Kontext verbleiben.*«

JOHN MAYNARD KEYNES, 1933

Für die gerechte Neugestaltung der Globalisierung bietet sich ein Startpunkt förmlich an: die globalen Finanzmärkte. Sie sind infolge ihrer Entfesselung, Deregulierung und Liberalisierung seit Anfang der Siebzigerjahre zu Epizentren der Instabilität geworden, gleichzeitig haben sie eine enorme Macht gegenüber Wirtschaft, Politik und Demokratie bekommen. Nicht mehr die demokratisch gewählten Regierungen von Nationalstaaten bestimmen durch Gesetze, wie der Finanzsektor der Wirtschaft und der Gesellschaft dienen soll, sondern die entfesselten Finanzmärkte diktieren den Staaten, welche Politik gut und welche schlecht ist. Der Erste, der von der »Diktatur der Finanzmärkte« sprach, war in den Siebzigerjahren Ökonomie-Nobelpreisträger James Tobin.[1] Der Wiener Ökonom Erwin Streissler sagt, was viele denken: »Heute sind die internationalen Finanzmärkte wohl die erste Weltmacht, mächtiger als selbst die USA.«[2] Rolf Breuer, Ex-Vorstandsvorsitzender der Deutschen Bank, meinte: »Anleger müssen sich nicht mehr nach den Anlagemöglichkeiten richten, die ihnen ihre Regierung einräumt, vielmehr müssen sich die Regierungen nach den Wünschen der Anleger richten.«[3] »Die Politik ist zur Geisel der Finanzmärkte geworden«, folgert der ehemalige Chefökonom der Konferenz der Vereinten Nationen für Handel und Entwicklung (UNCTAD), Yilmaz Akyüz. Bei den »wild gewordenen« Finanzmärkten handelt es sich jedoch nicht um ein Naturereignis, sondern um eine Folge konkreter Politik: Dass der Kapitalverkehr frei ist, dass Millionen-Portfolios per Mausklick von einem Ort zum anderen verschoben werden können, dass Hedgefonds eine Währung wie das Pfund auszuhebeln vermögen, dass die täglichen Umsätze auf den Devisenmärkten mittlerweile das Hundertfache des Welthandels ausmachen oder dass weltweit Steueroasen auftauchen, all das sind vorsätzliche Projekte und Folgen der Politik und können daher jederzeit widerrufen werden – auch wenn selbst grüne Politiker den Kopf in den Sand stecken, indem sie sagen: »Wir können nicht Politik gegen Finanzmärkte machen.«[4]

Entfesselte Finanzmärkte unterminieren die Demokratie und sie gefährden stabile und nachhaltige ökonomische Verhältnisse. Entgegen herrschenden Theorien zeigen sie ein hohes Maß an Irrationalität und Ineffizienz und schaffen enormes soziales Elend. Wir wollen uns zunächst die brennenden Problemfelder ansehen:

Finanzkrisen

Seit dem Ende des Bretton-Woods-Systems 1971, das nach dem Zweiten Weltkrieg dank fixer Wechselkurse und regulierten Kapitalverkehrs für globale Stabilität gesorgt hatte, ereignete sich auf den globalen Finanzmärkten eine schleichende Revolution. Die Fesseln, die das Kapital fest im Zaum gehalten hatten, wurden Zug um Zug gelockert, die globale Bewegungsfreiheit von Kapital wurde schrittweise hergestellt, die nationalen Finanzsysteme dereguliert. Technischer Fortschritt, neue Akteure (Investmentfonds) und Produkte (Derivate) machten aus den Finanzmärkten eigenständige Universen. Die Wirtschaftswissenschaft verfolgte diese Entwicklungen überwiegend mit Wohlwollen und prognostizierte durch die angeblich rationalen und effizienten Finanzmärkte höheres Wachstum und Wohlstand für alle Länder. Die Realität sieht jedoch anders aus. Seit dem Zusammenbruch des Bretton-Woods-Systems hat sich das Wirtschaftswachstum weltweit deutlich abgeschwächt und spätestens seit den Neunzigerjahren häufen sich schwere Währungs-, Finanz- und Wirtschaftskrisen. Fast alle Schwellenländer wurden schon einmal in den Abgrund gerissen: Mexiko 1994, Südostasien 1997, Russland und Brasilien 1998, die Türkei 1999, Südafrika und Argentinien 2001. Zwischen 1975 und 1997 zählte der IWF 158 Finanzkrisen. Die bisher schwerste Krise suchte ausgerechnet die aufstrebenden Länder in Südostasien heim. Sie ließ die Wechselkurse abstürzen, katapultierte die Schulden in die Höhe und riss die Wirtschaften in die Rezession: In Indonesien schrumpfte das BIP um 13,1 Prozent, in Südkorea um 6,7 Prozent und in Thailand um 10,8 Prozent. 25 Millionen Menschen verloren ihren Arbeitsplatz, die Zahl der Armen verdoppelte sich.

Die Krise kam über Nacht, ohne Vorwarnung. Sämtliche Frühwarnsysteme versagten, selbst der Internationale Währungsfonds hatte den Krisenländern kurz zuvor noch beste makroökonomische Gesundheit attestiert: stabiles Wachstum, hohe Sparquoten, niedrige Inflation. Bloß ein überdeutliches Zeichen war niemandem aufgefallen oder wurde nicht als Gefahr gedeutet, weil es in der herrschenden Ideologie als positiv galt: ein gewaltiger Einstrom von kurzfristigem Anlagekapital, vor allem auf den Aktien- und Immobilienmärkten, das in keiner Relation zur tatsächlichen Aufnahmefähigkeit der Wirtschaft stand: 1997 flossen netto 93 Milliarden Dollar nach Südostasien; 1998 fluteten 13 Milliarden Dollar zurück. Der »Swing« betrug 106 Milliarden Dollar oder elf Prozent des regionalen Bruttosozialprodukts. Im Falle Thailands belief sich der Swing sogar auf 23 Prozent der Wirtschaftsleistung. Das wäre so, als würde die deutsche Kapitalverkehrsbilanz in einem Jahr eine Schubumkehr von 500 Milliarden Euro erfahren – es entspräche dem Abzug sämtlicher ausländischer Direktinvestitionen.

Viele Finanzkrisen haben gemeinsam: Die Geschädigten sind nicht die Akteure. Die meisten Menschen in Südostasien haben noch nie in ihrem Leben eine Aktie in der Hand gehalten, geschweige denn mit Devisen spekuliert. Außerdem verlieren nicht alle in einer Krise, diese kennt meist auch handfeste Gewinner. Zum Beispiel verdoppelte die Deutsche Bank im Jahr nach der Asienkrise ihren Gewinn – nicht zuletzt deshalb, weil der Internationale Währungsfonds den privaten Gläubigern mit öffentlichen

Geldern aus der Patsche geholfen hatte (»bail-out«). Insidern zufolge zogen Hedgefonds allein aus der Thailandkrise mit acht Milliarden US-Dollar Gewinn ab.[5] Nobelpreisträger Stiglitz schreibt: »Die USA dürften in mehrfacher Hinsicht von der Ostasienkrise profitiert haben.«[6]

Auch in »Friedenszeiten« schwanken die Wechselkurse viel stärker als die realwirtschaftlichen Fundamentaldaten (Leistungsbilanz, Produktivität, Inflation). Selbst die Beziehung zwischen Euro und Dollar gleicht einer Hochschaubahn und nicht selten steigt gerade jene Währung, deren Wirtschaft schwächer wächst als die der fallenden. Instabile Wechselkurse bedeuten hohe (Planungs-)Unsicherheit und damit hohe Kosten für grenzüberschreitende Exporteure, Investoren und Schuldner. Stabile Währungen zählen daher zu den Grundlagen für sicheres und gedeihliches globales Wirtschaften: Sie sind ein öffentliches Gut.

Staaten als Spielbälle

Der wirkungsvollste Machthebel frei beweglichen Kapitals ist, dass es allen Standorten seine Bedingungen diktieren kann. Nationalstaaten müssen sich an die Wünsche des globalen Kapitals anpassen, wenn sie es nicht vertreiben und Kapitalflucht riskieren wollen. 200 Jahre nach der französischen Revolution sind es nicht mehr die Demokratien, die das globale Kapital kontrollieren, sondern dieses »diszipliniert« souveräne Staaten. Tun Regierungen nicht, was das Kapital wünscht, werden sie durch Kapitalabzug bestraft. Die Nationalstaaten können keine für das Land günstige Wirtschaftspolitik mehr machen, denn die »Bedürfnisse« des Kapitals sind den Mehrheitsinteressen in einer Volkswirtschaft entgegengesetzt: Das Kapital sucht eine möglichst hohe (Zins-)Rendite, liberalisierte Börsen und Kapitalmärkte sowie eine möglichst geringe Besteuerung. Alle drei »Bedürfnisse« schädigen die Volkswirtschaft: Ein hohes Realzinsniveau (oberhalb der Wachstums- und Profitrate) bremst die Konjunktur, weil Kredite für Investitionen und Konsum teurer werden und die Staatsschulden explodieren. Liberalisierte Börsen führen zu Shareholdervalue-Verhalten, unter dem der Großteil der Wirtschaft leidet. Und der Steuerverzicht bei Vermögen, Gewinnen und Kapitaleinkommen führt zum Versiegen der Staatseinnahmen: weniger Geld für Gesundheit, Bildung, Infrastruktur, soziale Sicherheit.

Mit anderen Worten: Aufgrund des freien Kapitalverkehrs und der globalen Standortkonkurrenz können Staaten keine selbständige Budget- und Geldpolitik mehr betreiben, obwohl dies die beiden wichtigsten Steuerungsschrauben der Wirtschaftspolitik sind. Es ist somit völlig legitim, von der »Diktatur der Finanzmärkte« zu sprechen, die, auch das muss gesagt werden, von demokratisch gewählten PolitikerInnen errichtet wurde. Diese stellen aber die Herrschaft der (oder über die) Finanzmärkte in der Regel nicht zur Diskussion, sondern behaupten sie steif und fest als Naturgesetz.

Unternehmen wie Zitronen

Nicht nur Staaten, auch große Unternehmen, vor allem Aktiengesellschaften, die an der Börse notieren, geraten zunehmend in den Würgegriff der Finanzinvestoren, vornehmlich großer Fonds. Diese investieren immer kurzfristiger in Unternehmen, um eine möglichst hohe Rendite herauszuschlagen. Die Forderungen der Fonds werden immer anspruchsvoller, die Anlagestrategien immer aggressiver. Trotz Rekordgewinnen werden MitarbeiterInnen abgebaut oder profitable Standorte geschlossen, um die Rendite noch etwas zu erhöhen. Anfang 2005 geriet sogar die Frankfurter Börse unter die Kontrolle von Hedgefonds. Die Übernahme der Londoner Börse musste abgeblasen, die volle Kriegskasse an die Aktionäre ausgeschüttet werden, der Chef der Deutschen Börse den Hut nehmen. Auch Industriegiganten wie DaimlerChrysler oder MAN sind nicht mehr sicher vor den Hochrenditefonds. Die ersten Anzeichen dieses Fondskapitalismus führten zur Neuauflage der »Kapitalismusdebatte« – zu Recht: Wir sollten endlich über die gesetzlichen Spielregeln sprechen, die für Fonds und

Finanzanleger gelten. Warum lassen wir zu, dass riesige Anlagefonds tausende Milliarden US-Dollar verwalten (ein Vielfaches der österreichischen Wirtschaftsleistung)? Dass sie sich global frei bewegen und damit Staaten und Unternehmen unter Druck setzen können? Hochrenditefonds wollen zehn, 20 Prozent bekommen: aus Unternehmen, aus Währungen, aus Zinspapieren, aus Immobilien. Die Wirtschaft in Europa wächst aber nur um zwei Prozent, auch die Weltwirtschaft nicht viel schneller. Das heißt, dass hohe zweistellige Renditen nur im Ausnahmefall ohne Verlierer erzielbar sind, in der Regel gehen sie auf Kosten der Substanz (Unternehmen, Staaten, Schuldner, Mieter), in die »investiert« wird. Hier tickt eine gigantische Zeitbombe, die zum großen Crash führen wird: Entweder werden Unternehmen und Staaten so lange geschröpft, bis sie in den Bankrott oder in die Rezession schlittern, oder aber die Renditen der Fonds fallen dramatisch, was bei einer weiteren Rentenprivatisierung die Alterssicherheit von Millionen AnlegerInnen zerstören wird.

Zu viel Geld

Diese Frage ist so zentral, dass sie noch einmal klargestellt werden muss: Wie soll ein relativ zur Wirtschaftsleistung immer größeres Finanzvermögen immer schneller vermehrt werden, wenn die reale Basis dafür (relativ) schrumpft? Zunächst: In allen westlichen Volkswirtschaften haben sich aufgrund des langjährigen Wachstums enorme Vermögen angehäuft. Durch zunehmend ungleiche Verteilung wachsen die Finanzvermögen sogar schneller als die Wirtschaft, in Österreich explodierten die Finanzvermögen der Privathaushalte seit 1970 von 57 auf 140 Prozent des BIP.[7] Das heißt, dass eine im Verhältnis zur realen Wirtschaft immer größere Geldvermögensmasse nach (überdurchschnittlicher) Rendite sucht. Durch die politischen und technischen Neuerungen auf den Finanzmärkten (elektronischer Aktienhandel, institutionelle Anlage via Fonds, freier Kapitalverkehr) hat sie zwar immer mächtigere Möglichkeiten, Renditen oberhalb des Wirtschaftswachstums zu erzielen, das *muss* aber mit mathematischer Notwendigkeit früher oder später ins Auge gehen. Marktgläubige würden argumentieren: Kein Problem, früher oder später werden die Renditen entsprechend wieder fallen. Mit dieser saloppen Sicht blenden sie die Macht der Fonds und des Anlagekapitals im globalen Standortwettbewerb aus. Es ist damit zu rechnen, dass die Gesamtwirtschaft in die Rezession geht, während die Kapitalrenditen (vorläufig noch) hoch bleiben.

Wenn der Markt funktionieren würde, dann müssten die Kapitalrenditen seit 1970 deutlich gefallen sein, weil das Kapitalangebot – in Relation zur Wirtschaftsleistung – unaufhörlich gewachsen ist. Die steigenden Renditeansprüche des Kapitals widersprechen nicht nur dem Gesetz von Angebot und Nachfrage (bei steigendem Kapitalangebot müssten eigentlich die Renditen fallen), sondern auch der »Kernkompetenz« von Märkten: Märkte haben sich in der Mangelverwaltung bewährt, nicht in der Verteilung von Überschüssen. Um die Weltwirtschaft vor dem Kollaps zu bewahren und aus der Kontrolle des immer mächtigeren Finanzkapitals zu befreien, müssten die Kapitalüberschüsse wieder in reale Investitionen, das heißt in die Schaffung von Arbeitsplätzen oder über Besteuerung in sinnvolle öffentliche Leistungen gelenkt werden: Renten, Gesundheit, Pflegeversicherung, Bildung, regionale Infrastruktur.

Ineffizienz

Infolge der Rendite-Orientierung und des Herdenverhaltens der Investoren werden »wasserreiche« Gebiete zusätzlich geflutet, während Trockengebiete keinen Tropfen abbekommen. Aus einer gesellschaftlichen Perspektive sind Finanzmärkte somit ineffizient und richtungsblind. Geld fließt nur dorthin, wo eine möglichst hohe Rendite zu erwarten ist. Kein Geld fließt dorthin, wo es dringend benötigt wird oder volkswirtschaftlich wertvoll ist, aber unrentabel. Finanzmärkte haben drei große »blinde« Flecken, die dringend »Wasser« bräuchten.

1. Kleine lokale Unternehmen (KMU). Ihnen wird der Zugang zu Kapital zusehends erschwert. Zum einen, weil sich die kommerziellen Banken immer mehr auf die Großen konzentrieren und auf die Vermögensverwaltung (Fonds) sowie auf das lukrative Investmentbanking (Börsengänge, Fusionen); zum anderen durch das internationale Basel-II-Abkommen, das eine individuelle Risikobewertung aller Firmenkunden vorschreibt, was für viele Kleinunternehmen die Kredite verteuert. Drittens fegt die »Strukturbereinigung« in der Finanzbranche speziell lokale und nicht gewinnorientierte Sparkassen und Genossenschaften vom Markt, auch dieser Prozess wird durch Basel II verschärft, weil sich kleine Banken das kostspielige Rating ihrer KundInnen nicht leisten können.

2. Die ärmsten Länder, die trotz vollkommen offener Kapitalmärkte kaum einen Dollar abbekommen, weil keine verlockende Rendite zu holen ist. In die Länder südlich der Sahara (ohne Südafrika) flossen 1999 nur 1,4 Prozent aller privaten Nettofinanzströme. Gleichzeitig erhielten die fünf »attraktivsten« Schwellenländer 62 Prozent aller Mittel. Es fällt schwer, an die soziale und entwicklungspolitische »Effizienz« der globalen Finanzmärkte zu glauben.

3. Während Chemie-, Erdöl- oder Gentechnik-Konzerne keinerlei Probleme beim Zugang zu Fremdkapital haben, sind lebenswichtige Zukunftstechnologien, wie zum Beispiel Solarenergie oder Biolandbau, chronisch unterausgestattet. Die Finanzierung ist nicht der einzige Weg, gesellschaftlich erwünschte Technologien zu fördern, aber es stellt sich die Frage, warum das so reichlich im Überfluss vorhandene Kapital nicht bewusst in gesellschaftlich gewünschte Verwendungszwecke gelenkt wird. Der Markt ist hier blind, er würde sämtliche vorhandenen Mittel der Entwicklung von Atomwaffen zuteilen, solange diese eine höhere Rendite abwerfen als die Entwicklung alternativer Energieträger oder die Einrichtung einer Pflegeversicherung.

ALTERNATIVEN

❶ Ein neues Bretton Woods

Die heutige Ausgangssituation ist nicht neu. Schon einmal in der Geschichte wurde als Reaktion auf eine schwere Finanzkrise – die Weltwirtschaftskrise 1929 – eine globale Finanzarchitektur aus der Taufe gehoben: das Bretton-Woods-System. Diese politische Ordnung, gebastelt 1944 von den Siegermächten des Zweiten Weltkriegs, beruhte auf fixen Wechselkursen zwischen den wichtigsten Währungen und dem Dollar als Leitwährung, den die USA durch Gold einzulösen versprachen. Kapitalverkehrskontrollen regulierten den Kapitalfluss zwischen den Währungen und verhinderten Standortkonkurrenz. Institutionell wurde das System mit den »Bretton-Woods-Zwillingen« Internationaler Währungsfonds (IWF) und Weltbank abgesichert. Der Fonds erhielt die Aufgabe, Ländern in Zahlungsnöten mit Krediten auszuhelfen, die Weltbank sollte den Wiederaufbau im kriegszerstörten Europa finanzieren. Zentrales Ziel des Regimes von Bretton Wood war die Förderung globaler Stabilität. Manche private »Freiheiten« (freier Kapitalverkehr, Währungsspekulation) wurden dem öffentlichen Gut »Stabilität« und damit dem Gemeinwohl untergeordnet, was auch gelang: Die Nachkriegsjahrzehnte waren die stabilste Phase in der Geschichte des Kapitalismus.

Dennoch hatte das Bretton-Woods-System einen entscheidenden Konstruktionsfehler: Eine nationale Währung, der US-Dollar, war gleichzeitig das »Weltgeld«, was gravierende Rollenkonflikte – und Privilegien für die USA – mit sich brachte. Da die wichtigsten Preise – Zinsen und Rohstoffe – im Dollar notieren, hängt es vom jeweiligen Stand, von der »Befindlichkeit« des Dollars ab, wie billig oder teuer Kredite und Öl für alle anderen sind. Die USA brauchen hingegen nur die Notenpresse anzuwerfen, um Schulden oder ihre Ölrechnung bezahlen zu können.

Vorausahnend hatte deshalb der britische Delegierte in Bretton Woods, John Maynard Keynes, anstelle der Dollarhegemonie eine bahnbrechende Alternative vorgeschlagen: Der zwischenstaatliche Handel sollte über eine globale »Clearing Union« mit Hilfe eines künstlichen Weltgeldes, dem »Bancor«, verrechnet werden. Die Wechselkurse der teilnehmenden Währungen sollten gemeinsam festgelegt werden. Damit wäre keiner nationalen Währung der Vorzug gegeben worden, weder dem Pfund noch dem Dollar. Das Sensationelle aber kommt erst: Nicht nur die Länder mit einem Handelsdefizit, sondern auch die mit einem -überschuss sollten sanktioniert werden, um alle Abweichungen von einem Handelsgleichgewicht unattraktiv zu machen. Am Ende jedes Jahres wären die Konten geglättet worden, sodass es weder zum langfristigen Aufbau von Defizit- noch von Überschusspositionen und damit von Macht und Ohnmacht zwischen den Ländern gekommen wäre.

Dieser Vorschlag war revolutionär, er hätte die Vormachtstellung der USA beendet. Deshalb verweigerten sich diese auch strikt und setzten die eigene Währung als Weltleitwährung sowie die Gründung von Internationalem Währungsfonds und Weltbank durch. Beide »Bretton-Woods-Zwillinge« wurden in Washington angesiedelt. Während sich die Beibehaltung der Dollarhegemonie für die USA bis heute reichlich gelohnt hat, hat sie sich für das Gesamtsystem mehrfach gerächt: Das Bretton-Woods-System brach nach 25 Jahren aufgrund dieses Konstruktionsfehlers zusammen: Als Europa gegenüber den USA wirtschaftlich aufholte und der Produktivitätsabstand sich verkleinerte, bildeten die fixen Wechselkurse die ökonomische Realität nicht mehr ab. Zudem war durch die wachsende Dollarmenge – der Vietnamkrieg wurde per Notenpresse finanziert – die Golddeckung nicht mehr gegeben. Im August 1971 kündigte Präsident Nixon den Goldstandard. Zwei Jahre später wurden die Wechselkurse freigegeben. Die Instabilität des Weltwährungssystems begann.

Ein neues globales Währungsregime müsste deshalb diese Schwachstellen beheben: Zum einen bedarf es einer künstlichen Weltwährung als Verrechnungseinheit für internationalen Handel, Rohstoffe und Kredite. Gleichzeitig sind Währungsbeziehungen gefragt, die ausreichend *Flexibilität* erlauben, um die Verhältnisse der Realwirtschaft (Produktivität, Inflation, Wachstum) abzubilden, und ausreichend *Stabilität*, um Spekulation keinen Spielraum zu lassen. Am zielführendsten wäre es, den genialen, aber in Vergessenheit geratenen Plan von Keynes umzusetzen und mit Kapitalverkehrskontrollen abzusichern.

Noch einen Schritt weiter ginge der Vorschlag einer weltweiten Währung. Der »Globo« – zunächst eingeführt im Dollar-Euro-Yen-Raum – würde viele Stabilitätsprobleme lösen, aber wenig Flexibilität erlauben: Es würde für alle ein einheitlicher Zinssatz gelten, auch dann, wenn die Ökonomien der Triade unterschiedlich schnell wachsen und unterschiedliche Inflationswerte aufweisen. Voraussetzung für den Globo wäre deshalb, dass die beteiligten Länder ihre Wirtschaftspolitik so koordinieren, dass sich Wachstum und Produktivität synchron entwickeln und die ökonomische Konvergenz die gemeinsame Währung stützt. Das würde allerdings den politischen Spielraum der Globo-Länder stark einschränken – und damit die Demokratie. Für die Weltwährung spricht sich Ökonomie-Nobelpreisträger Robert Mundell aus.

Schon vor Bancor und Clearing Union lassen sich die globalen Währungs- und Finanzbeziehungen auf neue Beine stellen. Der Bremer Ökonom Jörg Huffschmid hat sich detaillierte Gedanken über eine alternative Währungsordnung gemacht.[8] Wichtigste Voraussetzung ist – auch hier schon – die Bereitschaft aller Beteiligten zur politischen Zusammenarbeit, im Bewusstsein, dass stabile Währungen ein globales öffentliches Gut sind, an dem alle teilhaben und von dem alle profitieren. In einem solchen Regime würden die Mitgliedsstaaten die Wechselkurse gemeinsam festlegen und verteidigen. Die Festsetzung der Kurse erfolgt auf Basis der realwirtschaftlichen Fundamentaldaten (Zahlungsbilanz, Produktivität, Inflation). Eine eigens zu schaffende Weltfinanzbehörde, die aus dem Währungsfonds hervorgehen könnte, würde zur Verteidigung der vereinbarten Zielzonen intervenieren und als »letzter Kreditgeber« Ländern in Zahlungsschwierigkeiten aus der Liquiditätspatsche helfen. Die Rolle des »letzten Kreditgebers« hat in Nationalökonomien die Zentralbank inne, auf dem globalen Parkett hat sie der Währungsfonds zuletzt einige Male wahrgenommen, allerdings einseitig im Interesse der Gläubiger und ohne formal ein Mandat dafür zu besitzen. Im Unterschied zum Währungsfonds müsste die Weltfinanzbehörde demokratischer besetzt sein und zum Wohle aller agieren. Zum Modell von Keynes fehlt nur noch die Ausgabe von »Weltgeld« in Form einer Verrechnungseinheit. Dieses würde die Liquidität sicherstellen und die weltweite Gesamtnachfrage stabilisieren. Auch Huffschmid plädiert für den Ausgleich der Zahlungsbilanzen, um das System zu stabilisieren. Angesichts der herrschenden Freihandelsideologie, wo nur die egoistische Konkurrenz zählt, wo Deutschland auf seinen Exportweltmeistertitel so mächtig stolz ist (ohne jemals nach den Verlierern zu fragen), klingt solch ein solidarischer Umverteilungsmechanismus derzeit utopisch. Andererseits praktiziert die EU nach innen dieses Modell und ist damit gegenwärtig die einzige Freihandelszone mit internem »Finanzausgleich«. Auch Stiglitz denkt nicht in Eigennutzkategorien, sondern systemisch: »Man kann nicht einfach über die Defizitländer herziehen; auch die Überschussländer tragen Schuld.«[9] Ziel ist ja nicht, dass der Entwicklungsabstand bestehen bleibt, sondern geschlossen wird. Dann wäre auch die realwirtschaftliche Grundlage für Währungsstabilität geschaffen.

Da diese Idealvariante derzeit noch nicht realistisch scheint, schlägt Huffschmid eine weitere Vorstufe vor: Rund um die Leitwährungen Dollar, Euro, Yen/ Yuan sowie in Afrika und Latein amerika bilden sich regionale Währungsverbünde, mit jeweiligen Zentralbanken oder »letzten Kreditgebern«. Innerhalb dieser »Subsysteme« werden die Wechselkurse wiederum gemeinsam festgelegt, unter Berücksichtigung der genannten »fundamentals«, und von der regionalen Zentralbank mit Interventionen und/oder Kapitalverkehrskontrollen verteidigt. Huffschmid schlägt vor, den regionalen Zentralbanken die Hälfte der Mittel des IWF zu übertragen. Auch innerhalb dieses Regionalmodells wäre das Interesse an Zusammenarbeit und der Verzicht der Leitwährung auf Machtanspruch die wichtigste Voraussetzung, was allerdings auf kleinerer Ebene leichter zu erreichen sein wird. Es wäre die analoge Vorstufe zum globalen Modell. *Zwischen* den Währungsblöcken müssten allerdings die Wechselkurse stabilisiert werden. Sobald sich die amerikanische, europäische und japanische/chinesische Notenbank zu einer Zusammenarbeit durchringen, ist die Festlegung von Wechselkurszielzonen – auf Basis der »fundamentals« – und ihre gemeinsame Verteidigung via Intervention auf den Devisenmärkten kein Problem.

Dass die Notenbanken zusammenarbeiten können, haben sie am 11., 12. und 13. September 2001 bewiesen: In den Tagen nach den Terroranschlägen auf das World Trade Center stellte die »Fed« 70 Milliarden US-Dollar und die EZB sogar 120 Milliarden US-Dollar Liquidität für Geschäftsbanken zur Verfügung.[10] Wenn die Zusammenarbeit in einer Notsituation funktioniert, warum sollte sie dann nicht auch im Alltag klappen?

Solange die drei führenden Zentralbanken zu keiner Währungskooperation fähig sind, bleibt den regionalen Blöcken, etwa der EU, die Möglichkeit, sich mit Kapitalverkehrskontrollen vor spekulativen Attacken zu schützen. Eine weitere Möglichkeit bestünde darin, den Handel zwischen den Währungszonen nur in den jeweiligen Leitwährungen abzuwickeln und deren Stabilität gemeinsam sicherzustellen.

Es gibt also Stufen zur globalen Kooperation. Der erste Baustein, die Euro-Zone, existiert bereits. Am Ende des Prozesses sollten die Währungsverbünde zu einer globalen Währungskooperation mit Clearing Union und gemeinsamer Verteidigung der Wechselkurse konvergieren: Das Casino wäre geschlossen, das öffentliche Gut Stabilität verwirklicht.

❷ Reform des Internationalen Währungsfonds

Der Internationale Währungsfonds hat sich zu einer der Hauptzielscheiben der Globalisierungskritik entwickelt, der schärfste Ankläger ist mittlerweile Wirtschaftsnobelpreisträger Joseph Stiglitz. Mit dem Ausbruch der Schuldenkrise 1982 wurden IWF und Weltbank von ihren Hauptaktionären, den Industriestaaten, mit einer umstrittenen Mission betraut: Sie sollten mit harten wirtschaftspolitischen Rezepturen, den so genannten Strukturanpassungsprogrammen, die Rückzahlungsfähigkeit der überschuldeten Länder aufrechterhalten (Stiglitz spricht davon, dass Weltbank und Währungsfonds zum »Inkassobüro« der G7-Staaten wurden) und diese tiefer in die kapitalistische Weltwirtschaft integrieren. Diese Mission wurde als »Washington Consensus« bekannt, einer ideologischen und politischen Abstimmung von Weltbank, Währungsfonds und US-Finanzministerium, die alle drei in Washington ihren Sitz haben.

Die Strukturanpassungsprogramme sahen für alle »Patienten« mehr oder weniger gleich aus: Öffnung der Kapitalmärkte, Handelsliberalisierung, Bekämpfung der Inflation, Rückzug des Staates, Sozialabbau, Privatisierungen. Diese neoliberale Standard-Therapie ist fast überall fehlgeschlagen: Zwar wurden in einigen Fällen die Inflation und die Haushaltsdefizite gesenkt, aber in den meisten Ländern trat die wirtschaftliche Genesung nicht ein, im Gegenteil: Sowohl der Schuldenstand als auch die Armut wuchsen weiter an. UN-Sonderberater Jeffrey Sachs vergleicht daher diese wirtschaftspolitischen Rezepturen, die die reichen Länder den armen aufzwängten, mit der Medizin des 18. Jahrhunderts, »als die Ärzte ihre Patienten mit Blutegeln heilen wollten – und diese dabei oft starben«.[11] Joseph Stiglitz kommt zum selben Ergebnis: »Viele der Länder, die die Programme auf Punkt und Beistrich erfüllt haben, stehen heute schlimmer da als vor der Therapie.«[12]

Zum anderen hat der »heiligste Glaubensartikel des IWF«, die möglichst rasche Liberalisierung des Kapitalverkehrs, zu den schweren Finanzkrisen der Neunzigerjahre geführt. Der Währungsfonds hat die Krisen nicht nur mit verursacht, sondern auch noch verschärft, als er regelmäßig in die Rezession hinein Sparpakete und Zinserhöhungen verschrieb. Die Sparpakete trafen die Armen und schwächten die ohnehin schon schwindende private Nachfrage weiter ab, und die Zinserhöhungen, die ausländisches Kapital anlocken oder von der Rückreise abhalten sollten, drosselten die Binnenwirtschaft.

Als »Draufgabe« hat der IWF dann noch den Gläubigern in Mexiko, Thailand und Russland aus der Patsche geholfen, indem er milliardenschwere Rettungspakete zur Verfügung stellte (»bail-out«), während er gleichzeitig die Armen im Stich ließ. Stiglitz: »Nachdem Milliarden zur Befriedigung ausländischer Gläubiger ausgegeben worden waren, ist für die Subventionierung von Nahrungsmitteln und Brennstoffen von Bedürftigen allem Anschein nach kein Geld mehr vorhanden.« Und: »Der Fonds maß der Erfüllung der Forderungen ausländischer Gläubiger größeres Gewicht bei als der Erhaltung der Solvenz möglichst vieler inländischer Unternehmen.«[13]

Das aktuelle Ungleichgewicht im IWF betrifft nicht nur die Länder, sondern ist auch innergesellschaftlich erkennbar. Stiglitz: »Die Arbeitnehmer, die infolge von IWF-Programmen ihre Arbeitsplätze verlieren, haben keine Stimme, während die Interessen der Banken, die auf Rückzahlung ihrer Kredite bestehen, durch Finanzminister und Zentralbankpräsidenten hervorragend vertreten sind.« Aber: »Das Geld kommt letztlich von den Arbeitern und Steuerzahlern der Entwicklungsländer, weil die Kredite werden fast immer zurückgezahlt.«[14] Stiglitzs Resümee: »Statt den Interessen der Welt*wirtschaft* sollte er fortan den Interessen der internationalen *Finanz*welt dienen.« (...) »Letztlich ist es die Politik des IWF, die den Markt und die langfristige Stabilität der Weltwirtschaft und Gesellschaft untergräbt.«

Wenn man sich die Eigentümer- und Entscheidungsstrukturen des Währungsfonds ansieht, wird einiges klarer: Die G8-Staaten haben fast 50 Prozent der Stimmrechte. Die 80 ärmsten Länder zusammen nur zehn Prozent. Die USA verfügen mit ihrem 17-Prozent-Anteil als einziges Land über ein faktisches Veto: Alle wichtigen Entscheidungen erfordern nämlich 85 Prozent der Stimmen. Diese Stimmrechtsverteilung geht auf die Vierzigerjahre zurück, sie entsprang nicht einem »global spirit«, sondern der Mentalität der Sieger des Zweiten Weltkriegs.

Innerhalb der Globalisierungskritik gibt es sowohl Stimmen, die den Fonds abschaffen wollen, als auch solche, die ihn demokratisieren wollen. Hier die wichtigsten Reformvorschläge:

- Einen konkreten Vorschlag für die Neuordnung der Stimmrechte hat das Entwicklungsprogramm der Vereinten Nationen (UNDP) in seinem Bericht 1999 unterbreitet. Demzufolge sollte der Stimmenanteil der USA von 17,8 auf 11,2 Prozent sinken, derjenige der EU-15 von 28,8 auf 15,9 Prozent, der der Industrieländer von 63,4 auf 41,5 Prozent. Gleichzeitig würde sich der Stimmenanteil Indiens von 2,1 auf 6,4 Prozent verdreifachen und derjenige der G77 (Gruppe der Entwicklungsländer) von 28,4 auf 52 Prozent verdoppeln. Beim UN-Gipfel in Monterrey wurde ebenfalls eine Neuaufteilung der Stimmrechte thematisiert, und selbst IWF-Direktor Rodrigo Rato will Schwellenländern mehr Gewicht geben, um die »Legitimität« des Fonds zu erhöhen.[15]
- In einem zweiten Schritt könnte die Bevölkerung in Form von NGOs, Gewerkschaften, Kirchen, KleinunternehmerInnen- und -bäuerInnenverbänden eingebunden werden. Stiglitz schlägt einen demokratisch zusammengesetzten »Kreditnehmerausschuss« mit allen Betroffenen vor. Dieser würde jeden »Kredit prüfen, bevor ihn die ganze Institution beschließt«.[16]
- Die unmittelbare Veröffentlichung sämtlicher Dokumente wäre ein dritter Schritt. Die Transparenz ist zwar einer der wenigen Bereiche, wo der reformträge Fonds sich etwas bewegt hat, aber durchsichtig ist er deshalb noch lange nicht. Die Berichte der Exekutivgremiensitzungen werden erst nach zehn Jahren veröffentlicht; und die Kreditvereinbarungen nach Artikel IV nur in Ausnahmefällen.[17]
- Neben der Strukturreform bedarf es einer radikalen inhaltlichen Neupositionierung und einer Mandatsänderung. Zum einen sollte sich der Fonds jedes ideologischen Überbaus entledigen, sprich vom Washington Consensus und von neoliberaler Marktideologie Abstand nehmen. Stiglitz: »Die Antworten des IWF stammen nicht aus der Wirtschaftswissenschaft, sondern entsprangen einer Ideologie – dem simplen Glauben an die freie Marktwirtschaft.«[18] Zum anderen muss die Einmischung in die Wirtschaftspolitik der Schuldnerländer in Form der Strukturanpassungsprogramme aufgegeben wer-

den. Die einzigen Bedingungen, die für neue Kredite oder Schuldenerlässe gestellt werden dürfen, sind Armutsbekämpfung und Einbindung der Bevölkerung. Auch die Länderkonsultationen nach Artikel IV sind entbehrlich. Hier »überprüft« der IWF die wirtschaftspolitische Performance der Mitgliedsstaaten und gibt recht einseitige Empfehlungen ab. Die österreichische Bevölkerung bekommt das einmal jährlich zu spüren, wenn IWF-Experten zum einen die »Lohnzurückhaltung« und Pensionseinschnitte loben und gleichzeitig die Regierung zu weiterer »Deregulierung der Dienstleistungsmärkte«, »Flexibilisierung der Arbeitsmärkte« und »Liberalisierung der Ladenöffnungszeiten« ermuntern.[19]

- Die einzige Kernaufgabe, die der IWF noch wahrnehmen sollte, ist seine ursprüngliche: die Bereitstellung kurzfristiger Liquidität zur Absicherung globaler Stabilität. Der Fonds könnte hier auf globaler Ebene jene Rolle übernehmen, die Zentralbanken auf nationaler Ebene erfüllen. Wenn der Fonds ernsthaft demokratisiert ist, spricht auch nichts dagegen, ihn zur Clearing Union weiterzuentwickeln. Für diesen letzten Schritt fehlt allerdings noch ein vorletzter: die Einbindung in das UN-System. Formal sind Fonds und Weltbank schon jetzt Sonderorganisationen der UNO, aber sie sind unabhängig und haben keinerlei Rechenschaftspflicht gegenüber Sicherheitsrat oder Generalversammlung. Eine mögliche Form der Einbindung wäre die Institutionalisierung der Zusammenarbeit zwischen den Bretton-Woods-Zwillingen und dem Wirtschafts- und Sozialrat der UNO (ECOSOC) zu einem Gremium für globale Wirtschafts-, Finanz- und Sozialfragen. Darüber hinaus würde eine doppelte Rechenschaftspflicht gegenüber UN-Gremien und nationalen Parlamenten das demokratische Sicherheitsnetz um die Bretton-Woods-Player schließen.

❸ Kapitalverkehrskontrollen

Schon vor der Verwirklichung eines neuen Bretton Woods und neuer globaler Institutionen lassen sich die Finanz- und Währungsbeziehungen durch eine Reihe von Maßnahmen, die auch von einzelnen Staaten angewandt werden können, stabilisieren. Ein probates Mittel, um sich vor plötzlicher Überflutung durch Anlagekapital oder sein dammbruchartiges Abrauschen zu schützen, sind Kontrollen des Kapitalein- und -ausstroms. Kapitalverkehrskontrollen waren nicht nur im Europa der Sechzigerjahre gang und gäbe, sie wurden auch in jüngster Zeit von einigen Schwellenländern erfolgreich eingesetzt. Drei Beispiele:

Kapitalimportkontrolle (Chile): Nach schweren Finanzkrisen in den Siebziger- und Achtzigerjahren führte Chile eine Kapitaleinfuhrkontrolle ein. Ausländische Finanzinvestoren wurden zur Hinterlegung eines so genannten »Bardepots« bei der Nationalbank in der Höhe von 30 Prozent des investierten Kapitals verpflichtet. Nach einem Jahr bekamen sie das Depot unverzinst zurück. Direktinvestitionen und der Außenhandel – die »Realwirtschaft« – blieben von der Depotpflicht befreit. Wer eine kurze Finanztransaktion, von zum Beispiel einer Woche, im Sinn hatte, verlor durch das Depot Geld, weil ein Drittel des Betrages ein ganzes Jahr lang ertraglos liegen blieb. Langfristige Finanzanlagen wurden hingegen im Verhältnis billiger, weil sich der einmalige Zinsverlust auf mehrere Jahre aufteilte. Der Effekt gab den ChilenInnen Recht: Die Bardepotpflicht bewirkte eine radikale Änderung in der Kreditstruktur: Hatten 1989 nur fünf Prozent der im Ausland aufgenommenen Kredite eine Laufzeit von mehr als einem Jahr, so war dieser Anteil 1997 auf 97,2 Prozent gewachsen. Chile wurde dadurch nicht von den internationalen Finanzmärkten abgeschnitten, im Gegenteil, die Zuflüsse verdoppelten sich von 1,52 auf 2,89 Milliarden US-Dollar.[20] Als der Zustrom ausländischen Finanzkapitals infolge der Asienkrise (in alle Entwicklungsländer) versiegte, konnte die »Verteidigung« gelockert werden. Chile senkte die Bardepotpflicht auf zehn und schließlich null Prozent, die Maßnahme selbst ist aber nach wie vor aufrecht und somit ein besonders schönes Beispiel für eine undogmatische Regulierung des Kapitalverkehrs: Nicht aus Prinzip wird beschränkt, sondern nur, wenn Gefahr im Verzug ist.

Kapitalexportkontrolle (Malaysia): Malaysia reagierte wiederum auf die Asienkrise 1998 mit Beschränkungen bei der Kapitalausfuhr, um die Turbulenzen gering zu halten. Die Restriktionen wurden auch hier so gestaltet, dass weder der Außenhandel noch reale Direktinvestitionen betroffen waren, sondern nur reine Finanzflüsse. Durch die Kontrollen wurde der Wechselkurs erfolgreich stabilisiert und das Zinsniveau konnte so weit gesenkt werden, dass die Investitionstätigkeit wieder auflebte und die Wirtschaft sich rasch erholte. Zwar hatte die Krise auch in Malaysia zu einer Schrumpfung des BIP (1998: minus 7,4 Prozent) geführt, doch die Genesung erfolgte rascher als in den Nachbarländern. Wie in Chile führten die nur vorübergehend eingesetzten Beschränkungen nicht zu einer Verschmähung Malaysias durch das internationale Kapital. Schon im Jahr nach der Einführung konnte das Land eine Anleihe über eine Milliarde US-Dollar erfolgreich auf den internationalen Finanzmärkten platzieren.

China: Das beste Beispiel für erfolgreiches Wirtschaften mit streng reguliertem Kapitalverkehr ist China. Das aufstrebende Land kontrolliert sowohl den Kapitalein- als auch den -ausstrom. Reale Investoren lassen sich von den hermetischen Finanzmärkten nicht abschrecken, China ist trotz seines unfreien Kapitalverkehrs *der* globale Magnet für Direktinvestitionen.

In *Europa* waren Kapitalverkehrskontrollen bis in die Siebzigerjahre ein gängiges Instrument der Wirtschaftspolitik. Österreich schloss seine Kapitalmarktliberalisierung erst 1993 ab – ein Hinweis darauf, dass Liberalisierung eine Folge von Entwicklung, nicht ihre Voraussetzung ist. Heute sind nach Artikel 56 des EG-Vertrages zwar »alle Beschränkungen des Kapitalverkehrs zwischen den Mitgliedsstaaten sowie zwischen den Mitgliedsstaaten und dritten Ländern verboten«. Allerdings sind in Artikel 59 auch Ausnahmen erlaubt, wenn »Kapitalbewegungen nach oder aus dritten Ländern (...) das Funktionieren der Wirtschafts- und Währungsunion stören oder zu stören drohen«. Notbremsen dürfen also nach wie vor betätigt werden. Wenn das Kapital geschlossen in Steueroasen migriert, wenn die Zinsraten aufgrund der Währungskonkurrenz ansteigen oder wenn eine Herde schwergewichtiger Fonds auf eine Währung lostrampelt, dann ist das Ziehen dieser Notbremse höchst angemessen!

Der Vorteil von Kapitalverkehrskontrollen liegt nicht nur in der individuellen Anwendbarkeit durch ein einzelnes Land und dem erfolgreichen Schutz vor plötzlicher Instabilität durch schnelle Zu- oder Abflüsse, sondern auch in der spürbaren Vergrößerung der wirtschaftspolitischen Handlungsfreiheit: Die Zinsen können gesenkt werden, ohne dass eine massive Kapitalflucht riskiert wird (Malaysia), und die Bildung von Devisenreserven kann verringert werden (Chile), womit das Geld für andere Zwecke zur Verfügung steht. Mit der wirtschaftspolitischen Handlungsfreiheit steigt auch die Souveränität eines Landes, die Erpressungsmacht der globalen Finanzmärkte wird geschwächt.

Eine fein dosierte und mittlerweile recht bekannte Kapitalverkehrsbeschränkung ist die so genannte »Tobinsteuer«. Diese Abgabe auf Devisentransaktionen (Umtausch von einer Währung in eine andere) wurde erstmals 1972 von Wirtschaftsnobelpreisträger James Tobin ins Spiel gebracht, nach dem sie auch benannt ist. Ziel des Vorschlags war die Stabilisierung der Wechselkurse. Hintergrund: Nach der Aufkündigung des Fixkurssystems von Bretton Woods hatten die Wechselkurse durch einsetzende Spekulation stark zu schwanken begonnen. Nicht mehr die »Fundamentaldaten« Produktivität, Inflation und Handel bestimmen seither den Wert von Währungen, sondern immer stärker die Spekulation. Tobins Kalkül: Da ein Großteil der (spekulativen) Devisengeschäfte eine Gewinnspanne von weniger als einem Prozent hat, würde das Transaktionsvolumen zurückgehen, die Wechselkurse würden sich beruhigen und wieder stärker von

Fundamentaldaten bestimmt. Tobin wollte »etwas Sand ins Getriebe streuen«, keineswegs aber das Getriebe zum Stillstand bringen.

Während sein Vorschlag bisher unverwirklicht blieb, ist das Volumen der Devisentransaktionen seit Anfang der Siebzigerjahre geradezu explodiert, von 70 auf 1900 Milliarden US-Dollar pro Börsentag.[21] Im Gegensatz dazu beläuft sich der zugrunde liegende Welthandel lediglich auf 25 Milliarden US-Dollar pro Tag. Direktinvestitionen schlagen noch geringer, mit rund drei Milliarden US-Dollar pro Tag zu Buche. Mit anderen Worten: Nur noch wenige Prozent des Transaktionsvolumens stehen in direktem Zusammenhang mit realwirtschaftlichen Vorgängen, der Großteil ist Spekulation. Anders: Die heutigen Devisenmärkte sind nicht liquide, was gut wäre, um Handel und Investitionen zu finanzieren, sondern *über*liquide, was ein wachsendes Stabilitätsrisiko darstellt. Laut Bank für Internationalen Zahlungsausgleich (BIZ) sind 80 Prozent aller »Auslandsinvestitionen« auf den Finanzmärkten binnen acht Tagen wieder »daheim« (zum Beispiel Euro – Dollar – Euro), 40 Prozent sogar innerhalb von zwei Tagen. Es gibt »Day-Trader« (Tageshändler), die unter »langfristig« zehn Minuten verstehen. Genau hier setzt die Filterwirkung der Tobinsteuer an: Sie hält das unerwünschte kurzfristige Kapital (»hot money«) zurück, ist jedoch durchlässig für Handelsgeschäfte, für langfristige Direktinvestitionen und Kredite. Je öfter die Währung gewechselt wird, desto höher ist die Wirksamkeit der Tobinsteuer, weil sie – wie eine fixe Gebühr – bei jedem Tausch anfällt. Aufs Jahr gerechnet entspräche ein Steuersatz von 0,2 Prozent bei einem Portfolio, das einmal täglich »verschoben« wird, einem Zins von 48 Prozent. Bei einem wöchentlichen Währungswechsel wären es zehn Prozent und bei einem monatlichen Umtausch 2,4 Prozent Jahreszins. Handelsgeschäfte werden einmalig bezahlt und mit der Tobinsteuer belegt: 0,2 Prozent sind im Vergleich zur Umsatzsteuer (zehn bis 20 Prozent) ein Klacks. Theoretisch könnten sie sogar durch Abzug von der Importumsatzsteuer ausgenommen werden. Langfristige Investitionen »spüren« die Transaktionssteuer noch weniger: Wird zum Beispiel in eine Produktionsstätte mit einem Zeithorizont von zehn Jahren investiert, reduziert sich der Steuersatz auf 0,02 Prozent pro Jahr, das schmerzt nun wirklich niemanden mehr.

Während Tobin in den Siebzigerjahren noch ein Prozent Steuerhöhe vorschlug, pendeln die aktuell zur Diskussion stehenden Sätze zwischen 0,001 und 0,5 Prozent. Daran wird ersichtlich, wie gering die Gewinnspannen sind, mit denen die globalen Finanzinvestoren »arbeiten«. Andererseits kann man mit solch geringen Steuersätzen gegen spekulative Währungsattacken nichts ausrichten, hier kommt es in kurzer Zeit zu Abwertungen von 50 Prozent wie in Thailand oder Mexiko oder sogar 80 Prozent wie in Indonesien. Aus diesem Grund hat der deutsche Ökonom Paul Bernd Spahn das Konzept der Tobinsteuer zu einem Zwei-Stufen-Modell weiterentwickelt, das auch gegen spekulative Attacken wirkt: Solange sich der Wechselkurs innerhalb eines festgelegten Zielkorridors bewegt, fällt der normale Steuersatz als »Schönwettersteuer« an. Kommt es jedoch infolge von Spekulation zu heftigen Kursausschlägen, springt eine Zusatzsteuer von bis zu 100 Prozent an, was sämtliche Transaktionen unrentabel macht und unterbindet. Langsame Änderungen der Wechselkurse sind möglich – spekulative Attacken nicht. Diese Zusatzsteuer wäre auch für einzelne Entwicklungsländer ein bequemes Instrument, um sich gegen Währungsspekulationen zur Wehr zu setzen. Spahn über die Vorgangsweise bei einer spekulativen Attacke: »Zurücklehnen, Steuer zwei anschlagen lassen, Einnahmen erzielen.«[22]

Die Tobinsteuer hätte ein ganzes Bündel an positiven Folgen:
- Die Überliquidität würde abgebaut, die Stabilität der Finanzmärkte würde zunehmen. Krisen mit ihren verheerenden sozialen Folgen könnten verhindert oder abgeschwächt werden. Investments würden langfristiger und tendenziell in die »reale« Wirtschaft zurückgeleitet.
- Der Handlungsspielraum der nationalstaatlichen Wirtschaftspolitik würde größer. Zentralbanken müssten die Zinsen nicht ganz so hoch halten, um Kapital anzulocken (oder

den Wechselkurs zu stabilisieren). Das kanadische Parlament forderte 1999 die Tobinsteuer, »um ein bisschen der Souveränität zurückzugewinnen, die wir im Zuge der ökonomischen Globalisierung verloren haben«.
- Die Absicherungskosten für Exporteure gegen Wechselkursschwankungen würden sinken, die Planungssicherheit von Investoren und Schuldnern zunehmen. Die »reale« Wirtschaft hätte es leichter.
- Entwicklungsländer müssten nicht mehr so hohe Devisenreserven anlegen, um sich gegen spekulative Attacken zu wappnen. Das Geld wäre für Investitionen frei.
- Die Einnahmen könnten den bisherigen VerliererInnen der Globalisierung zugute kommen. Die Tobinsteuer ist eine Steuer auf »Wall Street« (Finanzzentren) und nicht auf »Main Street« (wie zum Beispiel die Mehrwertsteuer). Die Tobinsteuer würde diejenigen, die Instabilität verursachen, besteuern. Die Steuerbasis von Nationalstaaten würde verbessert und gerechter verteilt.

Die Einführung in der EU würde nach Spahns Berechnungen 16 bis 18 Milliarden Euro einspielen, allerdings bei einem Steuersatz von nur 0,01 Prozent. Das belgische Finanzministerium rechnet mit Einnahmen auf EU-Ebene zwischen neun und 39 Milliarden US-Dollar und auf Welt-Ebene zwischen 19 und 128 Milliarden US-Dollar (Steuersatz zwischen 0,01 und einem Prozent). Das finnische Finanzministerium kommt bei globaler Einführung je nach Steuersatz auf 71 bis 177 Milliarden US-Dollar.[23]

Zum Vergleich: Für die Bekämpfung von Malaria und Tuberkulose braucht es jährlich zwei Milliarden US-Dollar,[24] für die Versorgung aller Menschen mit sauberem Trinkwasser neun Milliarden.[25] Um alle Millenniumsziele der UNO zu erreichen, ist eine Verdreifachung der öffentlichen Entwicklungshilfe von derzeit 60 Milliarden US-Dollar (Durchschnitt 1995 bis 2004) auf 195 Milliarden US-Dollar nötig. Selbst dieser Betrag wäre mit einer globalen Tobinsteuer aufzubringen.

Während die Tobinsteuer von den Nationalstaaten oder der

EU eingehoben werden könnte, wäre die UNO ein geeignetes Gremium, die Einnahmen zu verteilen, zum Beispiel über den Wirtschafts- und Sozialrat (ECOSOC), eine Weltsteuerbehörde oder einen globalen Solidaritätsfonds.

Die technische Machbarkeit der Tobinsteuer wurde anfangs von ihren Gegnern strategisch in Zweifel gezogen, mittlerweile ist sie unbestritten. Da Devisentransaktionen zentral über Clearing-Systeme zum Teil der Zentralbanken (SWIFT, Euro 1, Target, Fedwire, Chaps) abgewickelt werden, genügt eine kleine Änderung der Computerprogramme, um die Steuer automatisch einzuheben. Der Aufwand wäre nicht größer als die laufende Abbuchung von Kontoführungsgebühren oder die ohnehin stattfindende Vergebührung von Devisentransaktionen. Wilfried Stadler, Chef der Investkredit, muss es wissen: »Die Administration der Banken hält so was aus, das Meldewesen an die Aufsichtsbehörden ist üppiger.«[26]

Gegen die Tobinsteuer wird noch gerne argumentiert, dass es zur Steuerflucht in andere Instrumente kommen könnte. Natürlich werden Finanzmarktakteure versuchen, die Tobinsteuer zu vermeiden. Doch erstens kommt es bei jeder Steuer zu Steuerumgehung und -hinterziehung, was üblicherweise nicht als Argument gegen die jeweilige Steuer gilt. Zweitens schlafen auch die Steuerbehörden nicht und finden die »Schleichwege« ebenfalls. Drittens sind Schleichwege immer teurer als die »Hauptgrenzübergänge« und daher unattraktiver. Damit wäre die Tobinsteuer zumindest »Sand im Getriebe«.

Ein letztes Argument, mit dem hartnäckig versucht wird, die Tobinsteuer zu verhindern, ist, dass die Steuer weltweit eingehoben werden müsste. Doch Stolze 82 Prozent des globalen Devisenhandels werden in nur acht Staaten durchgeführt: Großbritannien, USA, Japan, Singapur, Deutschland, Frankreich, Schweiz und Hongkong. Diese Gruppe wäre optimal für den Beginn. Aber auch die EU könnte den Anfang machen. Den Steueroasen, die die Tobinsteuer boykottieren, ist mit einer »Maut« beizukommen: Verlagert eine Bank ihre Devisengeschäfte beispielsweise auf die Kanalinseln – was nicht sehr wahrscheinlich ist –, bräuchte man nur Kapitalrückflüsse von dort dem mehrfachen Steuersatz der Tobinsteuer zu unterwerfen, und die Auslagerung wäre unattraktiv. Die Verlagerung in die USA oder nach Singapur ist auch nicht ganz problemlos. Einerseits wird die Londoner Finanz-City oder das Zentrum Frankfurts nicht wegen einer 0,2-Prozent-Steuer den Kontinent wechseln, dazu ist die Infrastruktur zu kompakt und zu zentral. Außerdem sind die Zeitzonen kein unwesentliches Hindernis: Die Spekulation mit dem Euro von Singapur oder den USA aus müsste in die Nachtschicht verlegt werden, das könnte teurer kommen als die Gewinne aus der Devisenspekulation.[27] Schlussendlich: Das Gros der Devisengeschäfte wird von nur 25 Banken und anderen Händlern durchgeführt: eine winzige Elite, die zu »finden« sein müsste.[28]

Mussten vor zehn Jahren Tobinsteuer-Fans mit der Lupe gesucht werden, so gab es seither einen Dominoeffekt. Nach dem kanadischen Parlament 1999 forderte 2001 das französische die Einführung der Tobinsteuer auf EU-Ebene. 2003 erließ das belgische Parlament ein Gesetz, welches die Regierung verpflichtet, sich in der EU für die Einführung einzusetzen. Darin ist die Umsetzung erstmals in allen Details geregelt. Seither sprechen sich immer mehr Staats- und Regierungschefs für die Tobinsteuer aus: Bei der UN-Vollversammlung 2004 legte die »Lula-Gruppe« (Brasilien, Frankreich, Spanien, Chile; später kam Deutschland hinzu) den so genannten »Landau-Bericht« vor, der die Forderung nach einer Tobinsteuer enthält.[29] 111 Staaten erklärten, den Bericht zu prüfen. Sowohl der damalige deutsche Bundeskanzler Gerhard Schröder als auch sein österreichischer Kollege Wolfgang Schüssel sprachen sich für die Tobinsteuer aus, im Frühjahr 2006 folgte das österreichische Parlament. Neben dem verstorbenen James Tobin befürworten auch mindestens zwei lebende Wirtschaftsnobelpreisträger – Amartya Sen und Joseph Stiglitz – die Steuer.

Widerstand gibt es vor allem in Finanzkreisen: Große Banken und Devisenhändler würden um wertvolle Gewinnmöglichkeiten umfallen. Wichtigster Blockierer der Tobinsteuer ist jedoch die Regierung der USA, weil sie prinzipiell gegen jede Form der internationalen Besteuerung ist und somit die Riege der Globalisierungsgegner anführt, was eine neue globale Finanzarchitektur betrifft. Die USA haben sogar ihre Beitragszahlungen an die UNO davon abhängig gemacht, dass diese kein weiteres Sterbenswörtchen über die Tobinsteuer verliert. Dass man aber nicht auf die derzeit unkooperativen USA warten muss, haben schon das Kyoto-Protokoll und der internationale Strafgerichtshof gezeigt. Die USA sind kein einheitlicher Block, und wenn ein Großteil der Welt vorausgeht, steigt auch die Wahrscheinlichkeit, dass sich innerhalb der Supermacht die kooperativen Kräfte durchsetzen.

Währungsmärkte sind die mit Abstand am schnellsten wachsenden Teilfinanzmärkte, doch es gibt eine Entwicklung, die noch rasanter ist: Derivate. Derivate sind von »klassischen« Produkten abgeleitete Finanzinstrumente. Zunächst daher eine kleine Systematisierung von Finanzmärkten. Es gibt drei Grundtypen: Auf den *Kredit*märkten borgen sich Unternehmen oder Staaten die Ersparnisse der privaten Haushalte aus, um Investitionen (oder Spekulationen) zu tätigen. Auf den *Wertpapier*märkten emittieren Unternehmen und Staaten Aktien oder Anleihen, um auf diese Weise zu Kapital zu kommen. Und auf den *Devisen*märkten werden Währungen gegeneinander getauscht, zum Beispiel Euro gegen Dollar, um grenzüberschreitenden Handel (zum Beispiel Warenexporte, Tourismus), Direktinvestitionen (Betriebsansiedelungen oder Aufkäufe) oder internationale Kredite abzuwickeln. Auf den Wertpapiermärkten werden außerdem Primärmärkte unterschieden, auf denen Aktien oder Anleihen ausgegeben werden, und Sekundärmärkte, auf denen sie weiterverkauft und gehandelt werden. Quasi noch eine Stufe höher folgen die Derivate. Auf ihnen werden »underlyings« – Aktien, Anleihen, Kredite, Währungen oder Rohstoffe – in der Zukunft gehandelt, so genannte Termingeschäfte. Ursprünglich dienten Derivate dazu, LandwirtInnen gegen Preissturz oder Ernteausfall abzusichern und – unabhängig von der realen Ernte – einen stabilen Preis zu bekommen (Absicherungsmotiv oder *Hedging*). Heute haben sich die Derivatemärkte imposant weiter- und von der realen Wirtschaft wegentwickelt, man kann in immer komplexeren Konstruktionen auf fallende oder steigende Aktienindices, Wechselkurse, Rohstoffpreise oder Regentage wetten, in den allermeisten Fällen existiert kein Bezug mehr zur Realwirtschaft (Spekulationsmotiv oder *Trading*).

Umgekehrt üben Derivate auf mehrfache Weise einen Einfluss auf die »reale« Wirtschaft aus. Zum einen bewirkt der Überhang des Tradings, dass die Preise auf den Teilfinanzmärkten nicht »effizient« sind (wovon die neoklassische Wirtschaftstheorie träumt), sondern beliebig bis absurd: Bei vollen Tanklagern kann der Ölpreis in den Himmel schießen, der Aktienkurs eines Unternehmens bei berstenden Auftragsbüchern in den Keller stürzen oder der Euro gegenüber dem Dollar genau dann aufwerten, wenn Europa gerade schwächelt und die USA florieren. Die Wetten auf die zukünftigen Preise von Währungen, Rohstoffen und Aktien beeinflussen in zunehmendem Maße die Preisbildung selbst. Zum anderen verweben sie die drei Teilfinanzmärkte miteinander und können Instabilitäten von einer Sphäre in andere übertragen. Drittens sind sie nicht nur untereinander, sondern auch mit der realen Wirtschaft eng vernetzt, sodass ihre Krisenanfälligkeit eine permanente Gefahr für die reale Wirtschaft darstellt: »Eine Finanzkrise bleibt nicht auf das finanzielle System beschränkt, sie zieht reale Ökonomie und Gesellschaft in Mitleidenschaft.«[30]

Die Evolution der Derivate kommt einer Explosion gleich. Kreditderivate haben sich zwischen 1998 und 2004 verzwölffacht, ähnlich rasant ist die Entwicklung bei den Zinsderivaten. Gab es Ende der Achtzigerjahre gerade einmal 100 Optionsscheine, so stehen den Anlegern heute schon 30 000 zur Auswahl.[31] Ex-Fed-Chef Alan Greenspan meinte: »Das mit Abstand wichtigste Ereignis auf den Finanzmärkten in den letzten zehn Jahren ist die außerordentliche Entwicklung und Expansion von Finanzderivaten.«[32] Hinzu kommt der beunruhigende Trend der Abwanderung des Derivatehandels von den Börsen. 80 Prozent des Handels gehen mittlerweile »over the counter« (OTC) zwischen Banken und ihren Kunden – ohne jede Finanzaufsicht und Regulierung.[33] Dies stellt ein gewaltiges Sicherheits- und Stabilitätsrisiko für die globalen Finanzmärkte dar.

Schon bisher waren Derivate an zahlreichen Crashs beteiligt: beim Zusammenbruch der Metallgesellschaft 1992 (1,3 Milliarden US-Dollar Verluste), beim Kollaps der renommierten Barings Bank 1995 (1,4 Milliarden US-Dollar), beim Bankrott des kalifornischen Landkreises Orange County 1994 (1,7 Milliarden US-Dollar), bei der Asienkrise 1997/98, beim Zusammenbruch des legendären Hedgefonds Long Time Capital Management (LTCM), zu dessen Rettung die US-Notenbank Federal Reserve 1998 ein Notpaket von 3,6 Milliarden US-Dollar organisierte. Und schließlich bei der Implosion des Energie-Riesen Enron 2001, der mit Hilfe von Derivaten den – konzerninternen – Stromhandel und damit die Bilanzen auf astronomische Größen aufblies.

»Es ergibt sich das paradoxe Ergebnis, dass die neuen Finanzinstrumente, die der Absicht ihrer Betreiber nach die Risiken mindern sollten, die Fragilität der Finanzmärkte weltweit bis zur Finanzkrise gesteigert haben.«[34] Die Regulierung und Einschränkung des Derivatehandels ist also dringend angesagt. Einer, der es wissen muss, ist Multimilliardär Warren Buffet: Er bezeichnet Derivate als »finanzielle Massenvernichtungswaffen«[35] und als »Zeitbomben für das Finanzsystem«[36]. Milliardärskollege George Soros meint gar, Derivate werden »die Gesellschaft zerstören«[37].

Ein Umstand kommt der Regulierung entgegen: Der Derivatehandel ist hochkonzentriert. Je drei Banken halten 86 Prozent aller weltweiten Zinsderivate, 89 Prozent aller Devisenderivate und gar 96 Prozent aller Kreditderivate. Fünf Länder beherbergen 80 Prozent des globalen Derivategeschäfts: Großbritannien, USA, Deutschland, Frankreich und Japan.[38] Die Hälfte des globalen OTC-Handels wird an zwei Finanzplätzen, London und New York, abgewickelt. In den Industrieländern finden 99 Prozent des Derivatehandels statt, in den Entwicklungs- und Schwellenländern ein Prozent.[39] Während jedoch der Nutzen im Norden ist, bekommt der Süden die Risiken ab, siehe Asienkrise. Allein diese Asymmetrie rechtfertigt eine Regulierung des Derivatemarktes.

Maßnahme Nummer eins könnte die Untersagung des unregulierten und unbeaufsichtigten OTC-Handels sein. Wenn schon Derivate, sollten sie nur an den regulierten Börsen stattfinden. Das lässt sich analog zum Glücksspiel betrachten. Auch hier gibt es die Beschränkung auf bestimmte Räume unter bestimmten Regeln. Das Motiv der Regulierung von Derivaten ist jedoch nicht primär die Verhinderung des Bankrotts der aktiven Spieler, sondern des Bankrotts unbeteiligter Dritter. Unregulierte Finanzmärkte dürfen keine Gefahr für Gesellschaft und Wirtschaft darstellen. Huffschmid schlägt die drastische Erhöhung der Sicherheitsleistungen vor: Eigenkapitalforderungen auf OTC-Derivategeschäfte sollen – von derzeit 50 Prozent – auf 100 Prozent (einfache Termingeschäfte Futures, Forward, Swaps) und 300 Prozent für spekulative Optionen steigen. Tobin- und Börsenumsatzsteuer würden zusätzlich Sand ins Derivate-Getriebe streuen. Schließlich könnten rein spekulative und hochriskante Derivate, zum Beispiel Leerverkäufe (ein Investmentfonds verkauft eine – geliehene – Aktie oder Währung zu einem hohen Preis, in der Hoffnung, sie nach eingetretenem Kursverfall billig wieder aufkaufen zu können), verboten und generell eine Zulassungspflicht für neue Produkte eingeführt werden (ähnlich wie in der Chemieindustrie).

Aus einer wirtschaftsethischen Perspektive ist die Einschränkung des Derivatehandels mit der »Reduktion von Komplexität« und der Einstufung als Risikotechnologie zu legitimieren. »Risikotechnologien« sind nur von ExpertInnen zu verstehen, nur für wenige Akteure zugänglich, hochkomplex und ein Risiko für die Allgemeinheit. So ein Marktsegment ist abzulehnen. Niemand kann außerdem die Verantwortung für die Konsequenzen eines Unfalls tragen, zum Beispiel atomarer GAU oder gentechnische Auskreuzung. Auf den Derivatemärkten kann kein Akteur die Verantwortung für eine Finanzkrise tragen. Die Krisenauslöser wurden bislang zwar von der öffentlichen Hand (IWF, Fed) gerettet, aber noch nie zur Kasse gebeten. Durch die enorme Komplexität, Wechselwirkungen und Kettenreaktionen kann es jederzeit zu neuen, großen Crashs kommen, was die ökonomische und soziale Entwicklung aller Länder gefährdet. Beim Bankrott des LTCM-Hedgefonds waren Risikomathematiker beteiligt, die den Nobelpreis erhalten hatten. Wenn diese Personen es schon nicht schaffen, mit dem Risiko zurande zu kommen, wer dann?

④ Verbot von Hochrenditefonds

Neben der explosionsartigen Entwicklung bei den Derivaten gibt es einen weiteren Flächenbrand auf den globalen Finanzmärkten: aggressive Private-Equity- und Hedgefonds. Diese Hochrenditefonds, die in der Regel in Steueroasen registriert und dem betuchten Publikum vorbehalten sind, zeichnen sich durch hochspekulative und aggressive Anlagestrategien aus. Denn sie wollen nicht müde zwei oder drei Prozent Rendite, sondern 15 bis 25 Prozent. Dafür attackieren sie Währungen, zerschlagen Unternehmen und spekulieren mit Rohstoffen. Die Folgen sind egal, Hauptsache, die Rendite stimmt. Zwar trifft diese Einstellung auch für manchen Gemischtwarenhändler zu, doch Macht und Möglichkeiten milliardenschwerer Investmentfonds sind ungleich größer.

Eine Hedgefonds-Anlagestrategie, die »traditionellen« Pensions- oder Investmentfonds verboten ist, sind Leerverkäufe: Die Fonds leihen sich Aktien bei einer Bank oder Versicherung aus und verkaufen sie, um damit einen Kurssturz auszulösen. Nach dem Preisverfall kaufen sie die Aktien auf dem Markt günstig zurück und geben sie der EigentümerIn zurück. So geschehen 2001 bei der Deutschen Telekom. Hedgefonds wie Thames River Capital lösten mit Leerverkäufen den Kurssturz aus. Danach kauften sie die Aktien billig auf und gaben sie zurück. Die Kursdifferenz war ihr Profit.[40]

Eine andere beliebte Fonds-Spielwiese ist die Devisenspekulation. Je stärker Währungen schwanken, desto höher sind ihre Gewinnaussichten, sie waren sowohl bei den spekulativen Angriffen auf Pfund und Lira beteiligt – hier verdiente die Spekulanten-Legende George Soros in kurzer Zeit eine Milliarde US-Dollar – als auch auf die Währungen Südostasiens 1997/98. Als »Trendfolger« verstärken Hedgefonds generell begonnene Entwicklungen bei Aktien-, Rohstoff- oder Währungspreisen und verstärken somit die Instabilität auf den Finanzmärkten. Zu diesem Schluss kommen auch Elmar Altvater und Birgit Mahnkopf: »Hedgefonds sind wegen ihrer Strategie, hohe Risken einzugehen und ebenso hohe Renditen abzuschöpfen, zu den wichtigsten

Verursachern des steigenden Systemrisikos auf den globalen Finanzmärkten geworden.«[41]

Schließlich kaufen sie sich aggressiv in Unternehmen ein, um – speziell bei Insolvenzen, Fusionen oder Rationalisierungen – kurzfristigen Profit aus ihnen zu schlagen. Erstes prominentes deutsches Opfer war die Frankfurter Börse, deren langfristige Strategie – die Übernahme der Londoner Börse – durch den britischen »The Children's Investment Fund« TCI zerschlagen wurde. Auch bei DaimlerChrysler hatten Hedgefonds angeklopft, als Vorstandsvorsitzender Jürgen Schrempp Mitte 2005 überraschend den Hut nahm. Private-Equity- oder Hedgefonds fallen nie durch positive Nachrichten auf, ihr Auftauchen hat immer einen Beigeschmack von UFO-Attacken.

Anzahl und Anlagemacht der UFOs nimmt auf beängstigende Weise zu: Waren Hedgefonds vor 20 Jahren so gut wie inexistent, sind heute schon fast 8000 von ihnen unterwegs, sie verwalten ein Vermögen von mehr als 1000 Milliarden US-Dollar.[42] Dieses Volumen wird sich bis 2010 verdoppeln, das wäre eine Vervierzigfachung gegenüber 1990. Mehr als die Hälfte der Fondsmanager gehen von einer Rendite von durchschnittlich elf bis 20 Prozent aus[43], das ist das Fünf- bis Zehnfache des gegenwärtigen Wirtschaftswachstums. Ähnlich den Chancen sind auch die Risiken, doch die Informations- und Beziehungsvorteile sorgen dafür, dass Hochrenditefonds tatsächlich größere Chancen auf überdurchschnittliche Renditen haben als KleinanlegerInnen.

Deshalb wächst auch rasch die Erkenntnis, dass etwas gegen diese Renditejäger unternommen werden muss: Sowohl der ehemalige deutsche Bundeskanzler Gerhard Schröder als auch der österreichische Kanzler Wolfgang Schüssel sprachen sich für die Regulierung aus. Der Chef der deutschen Bundesanstalt für Finanzdienstleistungsaufsicht, Jochen Sanio, bezeichnet Hedgefonds als »schwarze Löcher« des Finanzsystems. Gemeinsam mit der Deutschen Bundesbank fordert er die internationale Regulierung von Hedgefonds.[44] Auch die britische Financial Services Authority (FSA) würde gern die ansässigen Hedgefonds strenger überwachen. Derzeit ist die Industrie nicht reguliert, aber bereits für die Hälfte der Umsätze an der Londoner und New Yorker Börse verantwortlich, so die *Financial Times*. Nicht alle sind gegen Hedgefonds. Diese »fördern Markteffizienz und Marktliquidität, übernehmen Risiken, bieten Portfoliodiversifizierung an und können Sanierungen erleichtern«, findet das *Handelsblatt*.[45] Regulierungen sollten daher nur im internationalen Gleichklang erfolgen – also nie. US-Finanzminister John Snow vertritt die Ansicht, dass man Fonds »dem freien Spiel der Märkte« überlassen sollte.[46] Wieder einmal pfeifen die USA auf Kooperation.

Die klarste Maßnahme wäre, Hedgefonds einfach zu verbieten. Während ihre volkswirtschaftliche Gefährlichkeit und Schädlichkeit auf der Hand liegt – im Juni 2006 warnte erstmals sogar die EZB vor einem globalen, von Hedgefonds ausgelösten Finanzcrash –, ist kein vergleichbarer Nutzen zu erkennen. Allein aus verteilungspolitischen Gründen wäre das Verbot von Hedge- und Private-Equity-Fonds gerechtfertigt: Eines der größten globalen Probleme ist derzeit die wachsende Ungleichheit. Hochrenditefonds bieten ausschließlich den Reichen eine überdurchschnittliche Vermehrung ihrer ohnehin schon überdurchschnittlichen Vermögen. Die Vermögen der Reichen wachsen dadurch noch schneller als die der Armen (so diese überhaupt welche besitzen). Es ist daher kontraproduktiv, in dieser Situation den Reichen Instrumente an die Hand zu geben, die den Armen nicht zur Verfügung stehen. Hedgefonds sollten schlicht verboten werden. Das war bis vor wenigen Jahren der Fall. Die Milliarden-Investoren Warren Buffet und George Soros fordern ebenfalls ein Hegdefonds-Verbot, allerdings nicht aus verteilungspolitischen Überlegungen, sondern aus Sorge um die globale Stabilität.[47]

Eine schwächere Variante wäre, sie in die allgemeinen Richtlinien für europäische Investmentfonds mit einzubeziehen. Finanzaufseher Sanio schlägt vor, beim Eigenkapital anzusetzen, um die Hebelwirkung zu zerstören. Als Erste haben kurioserweise die USA zu regulieren begonnen: Seit Februar 2006 gilt bei der Börsenaufsicht SEC Registrierpflicht für Hedgefonds-Manager.[48]

Generell sollte eine Größengrenze für Fonds eingerichtet werden, zum Beispiel 100 Millionen Euro. Dann hätten sie keine bedrohliche Macht. Der »Children's Investment Fund« brachte die Deutsche Börse mit einer Acht-Prozent-Beteiligung unter seine Kontrolle. Eine weitere Möglichkeit wäre daher, die Beteiligung für bestimmte Veranlagungsformen mit beispielsweise einem Prozent zu begrenzen. Das wäre auch ein Schritt zur viel bemühten, aber real nicht existierenden »Aktionärsdemokratie«. In Aktionärsversammlungen haben in aller Regel wenige Große das Sagen, während die »demokratische« Mehrheit nur zusehen darf.

Der Widerstand gegen die Bändigung der Finanzmärkte wird groß sein, weil es gewichtige Profiteure vom derzeitigen undemokratischen und instabilen Regime gibt. Banken, Versicherungen und Fondsindustrie werden erbittert gegen jede Form der Regulierung ankämpfen und wider besseren Wissens und historischer Erfahrung die Selbstheilungskräfte des Marktes beschwören. Es geht aber um den Vorrang des Gemeinwohls vor privaten Gewinninteressen. Die globalen Finanzmärkte müssen in ein klares Regelsystem gesteckt werden, damit sie uns dienen und nicht wir ihnen. Denn: Ziel ist nicht »das Gedeihen der Finanzindustrie«, sondern »das Gedeihen der Republik«.[49]

1 WEED (2001), S. 50.
2 Erich Streissler: »Wechselkurse und Weltfinanzmärkte«, in Wirtschaftspolitische Blätter 4/2004, S. 387. Zitiert in KITZMÜLLER/BÜCHELE (2005), S. 235.
3 Die Zeit, 27. April 2004.
4 Außenminister Joschka Fischer, Frankfurter Rundschau, 30. September 2003.
5 DER SPIEGEL (2005), S. 112.
6 STIGLITZ (2002), S. 285.
7 OeNB.
8 HUFFSCHMID (2002), S. 223–237.
9 STIGLITZ (2002), S. 231–232.
10 Heribert Dieter: »Die Zukunft der Globalisierung. Zwischen Krise und Neugestaltung«, Nomos, Baden-Baden 2005.
11 Zitiert in Werner Hörtner: »Am Geld liegt es nicht«, in Südwind 1/2005, S. 12.
12 STIGLITZ (2002), S. 278.
13 STIGLITZ (2002), S. 239–241.
14 STIGLITZ (2002), S. 259–261.
15 IWF (2005), S. 13.
16 STIGLITZ (2002), S. 261.

17 COPUR/SCHNEIDER (2004), S. 67.
18 STIGLITZ (2002), S. 255.
19 IWF-Länderbericht für Österreich 2004, präsentiert am 26. Juli 2005: http:// www.imf.org/external/country/AUT/index.htm
20 DIETER (2002), S. 44.
21 Bank für Internationalen Zahlungsausgleich, Jahresberichte 1998 und 2004.
22 Paul Bernd Spahn: »Zur Durchführbarkeit einer Devisentransaktionssteuer«, Gutachten im Auftrag des Bundesministeriums für Wirtschaftliche Zusammenarbeit und Entwicklung, Januar 2002.
23 JETIN/DENYS (2005), S. 131.
24 JETIN/DENYS (2005), S. 159.
25 UNDP (1997), S. 112.
26 Kurier, 13. Juli 2005.
27 WAHL (2005), S. 26.
28 WAHL (2005), S. 21.
29 Benannt nach dem französischen Finanzexperten Jean-Pierre Landau, der den Bericht koordinierte. Siehe GROUP DE TRAVAIL SUR LES NOUVELLES CONTRIBUTIONS FINANCIÈRES INTERNATIONALES (2004).
30 ALTVATER/MAHNKOPF (1999), S. 193.
31 Financial Times Deutschland, 16. September 2003.
32 OGGER (2001), S. 151.
33 LIPKE (2003), S. 23.
34 ALTVATER/MAHNKOPF (1999), S. 190.
35 Handelsblatt, 8. März 2004.
36 LIPKE (2003), S. 43.
37 Frank Partnoy: »F.I.A.S.C.O. Blood in the Water on Wall Street«, W. W. Norton, London 2002, S. 276.
38 LIPKE (2003), S. 23-25 und 37.
39 IWF: »Global Financial Stability Report«, Washington, Dezember 2002, S. 54.
40 DER SPIEGEL (2005), S. 29.
41 ALTVATER/MAHNKOPF (1999), S. 191.
42 Frankfurter Allgemeine Zeitung, 28. Juli 2005.
43 Der Standard, 7. Juli 2005.
44 Die Presse, 2. Juli 2005.
45 Handelsblatt, 11. Januar 2006.
46 dpa, 5. Juli 2005.
47 KITZMÜLLER/BÜCHELE (2005), S. 362.
48 Der Spiegel 27/05.
49 KITZMÜLLER/BÜCHELE (2005), S. 355.

Zinsen runter!

»*Die Geldpolitik der Bundesbank / Europäischen Zentralbank ist die wichtigste Ursache für das positive Zins-Wachstums-Differential seit den späten Siebzigerjahren.*«

STEPHAN SCHULMEISTER, WIRTSCHAFTSFORSCHER

Wenn Sie jemand fragt, ob sie in einer Welt mit bedingungslos freiem Kapitalverkehr leben wollen, werden Sie vermutlich antworten: »Es kommt darauf an, was es bringt.« Wenn Ihnen daraufhin versichert wird, dass völlig freier Kapitalverkehr ein höheres Wachstum, mehr Wohlstand und Sicherheit für alle Menschen bringe, dann werden Sie vermutlich antworten: »Gut, dann versuchen wir es.« Der freie Kapitalverkehr bleibt aber relativ abstrakt für Sie, Ihre Hoffnungen knüpfen sich an höhere Einkommen und weniger Armut weltweit. Das sind die eigentlichen Ziele, der freie Kapitalverkehr ist nur das Instrument, das uns – hoffentlich – zu diesen Zielen bringt. Anders würden Sie – vermutlich – antworten, wenn Sie gefragt werden: »Wollen Sie, dass alle Menschen zu essen haben und die ökologischen Lebensgrundlagen geschützt werden?« Dann werden Sie nicht denken, was das bringt, denn Ernährung und Umweltschutz sind – bei den meisten von uns – Ziele an sich. Das heißt, wir sollten viel mehr über die eigentlichen Ziele von Wirtschaftspolitik und Globalisierung reden, und nicht zuerst über die Instrumente. Genau das aber passiert in Bezug auf den »freien Kapitalverkehr«.

Mit dem Ende des Systems fixer Wechselkurse und der Liberalisierung des Kapitalverkehrs brach eine globale Währungskonkurrenz aus: Alle Notenbanken müssen nun darauf achten, dass das globalisierte Kapital nicht in eine andere (attraktivere) Währung abwandert. Das beste Mittel zur Anlockung des Kapitals sind hohe reale Zinsen (Nominalzinsen minus Inflation). Den Beginn machten die USA: Um die Inflation im Zaum zu halten und den schwächelnden Dollar aufzuwerten, hob die Fed die Leitzinsen von 4,5 Prozent 1977 auf über 20 Prozent 1981 an.[1] Dieser Schock löste – da die Kreditzinsen in der Regel den Leitzinsen folgen – nicht nur die globale Schuldenkrise aus, sondern auch eine Massenmigration des Kapitals in den US-Dollar. Um den Exodus zu bremsen, mussten alle anderen Länder ebenfalls die Zinsen erhöhen. Infolgedessen kam es in den Achtzigerjahren zu einem weltweiten Anstieg der Realzinsen. Der Preis des Geldes stieg trotz steigendem Kapitalangebot (Vermögensbildung), weil durch die Standortkonkurrenz das Geld an allen Orten potenziell knapp war. Lagen die realen Anleihe- und Kreditzinsen in den G7-Staaten in den Sechziger- und Siebzigerjahren nahe null Prozent, so lagen sie in den Achtziger- und Neunzigerjahren deutlich darüber *(siehe Tabelle 1)*.

In Relation zum Wirtschaftswachstum gesetzt, wird das Bild noch deutlicher: Lagen die realen Zinsen in den Sechziger- und Siebzigerjahren um drei Prozentpunkte unterhalb der Wachstumsrate, so lagen sie in den Achtziger- und Neunzigerjahren um zwei Prozentpunkte darüber *(siehe Schaubild 1)*.

> *Warum sind hohe Realzinsen – über der Wachstums- beziehungsweise Profitrate – ein Problem? Dazu einige grundsätzliche Klärungen:*
>
> **Zins und Wachstumsrate**
> Aus der Sicht eines Staates ist entscheidend, ob der Realzins ober- oder unterhalb der realen Wachstumsrate liegt. Warum? Bei konstantem Staatshaushalt in Relation zum BIP steigen die Staatseinnahmen mit dem Wirtschaftswachstum. Liegt der durchschnittliche Zinssatz für die Staatsschulden über dem Wirtschaftswachstum, muss ein höherer Teil der Staatseinnahmen für den Zinsendienst aufgewendet werden – oder die Verschuldungsrate steigt. Liegen sie hingegen darunter, sinkt automatisch der Teil der Steuereinnahmen, der für den Schuldendienst verwendet wird – oder die Verschuldungsrate sinkt. An diesem Zusammenhang ist ersichtlich, dass nicht so sehr die Höhe der Staatsschulden das Problem ist, sondern die Höhe der Zinsen.

Zins und Profitrate

Aus der Sicht des Unternehmers ist das Verhältnis zwischen Zinsrate und Profitrate relevant. Erwartet er hohe Gewinne, wird er auch vor einem teuren Kredit (oberhalb der BIP-Wachstumsrate) nicht zurückschrecken, solange der Gewinn (Return on Investment) höher ist als die Kreditkosten. Volkswirtschaftlich kann für die Gesamtheit der Unternehmen gesagt werden, dass teure Kredite (und ein im Verhältnis niedriges Wachstum) kein günstiges Klima für Investitionen sind. Liegen die Kreditkosten höher als der erwartete Profit, oder anders, übersteigt der Zins die Profitrate, wird die Kreditaufnahme nicht stattfinden. Stattdessen wird das Unternehmen versuchen, selbst von den hohen Zinsen zu profitieren

Tabelle 1
Reales Zinsniveau zehnjähriger Staatsanleihen 1959–2001

	Kanada	Frankreich	Deutschland	Italien	Japan	GB	USA	G7
1959–1971	2.80	1.57	2.87	2.23	1.18	2.63	1.76	2.25
1972–1981	0.63	0.80	3.09	−3.13	0.43	−1.21	0.45	0.15
1982–1991	6.54	5.54	4.70	4.10	4.46	4.62	5.74	5.10
1992–2001	5.32	4.68	4.12	4.80	3.23	4.07	4.05	4.33

Quelle: Felix (2002)

Schaubild 1
Zins höher als Wachstum
Reales Zinsniveau minus realer Wachstumsrate

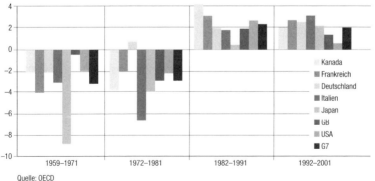

Quelle: OECD

und seine Gewinne auf den Finanzmärkten zu investieren. Je mehr Unternehmen dies tun, desto weniger Arbeitsplätze werden geschaffen.

Wem nützen niedrige Zinsen?
Niedrige Zinsen nützen somit der realen Wirtschaft und den Beschäftigten, weil sie Investitionen und die Schaffung von Arbeitsplätzen begünstigen. Gleichzeitig nützen sie dem Staat und den SteuerzahlerInnen, weil die Staatsschulden billig und leistbar werden. Somit profitiert die Mehrheit der Menschen in einer Volkswirtschaft von niedrigen Zinsen.

Wem nützen hohe Zinsen?
Für Geldbesitzer hingegen sind niedrige Zinsen zunächst nachteilig. Ihr Interesse liegt darin, dass sich das Geld möglichst rasch vermehrt. Je höher der reale Zinssatz, desto besser für sie. Selbst ein Realzinssatz über der gesamtwirtschaftlichen Wachstums- oder Profitrate würde sie erfreuen, allerdings nur kurzfristig, weil längerfristig solch ein Zinsniveau nicht nur die SchuldnerInnen in den Bankrott treibt, sondern auch die reale Wirtschaft bremst oder in die Rezession zieht und damit auch die Geldbesitzer und Gläubiger schädigt.

Geldbesitzern bleibt bei unattraktiven Finanzrenditen (Zinsen, Aktien) immer noch die Möglichkeit, in die reale Wirtschaft zu investieren und dort höhere Renditen zu erzielen. Unattraktive Finanzrenditen müssen daher keine VerliererInnen kennen – im Gegensatz zu hohen Zinsen. Zwar besitzt fast jede Oma ein Sparbuch, doch das Gros der Zinsen kommt einer Minderheit zugute: Das reichste Drittel der österreichischen Bevölkerung kassiert 75 Prozent aller Zinserträge. Das ärmste Drittel bekommt nur 6,5 Prozent.[2] Die Ärmeren haben keinen Vorteil von hohen Zinsen, hingegen alle Nachteile.

In einem Regime des freien Kapitalverkehrs sind die Zinsen tendenziell überall höher (was im Widerspruch zur neoklassischen Wirtschaftstheorie steht, derzufolge offene Märkte mehr Konkurrenz und niedrigere Preise bedeuten). Dadurch werden aber nicht nur Investitionen gebremst, was die Arbeitslosigkeit erhöht und die Staatshaushalte ins Defizit bringt, sondern es müssen auch zahlreiche SchuldnerInnen den Zinsendienst aus der Substanz bestreiten: Sie werden ärmer. Die Standortkonkurrenz führt zu einer globalen Umverteilung von SchuldnerInnen zu Gläubigern. Elmar Altvater: »Für Gläubiger und Geldbesitzer war dies wie ein Geschenk des Himmels, für Schuldner allerdings bedeutete dies die Strangulation.«[3] Und: »Das Bretton-Woods-System war die Voraussetzung für einen Win-win-Kapitalismus. Die Finanzrenditen waren positiv, aber niedriger als die Realrenditen. So hatten alle was, aber der Anreiz, in die Realwirtschaft und nicht gleich in den Finanzsektor zu investieren zulasten der Realwirtschaft, war größer.« WIFO-Ökonom Stephan Schulmeister kommt zum selben Ergebnis: »Es kommt zu einer Umverteilung von der Realwirtschaft zur Finanzwirtschaft: Investitionen und Wachstum kommen nicht zustande, weil am Finanzsektor die Gewinne maximiert werden.«[4] Die Langzeitdatenreihen für die EU-15 zeigen, wie nach dem Übergang zu Realzinsen oberhalb der Wachstumsrate die Investitionstätigkeit relativ zum BIP zurückging, das Wirtschaftswachstum schwächer wurde und die Arbeitslosigkeit anzusteigen begann *(siehe Schaubilder 2 bis 5)*.

Schaubild 2
Wirtschaftswachstum in der EU-15, 1960–2004

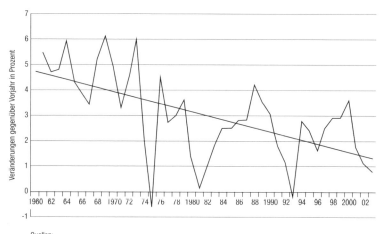

Quellen:
Europäische Wirtschaft Nr. 71, 2001, Statistischer Anhang, Tabelle 10,
European Economy Nr. 4, 2004, Statistic Annex, Table 10

Schaubild 3
Investitionsquote in der EU-15, 1960–2004

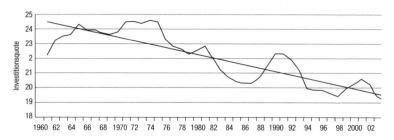

Schaubild 4
Arbeitslosigkeit in der EU-15, 1960–2004

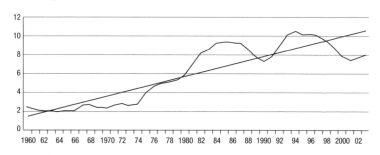

Schaubild 5
Lohnquote in der EU-15, 1960–2004

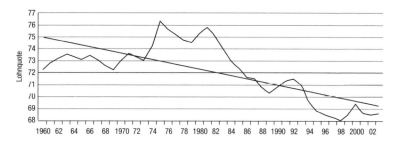

Quellen:
Europäische Wirtschaft Nr. 71, 2001, Statistischer Anhang, Tabelle 19, Tabelle 3, Tabelle 32;
European Economy Nr. 4, 2004, Statistical Annex, Table 19, Table 3, Table 32

Staaten in der Zins-Bredouille

Manch einer mag einwenden: Die Zinsen sind derzeit doch so niedrig wie nie zuvor. Dieser Eindruck täuscht: Was niedrig ist, sind die Nominalzinsen (absolutes Zinsniveau). Da sich aber gleichzeitig die Inflation auf einem historischen Tiefststand befindet, betragen die Realzinsen (nominelle Zinsen minus Teuerung) immer noch ein paar Prozent. Beispiel: Bei einem Prozent Inflation ergeben Nominalzinsen von drei Prozent Realzinsen von zwei Prozent. Da auch das reale Wachstum nur noch zwischen einem und zwei Prozent kriecht, liegen auch Anfang des neuen Jahrtausends die Realzinsen oberhalb der Wachstumsrate. Auch die »viel höheren« Zinsen der Siebzigerjahre, an die sich vielleicht manche erinnern, waren die nominellen Zinsen. Da gleichzeitig die Inflation deutlich höher war, lagen die realen Zinsen nahe null, während das reale Wirtschaftswachstum rund drei Prozent betrug, also deutlich darüber lag.

Entscheidend ist das Verhältnis der realen Zinsen zur Wachstumsrate (für den Staat) und zur Profitrate (für Unternehmen). Liegen sie darüber, kann von »finanzieller Repression« oder »Akkumulation durch Enteignung« gesprochen werden. Geld wird von den SchuldnerInnen und SteuerzahlerInnen zu den Gläubigern umverteilt. Bei längerem Andauern bremsen die Finanzmärkte die Realwirtschaft in die Rezession. Europa steht derzeit an dieser Kippe.

Wie schon angesprochen, sind Staatsschulden nicht an sich ein Problem, sondern das Zinsniveau entscheidet, ob die Staatsschulden eine Belastung darstellen oder nicht. Liegt die Verzinsung der Staatsschuld oberhalb der Wachstumsrate, müssen die Zinsen aus der Substanz bezahlt werden: Der Staat wird ärmer. Liegt sie darunter, können die Zinsen aus dem Zuwachs der Steuereinnahmen beglichen werden.

In den Siebzigerjahren waren die Realzinsen nicht nur unterhalb der Wachstumsrate, sondern teilweise sogar negativ. Schulden entwerteten sich von selbst, wer sich verschuldete, brauchte (real) weniger zurückzahlen, als sie/er ausborgte. Staatsschulden lohnten sich also – ein Eldorado für Investitionen und Staatsausgaben jeder Art. Die große Wende kam in den Achtzigerjahren: Als die US-Notenbank die Zinsen ruckartig anhob, war es aus mit dem billigen Geld, die Schulden wurden zum Bumerang und begannen nun immer größere Teile der Steuereinnahmen aufzufressen oder brachten die Staatsschulden zur Explosion. Schulmeister: »Bei einem permanent positiven Zins-Wachstums-Differential ist die Staatsschuld in allen Ländern seit Ende der Siebzigerjahre rascher gestiegen als die Gesamtwirtschaft.«[5]

Dazu ein Beispiel: Der österreichische Staat zahlt derzeit (2004) 6,8 Milliarden Euro oder 4,8 Prozent Zinsen (durchschnittliche nominelle Verzinsung der Staatsschuld) an seine Gläubiger. Wäre die reale Verzinsung der Staatsschuld so hoch wie im Schnitt der Siebzigerjahre (0,4 Prozent), dann betrüge die Verzinsung – bei einer Inflation von 2,1 Prozent (Durchschnitt Neunzigerjahre) – nur 2,5 Prozent oder 3,75 Milliarden Euro, um drei Milliarden Euro weniger als heute.[6] Da das Budgetdefizit 2004 geringer war: zwei Milliarden Euro, hätte Österreich – beim Zinsniveau der Siebzigerjahre – eine Milliarde Budgetüberschuss erzielt. Nicht die Staatsschulden also sind das Hauptproblem, sondern die Höhe ihrer Verzinsung.

Der springende Punkt ist nun, dass sich das Zinsniveau (Anleihe- und Kreditzinsen) nicht willkürlich auf den Märkten bildet. Den ersten Schritt macht der Staat: Der Leitzinssatz, von dem alle anderen Zinssätze abhängen, wird von den Notenbanken festgelegt, in der Euro-Zone von der Europäischen Zentralbank (EZB). Diese kann dazu beitragen, dass der reale Zinssatz unterhalb der Wachstums-/Profitrate liegt oder darüber – je nachdem, welches Ziel sie verfolgt. Genau hier liegt das Problem: Die EZB verfolgt nicht vorrangig das Ziel eines möglichst günstigen Kreditgeldes, um Investitionen und damit die Schaffung von Arbeitsplätzen anzureizen, sondern ein anderes: Inflationsbekämpfung zugunsten der Geldwert- und Preisstabilität. Diesem Ziel hat sie sich in verbissener Weise verschrieben. Alle anderen Ziele sind für sie zweitrangig. Nun ist die Eindämmung der Inflation durchaus vernünftig. Die Hyperinflation in der Zwischenkriegszeit haben die

Ältesten von uns noch schmerzhaft in Erinnerung. Doch die Zeiten haben sich geändert. Zum einen ist die Inflation heute niedriger, weil die europäischen Wirtschaften weitgehend stabil sind. Zum anderen führt ein bisschen mehr Inflation keineswegs zwangsläufig in den Teufelskreis der Hyperinflation, im Gegenteil: Einstellige Inflationsraten stellen in der Regel kein Problem dar. Die EZB achtet jedoch nicht auf neuere Erfahrungswerte, sondern erlaubt dogmatisch höchstens zwei Prozent Inflation. Ein so rigider Zielwert kann nur mit Paranoia und nicht mehr mit ökonomischer Vernunft begründet werden. Oder mit Interessen: Es gibt nämlich klare Profiteure einer möglichst niedrigen Inflation: die Besitzer von Geld. Je niedriger die Inflation, desto langsamer entwertet sich das Geld; und je höher der reale Zins, desto besser für sie. Da das reale Zinsniveau seit 25 Jahren über der Wachstumsrate liegt, wachsen die Besitzeinkommen seither schneller als die Gesamtwirtschaft – es findet Umverteilung von den SchuldnerInnen und SteuerzahlerInnen zu den Kapitalbesitzern statt. Hohe Zinsen (im Dienste der Inflationsbekämpfung) sind ein doppeltes Mittel der Umverteilung. Direkt, weil sie die Einkommen der Geldbesitzer erhöhen, und indirekt, weil sie die Arbeitslosigkeit erhöhen und damit die Verhandlungsmacht der Gewerkschaften schwächen, was erneut auf Kosten der Löhne geht. Dies ist zum Teil eine offene Strategie des Monetarismus, der geldpolitischen Strömung des Neoliberalismus, der Gewerkschaften als »Kartelle« betrachtet und daher zerschlagen möchte. Die meisten Industrieländer, auch Deutschland und Österreich, verzeichnen seit Jahren Lohnabschlüsse unterhalb des Produktivitätswachstums. Die Beschäftigten bekommen schon lange nicht mehr den ihnen zustehenden Anteil an den Zuwächsen, die Verteilung wird immer ungerechter, der Anteil der Löhne am Volkseinkommen (Lohnquote) sinkt und mit ihr die Inlandsnachfrage. Hier schließt sich der Kreis: Wenn die Nachfrage fehlt, nützen selbst niedrige Zinsen nichts, um Investitionen anzureizen. Darum heißt es, die Geldpolitik ist wie ein Seil: Man kann daran ziehen (Zinsen erhöhen), aber nicht stoßen: Zinssenkungen allein sind noch kein Garant für einen Konjunkturaufschwung.

Paradigma 1: Preisstabilität/Monetarismus
Wichtigstes Ziel der Geldpolitik ist die Bekämpfung der Inflation, auch um den Preis hoher Realzinsen und der daraus folgenden Dämpfung der Konjunktur, höherer Arbeitslosigkeit, steigender Staatsschulden und Umverteilung von SchuldnerInnen zu Gläubigern.
Motto: *Lieber zehn Prozent Arbeitslosigkeit als drei Prozent Inflation.*
Zitat: *»Eine Zinssenkung wäre nicht nur dumm, sie wäre verrückt.«*[7]

Paradigma 2: Wachstum und Vollbeschäftigung/Keynesianismus
Wichtigstes Ziel der Geldpolitik ist die Ankurbelung von Investitionen durch Zinssätze unterhalb des Wirtschaftswachstums. Dadurch steigen Beschäftigung und Staatseinnahmen, während die Staatsausgaben (für Arbeitslosigkeit und Zinsendienst) zurückgehen: gut fürs Budget. Mäßige Inflation wird in Kauf genommen, Angst gibt es nur vor hoher Inflation.
Motto: *»Lieber fünf Prozent Inflation als fünf Prozent Arbeitslosigkeit.«* (Altbundeskanzler Helmut Schmidt)
Zitat: *»Die Zinsen müssen runter, und das rasch.«*[8]

Die Verbohrtheit bei der Erhaltung der Preisstabilität ist übrigens nicht allein der EZB anzulasten, sondern auch ihren Gründervätern, die sie mit diesem einseitigen Auftrag versahen, allen voran der Deutschen Bundesbank. Als Preis für ihre »Auflösung« im System der Europäischen Zentralbanken übertrug sie den Kreuzzug gegen die Inflation auf alle anderen Notenbanken. Hier liegt das zweite Problem der EZB: Sie ist nahezu sortenrein mit Notenbankern besetzt, die in ihrer großen Mehrheit Preisstabilitätsfetischisten sind – und keinen Millimeter von ihrem Mandat abweichen. Drittens wurde die EZB von der Politik in die totale Unabhängigkeit entlassen: Weder die Regierungen noch die Parlamente können sie kontrollieren oder ihr Vorgaben machen. Sie können es wohl versuchen, und in den letzten Jahren rufen immer mehr ÖkonomInnen, Wirtschaftsverbände und PolitikerInnen nach einer Zinssenkung, doch je lauter sie rufen, desto störrischer wird die EZB. Selbst die Hinweise, dass die USA relativ glimpflich aus dem Börsenkrach 2000 hervorgegangen sind, weil die dortige Notenbank »Fed« die Zinsen drastisch gesenkt hatte, um Investitionen und Konsum anzukurbeln (ohne dass die große Inflation ausgebrochen wäre), lassen die EZB kalt. Die Demokratie zahlt hier den Preis der Selbstentmachtung.

ALTERNATIVEN

⑤ Schengen für das Kapital

»Wenn die Konkurrenz auf den liberalisierten Finanzmärkten zur Steigerung und nicht zur Absenkung des Realzinsniveaus geführt hat und die Volatilität von Kursen sehr hoch geblieben ist, dann folgt schlüssig, dass die Konkurrenz eingedämmt und die Deregulierung der Märkte rückgängig gemacht werden muss.«[9] Manchmal tun klare Worte einfach gut. Elmar Altvaters Überlegung führt zum »Trilemma« der Währungspolitik: Unter den ExpertInnen herrscht (ausnahmsweise) Einigkeit, dass in der Währungspolitik nur zwei von drei Bedingungen (für Stabilität und Wohlstand) erreicht werden könnten: freier Kapitalverkehr, wachstumsfreundliche (Niedrig-)Zinspolitik, fixe Wechselkurse.

Von diesen drei Bedingungen gilt derzeit der freie Kapitalverkehr als die wichtigste, er ist sakrosankt. Auch stabile Wechselkurse sind eine wichtige Bedingung, wenn sie auch selten erfolgreich umgesetzt wird. Völlig in den Hintergrund getreten ist eine investitions- und konsumfreundliche Geldpolitik. Billiges Geld zur Förderung von Investitionen und Nachfrage ist aber – aus Sicht des Autors – die wichtigste dieser drei Bedingungen; auch stabile Wechselkurse sind zweifellos positiv; erst zum Schluss folgt der freie Kapitalverkehr. Er hat weder höheres Wachstum noch billigeres Geld gebracht, sondern neben höheren Zinsen und langsamerem Wachstum auch noch zunehmende globale Instabilität und Steuerungerechtigkeit. Wenn ohnehin »nur zwei von drei« Bedingungen möglich sind, sollte daher der freie Kapitalverkehr aufgegeben und die globale Standortkonkurrenz um das Kapital beendet werden. Notenbanken sollen die Zinsen senken können, ohne Angst haben zu müssen, damit eine Kapitalflucht auszulösen. Die Ankurbelung der Wirtschaft ist wichtiger als die optimale Bewirtung des Kapitals. Ebenso die *Ziele* Stabilität und Steuergerechtigkeit.

Wie genau die Einschränkung der Bewegungsfreiheit des Kapitals aussehen soll, ist an diesen Zielen zu messen. Als erster Schritt muss die politische Diskussion enttabuisiert werden. Der freie Kapitalverkehr bildet – neben unbegrenztem Privateigentum – den Kern des neoliberalen Grals, weshalb mit heftigem Widerstand seitens der Finanzwelt zu rechnen ist. Die Stoßrichtung kann aus der Debatte um die Einführung der Tobinsteuer übernommen werden: Realwirtschaftliche Transaktionen – Finanzierung von Handel, Tourismus und Direktinvestitionen – sollen »zollfrei« die Grenzen passieren dürfen, während kurzfristige Finanzinvestments und der Steuerflucht verdächtige Transaktionen strengen Kontrollen unterliegen: Schengen für das Kapital statt für Menschen.

⑥ Demokratisierung der EZB

Wenn dem globalen Kapital der Fluchtweg versperrt ist, fällt es auch leichter, die Europäische Zentralbank aus der Unabhängigkeit zu entlassen und in eine demokratische Wirtschaftspolitik einzubetten. Es ist eine Bankrotterklärung an die Demokratie, dass eine der wichtigsten Stellschrauben der Wirtschaftspolitik jeder demokratischen Kontrolle entzogen ist. Drei Reformschritte sind nötig: Erstens muss das einseitige Ziel der Preisstabilität von einem ausgewogeneren Zielmix abgelöst werden. Die Begünstigung von Investitionen, die Senkung der Arbeitslosigkeit und die stabile Teilhabe der Löhne am Volkseinkommen sind genauso wichtig wie Geldwertstabilität und hohe reale Finanzrenditen. Zweitens bedarf es einer verstärkten Rechenschaftspflicht und Kontrolle durch andere Organe, zum Beispiel das Europaparlament. In einer Demokratie gibt es keinen Grund, Institutionen einzurichten, die durch keine andere kontrolliert werden. Drittens sollen die entscheidenden Organe der Europäischen Zentralbank neu zusammengesetzt werden. Alle gesellschaftlichen Interessen sollen vertreten sein, nicht nur Notenbanker wie bisher. Die KonsumentInnen (stabile Preise), die ArbeitnehmerInnen (Vollbeschäftigung), die realen UnternehmerInnen (günstige Kredite, hohes Wachstum), die Exporteure (weicher Euro), die Gläubiger (hohe Realzinsen) und SchuldnerInnen (niedrige Zinsen) sollen ihre Interessen auf den Tisch legen und demokratisch ausfechten dürfen. Zinsverhandlungen sollten ruhig den Charakter von Kollektivverhandlungen annehmen. Zinsen sind einerseits strategische Preise (ähnlich Wechselkursen und Rohstoffpreisen), deren Festsetzung nicht »objektiven« Technokraten überlassen werden sollte. Auf der anderen Seite sind sie Einkommen und sollten genauso kollektiv verhandelt werden wie Löhne. Gläubiger und Schuldner sind voneinander abhängig wie Arbeitgeber und Arbeitnehmer, beide beruhen auf ungleicher Macht. Es ist nicht einzusehen, warum die einen sich kollektiv organisieren dürfen, die andern nicht. Auch die Gewerkschaften sind dem Kapitalismus nicht »angeboren«. Sie mussten (und müssen zum Teil heute noch) in langwierigen gesellschaftlichen Auseinandersetzungen mit viel Blutvergießen erstritten werden.

In der schwedischen Zentralbank sitzen die Gewerkschaften, ohne dass die Bank deswegen zusammengebrochen wäre. Im Gegenteil, Schweden hat ein höheres Wirtschaftswachstum als die Euro-Zone, Budgetüberschuss, sinkende Staatsschulden und, wie zum Hohn, eine deutlich niedrigere Inflationsrate: 1,1 Prozent in der Zehnjahresperiode 1996 bis 2005 (Euro-Zone: 1,96 Prozent). Einzelbeispiele sind immer mit Vorsicht zu genießen, aber mit Schweden hat ein prominentes Land sämtliche Annahmen der Stabilitätsfetischisten widerlegt. Als im Juli 2005 die Zurufe an die EZB immer lauter wurden, den Leitzinssatz von zwei Prozent abzusenken (unter anderem vom Präsidenten der österreichischen Wirtschaftskammer, Christoph Leitl), und die EZB schon allein deshalb nicht senken konnte, weil sie fürchtete, ihre Glaubwürdigkeit zu verlieren, senkte die schwedische Zentralbank ganz cool von zwei auf 1,5 Prozent. Die EZB erhöhte im Herbst auf 2,25 und Anfang 2006 weiter auf 2,5 Prozent. Da zog zwar Schweden auch auf zwei Prozent nach, aber bei einem erwarteten Wirtschaftswachstum von 3,6 Prozent – im Gegensatz zu 1,9 Prozent in der Euro-Zone. Wenn Interessen offen diskutiert werden können, anstatt ein Glaubensbekenntnis zu hüten, lässt sich leichter Politik machen.

Die vorgeschlagenen Maßnahmen bedeuten in der gegenwärtigen Situation (Wachstumsraten zwischen einem und zwei Prozent und Inflationsraten von zwei Prozent) eine kräftige Absenkung der Leitzinsen (in Richtung null Prozent). Panik ist nicht angebracht. Erstens ist nämlich noch lange nicht gesagt, dass damit tatsächlich die Inflation ansteigt, es ist ja nur eine Angst – und Ängste können bekanntlich irrational sein. Eine der Ängste der Zentralbanken lautet: Wenn die Arbeitslosigkeit auf ein zu geringes Niveau fällt, steigen die Lohnforderungen der Gewerkschaften und damit die Preise: Inflation! Joseph Stiglitz hat gezeigt, dass das Absinken der Arbeitslosigkeit in den USA auf ein für die Fed »gefährliches« Niveau keineswegs die befürchtete Inflation ausgelöst hat. Die Fed vermutete Mitte der Neunzigerjahre, dass eine Arbeitslosigkeit von mindesten sechs Prozent herrschen müsse, damit die Inflation – über Lohnforderungen – nicht außer Kontrolle gerate. Entsprechend ließ sie die Zinsschraube angezogen. Als die Arbeitslosigkeit unverhofft auf 3,9 Prozent fiel und die Inflation dennoch nicht anzog, waren die Ängste und Prognosen der Fed ad absurdum geführt.[10] Zweitens schadet ein bisschen mehr Inflation nicht, es darf also »das Wasser getestet« werden nach so vielen Jahren der Trockenheit und der Hypochondrie. Die Ängstlichkeit der EZB ist so ausgeprägt, dass sich US-Star-Ökonom Paul Krugman zu einer paradoxen Ansage hinreißen ließ: »Europa braucht mehr Inflation!« Diese ironische Empfehlung lässt auf den Grad der Verbohrtheit der EZB-Ökonomen schließen. Sie ist so fortgeschritten, dass einigen Ländern schon eher Deflation droht denn Inflation, allen voran Deutschland. Wird die Massenkaufkraft auch weiterhin durch Lohnrunden unterhalb des Produktivitäts- und Wirtschaftswachstums sowie durch Sozialabbau und Angstsparen für die private Rentenvorsorge geschwächt, wird die Inlandsnachfrage auch die nächsten Jahre nicht vom Fleck kommen. Schlimmstenfalls werden die Preise zu sinken beginnen und Deutschland in eine Rezessionsspirale schlittern. Japan lässt grüßen.

❼ Steuerliche Korrektur der Umverteilung durch den Zins

In den letzten 25 Jahren wirkten die Staatsschulden aufgrund der hohen Zinsen als gewaltige Umverteilungsmaschine. Ein kleiner Teil der Bevölkerung, die InhaberInnen von Staatsanleihen, kassierte gutes Geld, die Erträge lagen deutlich über dem gesamtwirtschaftlichen Wachstum. Die Rechnung bezahlten die SteuerzahlerInnen. Von der Allgemeinheit zu den Geldbesitzern umzuverteilen und die Kluft zwischen Arm und Reich zu vertiefen, ist aber wirklich nicht Aufgabe des Staates. Es empfiehlt sich daher, diesem Trend gegenzusteuern. Am einfachsten ginge dies – neben der Senkung der Leitzinsen – über Steuern. Konkret: über die Einbeziehung sämtlicher Kapitaleinkommen unter die (progressive) Einkommensteuer. Derzeit werden zahlreiche Kapitaleinkommen bei der Steuererklärung vergessen, im Ausland auf anonymen Konten versteckt oder – Zinsen in Österreich – nur mit flachen Kapitalertragssteuern (KESt) belastet. Das stellt sie deutlich besser als Arbeitseinkommen, die in vollem Ausmaß progressiv besteuert werden. Diese Diskriminierung gehört beendet (Kapitel *Globale Steuergerechtigkeit*), Zinsen und andere Besitzeinkommen sollten automatisch ans Finanzamt gemeldet und als Teil des Gesamteinkommens progressiv besteuert werden.

Falls diese Maßnahme nicht ausreichen sollte, um den Trend der wachsenden Ungleichheiten zu stoppen, müssten als »zweiter Gang« Vermögenssteuern dazugeschaltet werden, um einen Teil der überschüssigen Substanz wieder von den Reichen an die Allgemeinheit – die Wirtschaft, die sozial Schwachen, den öffentlichen Sektor – rückzuverteilen. Die Geldpolitik (EZB) und die

Fiskalpolitik (Steuern) sind die beiden zentralen Stellschrauben der Wirtschaftspolitik. In Demokratien sollten PolitikerInnen nicht zögern, sie entsprechend ihrer gesellschaftlichen Zielsetzungen zu bedienen.

Konjunktur- und verteilungspolitische Überlegungen waren das Motiv für die bisherigen Vorschläge. Der Zins an sich wurde nicht in Frage gestellt, nur seine Höhe. Eine fundamentale Kritik am Zins lautet: Er fördere das Wachstum, und da auf einem endlichen Planeten kein ewiges physisches Wachstum stattfinden könne, sei er an sich schlecht und abzuschaffen. Der Islam verbietet – aus verteilungspolitischen Gründen – die Zinsnahme, die katholische Kirche verhängte lange Zeit schwere Strafen gegen Zinsnehmer. Dazu ist mehreres zu sagen:

1. Die Analyse, dass immer währendes materielles Wachstum in einem endlichen Planeten nicht möglich ist, stimmt klarerweise, das Kapitel *Ökologische Gerechtigkeit* beschäftigt sich damit.

2. Es sind aber nicht alle ökonomischen Aktivitäten, Investitionen und Wachstumsprozesse gleich schlecht oder gut für die Umwelt. Es gibt Investitionen, zum Beispiel in die biologische Landwirtschaft, in erneuerbare Energien oder in personennahe Dienstleistungen (Bildung, Gesundheit), die aus ökologischer Sicht positiv zu bewerten sind, Wachstum vertragen und einen Anreiz verdienen.

3. Wenn der Zins gänzlich abgeschafft wird, kann seine wachstumsbeschleunigende oder wachstumverlangsamende Wirkung nicht mehr differenziert eingesetzt werden. Ein Steuerungsinstrument geht verloren.

4. Die Abschaffung des Zinses brächte vermutlich gar nicht geringeres, sondern im Gegenteil höheres Wachstum. Genau das war ja Zweck und Erfolg des Schwundgeld-Experiments von Wörgl in der Zwischenkriegszeit. Das Schwundgeld (beim Horten verlor es an Wert) wurde so schnell wieder ausgegeben, dass die Wirtschaft mit zweistelligen Wachstumsraten wuchs. Ein negativer Realzins – oder eine Schwundgebühr – wäre somit eine regel-

rechte Wachstumspeitsche. Das mag für kleinräumige Regionen in der Krise eine Lösung oder eine sinnvolle *Ergänzung* sein, aber ob es eine Alternative für eine Volkswirtschaft oder gar die Weltwirtschaft ist?

5. Große Kapitale würden sich vermutlich in Gold und Immobilien verlagern und dort zu hoher Inflation führen.

6. Auch in einer Zins-Geldwirtschaft muss der Zins längst nicht immer positiv sein. Wir haben schon gesehen, dass er in den Sechziger- und Siebzigerjahren zeitweise negativ war und Schulden dadurch von selbst weniger wurden. Auch in den Neunzigerjahren und Anfang des neuen Jahrtausends gab es in Japan und den USA ein negatives Realzinsniveau. Als zentrale volkswirtschaftliche Steuerungsschraube kann der Zins höher oder tiefer, positiv oder negativ, über oder unter die Wachstumsrate gesetzt werden. Entscheidend ist nicht, ob es den Zins überhaupt gibt, sondern wie demokratisch und in wessen Interesse seine Höhe festgesetzt wird.

7. Das exponentielle Wachstum des Umweltverbrauchs muss zweifellos gestoppt werden, aber nicht unbedingt durch die Abschaffung des Zinses, dessen Effekt wie beschrieben möglicherweise gegenteilig ist. Für Ressourceneffizienz und Umweltschutz sind die Steuer-, Finanz-, Energie- und Umweltpolitik zuständig.

1 www.federalreserve.gov/releases
2 WIFO-Berechnungen, zitiert im Kurier, 12. Februar 2003.
3 ALTVATER (2003), S. 6.
4 Der Standard, 1. August 2005.
5 SCHULMEISTER (1996), S. 4. »Alle Länder« sind die wichtigsten Industrieländer.
6 Es mag der Einwand kommen, dass bei derart niedrigen Zinsen auch die Inflation höher wäre. Das kann, muss aber nicht sein. Selbst wenn die Wahrheit in der Mitte läge, würde sich Österreich einiges an Zinsen ersparen.
7 Melvyn Krauss, Professor an der Stanford University, Der Standard, 16. Juli 2005.
8 Eric Frey, Ökonom und Leitender Redakteur, Der Standard, 23. April 2004.
9 Elmar Altvater in WEED (2004), S. 29.
10 STIGLITZ (2004), S. 97 ff.

Börsen auf euren Platz!

»Die kleinen Leute namentlich, und selbst die gewöhnlichen Bürgerklassen hatten bisher von der ganzen Börse nur eine schwache Ahnung (...) Sie verwahrten ihre Ersparnisse im alten Strumpf, sie gaben ihr Geld auf die Sparcasse oder auf Grundstücke – bis die Gründerjahre auch sie aufblicken ließen, auch sie in ihren Strudel zog (...) Jedes Blatt und jedes Blättchen legte sich einen Courszettel zu, errichtete eine ständige Rubrik für Börsennachrichten, brachte in Inseraten wie im redactionellen Teil täglich Reclamen für neue Gründungen und neue Actien (...)«

STIMMUNG VOR DEM GRÜNDERKRACH IN DEUTSCHLAND 1873[1]

Börsen sind heute wieder das Nervenzentrum des Kapitalismus. In der Geschichte war die Rolle, die sie innerhalb einer Volkswirtschaft spielen, sehr wechselhaft. Mal fanden sie so gut wie keine Beachtung, dann wieder starrte alles wie gebannt auf die »Actienkurse«. Im jüngsten Boom der Neunzigerjahre griff – nicht zum ersten Mal – der verhängnisvolle Glaube um sich, dass alle durch Aktien reich werden könnten. Und erstmals wurde sogar der Traum vom »Ende des Konjunkturzyklus«, sprich vom immer währenden Wirtschaftsboom geträumt. Ein Blick in die Geschichte hätte zu mehr Nüchternheit geraten. Fast regelmäßig kommt es zu gewaltigen Börsenkrachs, die zum Zusammenbruch der Gesamtwirtschaft führen, am verhängnisvollsten in der Weltwirtschaftskrise der Dreißigerjahre. Schon davor gab es folgenschwere Börseneinstürze, beispielsweise den Gründerkrach in Deutschland, aber auch in jüngster Zeit – siehe Japan Mitte der Achtzigerjahre. Auffällig ist, dass jedem Börsenkollaps der Versuch breiter Bevölkerungsschichten vorangeht, am spektakulären Börsenboom teilzuhaben: 1871, 1929 und auch 1999. Immer wenn das (breite) Volk an die Börse will, tappt es in die Falle. Daraus sollten wir eigentlich lernen. Doch seit 15 Jahren sind die Aktienkurse wieder das Symbol für die Vitalität der Wirtschaft und Regierungen starten »Kapitalmarktoffensiven«, um den Börsen zum Durchbruch zu verhelfen. Die mediale und politische Aufmerksamkeit, die den Börsen zuteil wird, steht in keinem Verhältnis zu ihrer volkswirtschaftlichen Bedeutung; und in keinem Verhältnis zum Risiko, das sie für die große Mehrheit der Menschen bedeuten.

Finanzierungsfunktion unbedeutend

Der erste große Börsenmythos ist, dass sie die große Geldquelle für kapitalbedürftige Unternehmen seien. Gesamtwirtschaftlich tragen Aktien nämlich »fast nichts zur Finanzierung von Investitionen bei«[2]. Sowohl in Kontinentaleuropa als auch in den USA und Großbritannien werden Investitionen ganz überwiegend aus den erwirtschafteten Gewinnen der Unternehmen finanziert. Danach kommen Kredite und zuletzt Aktien: »Selbst auf dem Höhepunkt des letzten Börsenbooms 2000 lag der Anteil des über den Aktienmarkt aufgebrachten Kapitals an den Bruttoanlageinvestitionen in den USA bei 12,5 Prozent, in Deutschland bei 6,4 Prozent und in Österreich bei fünf Prozent.« Im weniger guten Jahr darauf nur noch bei sieben Prozent in den USA, 1,8 Prozent in Österreich und 0,7 Prozent in Deutschland.[3] Unterm Strich floss in den Neunzigerjahren, während des großen Booms, nicht Geld von der Börse zu Unternehmen, sondern umgekehrt: Die Unternehmen kauften mehr Aktien zurück, als sie neue ausgaben.

Der negative Finanzierungseffekt gilt natürlich nicht für alle Branchen und Regionen, doch die gelobten Länder sind eng begrenzt: »Entgegen der vielfach geäußerten Behauptung, in den USA würden Jungunternehmer von risikofreudigen Investoren mit Geld überschüttet, ist die Bereitstellung von Risikokapital gesamtwirtschaftlich nicht bedeutsam und konzentriert sich zudem auf wenige Branchen und Regionen. Wer eine Hi-Tech-Firma im Silicon Valley gründet, hat sicher überdurchschnittliche Chancen, einem spendierfreudigen Investor in die Arme zu laufen. »In fast allen anderen Branchen und Regionen dagegen stellt sich den Gründern die Frage banaler: Entweder sie haben reiche Verwandte und Bekannte oder der Traum von einer eigenen Firma bleibt ein Wunsch.« Mit – volkswirtschaftlich gesehen – wenigen Ausnahmen bleibt die Börse somit auch in den USA ein »Tummelplatz für die Großen«.[4] In dieses Bild passt, dass Start-ups oft genug erst an die Börse gehen, *nachdem* sie sich zu erfolgreichen Firmen gemausert haben – aus eigener Kraft.

Der Wirtschaftsforscher Stephan Schulmeister hat mit anschaulichem Datenmaterial 1960 bis 2000 belegt, dass der Zusammenhang »boomende Börsen – steigende Unternehmensinvestitionen« nicht nur nicht besteht, wie gemeinhin angenommen, sondern sogar negativ ist. So war die Investitionsfreudigkeit von Kapitalgesellschaften sowohl in Deutschland als auch in den USA in den Sechziger- und Siebzigerjahren deutlich höher als während des Börsenbooms in den Achtziger- und Neunzigerjahren. Anders: Als auf den Börsen tote Hose herrschte, investierten die Unternehmen kräftig und schufen zahlreiche Arbeitsplätze, während, besonders in Deutschland, beim Börsenboom die Realinvestitionen sogar zurückgingen. Schulmeister: »In den USA und in Deutschland tragen die Aktienemissionen nicht nennenswert zur Finanzierung der Realkapitalbildung bei.«[5] Engelbert Stockhammer kommt zu einem ähnlichen Ergebnis: »Die Aktienmärkte und die Börsenkurse haben wenig Einfluss auf die Investitionstätigkeit.«[6] Offenbar braucht es also die Börsen nicht für eine boomende Volkswirtschaft.

Beim Aufbau von spekulativen Blasen können sie sogar als Konjunkturbremse wirken: Geht es auf den Aktienmärkten steil bergauf, wollen die Unternehmen dabei sein. Anstatt ihre Gewinne in Produktion und Beschäftigung zu investieren, veranlagen sie sie lieber auf den Finanzmärkten, wo sie sich höhere Renditen erhoffen. Sie nehmen dafür sogar Kredite auf, aber wie gesagt nicht, um Arbeitsplätze zu schaffen, sondern um Aktien zu kaufen. Gleichzeitig gehen ihre realen Investitionen (»Arbeitsplätze«) zurück. Die Folge: Das Wirtschaftswachstum war während des gewaltigen Börsenbooms in den USA nur gleich hoch wie zur

Zeit der Börsenflaute, in Deutschland war es sogar deutlich niedriger (3,2 Prozent in der börsenschwachen Periode 1960 bis 1982 gegenüber 2,3 Prozent in der Glückssträhne 1982 bis 1999).[7] Entscheidend ist, dass solche grundlegenden volkswirtschaftlichen Zusammenhänge in den Medien kaum dargestellt oder durch die glanzvolle Porträtierung erfolgreicher Unternehmen, die tatsächlich expandieren und investieren, überdeckt werden.

Dritter Börsenmythos: Schulmeisters WIFO-Kollege Franz Hahn kommt bei der Untersuchung von 22 Industrieländern im Zeitraum 1970 bis 2000 zum Ergebnis, dass starke Kapitalmärkte die Volkswirtschaften »tendenziell destabilisieren« und weiters, dass effiziente Kapitalmärkte (hoher Umsatz) nicht in einem positiven, sondern sogar leicht negativen Zusammenhang mit dem langfristigen Wachstum stehen.[8] Die ÖkonomInnen des BEIGEWUM (Beirat für gesellschafts-, wirtschafts- und umweltpolitische Alternativen) fassen zusammen: »Entgegen der vielfach geäußerten Behauptung, eine Ausweitung des Aktienbesitzes und mehr Börsennotierungen von Unternehmen seien notwendig, um die Wirtschaft zu beleben, lassen sich keine Zusammenhänge zwischen Börsenentwicklung und gesamtwirtschaftlicher Wachstums- und Produktivitätsentwicklung feststellen.«[9]

Schaubild 6
Investitionen/Profite

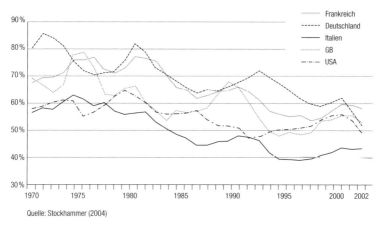

Quelle: Stockhammer (2004)

In einer anderen Untersuchung hat Stockhammer gezeigt, dass in den großen Ökonomien Deutschland, Japan, USA, Großbritannien und Frankreich die Gewinne der Unternehmen zwar stark zunehmen, dies aber nicht zu mehr Investitionen führt, wie eine der zentralen Behauptungen der Neoliberalen lautet: Der Anteil der Gewinne, der »real« investiert wird, geht in allen Ländern deutlich zurück *(siehe Schaubild 6)*.

Der Grund: Steigende Gewinne führen nicht zu mehr Investitionen in Produktion und Beschäftigung, sondern werden ausgeschüttet oder in Aktien, Anleihen und Derivate investiert – wodurch sich das Finanzkarussell immer schneller dreht. »Schuld« daran tragen aber nicht die Unternehmen, sondern die Politik.

Deregulierung und Shareholdervalue

Denn seit den Achtzigerjahren stehen Liberalisierung und Deregulierung inklusive »Kapitalmarktoffensiven« auf dem Programm. Aktienerwerb und -verkauf wurden erleichtert, private Rentenvorsorge forciert, öffentliche Unternehmen an die Börse gebracht, Optionsprogramme für Manager steuerlich begünstigt und Börsenumsatzsteuern abgeschafft. Gleichzeitig kam es zu technischen Neuerungen, der Handel wurde elektronisiert und globalisiert und der Kapitalverkehr liberalisiert. Diese Maßnahmen haben der Börsenkultur und dem Shareholdervalue den Boden bereitet. Sie sind kein »Phänomen der Globalisierung«, sondern jahrelange politische Regulierungs- und Gesetzesarbeit. Im neuen »Regime« werden Aktien immer schneller gehandelt. Die durchschnittliche Haltedauer hat sich seit 1980 von zehn Jahren auf elf Monate verkürzt. Während sich der Aktien*bestand* nur verdreifacht hat, hat sich das *Handels*volumen verzwanzigfacht.[10] Die Aktie ist somit von einem Instrument der Investition (BesitzerIn lebt langfristig von Dividenden) zu einem Instrument der Spekulation geworden (BesitzerIn spekuliert auf kurzfristigen Kursgewinn). Ob das für die langfristige Unternehmensentwicklung gesund ist, darf jede/r selbst beantworten.

Pudelwohl hingegen fühlen sich in diesem neuen Klima der hohen Umsätze und der Kursschwankungen Fonds. Die Herausbildung milliardenschwerer Investmentgesellschaften hat zunächst in den USA eine folgenreiche Machtverschiebung mit sich gebracht: War Aktienkapital in den Nachkriegsjahrzehnten so weit gestreut, dass keiner der Aktionäre einen entscheidenden Einfluss auf die Unternehmen ausüben konnte – was dem Management langfristiges Planen und Handeln ermöglichte –, so traten nunmehr Fonds mit geballter Macht als Eigentümer auf und setzten das Management unter Druck, um die größtmögliche Rendite für die Anteilsinhaber herauszuschlagen: »Shareholdervalue«.

Das beste Hilfsmittel, die kurzfristige Gewinnmaximierung zum ausschließlichen Unternehmensziel zu machen, sind so genannte Aktienoptionen: Manager erhalten neben dem regulären Lohn die Option, Aktien zu einem Zeitpunkt in der Zukunft zum gegenwärtigen (niedrigen) Preis zu kaufen; ist der Aktienkurs bis zum vereinbarten Zeitpunkt gestiegen, gehört der Kursgewinn ihnen. Dadurch entwickeln CEOs (Vorstandsvorsitzende) ein Eigeninteresse daran, den Kurs um jeden Preis in die Höhe zu treiben, sei es durch Geschäftstüchtigkeit, radikale Jobabbauprogramme oder Bilanzfälschungen. Wer den Kurs nicht in die gewünschte Höhe »pflegt«, fliegt. Bei General Motors, IBM, American Express, Kodak und Westinghouse wurden Anfang der Neunzigerjahre die Vorstände gefeuert.[11]

Die Erwartung hoher (zweistelliger) Renditen sollte stets vor dem gesamtwirtschaftlichen Hintergrund betrachtet werden. Die »reifen« Volkswirtschaften der Industrieländer wachsen in den letzten Jahrzehnten um durchschnittlich zwei Prozent. Bei einer gerechten Verteilung des Wachstums auf Gewinne und Löhne kann der Gewinn eines durchschnittlichen Unternehmens nur um diese zwei Prozent wachsen. Das gilt auch für die Gesamtheit der Aktiengesellschaften. Aktienkurse bilden langfristig die (erwarteten) Unternehmensgewinne ab, daher können sie – im Durchschnitt und bei gerechter Verteilung – ebenfalls nicht rascher wachsen als die reale Wirtschaft: Zwei Prozent sind aber eine äußerst unattraktive Rendite – noch dazu vor Gebühren und Steuern.

Höhere Kursgewinne gibt es nur in einzelnen Branchen (dann gibt es aber Verluste in anderen Branchen); im Zuge von Börsenblasen (die aber irgendwann platzen); oder auf Kosten von Löhnen, Arbeitsplätzen und sozialer Sicherheit – genau das erleben wir seit einigen Jahren. Trotz Rekordgewinnen werden Arbeitsplätze abgebaut, Sozialleistungen gestrichen und die Ausschüttungen an die Aktionäre kräftig erhöht. In Österreich wurde das profitable Traditionsunternehmen Semperit geschlossen,[12] in Deutschland musste der Qualitätshersteller Grohe dran glauben. Erkenntnis: Durch starke Börsen und große Fonds wächst nicht die Wirtschaft schneller, sondern es verschiebt sich die Macht zu den – kurzfristig orientierten – Eigentümern. »Akkumulation durch Enteignung« heißt das. Wollen wir das?

Die Mehrheit der Bevölkerung will das sicher nicht, aber bestimmte Gruppen profitieren ganz außerordentlich von dieser Machtverschiebung. Der Börsenboom der Neunzigerjahre hat rund um die »Nervenzentren« des Kapitalismus eine »Finanzindustrie« entstehen lassen und gleichzeitig die Sucht dieser Gruppe nach mehr Geld bis ins Kriminelle angefacht: CEOs, Analysten, Händler, Banker, Buchprüfer und Rating-Agenturen wurden des Betrugs und der Irreführung überführt, und das nicht in Einzelfällen, sondern epidemisch:

Topmanager fälschten die Bilanzen, um den Aktienkurs in die Höhe zu treiben, wovon sie über Aktienoptionen direkt profitierten. »Enron, WorldCom und Tyco wurden aufgearbeitet, aber sie waren nur ein kleiner Teil [der Unternehmen, in denen gefälscht wurde]«, merkt Star-Ökonom Paul Krugman an.[13]

Analysten haben Aktien nicht kritisch bewertet, sondern systematisch beworben. Titel, die intern als Schrott galten, wurden hochgejubelt, um vor allem Kleinaktionäre zu ködern und das Emissionsgeschäft der Banken zu fördern. Langfristigen Studien zufolge liegen zwei Drittel der Analysten mit ihren Gewinneinschätzungen generell daneben.[14]

Wirtschaftsprüfer haben die Unternehmen beraten, die sie auch prüften. Die Beratungshonorare sind höher als die Prüfungshonorare. Um ihre Kunden nicht zu verlieren, haben sie oft

Persilscheine ausgestellt. Der *Economist* ortete »perverse Interessenkonflikte«. Nach *Bloomberg Markets* wurde der Hälfte der Unternehmen, die zwischen 1996 und 2001 Pleite gingen, ein positives Prüfungszeugnis ausgestellt. Nicht einzelne Unternehmen wie Arthur Anderson, sondern »diese Branche hat versagt«, so Ex-Fed-Chef Paul Volcker.[15]

Rating-Agenturen haben bankrotte Unternehmen, von denen sie bezahlt wurden, als kerngesund eingestuft. Enron erhielt wenige Wochen vor dem Zusammenbruch noch Bestnoten. Auch bei der Asienkrise verkannten die Rating-Agenturen die aufziehende Krise und gaben bis kurz vor dem Sturm grünes Licht für weitere Kredite an die Region.

Banken haben vor allem das Analyse- und Emissionsgeschäft sträflich vermischt. Fast alle Großbanken waren verwickelt, darunter Merrill Lynch, Credit Suisse First Boston, Citigroup oder Goldman Sachs. Die Skandale mündeten in Vergleichszahlungen im Ausmaß von 1,4 Milliarden US-Dollar.[16]

Devisenhändler. Im November 2003 werden in New York nicht weniger als 48 »Trader« von JP Morgan, UBS und ICAP unter Betrugsverdacht vom FBI festgenommen. Ihnen wird vorgeworfen, sie hätten mit langfristigen Anlagegeldern von Kleinanlegern kurzfristig spekuliert und die Gewinne in die eigenen Taschen gewirtschaftet. Betroffen sind 95 Millionen US-BürgerInnen, 6000 Investmentfonds und sieben Billionen US-Dollar Anlagegeld.[17]

Die Möglichkeit, von der Realwirtschaft völlig abgekoppelt hohe Renditen einzuheimsen und an dieser Party teilzuhaben, setzte offenbar jedes Unrechtsbewusstsein außer Kraft. Die Verluste der Kapitalmarkt-Fete für die Volkswirtschaft waren so enorm, dass sie, wären sie von öffentlichen Unternehmen verursacht worden, zu einem Ruf nach einem Wechsel des Wirtschaftssystems geführt hätten. Joseph Stiglitz: »Die Delikte, die sich die Verantwortlichen von Enron, Worldcom, Citigroup oder Merrill Lynch und anderer Unternehmen zuschulden kommen ließen, stellen die meisten Fälle von politischer Korruption in den Schatten. Ein bestechlicher Beamter kassiert im Schnitt ein paar tausend Dollar, allenfalls ein paar Millionen. Die Summen, die bei der Ausplünderung von Enron, Worldcom und anderen Unternehmen unterschlagen wurden, gehen in die Milliarden. Das übertrifft das BIP so manchen Staates.«[18]

Neoliberales Umverteilungsprojekt: Rentenprivatisierung

Dass es zu dieser Dynamik kommen konnte und dass die Börsen heute einen so prominenten Platz innerhalb der Wirtschaft einnehmen, liegt am erfolgreichen Lobbying der Finanzcommunity. Sie hat es geschafft, die Demokratie für ihre Interessen zu instrumentalisieren. Denn die Möglichkeit zur – zunächst legalen – Bereicherung können ihnen letzten Endes nur gültige Gesetze verschaffen. Die Regierungen der Industrieländer führten in den letzten 20 bis 30 Jahren nicht nur die nötige Deregulierung und Liberalisierung durch, sie halfen auch noch kräftig bei der Mobilisierung von Angebot und Nachfrage am Börsenparkett nach: auf der Angebotsseite, indem sie fast alle öffentlichen Industrie- und Infrastrukturunternehmen privatisierten und an den Kapitalmarkt brachten; und auf der Nachfrageseite, indem sie die Rentensysteme abzubauen begannen und die Menschen zur privaten Vorsorge zwingen. »Kapitalmarktoffensiven« machten Stimmung für Aktienbesitz und Börsenrummel. Sie runden auf politischer *und* ideologischer Ebene das neoliberale Umbauprogramm ab.

Der Einstieg in die Rentenprivatisierung ist aber nicht nur das beste Erweckungsmittel für schlafende Kapitalmärkte, sondern vermutlich die verhängnisvollste politische Entscheidung seit der neoliberalen Wende Anfang der Achtzigerjahre. Denn kapitalgedeckte Rentensysteme sind – entgegen verbreiteter Darstellung – in allen drei Hauptanforderungen den öffentlichen Umlageverfahren unterlegen: Sie sind unsicherer, ungerechter und wesentlich teurer, also ineffizienter. Während die Versicherten und die SteuerzahlerInnen, speziell Frauen, zu den VerliererInnen der Privatisierung zählen, sind die Versicherer und die Arbeitgeber die großen Gewinner.

Zum einen wird das Börsenrisiko auf Bevölkerungsschichten verlagert, die es sich nicht leisten können: Rentnerinnen und Rentner. Das Risiko bleibt nicht in seiner »Heimat«, sondern wird vergesellschaftet. Zahlreiche Studien zeigen, dass selbst bei einer konservativen Mischung des Rentenportfolios aus Aktien und Anleihen die Rente – je nach Börsenstand – um über 100 Prozent höher oder niedriger ausfallen kann. Dieses Schwankungsrisiko ist für eine durchschnittliche RentnerIn schlicht nicht tragbar.

Das Risiko ist zudem ungleich verteilt: Während die Profis einen Informationsvorsprung haben, zahlt die Masse der KleinanlegerInnen häufig drauf. In den USA wurden zwei Drittel der Börsengewinne, die der Boom der Achtziger- und Neunzigerjahre brachte, von einem Prozent der Bevölkerung eingeheimst. In den meisten Ländern besitzt ein Prozent der Bevölkerung die Mehrheit aller Aktien.[19]

Diese Ungleichheit wird auch nicht durch die Delegierung des Managements an Fonds gemildert, weil die Mehrheit der Fonds miserabel gemanagt wird: Nur jeder fünfte der aktiv gemanagten Weltaktienfonds schlug in den letzten zehn Jahren den Weltaktienindex MSCI, von den europäischen Aktienfonds waren gar nur acht Prozent besser.[20] Von 35 Fonds, die in deutsche Aktien investierten, schnitten laut einer Untersuchung der Stiftung Warentest 29 schlechter ab als der Aktienindex DAX. Bestseller-Autor Günter Ogger: »Die Manager waren das Geld nicht wert, das ihnen die Anleger bezahlen mussten.«[21] Untersuchungen zeigen, dass die meistverkauften Fonds nicht die mit der besten Performance sind, sondern die am stärksten beworbenen. Fonds haben vor allem einen Gewinner: ihre Betreiber, in den meisten Fällen Banken oder Versicherungen, die an einem Dschungel unterschiedlichster Gebühren, Kommissionen, Prämien und Aufschläge kräftig verdienen – auch bei fallenden Kursen. Das Risiko tragen die KleinkundInnen. Das ist der unbezahlbare Vorteil zum klassischen Kreditgeschäft: Hier trägt das Risiko die Bank. Darum sind Banken so erpicht auf die Vermögensverwaltung und schwatzen der Bevölkerung mit milliardenschweren Werbekampagnen die private Vorsorge auf.

Die Gebühren für die Banken und Versicherungen sind auch der Grund, warum private Vorsorge generell teurer ist als öffentliche: Hunderte einzelne Fonds haben höhere Verwaltungskosten als einheitliche öffentliche Umlagekassen. Außerdem sind die Privaten gewinnorientiert, was allein schon eine geringere Effizienz gegenüber den Öffentlichen bedeutet, weil Letztere den gesamten »Ertrag« an die Versicherten weiterleiten können.

Um dennoch KundInnen zu fangen, hat die Versicherungsindustrie in den letzten zehn Jahren einen beispiellosen Werbefeldzug gegen die öffentlichen Rentensysteme durchgeführt. Mit der Warnung vor der »demografischen Bombe« hat die Verunsicherungsindustrie Rentenangst verbreitet. Wie im Kapitel *Soziale Sicherheit* ausführlich gezeigt wird, ist die demografische Bombe gar keine. Erstens wird die Bevölkerung in den nächsten 50 Jahren kaum schneller altern als in den letzten 50 Jahren. Zweitens war das schon in den letzten 50 Jahren kein Problem, weil die Wirtschaft schneller wuchs, als die Bevölkerung alterte. Drittens wird gleichzeitig die Kinderzahl stark zurückgehen, was den gesamten »Abhängigenquotienten« nahezu konstant hält. Und viertens und wichtigstens: Was soll bitte die Privatisierung gegen die Alterung der Bevölkerung ausrichten? Sie macht das vorgeschobene »Finanzierungsproblem« zu einem echten, denn während im Umlageverfahren die RentnerInnen »nur« für die Renten der vorigen Generation aufkommen müssen, haben sie infolge der Privatisierung *zwei* Generationen zu versorgen: die vorige und die eigene. Mit jedem Prozent Privatisierung wird es daher in Summe teurer.

Auch makroökonomisch gibt es keinen Grund zur Rentenprivatisierung. Ob Menschen ihre Renten über Direktzahlungen (relativ stabil, solidarisch und kostengünstig) oder über Kapitalmärkte (risikoreich, teuer, ohne Umverteilung) organisieren, ist aus demografischer Sicht einerlei, in beiden Fällen braucht es eine möglichst große Zahl von Aktiven, um die Renten *aus dem laufenden Sozialprodukt* zu finanzieren, egal ob über »Realrenditen« (Löhne) oder »Finanzrenditen« (Zinsen, Aktien, Immobilien). Denn das Geld »arbeitet« und »vermehrt sich« ja nicht auf den

Finanzmärkten, es wird an Unternehmen vermittelt, in denen *Menschen* jetzt und heute arbeiten. Arbeitet »das Geld« effizienter, geht es zulasten der arbeitenden (und mietwohnenden) Menschen. Und umgekehrt: Steigen Löhne und Sozialleistungen, bleibt weniger für die Kapitalrendite. In jedem Fall gilt aber: Rücken keine arbeitenden jungen Menschen nach, gibt es kein Wirtschaftsprodukt, und das bedroht die private (Kapital-)Rente genauso wie das (lohnbasierte) Umlageverfahren. Es bedroht die Kapitalrendite noch viel stärker, wie wir in der folgenden Übersicht sehen werden.

Zehn Gründe gegen kapitalgedeckte Rentenvorsorge[22]

1. **Das demografische Horrorszenario ist schon da:** Der angebliche Horror-Fall im Umlageverfahren, nämlich dass dereinst jeder Aktive eine RentnerIn erhalten wird müssen, ist schon heute der Fall. In der privaten Vorsorge. Jede AnspararIn muss eine RentnerIn erhalten: sich selbst.

2. **Eine Generation zahlt zweimal:** Wenn es tatsächlich darum ginge, das System billiger zu machen, dürfte das System nicht gewechselt werden, weil allein durch den Umstieg die betroffene Generation zweimal zur Kasse gebeten wird: einmal für die auslaufende Umlage-Generation und zusätzlich für die eigene Privatpension.

3. **Die demografische Bombe bedroht die Privatrente:** Wenn 2030 eine riesige Zahl von PensionistInnen ihre Wertpapiere an eine relativ kleiner gewordene Zahl von Erwerbstätigen verkaufen will, wird passieren, was auf allen Märkten passiert, wenn das Angebot größer ist als die Nachfrage: Die Preise purzeln in den Keller, die Pensionen fallen geringer aus oder sind ganz futsch.

4. **Privatrente ist unsicher:** Selbst wenn der Aktienanteil im privaten Rentendepot gering gehalten wird, sind Privatrenten extrem instabil. Das zeigen Erfahrungen aus Großbritannien, USA, Chile, Japan, Deutschland und sogar Österreich. 2002, 2003 und 2004 wurden Betriebsrenten in Österreich gekürzt. In Deutschland kappten Riesenfinanzkonzerne wie die Dresdner Bank oder die Gerling-Versicherung einfach die Betriebsrenten.

5. **Private Versicherer sind teurer:** Während das solidarische Umlageverfahren Verwaltungskosten von ganzen 1,8 Prozent der Beiträge (Österreich) beziehungsweise zwei Prozent (Deutschland) »verschlingt«, kostet eine Lebensversicherung zwischen zwölf und 15 Prozent der eingezahlten Prämien. Fonds aller Art sind im internationalen Durchschnitt zehnmal teurer als öffentliche Rentensysteme.

6. **Die Arbeitgeber zahlen nicht mit:** In der gesetzlichen Rentenversicherung wird die Rente zu gleichen Teilen von Arbeitgebern und ArbeitnehmerInnen finanziert. Bei der Privatrente zahlen die Arbeitgeber nicht mit. Das soll – bei steigenden Gewinnen und sinkenden Löhnen – gerechter sein?

7. **Frauen verlieren:** Frauenrenten sind deutlich geringer als Männerrenten. Das liegt an den niedrigeren Löhnen (auch für gleiche Arbeit) und an der Kinderbetreuung, die traditionellerweise von Frauen übernommen wird. In der öffentlichen Vorsorge werden Kinderbetreuungszeiten angerechnet, in der privaten Rente nicht. Zudem müssen Frauen höhere Prämien als Männer zahlen. Manche Männer finden das gerecht: »Die Frauen haben so viele Vorteile: Sie sind schöner, attraktiver als die Männer und leben auch noch länger, da darfs auch mehr Prämie kosten.« Für so offenen und zynischen Sexismus müsste dem Chef der Wiener Städtischen Versicherung, Günter Geyer, die Lizenz entzogen werden.[23]

8. **Unsozial:** Wer kann schon ein paar Hunderter im Monat auf die Seite legen? Arbeitslose, Kranke, McJobber werden schlicht kein Geld für die private Vorsorge übrig haben. Bis zu 60 Prozent der Bevölkerung droht die Altersarmut, falls das System gänzlich privatisiert wird. Siehe Chile.

9. **Systemkonkurrenz:** Die Renten werden in beiden Systemen aus dem laufenden Wirtschaftsprodukt bezahlt, im Umlageverfahren aus den Löhnen, in der Privatrente aus Zinsen und Aktienkursgewinnen. Diese stehen zueinander in Konkurrenz: Sind die Zinsen hoch und regiert der Shareholdervalue, stagnieren Beschäftigung und Löhne. Werden die ArbeitnehmerInnen kräftig entlohnt, leiden die Aktienkurse. Somit ergänzen sich gesetzliche und private Rente nicht, sie schaden einander.

10. **Die Kosten für den Staat sinken nicht:** »Freiwillige« private Vorsorge funktioniert nur mit kräftiger staatlicher Förderung: Die Steuerausfälle in Groß-

britannien werden auf drei Prozent des BIP geschätzt, das ist um 50 Prozent mehr als der Bundeszuschuss ins österreichische Pensionssystem. Dazu kommen staatliche Prämien für die »private« Vorsorge: Sie kommen nicht allen, sondern nur noch jenen zugute, die sich Privatvorsorge leisten können. Nicht zuletzt deshalb steigt in privatisierten Systemen die Altersarmut sprunghaft an (Großbritannien, USA, Chile), weshalb die öffentliche Hand erst recht die Zeche bezahlen muss. Viertens stellt der Wechsel zur Privatrente ein makroökonomisches Risiko dar, weil das plötzliche An(gst)sparen für private Rente zu einem merklichen Rückgang des Konsums führt. Das ist einer der Gründe für die (Inlands-)Stagnation Deutschlands seit 2000.

Angesichts dieser Zusammenhänge darf die private Vorsorge in keiner Weise politisch gefördert werden. Niemand darf zum Aktienbesitz gezwungen werden. Vielmehr müssen die öffentlichen, solidarischen Rentensysteme gestärkt werden und einen ausreichenden Lebensstandard (zum Beispiel 80 Prozent des Letztverdienstes wie in Österreich) leisten. Dass dies möglich ist, wird im Kapitel *Soziale Sicherheit* ausführlich dargestellt.

ALTERNATIVEN

Eine alternative Politik muss den Börsen ihren angemessenen Platz zuweisen. Ziele einer umfassenden Regulierung und Neugestaltung der Börsen könnte sein:
- Aktien werden wieder zu einem langfristigen Finanzierungsinstrument, Finanzmärkte von Handels- zu Finanzierungsmärkten, sowohl Anleger als auch Management haben wieder die langfristige Gesundheit der Unternehmen zum Ziel, die Interessen aller Stakeholder werden gleichermaßen berücksichtigt.
- Bubbles und Crashes werden verhindert, die negative Einwirkung auf die Gesamtwirtschaft verhütet, die Börsen werden auf das reduziert, was sie ursprünglich waren: ein be-

grenztes Marktsegment für Risikokapital. Das Kapitalmarktrisiko wird auf diejenigen Bevölkerungskreise beschränkt, die es sich leisten können. Werbung für Aktienprodukte wird stark eingeschränkt.
- Rente und Börse werden strikt getrennt. Die irrealen Renditeerwartungen werden gebrochen, die Macht der Fonds beschränkt. Shareholdervalue zugunsten von ernsthaftem Stakeholdervalue zurückgedrängt.

⑧ Alternative Kapitalmarktoffensive

Die aktuellen »Kapitalmarktoffensiven« verschmähen die große Mehrheit der Wirtschaft. Zielgruppe sind fast ausschließlich Großunternehmen, die ohnehin vergleichsweise gute Möglichkeiten haben, zu Kapital zu kommen. Doch nur 0,02 Prozent der Unternehmen in Deutschland sind Aktiengesellschaften, in Österreich 0,05 Prozent, auch in den USA nur 0,08 Prozent. Der Mittelstand und die Masse der Klein- und Kleinstunternehmen hat nichts von der »Kapitalmarktoffensive«, er ist unverändert auf den klassischen Bankkredit angewiesen. Sie leiden nicht nur unter der »Zinswende« Anfang der Achtzigerjahre, sondern haben auch zunehmend Schwierigkeiten, zum normalen Bankkredit zu kommen. Das Basel-II-Abkommen schreibt nämlich eine individuelle Risikobewertung für kreditnehmende Unternehmen durch die Banken vor, was einen Teil der Unternehmen von der Kreditvergabe ausschließen wird. Schon 2004 wurden in Österreich zwölf Prozent der von Banken abgelehnten Kredite mit Basel-II-Vorgaben begründet.[24] Auch bei den nicht kommerziellen Banken (Sparkassen und Genossenschaften) könnte es zu einer »Bereinigung« kommen, weil kleine Institute die relativ hohen Kosten des individuellen Ratings nicht tragen können.

Die Kapitalmarktoffensive sollte sich daher nicht auf die Förderung der Börsen beschränken, sondern eine Finanzierungsoffensive für die breite Wirtschaft sein. Eine alternative Kapitalmarktoffensive könnte folgende Elemente umfassen:

- Absenkung der Leitzinsen über die Zentralbank und daraus folgend der Kreditzinsen wie im vorigen Kapitel vorgeschlagen.
- Stärkung der Binnennachfrage durch eine gerechte Verteilung zwischen Gewinnen/Kapitaleinkommen und Löhnen.
- Wiederaufleben der öffentlichen Investitionen.
- Förderung bestehender und Neugründung öffentlicher, genossenschaftlicher und regionaler Banken, deren Ziel nicht die Vermögensverwaltung oder das globale Investmentbanking ist, sondern die Versorgung von kleinen und regionalen Unternehmen mit günstigem Kapital.

Ziel der Offensive ist eine breite Sauerstoffzufuhr für die regionale Wirtschaft anstelle der Errichtung riesiger Futtertröge für die Saurier. Eine blühende und vielfältige Mikrofauna und Mikroflora ist wichtiger für die Volkswirtschaft als die Kolosse. Auch wenn sich das nicht so gut in Werbung verpacken lässt wie der »Neue Markt« oder die »New Economy«.

Zudem könnten öffentliche Banken die Kreditvergabe nach politischen Zielen differenzieren und Investitionen in die Nahversorgung, ökologische Betriebe, erneuerbare Energieträger oder regionale Infrastruktur günstig finanzieren. Diese Bank-Typen (Sparkassen, Genossenschaften, Kommunalkreditbanken) gab es die längste Zeit und gibt es noch, nur sind sie schlicht nicht Gegenstand der Kapitalmarktoffensive. Ihre Bedingungen und ihr Ruf müssten verbessert werden. Nicht Investmentbanker sollten zu Helden stilisiert werden, sondern RegionalbankerInnen, die nachhaltige Entwicklung finanzieren.

⑨ Shareholdervalue brechen

Die Macht der Fonds muss begrenzt werden, sowohl durch eine Größenschranke (zum Beispiel 100 Millionen Euro) als auch durch die Absenkung der Höchstbeteiligung an Unternehmen (zum Beispiel ein Prozent). Bestimmte Fonds-Typen, wie Hedge-

oder Private-Equity-Fonds, sollten verboten werden. Generell sollten die Kriterien für Fonds aller Art öffentlichen Interessen folgen (zum Beispiel Kreditaufnahmeverbot).

Um das Interesse der AnlegerInnen an der langfristigen Unternehmensgesundheit zu stärken, wird das Aktiengesetz dahingehend geändert, dass nur solche AktionärInnen stimmberechtigt sind, die sich zur Haltung der Aktien für einen Mindestzeitraum verpflichten, zum Beispiel drei Jahre. Dieser Vorschlag stammt vom St. Gallener Betriebswirtschaftsprofessor Fredmund Malik. Der Hintergrund ist die kurzfristige Gewinnmaximierung vieler Fonds. Malik: »Es ist ihr gutes Recht, nur an der kurzfristigen Rendite interessiert zu sein, aber sie können das Unternehmen dann nicht in die falsche Richtung lenken.«[25]

Weiters sollte der Aktienkauf auf Kredit möglichst verhindert werden. In den USA gibt es hierfür den so genannten Mindesteinschuss, der derzeit bei 50 Prozent liegt.[26] Das heißt, dass Aktienkauf maximal zur Hälfte mit Krediten finanziert werden darf. Dieser Prozentsatz sollte (in der EU eingeführt und) auf 100 Prozent erhöht werden. Aktienkauf auf Kredit sollte verboten werden.

Um den Aktienhandel gegenüber dem Aktienerwerb unattraktiver zu machen, sollten die Umsatzsteuern an den Börsen wieder eingeführt oder kräftig angehoben werden. Die Aktie als Finanzierungsinstrument bleibt davon unberührt, da die Erstausgabe steuerfrei bleibt. Nur der Handel und damit das Geschäft mit Kursgewinnen wird verteuert und gebremst. Der Anreiz, sich für die Unternehmen, die man besitzt, gar nicht zu interessieren und nur auf einen möglichst kurzfristigen Kurssprung zu setzen, wäre abgeschwächt, das »Spekulationsobjekt« Aktie (Anteil an einem realen Unternehmen, in dem reale Menschen arbeiten) würde wieder stärker zum Anlageinstrument. Schon John Maynard Keynes hatte sich dafür ausgesprochen, »to marry investors to their assets« – also die Bindung zwischen AnlegerInnen und Anlage zu fördern. Die Börsenumsatzsteuer wäre ein probates Bindemittel.

Eine ähnliche Wirkung hätte die steuerliche Gleichstellung von Kapital- mit Arbeitseinkommen, auch sie wäre ein negativer

Anreiz für Spekulanten: Realisierte Kursgewinne werden automatisch dem Finanzamt gemeldet (wie derzeit Arbeitseinkommen) und unter Berücksichtigung der Inflation der Einkommenssteuer unterworfen – unabhängig von der Frist. In Österreich unterfallen Aktienkursgewinne derzeit nur innerhalb eines Jahres der Einkommenssteuer, ab dem 366. Tag sind sie steuerfrei, obwohl sie ein normales Einkommen darstellen. In Deutschland wiederum müsste die 2002 eingeführte Steuerfreiheit von Veräußerungsgewinnen rückgängig gemacht werden, die selbst Porsche-Boss Wendelin Wiedeking als »Monopoly auf Steuerzahlerkosten« bezeichnete.[27]

Vor dem Hintergrund der getroffenen Analysen sollten Steuererleichterungen, Prämien und sonstige staatliche Förderungen der »privaten« Pensionsvorsorge beendet werden. Werbebotschaften privater Vorsorge, die die öffentlichen Rentensysteme als unsicher oder anders nachteilig darstellen, werden verboten. Private Vorsorgeprodukte müssen die Gesamtkosten (Ausgabeaufschlag, Managementgebühren, Transaktionskosten, Verrentungskosten et cetera) nach einer einheitlichen und vergleichbaren Berechnung in jeder Bewerbung ausweisen.

Im Gegenzug sollten die öffentlichen Renten- und Pensionssysteme gestärkt werden, sodass sie allen Menschen einen Ruhestand in Würde ermöglichen und niemand auf Aktien als Vorsorgeinstrument angewiesen ist. Das klingt angesichts der gegenwärtigen Rentendebatte etwas utopisch, ist aber problemlos möglich und finanzierbar, wie im Kapitel *Soziale Sicherheit* detailliert gezeigt wird. Ziel ist, dass das öffentliche System nicht nur eine Armut vermeidende Mindestrente bietet, sondern eine Lebensstandard sichernde Rente, die sich am Letztverdienst orientiert; dass alle Menschen in den Genuss einer Altersrente kommen, weshalb derzeit noch bestehende Lücken geschlossen werden müssen; und dass die Mindestrente in Richtung 1000 Euro angehoben wird.

⑩ Betriebsklimabonus statt Stock Options

In den Neunzigerjahren wurden immer größere Gehaltsbestandteile des Managements von Großkonzernen an die Entwicklung des Aktienkurses gekoppelt, um das Eigeninteresse an möglichst rasch steigenden Kursen zu schüren und die Skrupel vor »harten Maßnahmen« zu verringern. Im Jahr 2001 machten solche Optionen 80 Prozent der Vorstandsvergütungen US-amerikanischer Unternehmen aus.[28] Schon 16,5 Prozent der Aktien von US-Großunternehmen gehören in Form von Optionen den Spitzenmanagern (*Business Week*). Der Mechanismus ist einfach: Die Manager sorgen für steigende Börsenkurse oder sie fliegen: Die Entlassungsrate von CEOs großer Aktiengesellschaften hat sich weltweit seit 1995 vervierfacht.[29] Zwischen 1992 und 2001 räumten die ranghöchsten Manager der 1500 größten US-Firmen zusammen 67 Milliarden US-Dollar in Form von Stock Options ab.[30] Spitzenoptionär ist Philip Anschutz von Qwest, er kassierte im Mai 1999 nicht weniger als 1,9 Milliarden US-Dollar. Ihm folgen Gary Winning von Global Crossing mit 735 Millionen US-Dollar und Larry Ellison von Oracle mit 706 Millionen US-Dollar.

Was nach der großen Ausschüttung passiert, steht auf einem anderen Blatt: Der Kurs von Oracle sackte um 50 Prozent ab. Die 208 Spitzenmanager der 25 größten US-Konzerne, die zwischen Januar 2001 und Juli 2002 Gläubigerschutz beantragten, wurden – davor – mit insgesamt 3,3 Milliarden Dollar entlohnt.[31] Und die Manager jener 1035 Unternehmen, deren Aktienkurs nach dem Platzen der Wall-Street-Blase um mindestens 75 Prozent in den Keller rasselten, marschierten mit einem Lohn von insgesamt 66 Milliarden US-Dollar nach Hause.[32]

Joseph Stiglitz wartet mit weiteren schweren Anklagen gegen Stock Options auf: Sie verstärkten den Anreiz für Firmen, ihre Bilanzen zu frisieren, schufen aber kaum Voraussetzungen für ein Verhalten, das den Wert eines Unternehmens langfristig steigerte.[33] Stock Options seien außerdem kein geeignetes Instrument der Leistungsbelohnung, weil die Ursache für das Steigen der Aktienkurse nicht beim Management liegen muss. Das gilt speziell für den Börsenboom der Neunzigerjahre, als alle Kurse gleichzeitig in die Höhe gingen. Noch schwerer im Magen liegt dem Nobelpreisträger der Umstand, dass Stock Options nicht in den Unternehmensbilanzen berücksichtigt werden. Wäre dem so, hätte zum Beispiel Microsoft im Jahr 2001 nicht einen Gewinn von 7,3 Milliarden US-Dollar gemacht, sondern nur von fünf Milliarden US-Dollar; der Gewinn von Intel wäre um 80 Prozent geringer ausgefallen und der Verlust von Yahoo zehnmal höher.[34] Durch die Ausgabe von Optionen, ohne sie als Kosten zu bilanzieren, entwerten sich automatisch die Aktien aller anderen. Stiglitz bezeichnet Stock Options daher als »Diebstahl an den Aktionären«.

Schließlich sind Stock Options hauptverantwortlich für das extreme Aufklaffen der Einkommensschere zwischen Führungspersonal und MitarbeiterInnen. Verdienten die Manager Anfang der Achtzigerjahre »nur« das Vierzigfache einer durchschnittlichen MitarbeiterIn, so war es Ende der Neunzigerjahre mehr als das Fünfhundertfache.[35] Dass sich ihre Leistung im selben Ausmaß erhöht hat, ist nicht plausibel. Hier liegt vielmehr ein Grund für das Funktionieren des Shareholdervalue: Durch den extrem hohen »Henkerslohn« machen die Henker schmutzige Arbeit.

Am besten wäre es daher, Stock Options zu verbieten. Stattdessen wird eine unabhängige Behörde eingerichtet, die die Zufriedenheit der MitarbeiterInnen (und anderer StakeholderInnen) von Aktiengesellschaften erhebt und die Ergebnisse veröffentlicht. In diesem Gremium arbeiten PsychologInnen, SoziologInnen, MedizinerInnen, OrganisationsentwicklerInnen, GewerkschafterInnen und KonsumentenvertreterInnen interdisziplinär zusammen, die Kriterien der Erhebung werden ebenso dem öffentlichen Diskurs unterworfen wie die Ergebnisse.

Sodann wird die Hälfte des Gehaltes von Topmanagern an das Ergebnis dieser Befragung gekoppelt. Die bestverdienenden Manager sind dann nicht mehr die brutalsten Rationalisierer und Rausschmeißer, sondern diejenigen, die das beste Betriebsklima herstellen. Der Anreiz, Bilanzen zu fälschen, Menschen in Tausenderpaketen zu entlassen, obwohl das Unternehmen Gewinne schreibt, wäre dahin. Wenn schon Anreize, dann die richtigen.

1 OGGER (2001), S. 277.
2 REDAK/WEBER (2000), S. 43.
3 BEIGEWUM (2005), S. 112.
4 REDAK/WEBER (2000), S. 47.
5 SCHULMEISTER (2003), S. 46.
6 Engelbert Stockhammer: »Aktienmärkte, Shareholdervalue und Investitionen«, S. 121–139, in OeNB: »Finance for Growth«, Berichte und Studien 1/2003.
7 SCHULMEISTER (2003), S. 111–112.
8 Franz Hahn: »Aktienmarkt und Konjunkturschwankungen – Gibt es einen Zusammenhang in den OECD-Ländern?«, WIFO-Monatsberichte 8/2003, S. 643–654.
9 BEIGEWUM (2005), S. 111–112.
10 LIPKE (2003), S. 11.
11 REDAK/WEBER (2000), S. 63.
12 Semperit-Chef Hubertus von Grünberg: »Die Not meiner Arbeitnehmer brachte mir Erfolg bei meinen Aktionären.«
13 Der Standard, 23. Juni 2005.
14 Die Presse, 2. Januar 2001.
15 DIE ZEIT 49/2002, S. 24.
16 STIGLITZ (2004), S. 157.
17 Der Standard, 20. November und 1. Dezember 2003.
18 STIGLITZ (2004), S. 177.
19 BEIGEWUM (2005), S. 111.
20 Der Standard, 30. Mai 2005.
21 OGGER (2001), S. 130.
22 Eine ausführlicher Behandlung dieser Thesen findet sich in REIMON/FELBER (2003), Kapitel 7, S. 135–165: »Altern vor Sorge. Die Renten auf dem Risiko Markt.«
23 Der Standard, 30. Januar 2004.
24 Der Standard, 4. Oktober 2004.
25 DIE ZEIT 51/2002.
26 STIGLITZ (2004), S. 91.
27 Interview, Der Spiegel, 18. Mai 2002.
28 STIGLITZ (2004), S. 136.
29 Untersuchung von Booz Allen Hamilton der 2500 weltweit größten Aktiengesellschaften, Die Presse, 20. Mai 2005.
30 http://www.citizenworks.org
31 »The Barons of Bankruptcy«, Financial Times, 31. Juli 2002.
32 Mark Gimein, »The Greedy Bunch«, Fortune, 2. September 2002.
33 STIGLITZ (2004), S. 143 u. 144.
34 STIGLITZ (2004), S. 136.
35 STIGLITZ (2004), S. 141.

Entwicklung braucht Entschuldung

»*Es geht nicht darum, den Armen mehr zu geben,
sondern weniger zu nehmen.*«

JEAN ZIEGLER

Die Finanzschulden der Entwicklungsländer sind heute auf die astronomische Summe von 2,43 Billionen US-Dollar angewachsen, das Zehnfache der österreichischen oder das 1,1-fache der deutschen Volkswirtschaft. Die Auslandsschulden der armen Länder stellen ein unüberwindbares Hindernis für ihre Entwicklung dar: Viele Länder geben ein Mehrfaches für Zinsen und Schuldentilgungen aus als für Armuts- und Hungerbekämpfung, für Gesundheit, Bildung oder Umweltschutz. Ohne Entschuldung gibt es kein Entrinnen aus Armut und Unterentwicklung. Verbreitet herrscht jedoch die Meinung, dass die armen Länder selber »Schuld« sind an der Überschuldung und dass ein Erlass das Problem nicht lösen würde, weil sie sich sogleich von neuem überschulden würden. Trifft dies zu? Wie kam es überhaupt zur Überschuldung?

Die Schuldenproblematik beginnt in den Siebzigerjahren, als sich das Wirtschaftswachstum in den westlichen Industriestaaten verlangsamte und die in den Nachkriegsjahrzehnten aufgebauten Vermögen in Europa und den USA nicht mehr ertragreich investiert werden konnten – die Massennachfrage stagnierte, die Unternehmen investierten weniger und benötigten weniger Kredite. Gleichzeitig überschwemmten nach dem ersten Erdölschock 1973 »Petrodollars« (Deviseneinnahmen der Erdöl exportierenden Länder) die Finanzmärkte des Westens: noch mehr Kapital. Als Ausweg wurde die Kreditvergabe an die armen Länder gesehen. »Ihr müsst euch verschulden und so die Industrialisierung finanzieren«[1], wurde ihnen eingeredet. Das war zu diesem Zeitpunkt durchaus schmackhaft, weil die realen Dollarzinsen aufgrund des großen Kapitalangebots und der hohen Inflation niedrig, bisweilen sogar negativ waren: Geld war gratis.

Der Segen verwandelte sich Anfang der Achtzigerjahre jäh in einen Fluch, als die Zinsen in die Höhe schossen und der Dollar stark aufwertete. Für den Zinssprung gab es mehrere Gründe: Zum einen hatten sich die USA tief verschuldet, um den Vietnamkrieg zu finanzieren; zum anderen wollten die Präsidenten Carter und Reagan dem schwachen Dollar auf die Beine helfen und die Inflation bezwingen. Durch den gewaltigen Anstieg der US-Leitzinsen von 4,5 Prozent Anfang 1977 auf mehr als 20 Prozent Mitte 1981 lagen aber die Kreditzinsen der Entwicklungsländer – sie waren in Dollar verschuldet – nicht mehr unterhalb ihrer wirtschaftlichen Wachstumsrate, sondern deutlich darüber. Die Zinsen konnten nicht mehr aus den Zuwächsen bedient werden, sondern mussten aus der Substanz entnommen werden. Der gleichzeitige Verfall der Rohstoffpreise manövrierte die Entwicklungsländer in eine Doppelmühle aus steigenden Ausgaben und sinkenden Einnahmen. Die Folge: Innerhalb kurzer Zeit wurden mehrere Länder zahlungsunfähig, als erstes stellte Mexiko im August 1982 die Rückzahlung der Auslandsschulden ein. Die Krise begann.

Da die Zahlungsunfähigkeit der Schuldner auch für die Gläubiger eine große Gefahr bedeutet, mussten die Gläubiger die Schuldner mit allen Mitteln dazu bringen, den Schuldendienst weiterzuleisten. Für dieses Ziel wurden die in Washington ansässigen Finanzinstitutionen Weltbank und Währungsfonds damit betraut, die überschuldeten Länder durch radikale Reformen wieder zahlungsfähig zu machen. Mit den berüchtigten Strukturanpassungsprogrammen (SAP) wurde die Wirtschaftspolitik der betroffenen Länder völlig neu ausgerichtet.

Strukturanpassungsprogramme (SAP):

Seit Anfang der Achtzigerjahre verordneten Weltbank und Währungsfonds mehr als 150 Ländern diese Programme, ein neoliberaler Politik-Cocktail mit folgenden Zutaten:

– Budgetüberschuss, deshalb wurden Sparprogramme mit Einschnitten in Bildung, Gesundheit und Nahrungsmittelsubventionen verordnet
– Leistungsbilanzüberschuss (um die Schulden in Dollar-Devisen zurückzuzahlen), deshalb wurde der Export um jeden Preis gefördert
– Senkung der Inflation durch Zinsanhebungen und Wechselkursanbindungen (Argentinien)
– Die dadurch erzielte »makroökonomische Stabilität« sollte private ausländische Investoren anlocken
– Handelsliberalisierung und Marktöffnung, was in vielen Fällen zu Importschwemmen und zu Handelsbilanzdefiziten führte
– Privatisierung von öffentlichen Banken, Telekom-, Energie- und Trinkwasserbetrieben – in der Regel an US- und EU-Konzerne; somit fließen auch die Gewinne dieser Schlüsselbranchen in den Norden

Ziel der SAP war die Neuausrichtung der Wirtschaftspolitik nach einem neoliberalen Schema F und die Aufrechterhaltung der Schuldenrückzahlungsfähigkeit. Die Standard-Verordnung der Exportsteigerung für dutzende Länder gleichzeitig führte zu einem jähen Überangebot von Rohstoffen auf dem Weltmarkt und zu einem dramatischen Preisverfall. Das ist für viele arme Länder nicht nur deshalb verhängnisvoll, weil oft ihre gesamten Exporteinnahmen von ein oder zwei Rohstoffen abhängen. Botswana exportiert seine Diamanten zu 100 Prozent, Burundi seinen Kaffee zu 99 Prozent, Costa Rica seine Bananen zu 93 Prozent, Burkina Faso seine Baumwolle zu 83 Prozent und Malawi seinen Tabak zu 71 Prozent.[2] Wenn Rohstoffpreise und Exporterlöse fallen, müssen die betroffenen Länder noch mehr Bildungs-, Gesundheits- und Sozialleistungen kürzen, um die Schulden begleichen zu können. Der Norden profitierte hingegen doppelt: Zum einen bekam er pünktlich seine Kredite plus Zinsen zurückbezahlt, zum anderen billige Rohstoffe. Die berühmte Metapher des uruguayischen Chronisten Eduardo Galeano von den »offenen Adern Lateinamerikas« ist damit von ungebrochener Aktualität.

Wie gewaltig der Aderlass ist, zeigt ein Blick auf die Kreditbilanz. Seit 1980 fließt per saldo nicht Kapital von Nord nach Süd, sondern umgekehrt von Süd nach Nord (verliehene Kredite an den Süden minus zurückgezahlte Kredite und Zinsen an den Norden). Die »Entwicklungshilfe« der armen an die reichen Länder über das globale Kreditsystem betrug in den letzten 25 Jahren sagenhafte 387 Milliarden US-Dollar.[3] Allein der Zinsendienst belief sich zwischen 1980 und 2003 auf 1,8 Billionen US-Dollar. Zum Vergleich die Entwicklungshilfe, die der Norden dem Süden gewährte: 1,1 Billionen US-Dollar.[4] Afrika südlich der Sahara hat zwischen 1970 und 2000 insgesamt 294 Milliarden US-Dollar an Krediten erhalten und 268 Milliarden US-Dollar an Tilgungen und Zinsen zurückgezahlt. Dennoch sitzt es auf einem Schuldenberg von 210 Milliarden US-Dollar.[5] An diesen Zahlen wird ersichtlich, wer hier wen finanziert (*siehe Schaubild 7*).

Wie »nachhaltig« der Aderlass funktioniert, zeigt der Umstand, dass sich der Schuldenstand der Entwicklungsländer seit dem Ausbruch der Schuldenkrise 1982 von 800 auf 2 400 Milliarden US-Dollar verdreifacht hat. Die Ursache dafür liegt in den hohen Zinsen: Wenn die Zinsen oberhalb der Wachstumsrate liegen, gelingt die Abtragung der Schuld nicht, die Zinsen müssen aus der Substanz bezahlt werden. Zinsen oberhalb der Wachstumsrate können somit als »Wucher« bezeichnet werden. Das

Schaubild 7
Nettokapitalfluss von Süd nach Nord 1980–2004 in Mrd. US-Dollar
(Neukredite minus Tilgungen und Zinsen)

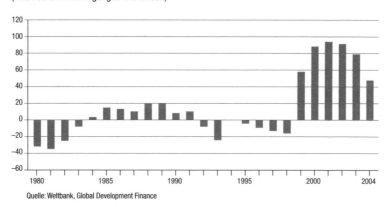

Quelle: Weltbank, Global Development Finance

Wucher-Verhalten der westlichen Banken und Regierungen ist für viele Menschen in den armen Ländern tödlich, weil die hohen Zinszahlungen immer größere Teile der Steuereinnahmen verschlingen. Speziell die ärmsten Länder geben ein Vielfaches für den Schuldendienst aus als für Bildung, Gesundheit oder Ernährungsprogramme. Die bitterarmen Länder Sierra Leone (Lebenserwartung 41 Jahre), Kongo (44 Jahre) und Zambia (40 Jahre) wendeten 2004 zwischen 28 und 31 Prozent der Staatseinnahmen für den Auslandsschuldendienst auf.[6] Die reine Rückzahlung der Kredite wäre überhaupt kein Problem, sie ist längst abgeschlossen. Das Problem sind die Zinsen, genauer: Zinsen oberhalb der Wachstumsraten.

Die Rolle der Weltbank

Wenn die Bevölkerungen der armen Länder wenigstens von den vergebenen Krediten profitiert hätten, wäre der Schuldenkrise auch eine positive Seite abzugewinnen. Doch viele der Kredite hatten keinerlei Entwicklungseffekt oder bewirkten sogar Zerstörung. Die Weltbank wurde »berühmt« durch die Finanzierung gigantischer Riesenstaudämme, Umsiedlungsprogramme und anderer »Entwicklungsprojekte«, die vor allem in den Siebziger- und Achtzigerjahren ganze Regionen überfluteten und Millionen Menschen entwurzelten. Auch mit Diktatoren hatten Weltbank und Währungsfonds wenig Berührungsängste: Die argentinische Militärjunta (1976 bis 1983) wurde ebenso großzügig mit Krediten bedient wie die Despoten Suharto in Indonesien, Abacha in Nigeria oder Mobutu in Zaire. Die großzügig Beliehenen kauften Waffen, bauten Regierungspaläste, importierten Luxusautos oder leiteten einen Teil des Geldes direkt auf sichere Bankkonten in Miami oder Zürich um.

Hier verkümmert das oft gebrachte Argument, dass die Armen an ihrer Armut selbst Schuld seien, dreifach: Zum einen zwingt niemand die Weltbank dazu, Diktatoren mit Geld voll zu stopfen, in dem Wissen, »dass der größte Teil der Gelder nicht den

Armen zugute kommen, sondern auf Konten Mobutus fließen würde«[7]. Zum anderen ist die Bereitstellung anonymer und sicherer Konten (zum Beispiel in der Schweiz) für die geraubten Milliarden keine naturgesetzliche Notwendigkeit, sondern die aktive Mittäterschaft des Nordens. Drittens waren es die Industrieländer, die während der Kolonialzeit die politischen und sozialen Verhältnisse in den armen Ländern durcheinander gebracht und zahlreichen Diktaturen den Weg geebnet haben. Es ist zu einfach, die ganze Verantwortung auf die armen Länder abzuschieben.

Die aktuelle Mitverantwortung des Nordens geht noch weiter. In der Weltbank wurden Direktoren lange Zeit dafür belohnt, ihr »country target« zu erfüllen, also möglichst viel Kreditgeld in ein bestimmtes Land hineinzuschaufeln, egal, was damit passiert (»pressure to lend«).[8] So wurden auch in Demokratien über Kredite häufig ökonomisch nutzlose und unrentable Projekte finanziert. Bestes Beispiel ist das Atomkraftwerk von Bataan auf den Philippinen, das nie in Betrieb ging, weil es auf einer Erdbebenspalte errichtet wurde. Das Land leistet dennoch jährlich 100 Millionen US-Dollar Schuldrückzahlungen für diese Entwicklungsruine, die mehr als eine Milliarde US-Dollar kostete.[9]

Kritik an der Weltbank kommt nicht nur vonseiten der Zivilgesellschaft, sondern auch vom US-Kongress: Im Jahr 2000 brachte der »Meltzer-Bericht« erstaunliche Fakten zutage: 80 Prozent aller Kredite flossen nicht in die ärmsten Ländern, sondern in solche, die sich auch eine Kreditaufnahme auf den internationalen Finanzmärkten hätten leisten können; was den Vorwurf, dass die Weltbank den Ländern Kredite »aufdrängte«, bestätigt. Zweitens: Die ökonomische Fehlschlagquote aller Weltbank-finanzierten Projekte lag bei zwei Drittel. Fazit des Berichts: Der Beitrag der Bretton-Woods-Zwillinge zur globalen Entwicklung sei irrelevant, sie dienten sehr einseitig den (Finanz-)Interessen der größten Industrieländer. Alternativ-Nobelpreisträger Walden Bello meinte, der Bericht des US-Kongresses sei eine »gesalzene Bestätigung der Kritik der Zivilgesellschaft der letzten 25 Jahre«[10].

Schon vor dem Meltzer-Bericht begann die Weltbank, auf die massive internationale Kritik zu reagieren und zumindest ihre

Rhetorik zu ändern. Die Armutsbekämpfung wurde zur »central mission«. Bis heute ist viel davon aber Makulatur, wie Walden Bello in einem aktuellen Buch resümiert.[11] Zum einen geht die ökologisch zerstörerische Kreditvergabepolitik weiter. Die Umweltschutzkredite sackten zwischen 1994 und 1998, gemessen am gesamten Kreditvolumen, sogar um zwei Drittel ab. Und die Hälfte aller Privatsektorkredite finanzierten nach wie vor große Staudämme, Straßen und Kraftwerke.[12] Die Kreditvergabe im Wassersektor war zwischen 1998 und 2003 in der Hälfte aller Fälle an die Bedingung geknüpft, die Trinkwasserversorgung zu privatisieren.[13]

Was die angestrebte Einbindung der Zivilgesellschaft und aller Beteiligten betrifft, wurden zwar zwei Kommissionen, die World Commission on Dams und die Extractive Industries Review (EIR), eingerichtet, doch die Weltbank setzte weder die Empfehlungen der einen noch der anderen um. Der Abschlussbericht der EIR empfahl der Weltbank im Dezember 2003, sich aus den Bereichen Öl, Bergbau und Erdgas zurückzuziehen und die Finanzierung auf erneuerbare Energieträger zu verlagern. Ein Aufschrei zahlreicher Großbanken, die von der Co-Finanzierung profitieren, ließ die Weltbank jedoch auf stur schalten. Selbst ein Brief von fünf Nobelpreisträgern, darunter Erzbischof Desmond Tutu, an Weltbank-Direktor James Wolfensohn am 9. Februar 2004 konnte die Bank nicht dazu bringen, den Empfehlungen der Kommission, die sie selbst initiiert hatte, Folge zu leisten.[14]

Wenn man sich die Struktur der Weltbank ansieht, wird nachvollziehbar, warum sie so einseitig den Gläubigerinteressen dient. Analog zum Währungsfonds ist auch sie eine Aktiengesellschaft im mehrheitlichen Besitz der reichen Länder. Die USA verfügen als einziges Land über ein Veto, die Industrieländer zusammen haben eine bequeme Stimmenmehrheit. Afrika südlich der Sahara hat zwei der 24 Exekutiv-Direktoren, die EU-15 acht. Das Zehn-Millionen-EinwohnerInnen-Land Belgien besitzt mehr Stimmrechte als Indien mit einer Milliarde Menschen. Wie wäre es wohl umgekehrt: Afrika mit acht Direktoren und die EU mit zwei?

Die Entschuldungsinitiative »HIPC«

Angesichts der untragbaren Schuldenlast und der zweifelhaften Entstehungsgeschichte vieler Schulden fordern zahlreiche zivilgesellschaftliche Organisationen die Streichung der Schulden der armen Länder. Die Bretton-Woods-Institutionen werden regelmäßig bei ihren Frühjahrs- und Herbsttagungen von einer großen Zahl von DemonstrantInnen aufgefordert, den Armen die Schulden zu erlassen, ebenso ihre Hauptaktionäre, die G8, bei deren zweijährlichen Treffen. Die weltweit vernetzte »Jubilee-2000-Kampagne« stellte zunächst eine Liste von 52 Ländern zusammen, die am allerdringendsten einen Erlass – in der Höhe von 300 Milliarden US-Dollar – benötigten.

Nach jahrelangem Hinhalten und der Lieblingsantwort, dass »souveräne Schuldner« – sprich Staaten – keine Entschuldung bräuchten, rangen sich die G8 1996 nach dem Gipfel in Lyon doch zu einer ersten kleinen Entschuldungsinitiative durch. Benannt wurde die Initiative nach den hochverschuldeten armen Ländern »HIPC« (highly indebted poor countries). 41 Länder wurden für ein kompliziertes Schuldenerlassverfahren nominiert. Elf von Jubilee vorgeschlagene Länder blieben ausgeschlossen, weshalb der Druck der Kampagnen noch einmal gewaltig zunahm. Bis zum G8-Gipfel 1999 in Köln wurden weltweit 17 Millionen Unterschriften gesammelt, dort rankte sich eine Menschenkette von 35 000 Menschen aus 50 Ländern durch die Stadt, mit Erfolg: Die Initiative wurde erweitert auf HIPC II oder »Kölner Schuldeninitiative«. Erstmals wurde das Versprechen gemacht, Entschuldung mit Armutsbekämpfung zu verknüpfen. Trotz einiger Verbesserungen weist selbst HIPC II noch gravierende Mängel auf:

Willkürliche Auswahl der Länder

Während die Kriterien »arm« und »hochverschuldet« nachvollziehbar sind, hat ein drittes Kriterium, nämlich dass die Länder ausschließlich Kreditempfänger der Weltbank-Tochter IDA (International Development Association) sein dürfen, zum Ausschluss sehr armer und hochverschuldeter Länder geführt. Der Schuldenstand aller HIPC-Länder beträgt rund 200 Milliarden US-Dollar, das sind gerade acht Prozent der gesamten Auslandsschulden aller Entwicklungsländer (von 2400 Milliarden US-Dollar). Würden die – ebenfalls bitterarmen und hochverschuldeten – Länder Indonesien (136 Milliarden US-Dollar)[15], Nigeria (31 Milliarden US-Dollar) und Pakistan (32 Milliarden US-Dollar) hinzugerechnet, wäre die HIPC-Initiative gleich doppelt so »teuer«. Alle drei wurden mit dem »IDA only«-Kriterium ausgeschlossen. Nigeria wurde allerdings im Oktober 2005 vom Pariser Club zu 60 Prozent entschuldet.

Besonders ärgerlich ist angesichts dieser Exklusivität die Vorzugsbehandlung einiger strategisch wichtiger Länder. So wurde der Irak großzügig entschuldet, um die Wiederaufbaukosten auf viele Länder aufzuteilen. Auch das Post-Milosevic-Jugoslawien wurde vorgereiht. Nichts gegen diese Erlässe, doch: »Was für Länder mit strategischer Bedeutung recht ist, sollte für alle anderen billig sein«, bringt es die Südwind-Expertin Irene Knoke auf den Punkt.[16] Beim G8-Gipfel 2003 in Evian war plötzlich überhaupt von »maßgeschneiderten Lösungen« die Rede. Damit wäre jede transparente Gleichbehandlung dahin und der Willkür Tür und Tor geöffnet. Die strategischen »Lieblinge« bekämen Vorrang vor den Bedürftigen. Beim G8-Gipfel 2005 im schottischen Gleneagle wurden 18 Länder für einen über HIPC hinausgehenden Schuldenerlass willkürlich ausgewählt. Laut Weltbank haben rund 90 Länder ein Verschuldungsproblem.

Konditionalität

Wenn ein Land die Aufnahme in die HIPC-Liste geschafft hat, ist damit noch lange keine Entschuldung in Sicht. Erst muss ein mehrstufiges Verfahren – drei Jahre Vorbereitung, »decision point«, Ausarbeitung eines Armutsbekämpfungsprogramms, »completion point«, Entschuldung – durchlaufen werden, in dem sich die Länder mehrfach »bewähren« müssen. Die Bedingungen sind altbekannte Strukturanpassung: Handelsliberalisierung, Inflationsbekämpfung, Sparpolitik, Privatisierungen. Von 26 Ländern, die bis Mitte 2003 das erste Etappenziel, den »decision point«, erreicht hatten, erhielten 15 vom IWF Privatisierungsauflagen.[17] Sambia musste zum Beispiel die Nationalbank privatisieren. Nachdem sich sowohl der Präsident als auch das Parlament geweigert hatten, wurde der Entschuldungsprozess gestoppt. Bei der Hälfte der Länder, die Mitte 2003 die zweite Etappe erreicht hatten, wurde die Entschuldung wegen Nichteinhaltung von Auflagen unterbrochen.

Bolivien bekam die Auflagen indirekt zu spüren. Als Voraussetzung für die Entschuldung musste der Koka-Anbau eingestellt werden, die BäuerInnen bekamen aber keine günstigen Kredite für die Umstellung auf andere Ackerfrüchte, weil der IWF darauf bestand, die Zinsen hoch zu halten, um ausländische Investoren anzulocken.

Armutsbekämpfungsprogramme

Nachdem die Strukturanpassungsprogramme von Weltbank und Währungsfonds stark in Verruf geraten waren, wechselten diese ihre Rhetorik in Richtung »country ownership«: Die armen Länder sollten selbst ihre Entwicklungsstrategie bestimmen. In der zweiten Etappe der HIPC-Initiative müssen sie Armutsbekämpfungsstrategien (PRSP) ausarbeiten. Das letzte Wörtchen sprechen aber wieder IWF und Weltbank. Die Vorgaben lauten unverändert: minimale Inflation (durch hohe Zinsen), ausgeglichene Budgets (somit kein Geld für Armutsbekämpfung und Millenniumsziele) und die Anlage hoher Devisenreserven zur Absicherung gegen Wechselkursschwankungen (auch dieses Geld fehlt). Im ugandischen PRSP klaffte 2005 eine Finanzierungslücke von fast 40 Prozent, im tansanischen PRSP werden Schulgeld und Arztgebühren zur Finanzierung genannt. Damit wären aber gerade die Ärmsten vom Zugang zu Bildung und Gesundheit ausgeschlossen. Die NGO »Focus on the Global South« bringt es auf den Punkt: »Die Armutsbekämpfungsstrategien sind umfassende Strukturanpassungsprogramme, im Namen der Armen.«[18]

Es gibt aber auch erste Erfolge der Entschuldung: Mosambik konnte dank Entschuldung ein kostenloses Impfprogramm für Kinder durchführen; in Uganda, Malawi und Tansania konnten die Einschulungsraten erhöht, Schulen gebaut und Schulgelder abgeschafft werden. Und in Mali, Senegal und Benin wurde die Aids-Bekämpfung verbessert.[19]

Einbindung aller Betroffenen

Eines der zentralen Ziele, die Einbindung der Bevölkerung in die Erstellung der Armutsbekämpfungsstrategien, kommt nur sehr schleppend voran. In der Regel machen sich die Regierungen sowie IWF und Weltbank miteinander das PRSP aus, die Bevölkerung bleibt außen vor. Selbst die Einbindung der Parlamente bleibt die Ausnahme. Ein Grund ist das Nichtvorhandensein von Institutionen in vielen ärmsten Ländern. Ein anderer sind alte Gewohnheiten von IWF und Weltbank: NGO-VertreterInnen beklagten, dass sie zwar an Treffen teilnehmen durften, ihre Positionen in den Abschlusspapieren aber nicht fanden.

Schuldenkriterien

Der HIPC-Erlass ist nicht nur an strenge Auflagen geknüpft, sondern auch unvollständig. Schulden werden nur bis zu einer – von IWF und Weltbank – festgelegten Grenze erlassen: 150 Prozent der jährlichen Exporteinnahmen. Diese Grenze ist mehrfach problematisch. Zum einen sind die Exporte sehr unbeständig und können von einem Jahr zum nächsten stark schwanken (zum Beispiel wegen der instabilen Rohstoffpreise). Zum anderen werden die Deviseneinnahmen aus dem Exportgeschäft für die Bezahlung der Importe benötigt. Drittens ist nicht gut, wenn der Fokus der ökonomischen Entwicklung einseitig auf Exportsteigerung gelegt wird, wenn gleichzeitig die Binnenwirtschaft vernachlässigt wird. Oft wird zum Beispiel die Produktion von Grundnahrungsmitteln von (unökologischen) Exportkulturen verdrängt, wodurch der Hunger zunimmt. Viertens sagt das Verhältnis Schulden – Exporteinnahmen wenig über die Fähigkeit eines Landes aus, die Grundbedürfnisse der Bevölkerung zu befriedigen und die UN-Millenniumsziele zu erreichen. Logische Konsequenz: »Es ist ohne weiteres möglich, dass ein Land nach den makroökonomischen Kriterien des IWF auf einem tragfähigen Schuldenberg sitzt, während Millionen von BewohnerInnen dieses Landes aufgrund von Hunger oder Krankheit sterben«, meint der UN-Sonderbeauftragte für die MDG, die Millenniums-Entwicklungsziele, Jeffrey Sachs.[20]

Angesichts dieser zahlreichen Schwachstellen der HIPC-Initiative sind die mageren Ergebnisse wenig überraschend: Zwischen 1998 und 2004 erhielten nur neun der 42 HIPC-Länder einen Erlass. Ursprünglich hätte es schon 2003 die Hälfte sein sollen. Von 18 Ländern, die bis April 2005 die letzte Stufe des Verfahrens erreicht hatten, wiesen nur drei – Mosambik, Mali und Tansania – nach Weltbank-Kriterien ein nachhaltiges Schuldenniveau auf. (Der Rest pendelte zwischen 154 Prozent und 258 Prozent der jährlichen Exporteinnahmen.) Die Erlasse waren so klein – bis Ende 2003 insgesamt nur 32 Milliarden US-Dollar, und selbst davon ging die Hälfte auf traditionelle Erlasse zurück –[21], dass manche Länder wie Bolivien oder Niger nach der Entschuldung mehr zahlten als vorher. »Das ist ein seltsames Ergebnis einer Entschuldungsinitiative«, bemerkte Jürgen Kaiser von der deutschen Erlassjahr-Kampagne. Bei nicht wenigen Ländern steht eine neuerliche Überschuldung unmittelbar bevor. Hinzu kommt, dass unter Verweis auf die Entschuldung die Entwicklungshilfemittel in gleicher Höhe gekürzt werden: Was die eine Hand des Nordens gibt, nimmt die andere gleich wieder. Ein letztes Manko: Nicht alle öffentlichen und privaten Gläubiger machen bei der HIPC-Initiative mit, die außerdem nur die Auslandsschulden berücksichtigt. Die interne Verschuldung findet keine Beachtung, obwohl sie oft 50 bis 100 Prozent des BIP beträgt und der Schuldendienst bei der Hälfte der HIPC-Länder schwerer lastet als jener der Außenschuld.[22] In Summe ist es daher kein Wunder, dass sowohl der Gesamtschuldenstand als auch die Armut in vielen HIPC-Ländern weiter zunehmen.

Aus Sicht der Gläubiger ist die Initiative dagegen ein Erfolg: Der Außenschuldenstand aller Entwicklungsländer relativ zu ihrer Wirtschaftsleistung (BIP) liegt seit 1980 stabil bei 40 Prozent. Für die Gläubiger ist damit ein zentrales Ziel erreicht: ein stetiger Zinsenfluss von Süd nach Nord. Selbst die Erlassländer zahlen tüchtig weiter: Seit den ersten Erlassen 1988 bis Ende 2003 wurden insgesamt 59 Milliarden US-Dollar erlassen. Im selben Zeitraum flossen von den begünstigten Ländern Zinsen im Ausmaß von 42 Milliarden US-Dollar an die Erlasser zurück.[23] Ganz besonders lukrativ für die reichen Länder war die letzte Dekade: Zwischen 1995 und 2004 betrug der Zinsendienst des Südens jährlich im Schnitt 87 Milliarden US-Dollar. Da kann die Entwicklungshilfe des Nordens mit jährlich durchschnittlich 58 Milliarden US-Dollar nicht mithalten.[24] Und die medial aufgeblasene »historische« G8-Entschuldungsinitiative beim Gipfel in Gleneagle 2005 über 40 Milliarden US-Dollar wirkt dagegen wie ein Tropfen auf den heißen Kontinent.

Der »historische« Erlass von Gleneagle

Bei ihrem Gipfel im Juli 2005 im schottischen Gleneagle beschlossen die Regierungschefs der acht mächtigsten Industrieländer, 18 armen Ländern in den nächsten 40 Jahren insgesamt 40 Milliarden US-Dollar ihrer Auslandsschulden zu erlassen. Das ist aus mehrfacher Hinsicht ein Hohn:
– Die Auswahl dieser Länder ist willkürlich, die ähnlich hochverschuldeten lateinamerikanischen Länder wurden »vergessen«. Diese »Afrika«-Initiative war eine gezielte PR-Strategie, um die durch Proteste und NGO-Aktivitäten entstandene Öffentlichkeit zu beruhigen.
– 40 Milliarden US-Dollar verteilt auf einen Zeitraum von 40 Jahren entspricht einer Milliarde US-Dollar jährlich – ein absoluter Klacks.

- Die Schuldenreduktion berücksichtigt nur die Schulden bei drei von 19 multilateralen Gläubigern – Weltbank, Währungsfonds und Afrikanische Entwicklungsbank. Andere multilaterale Institutionen, bilaterale Schulden sowie private Gläubiger sind nicht eingebunden. NGOs kommen auf einen tatsächlichen Erlass von 30 Prozent der Schulden dieser 18 Länder.
- Der Erlass ist wie gewohnt an wirtschaftspolitische Auflagen geknüpft.
- Die zur Verschuldung führenden Strukturen blieben unangetastet.

ALTERNATIVEN

⑪ Umfassende Entschuldung

Es gibt gute Gründe, den armen Ländern ihre Schulden vollkommen zu erlassen. Zum einen war der Zinssprung Anfang der Achtzigerjahre nicht vorhersehbar, die Konsequenzen sollten von beiden Seiten getragen werden, schließlich wird ein Kredit immer von zwei Seiten abgeschlossen. »Wenn von vornherein feststeht, dass der Kredit mit hoher Wahrscheinlichkeit notleidend wird, trifft die Schuld ebenso den Kreditgeber wie den Kreditnehmer«, meint Nobelpreisträger Stiglitz.[25] Zweitens wurde gezeigt, dass die Gläubiger, speziell die Weltbank, zahlreiche ökonomisch unrentable und ökologisch destruktive Projekte finanziert haben, ohne jemals dafür zur Rechenschaft gezogen worden zu sein. Drittens hat der Süden den Norden nicht nur jahrzehntelang, sondern jahrhundertelang zuvor finanziert: mit Rohstoffen, mit Sklaven und jetzt auch noch mit Zinsen. Zur historischen Schuld des Nordens kommt die ökologische: Durch seinen gigantischen Ressourcenverbrauch richtet der Norden im Süden enorme Umweltschäden an, die nie entschädigt wurden. Alles in allem gibt es ausreichend Gründe, die armen Länder im Zuge einer historischen Weltversöhnungsgeste vollständig zu entschulden. Es wäre ein wertvoller Beitrag zum Weltfrieden.

Das Geld ist fraglos vorhanden. Die Weltreichtumsberichte[26] zeigen anschaulich, dass es maßlose Gewinner bei der großen Umverteilung, dem Jahrhunderte währenden Aderlass gibt. Die Zahl der Multimillionäre wächst schneller als die Weltbevölkerung. Wie schmerzlos die nötigste Rückverteilung wäre, zeigt eine kleine Rechnung: Der Weltreichtumsbericht 2005 von Merrill Lynch und Capgemini besagt, dass das globale Finanzvermögen der »High Net Worth Individuals«, also jener Personen, die mindestens eine Million US-Dollar Finanzvermögen besitzen, auf 30 Billionen US-Dollar angewachsen ist. Zudem wächst es unabhängig von Börsen- oder Finanzkrisen jährlich um sieben Prozent, bald sollen es 45 Billionen US-Dollar sein. Würden sie mit nur einem Prozent besteuert, würden sie immer noch um sechs Prozent pro Jahr wachsen. Das siebte Prozent könnte als Steuer die sagenhafte Summe von 300 Milliarden US-Dollar aufbringen und damit genau so viel, wie die globale Jubilee-Kampagne als allernötigsten Schuldenerlass für 52 Länder identifiziert hat. In nur acht Jahren könnte die gesamte Auslandsschuld aller Entwicklungsländer getilgt werden – ein historisches Ereignis von unschätzbarer Signalkraft.

Diese Umverteilung würde niemandem wehtun. Denn ob die Vermögen derer, die ohnehin schon mehr haben, als sie jemals ausgeben können, nun jährlich um sieben Prozent oder nur um sechs Prozent wachsen, das werden sie – Hand aufs Herz – kaum bemerken. Hingegen wäre der vollständige Erlass der Auslandsschulden für jene 4,8 Milliarden Menschen, die in Entwicklungsländern leben, eine Wiedergutmachung von unschätzbarem Wert. Keine Bank geriete in Schwierigkeiten, weil sämtliche Schulden zurückgezahlt würden. Das Geld würde zum Teil nur im Kreis geführt: Die Schwerreichen sind zum Teil die Gläubiger der Ärmsten. Sie würden das besteuerte Geld gleich wieder zurückbekommen.

Natürlich soll der Erlass nicht bedingungslos sein. Aber die Bedingungen sollen auch nicht allein von den Gläubigern festgelegt werden wie bisher, sondern von allen Betroffenen. Außerdem muss einer neuerlichen Überschuldung vorgebeugt werden. Andernfalls, das merken KritikerInnen zu Recht an, wäre ein Erlass eine Einladung, sich neuerlich zu verschulden. Beide Probleme können mit einem intelligenten Vorschlag gelöst werden, der seit einigen Jahren von immer mehr Organisationen der Zivilgesellschaft gefordert wird.

⑫ Faires und transparentes Schiedsverfahren

Die Gläubiger müssen in irgendeiner Form in die Bewältigung der Krisen, die sie auslösen – durch spekulative Attacken oder fahrlässige Kredite –, mit einbezogen werden. Der ehrgeizigste und gleichzeitig vernünftigste Vorschlag ist ein faires und transparentes Entschuldungsverfahren für Staaten. Dieses würde nicht nur die Gläubiger in die Bewältigung von Finanzkrisen einbinden, sondern auch einen vorbeugenden Effekt erzeugen: Bisher konnten die Gläubiger davon ausgehen, dass ein Staat seine Schulden immer zurückzahlen würde (was die Industrieländer dazu einlud, verschwenderisch Kredite zu verleihen und diese als Vehikel für die eigene Exportförderung zu missbrauchen). Wenn dieser Automatismus nicht mehr gilt, werden Kredite in Zukunft viel vorsichtiger und ökonomisch rationaler vergeben.

Die Idee ist nicht neu. Im US-Insolvenzrecht gibt es ein Verfahren für Schuldner mit Hoheitsgewalt. Ziel des Verfahrens ist die Entschuldung auf ein sozial und ökonomisch tragfähiges Niveau, um der Gebietskörperschaft einen wirtschaftlichen Neuanfang zu ermöglichen. Beispielsweise nützte der kalifornische Bezirk Orange County 1994 diese Möglichkeit zur Insolvenz, nachdem er sich mit Derivaten verspekuliert hatte. Der Wiener Entwicklungsökonom und Jurist Kunibert Raffer schlägt vor, dieses Verfahren mit einigen Änderungen auch auf Staaten anzuwenden. Die globale Zivilgesellschaft macht seit Jahren unter dem Kürzel FTAP (Fair and Transparent Arbitration Process) Druck auf ein faires und transparentes Schiedsverfahren.[27] Mit ersten Erfolgen: 2001 nahm die stellvertretende IWF-Direktorin Anne Krueger den Vorschlag auf, wenn auch nicht ganz so, wie es sich die Zivilgesellschaft vorstellt: Der IWF, einer der Hauptgläubiger, sollte zugleich Sitz des Gerichts sein.[28] Dazu Joseph Stiglitz: »Ein

Konkursverfahren, in dem der Gläubiger oder sein Vertreter gleichzeitig als Konkursrichter fungiert, wird nicht als fair anerkannt werden.«[29] Dennoch lag 2003 ein Teilerfolg in greifbarer Nähe: IWF und Weltbank setzten das Verfahren bei ihrem Frühjahrstreffen auf die Tagesordnung. Die USA verhinderten allerdings mit ihrem Veto – vorerst – die Umsetzung. Die globale Zivilgesellschaft hat sich schon detaillierte Gedanken über die Ausgestaltung eines solchen Verfahrens gemacht:

- Das Schiedsverfahren soll *neutral* sein: Weder die Gläubiger (IWF) noch die Schuldner sollten als Richter agieren oder die Bedingungen festlegen. Die UNO böte sich als neutrale Instanz an, das wird unter anderem vom afrikanischen Netzwerk für Schulden und Entwicklung (AFRODAD) gefordert. Bei der Festlegung der Entschuldungskriterien sollten alle Beteiligten mit einbezogen werden: Gläubiger, Schuldner, betroffene Bevölkerung. Letzterer sollte unbedingt ein Anhörungsrecht eingeräumt werden, weil nur so die realen Folgen der Verschuldung sichtbar gemacht werden und die Betroffenen direkt bei der Bekämpfung der Armut mitwirken können. Die Bevölkerung kann durch soziale Bewegungen, NGOs, Kirchen oder Gewerkschaften vertreten werden.
- Es sollen *alle Schulden* einbezogen werden, also nicht nur alle multi- und bilateralen öffentlichen, sondern auch die privaten Auslandsschulden sowie die inländischen Schulden. Kein Gläubiger soll bevorzugt behandelt werden, zum Beispiel IWF oder Weltbank.
- Sämtliche Schulden sollen beurteilt und auf ihre *Legitimität* hin geprüft werden. Der Hintergrund ist folgender: Wieso soll die Bevölkerung eines Landes die Schulden zurückzahlen, die ein Diktator angehäuft hat, den sie erstens nie gewählt hat und der das Geld zweitens für eigene Zwecke und womöglich zum Schaden der Bevölkerung verwendet hat – zum Beispiel für den Kauf von Waffen? Für diesen Tatbestand gibt es den Betriff »odious debts« – »verabscheuungswürdige« oder unrechtmäßige Schulden. Der russische Rechtsgelehrte Alexan-

der Sack entwickelte schon 1927 drei Kriterien für diese bedingungslos zu streichende Schuldenkategorie:[30]
1. Es gab nie die Zustimmung der Bevölkerung (Mindeststandard: Parlament).
2. Der Kredit wurde nicht zum Nutzen der Bevölkerung verwendet.
3. Der Gläubiger war über die Verwendung des Kredits informiert.

Neben den »verabscheuungswürdigen« gibt es das weichere Kriterium der »illegitimen Schulden«, wenn beispielsweise in Demokratien ökonomisch nutzlose oder menschenrechtlich bedenkliche Kredite aufgenommen wurden. Eine Schuldenprüfungskommission sollte im Rahmen des FTAP über die verschiedenen Schuldenkategorien entscheiden. Als »odious« identifizierte Schulden sind dann nicht in die Insolvenzmasse aufzunehmen, sondern bedingungslos zu streichen. Historische Präzedenzfälle gibt es auch hierfür: Die USA lehnten 1898 nach dem Sieg über Spanien ab, die Schulden des befreiten Kuba zu übernehmen, da die Kredite nicht mit dem Einverständnis und zum Wohl der kubanischen Bevölkerung aufgenommen worden waren, sondern um die kubanische Unabhängigkeitsbewegung zu unterdrücken. Ein anderes Beispiel ist die Streichung der Schulden Costa Ricas nach dem Sturz des Diktators Tinoco 1923. Die Nachfolgeregierung weigerte sich, die von Tinoco aufgenommenen Kredite bei der Royal Bank of Canada zu übernehmen, ein US-Schiedsgericht entschied zugunsten Costa Ricas. Der Begriff »odious debts« fand sich auch in einem US-Gesetzesentwurf über die aktuelle Entschuldung des Irak.[31]

- Ein letztes Kriterium für das FTAP betrifft die *Tragfähigkeit*. Anders als bei HIPC, wo die Exporterlöse als Bestimmungsgröße für die Entschuldung herangezogen werden, sollen Armutsbekämpfung und die Erreichung von Entwicklungszielen, konkret der MDG, das Ausmaß der Entschuldung bestimmen. Anders gesagt soll die Schuldenlast eines Landes auf ein Niveau reduziert werden, das ihm erlaubt, die Armut gemäß den MDG zu reduzieren. Auch hier muss die Bevölkerung eingebunden werden und die durch Entschuldung frei werdenden Mittel müssen in einen gemeinsam überwachten Fonds eingebracht werden, aus dem dann die Entwicklungsziele finanziert werden. (Wenn einfach nur entschuldet wird, besteht die berechtigte Gefahr, dass die Regierung die frei werdenden Gelder für irgendwelche Zwecke, schlimmstenfalls für Waffen, ausgibt.) Ein anderer Vorschlag ist die Begrenzung der Schulden auf maximal acht bis zehn Prozent der Staatsausgaben. Diese sind stabiler als die Exporterlöse und haben einen direkteren Bezug zur Armutsbekämpfung. Derzeit geben viele Länder 20 bis 40 Prozent ihrer Staatseinnahmen für den Schuldendienst aus.

Es gibt auch ein vorbildliches historisches Modell für ein alternatives Tragfähigkeitskriterium: Als Deutschland 1953 entschuldet wurde, erkannte die Konferenz an, dass der Schuldendienst nicht höher sein dürfe als der Handelsbilanz*überschuss*. Damit war nicht nur eine schmerzlose Grenze gefunden, sondern gleichzeitig das Problem gelöst, dass die Importe mit den Exporterlösen bezahlt werden konnten. Das wäre ein vorbildliches Kriterium für viele arme Länder: Solange die Handelsbilanzen defizitär sind, werden gar keine Schulden zurückgezahlt. Nach einer aktuellen Untersuchung haben 45 von 66 armen Ländern gegenüber ihren 19 Hauptgläubigern ein notorisches Handelsbilanzdefizit, also mittelfristig keine Chance, die Schulden zurückzuzahlen.[32]

Während im IWF das Insolvenzverfahren auf Eis liegt, brachte die UN-Konferenz über Entwicklungsfinanzierung 2002 im mexikanischen Monterrey das FTAP-Verfahren immerhin im Abschlussdokument unter. Die rot-grüne Regierung Deutschlands schrieb es in ihren Koalitionsvertrag und forderte es öffentlich auf der Website des auswärtigen Amtes[33], ergriff aber seit dem US-Veto bei der IWF-Tagung 2003 bis zum Regierungswechsel 2005 keine Initiative. Die Zukunft des FTAP liegt also weiterhin in Händen der Zivilgesellschaft.

Um die Institutionalisierung des Schiedsverfahrens zu beschleunigen, könnten sich die verschuldeten Länder zusammenschließen. So selbstverständlich, wie die reichen Länder zu einem Gläubigerkartell im Pariser Club (öffentliche Gläubiger) und im Londoner Club (private Gläubiger) zusammengeschlossen sind, sollten auch die armen Länder ihre Interessen in einem Schuldnerkartell bündeln. Peru forderte nach Ausbruch der Schuldenkrise Anfang der Achtzigerjahre ein solches Kartell, doch daraus wurde bis heute nichts. Die reichen Länder haben dies mit verschiedenen Druckmitteln erfolgreich zu verhindern gewusst. Möglicherweise wird diese Idee von den fortschrittlichen Regierungen Lateinamerikas – von Brasilien bis Bolivien – wieder aufgegriffen. Das 2. Weltsozialforum 2002 in Brasilien forderte die Bildung dieses Kartells, ebenso der UN-Sonderbotschafter für das Menschenrecht auf Ernährung, Jean Ziegler.[34] Analog zu den Kollektivverhandlungen über Zinsen in Nationalstaaten oder der EU könnten auch globale Kollektivverhandlungen zwischen Gläubigern und Schuldnern durchgeführt werden. Zinsen sind der strategischste aller Preise, er sollte nicht allein vom Markt entschieden werden.

⓭ Reform der Weltbank

BeobachterInnen bescheinigen, dass die Weltbank nicht ganz so doktrinär und kritikimmun wie der Währungsfonds ist und in den letzten Jahren einen merkbaren Wandlungsprozess begonnen hat. Dennoch: An der Stimmrechtsverteilung hat sich bisher nichts geändert, die Dialogprozesse mit der Bevölkerung verlaufen unbefriedigend, die Bank macht mächtig Druck auf die Privatisierungen, sie bleibt auf dem Umweltauge blind und KritikerInnen bezeichnen die Armutsbekämpfungsprogramme als Strukturanpassung in neuem Kleid.

- Gleich wie beim Währungsfonds steht die *Neuverteilung der Stimmrechte* an oberster Stelle des Reformprozesses. Ein doppelter Schlüssel aus Bevölkerungszahl und Staaten könnte gleich starke regionale Blöcke bilden. Ferner könnte für alle wichtigen Entscheidungen eine doppelte Mehrheit erforderlich sein: sowohl der Gläubiger als auch der Schuldner. Am stärksten sträuben sich die EU und die USA gegen eine Neuverteilung der Stimmrechte – sie sind die größten Profiteure von der gegenwärtigen Situation. Ihr Blockade-Verhalten zeigt, dass es ihnen nicht um globale Demokratie geht, sondern um die Fortschreibung kolonialer Machtverhältnisse. Die Bevölkerung der USA und der EU müsste dies durch entsprechenden Druck ändern.

- Zweitens muss der Washington Consensus als *ideologisches Leitbild* aufgegeben werden und der vollständige *Rückzug aus der wirtschaftspolitischen Einmischung* stattfinden. Das weltweite SAPRIN-Netzwerk zur Beobachtung von Weltbank-Aktivitäten zeigt, wie Alternativen zur Einbahn-Strukturanpassung aussehen können.[35] Die Bevölkerung könnte »ökonomisch alphabetisiert« und über Organisationen der Zivilgesellschaft an der Gestaltung der Wirtschaftspolitik beteiligt werden. Das wäre echtes »country ownership«, das die Weltbank zwar laut propagiert, sich aber das Schlusswörtchen bei wichtigen Entscheidungen immer noch vorbehält.

- Innerhalb der Weltbank muss der *Druck zur Kreditvergabe* aufhören, der schon 1992 im Wapenhans-Bericht moniert wurde.[36] Lange Zeit wurden Weltbank-Direktoren dafür belohnt, dass sie Geld hinausschaufelten – je mehr, desto besser. Laut dem Bericht war das einer der entscheidenden Gründe für den ökonomischen Misserfolg vieler Projekte. Schuld und Schulden werden aber den Empfängerländern angelastet.

- Kredite sollten überwiegend *konzessionär* vergeben werden, das heißt zu günstigeren als marktüblichen Bedingungen, zum Beispiel zinsfrei. Ziel ist ja die Förderung von Entwicklung und nicht Gewinn, dazu braucht es keine öffentliche Bank. Außerdem sollten die Kredite in der jeweiligen *Landeswährung* vergeben werden, um das Wechselkursrisiko nicht – wie bisher – auf das Schuldnerland abzuwälzen. Sind die

Wechselkurse durch das neue Bretton Woods stabilisiert, sind diese Kosten ohnehin gering.
- Die Ergebnisse von *Stakeholder-Prozessen* müssen umgesetzt werden. Es kann nicht sein, dass die Rhetorik der Weltbank in Richtung Partizipation geht, dass Kommissionen wie zu Staudämmen oder Rohstoffexport konkrete Empfehlungen ausarbeiten und die Weltbank dann erst recht darauf pfeift. Weitere Stakeholder-Prozesse sollten von den UN-Organisationen angestoßen werden können und ihre Empfehlungen verbindlichen Charakter genießen. Die wechselseitige Kontrolle öffentlicher Institutionen ist ein Grundprinzip der Demokratie.
- Eine bessere Vergabekontrolle kann auch erreicht werden, wenn die *Bevölkerung* bei allen neu zu vergebenden Krediten angehört wird und zustimmen muss. Nicht nur das Parlament, sondern auch die jeweils betroffene lokale Bevölkerung oder die Zivilgesellschaft. Dann wird es nicht mehr so leicht sein, ein Atomkraftwerk oder ein Ölförderungsprojekt im Regenwald mit Weltbankkrediten zu finanzieren. Auch die bisher gepflogene Praxis der Industrieländer, Großkredite für die eigene Exportförderung zu verwenden, würde erheblich erschwert.
- Die *Initiative* für Projekte soll von der Bevölkerung selbst ausgehen können. Wenn zum Beispiel eine Region die Wiederaufforstung, die Kanalisierung oder ein Versorgungssystem mit erneuerbaren Energien plant und im nationalen Budget oder Bankensystem dafür keine finanzielle Unterstützung findet, kann um Hilfe bei der reformierten Weltbank angesucht werden. Die InitiatorInnen sollten dann nicht nur angehört, sondern gleich in das Projektmanagement eingebunden werden.
- Schließlich muss die *Einbettung in das UN-System* vollzogen werden. Die Weltbank muss rechenschaftspflichtig werden gegenüber Institutionen wie dem Wirtschafts- und Sozialrat, der Entwicklungs-, Umwelt- und Ernährungsorganisation oder der Menschenrechtskommission der UNO. Regelmäßige Überprüfungen mit der Möglichkeit zu Sanktionen

würden eine wichtige und effektive zusätzliche Kontrollfunktion über die Kreditpolitik der Weltbank ausüben.

Nicht alle wollen die Weltbank reformieren. Der renommierte Weltbank-Kritiker Bruce Rich schlägt vor, den Koloss in regionale Entwicklungsbanken zu teilen.[37] Er sei schlicht zu groß, außerdem würden sich durch kontinentale Banken die Interessenskonflikte zwischen europäischen und nordamerikanischen Gläubigern und afrikanischen SchuldnerInnen auflösen. Dieser Vorschlag spiegelt ein klassisches Subsidiaritätsproblem wider: Nach den bisherigen Erfahrungen ist dieser Vorschlag völlig einleuchtend, da die größtmögliche (globale) Ebene bisher mehr Schaden angerichtet als Nutzen gestiftet hat – aufgrund ungleicher Machtverhältnisse und mangelnder Demokratie. Ob dies für immer so sein muss, ist hingegen nicht sicher. Die Demokratie ist erst 200 Jahre jung. Warum sollte es nicht gelingen, sie auch auf globaler Ebene weiterzuentwickeln. Die der »Weltbank« ursprünglich zugrunde liegende Entwicklungsabsicht ist legitim. Falls es daher nicht gelingen sollte, die Bank zu demokratisieren und in ein Instrument für nachhaltige Entwicklung zu transformieren, sollte die Option der Zerschlagung im Auge behalten werden. In einer idealen Welt wäre hingegen eine Bank, die von reichen und armen Ländern gemeinsam gespeist, aber primär zugunsten der armen Länder eingesetzt wird, ein wünschenswertes Projekt.

Ein Erfolg versprechender neuer Aufgabenbereich ist die Vergabe von Mikrokrediten. Die Weltbank-Tochter IFC hat bereits damit begonnen. Da es auch zahlreiche private Einrichtungen gibt – von Oikocredit bis Grameen –, könnte sich die Weltbank darauf beschränken, die bestehenden Mikrokredit-Banken günstig zu refinanzieren, damit diese keine hohen Zinsen verlangen müssen, und das Wechselkursrisiko zu übernehmen, damit dieses nicht auf den KreditnehmerInnen lastet.

Die Idee der Mikrokredite geht auf das Jahr 1976 zurück, als der aus Bangladesch stammende und in den USA ausgebildete Ökonomieprofessor Muhammad Yunus eine schwere Hungersnot in Bangladesh miterlebte. Yunus begriff, dass er mit seinem akademischen Wissen dem täglichen Sterben auf den Straßen hilflos gegenüberstand. In einem Dorf nahe seiner Universität in Chittagong unternahm er Feldstudien, die dann zum berühmten »Grameen-Fonds« führten. Yunus ließ besonders Frauen, die um Leben und Überleben ihrer Familien kämpften, in den Genuss der Förderung kommen. Denn sie investierten das Geld am ehesten zugunsten ihrer Familie und gaben es seltener für Statussymbole aus. Der Grameen-Fonds verlangt keine materielle Sicherheit, stattdessen die Einhaltung eines Verhaltenskanons mit 16 Bedingungen: zum Beispiel Geburtenkontrolle, nur abgekochtes Wasser trinken, mit Erträgen die Ausbildung der Kinder bezahlen. Yunus: »Wir haben uns angesehen, wie die anderen Banken arbeiten, und dann das genaue Gegenteil gemacht.« Mit Erfolg: Bis Mai 2005 hatte die Bank 4,8 Milliarden US-Dollar an 4,5 Millionen Menschen vergeben. Zurückgezahlt waren bis dahin bereits 4,3 Milliarden US-Dollar.

Auch die Gesamtentwicklung verläuft explosionsartig, zwischen 1997 und 2002 verfünffachte sich die Zahl der weltweiten EmpfängerInnen auf 70 Millionen Menschen. Der Bedarf wird auf 400 bis 500 Millionen Menschen geschätzt.[38] Besonders Kleingewerbetreibende haben in der Regel keinen Zugang zu Bankkrediten, da sie keine Sicherheiten stellen können. Rund 3000 Initiativen sind »im Geschäft«. Die Darlehenssummen betragen in der Regel zwischen 100 und 2000 US-Dollar.[39]

Die Rückzahlungsquoten bei Mikrokrediten sind generell höher als im kommerziellen Kreditgeschäft, sie liegen über 90 Prozent. Das liegt einerseits an der höheren Rückzahlungsmoral der Frauen, andererseits an der Arbeit mit Solidaritätsgruppen: Nur wenn die erste Person den Kredit zurückzahlt, bekommt die zweite Person in der Gruppe einen Kredit und so fort. Die Armut mindernde Wirkung von Mikrokrediten ist durch Studien belegt.

Es gibt aber auch jede Menge Kritik an Mikrokrediten:
- Sie setzen einen gewissen Grad an Selbständigkeit voraus und erreichen damit die Ärmsten der Armen meist nicht.

- Die »Gruppenhaftung« wird von manchen als soziales Zwangsinstrument angesehen.
- Durch Mikrokredite kann »der Kapitalismus in die Dörfer gebracht« werden, was das Sozialgefüge komplett verändern kann.
- Manche Banken betreiben Mikrokredite als profitables Geschäft, nicht als Entwicklungshilfe. Der effektive Jahreszins für Mikrokredite liegt deutlich über dem klassischer Kredite, in Afrika teils über 50 Prozent. Dies wird begründet mit den höheren Kosten, die Mikrokredite verursachen.
- Die Kredite werden oft in ausländischer Währung, zum Beispiel in US-Dollar vergeben. Damit trägt die KreditnehmerIn das Währungsrisiko. Manche Kreditgenossenschaften wie die deutsche Oikocredit vergibt daher die Kredite in lokaler Währung.
- Mitunter wird auch die politische Unabhängigkeit einiger internationaler Kapitalgeber (wie der Weltbank) angezweifelt und die Refinanzierung als Instrument zur Durchsetzung geostrategischer Interessen einzelner Staaten angesehen.

Mikrokredite sind kein Allheilmittel. Weder lösen sie das Verschuldungsproblem noch bringen sie eine öffentliche Infrastruktur. Und unfaire Handelsregeln werden durch Mikrokredite nicht gerechter. Wenn sie dazu dienen, KleinbäuerInnen in den Weltmarkt einzugliedern und der globalen Konkurrenz preiszugeben, kann das gut gemeinte Projekt des Aufbaus lokaler Märkte nach hinten losgehen.

---

1 Elmar Altvater: »Das Öl in Baku, eine Botschaft aus der H-Street und Bratwürste im Gugelhof«, in ALTVATER et. al. (2001).
2 BARLOW/CLARKE (2004), S. 128.
3 1980–2004. Eigene Berechnungen auf Basis von »Global Development Finance«, Weltbank, 2005.
4 WEED (2004), S. 6.
5 UNCTAD (2004), S. 10.
6 UNCTAD (2004), S. 39.
7 STIGLITZ (2002), S. 279–280.

8 Der österreichische Entwicklungsökonom und Jurist Kunibert Raffer, Der Standard, 8. Januar 2002.
9 INKOTA (2004), S. 49.
10 http://www.nadir.org/nadir/initiativ/agp/free/bello/meltzer.htm
11 Walden Bello: »Dilemmas of Domination: the Unmaking of the American Empire«, Henry Holt and Company, New York 2005.
12 http://www.nadir.org/nadir/initiativ/agp/free/bello/meltzer.htm
13 BARLOW/CLARKE (2004), S. 6.
14 http://www.focusweb.org/main/html/Article609.html
15 STIGLITZ (2002), S. 280.
16 INKOTA (2004), S. 45.
17 INKOTA (2004), S. 34.
18 Walden Bello/Shalmali Guttal: »The Limits of Reform: The Wolfensohn Era at the World Bank«, im Netz: http://www.focusweb.org/main/html/Article609.html
19 ERKLÄRUNG VON BERN (2005), S. 7.
20 INKOTA (2004), S. 25–26.
21 WEED (2004), S. 33.
22 KÜBLBÖCK (2005), S. 14–15.
23 WEED (2004), S. 5.
24 OECD, DAC (Development Assistance Committee).
25 STIGLITZ (2002), S. 244.
26 »World Wealth Report« von Merrill Lynch/Capgemini. »Global Wealth Report« der Boston Consulting Group.
27 Genaueres siehe zum Beispiel: http://www.aktionfinanzplatz.ch/pdf/fpi/2002/4/Entschuldung.pdf
28 Anne Krueger: »International Financial Architecture for 2002. A New Approach for Sovereign Debt Restructuring«, Rede vom 26. November 2001.
29 STIGLITZ (2002), S. 272.
30 Genaueres: http://www.erlassjahr.de/content/laenderinfos/dokumente/irak_studie_dt.pdf
31 Alle Beispiele: INKOTA (2004), S. 48–49.
32 Philp Hersel: »Das Londoner Schuldenabkommen von 1953 – Lehren für eine neue Handels- und Schuldenpolitik zwischen Schuldnern und Gläubigern«, BLUE 21.
33 http://www.auswaertiges-amt.de/www/de/aussenpolitik/aussenwirtschaft/entwicklung/schulden_html
34 ZIEGLER (2005), S. 94.
35 www.saprin.org
36 http://www.whirledbank.org/ourwords/wapenhans.html
37 Bruce Rich: »Die Verpfändung der Erde. Die Weltbank, die ökologische Verarmung und die Entwicklungskrise«, Schmetterling-Verlag, Stuttgart 1998.
38 http://www.rpoth.at/pastwork/microcredito4.shtml
39 Die Furche, 16. Juni 2005.

Entwicklungsfinanzierung

Die Bekämpfung von Armut ist seit einigen Jahren ein Ziel, das – zumindest rhetorisch – alle eint. Die vorgeschlagenen Konzepte könnten allerdings unterschiedlicher kaum sein. Während die GlobalisierungskritikerInnen auf globale Kooperation, Entschuldung, fairen Handel und Erhöhung der Entwicklungshilfe drängen, glauben die Neoliberalen an die segensreiche Wirkung von Freihandel und privaten Direktinvestitionen. Bis heute hört sich das mitunter etwas simpel an: »Handel fördert Wachstum, und Wachstum reduziert Armut.«[1] In den letzten zwei Jahrzehnten setzten sich neoliberale Rezepte klar durch. Die öffentliche Entwicklungshilfe wurde diskreditiert, die Entwicklungshilfezahlungen gingen deutlich zurück von 0,33 Prozent des BIP der OECD-Länder 1992 auf 0,22 Prozent 2003. Gleichzeitig wurde alle Hoffnung auf private Investitionen und Freihandel gesetzt. »Trade, not aid«, lautete das Motto. Die Armut wurde dadurch allerdings nicht ausgeräumt, im Gegenteil: In zahlreichen Erdteilen nimmt sie sowohl in absoluten Zahlen als auch anteilsmäßig an der Bevölkerung (wieder) zu. Zwar ist der relative Anteil der absolut Armen nach dem Weltbank-Kriterium – weniger als ein US-Dollar Tageseinkommen – von 40 Prozent der Weltbevölkerung 1980 auf 21 Prozent 2001 gesunken. Absolut sank die Zahl dieser Armen von 1,5 auf 1,1 Milliarden. Diese Fakten werden gerne von Neoliberalen herumgereicht, um zu beweisen, dass die aktuelle Form der Globalisierung erfolgreich die Armut beseitigt.

Doch mit einem etwas kritischeren Blick sehen dieselben Zahlen gar nicht mehr so rosig aus: Ohne China, das zu dieser Zeit am wenigsten globalisierte Land, stieg die Zahl der absolut Armen in den Neunzigerjahren von 850 auf 880 Millionen an. In Afrika südlich der Sahara stieg sie um fast 40 Prozent von 227 auf 313 Millionen Menschen. Größer wurde die Armut auch in Nordafrika, im Nahen Osten, in Zentralasien, Osteuropa, Lateinamerika und der Karibik.[2] Anfang des neuen Jahrtausends waren laut UNO nicht weniger als 54 Länder »ärmer als 1990«. Es gibt also, das ist das erste Argument, eine ganze Reihe von Erdregionen, in denen das Armutsproblem nach Weltbank-Definition wächst. (Auch in den USA wächst die Armut seit 2001 von Jahr zu Jahr.)

Zweitens schaut die Zahl derjenigen, die mit weniger als *zwei* US-Dollar auskommen, ebenfalls ein Weltbank-Maßstab, schon etwas anders aus: Die Zahl dieser Menschen nahm in den Neunzigerjahren – selbst mit China – zu und erst seit 2000 wieder ab. Dennoch: 2005 mussten noch immer 2,5 Milliarden Menschen oder 40 Prozent der Weltbevölkerung mit weniger als zwei US-Dollar pro Tag auskommen.

Drittens: Viele, die auch über diese Schwelle geklettert sind, verdienen nun 2,20 oder 2,80 US-Dollar, was erstens noch kein Wohlstand ist. Zweitens befinden wir uns damit immer noch im rein monetären Bereich. Viele Menschen, die nun etwas mehr verdienen, wurden aus Subsistenz-Zusammenhängen gerissen, vom Land in die städtischen Slums gespült. Hatten sie früher reiche Fischgründe, einen Wald voller Holz und Früchte, natürliche Medizin, ein Stückchen Land oder Weide und zumindest kostenloses Trinkwasser, so hängen sie nun vollständig von ihrer mickrigen Kaufkraft ab. Die von der Weltbank gemessene Armut nimmt daher in vielen Fällen nur scheinbar ab, in der Realität verschlechtern sich die Lebensumstände dramatisch. Sehr viel aussagekräftiger als Ein- oder Zwei-Dollar-Armutsstatistiken ist daher das Faktum, dass der Hunger in der Welt seit Mitte der Neunzigerjahre wieder zunimmt, und das nicht nur in absoluten Zahlen, sondern auch anteilsmäßig an der Weltbevölkerung. Rund 850 Millionen Menschen hungern, täglich sterben 24 000 an Unterernährung. Das ist wohl die verlässlichste Aussage über Segen oder Fluch von Freihandel, freiem Kapitalverkehr und ausländischen Direktinvestitionen.

Besonders ausländische Direktinvestitionen (ADI) werden von den Neoliberalen als Ersatz für Entwicklungshilfe gehandelt: Tatsächlich explodierten die ADI seit den Achtzigerjahren bis

1999 auf 182 Milliarden US-Dollar, doch bis 2003 plumpsten sie wieder auf 135 Milliarden US-Dollar zurück, ein Rückgang von 25 Prozent. Die gesamten privaten Nettofinanzflüsse an die Entwicklungsländer schrumpften zwischen 1997 und 2002 sogar um 45 Prozent.[3] Eine Hochschaubahn ist keine gute Grundlage für Planungssicherheit und Entwicklung.

Zweitens ist die zugrunde liegende Absicht privater Geldflüsse nicht Entwicklungshilfe, sondern Profit, das kann das Entwicklungsziel verzerren oder sogar zu Rückschritten in der Entwicklung führen, wenn zum Beispiel Rohstoffe ökologisch brutal abgebaut und dabei der Lebensraum von Menschen zerstört wird. Oder wenn inländische Firmen durch »Direktinvestitionen« übernommen werden und der Personalstand drastisch gekürzt wird und die Gewinne ins Ausland abfließen. Der Umstand, dass privates Geld nur dorthin geht, wo hohe Renditen locken, führt außerdem dazu, dass nur eine kleine Auswahl von Schwellenländern in die Gunst des globalen Kapitals kommt. An Afrika fließt der Strom der ADI vollständig vorbei. Der riesige Kontinent bekam im Durchschnitt 1999 bis 2004 gerade einmal 1,9 Prozent des globalen Investitionskuchens ab.[4]

Drittens sind private Flüsse vor Korruption genauso wenig gefeit wie die öffentliche Entwicklungshilfe. Sie werden sogar systematisch dafür eingesetzt: »Viele westliche Konzerne bestechen«, bekannte Ex-Weltbank-Präsident James Wolfensohn.[5] Es gibt also gute Gründe, sich nicht auf private Kapitalflüsse zu verlassen. »[Free] Trade, not aid«, war das falsche Motto. »Fair trade *and* aid«, klingt besser. Die Rufe nach mehr Geld für Armutsbekämpfung und Entwicklungsfinanzierung werden wieder lauter.

Millenniumsziele

Vor diesem Hintergrund hielt die UNO im Jahr 2000 eine »Jahrtausendkonferenz« ab, bei der die so genannten Millenniums-Entwicklungsziele (Millennium Development Goals, MDG) beschlossen wurden. Die MDG können als neue Etappe im Kampf gegen die weltweite Armut und Unterentwicklung gesehen werden. Sie arbeiten mit klaren Zahlen (ausgenommen Ziel 8) und werden sowohl von den Regierungen als auch von zahlreichen NGOs anerkannt.

Die acht Millenniums-Entwicklungsziele

1. Extreme Armut und Hunger beseitigen
   Der Anteil der Menschen, die von weniger als einem US-Dollar pro Tag leben, soll um die Hälfte gesenkt werden. Ebenso die Zahl der Hungernden.
2. Grundschulausbildung für alle Kinder
3. Gleichstellung und Förderung von Frauen
   In der Grund- und Mittelschulausbildung sollen bis zum Jahr 2005 und auf allen Ausbildungsstufen bis zum Jahr 2015 alle Geschlechter gleich vertreten sein.
4. Kindersterblichkeit senken
   Die Sterblichkeit von Kindern unter fünf Jahren soll um zwei Drittel gesenkt werden.
5. Gesundheit der Mütter verbessern
   Die Müttersterblichkeit soll um drei Viertel gesenkt werden.
6. Krankheiten bekämpfen
   Die Ausbreitung von HIV/Aids soll gestoppt werden. Die Ausbreitung von Malaria und anderen schweren Krankheiten soll eingedämmt werden.
7. Nachhaltige Umwelt gewährleisten
   Nationale Politiken sollen die Grundsätze der nachhaltigen Entwicklung übernehmen. Dem Verlust von Umweltressourcen soll Einhalt geboten werden. Der Anteil der Menschen, die über keinen Zugang zu sauberem Trinkwasser verfügen, soll halbiert werden. Bis 2020 sollen die Lebensbedingungen von zumindest 100 Millionen SlumbewohnerInnen wesentlich verbessert werden.
8. Globale Entwicklungspartnerschaft schaffen
   Zu dieser zählt ein »offenes«, auf Regeln beruhendes Finanz- und Handelssystem. Aber auch Schuldenstreichung, höhere Entwicklungshilfe sowie zoll- und quotenfreier Zugang zu den Märkten des Nordens für die hochverschuldeten ärmsten Länder (HIPC).

Es gibt zwar auch Kritik an den Millenniumszielen: Die rein monetäre Definition von Armut wird beibehalten, strukturelle Armutsaspekte, wie der fehlende Zugang zu öffentlichen Gütern oder die Benachteiligung bestimmter Gruppen, werden ausgeblendet. Ebenso wenig ist die Verteilungswirkung des Wirtschaftssystems ein Thema – im Unterschied zu den UNO-Konferenzen der Siebzigerjahre, als die Stimmung mehr zugunsten der armen Länder war. Zahlreiche NGOs fordern daher eine Erweiterung der MDG um die Ziele Verteilungs- und Steuergerechtigkeit sowie faire Handelsbeziehungen. Dennoch, dass nun wieder über die Erhöhung der Entwicklungshilfe nachgedacht wird, ist gegenüber den neoliberalen Neunzigerjahren ein Fortschritt.

Um die Millenniumsziele zu erreichen, ist laut UN-Sonderbeauftragtem Jeffrey Sachs eine Erhöhung der Entwicklungshilfe von aktuell rund 70 Milliarden US-Dollar auf 152 Milliarden bis 2010 und auf 195 Milliarden US-Dollar bis 2015 nötig. Selbst nach dieser Steigerung würden die Industrieländer nur 0,54 Prozent ihres BIP für Entwicklungshilfe aufwenden, das wäre immer noch deutlich weniger als das in den Siebzigerjahren selbst gesteckte 0,7-Prozent-Ziel.[6] Beim aktuellen Tempo hingegen würde die Armut nicht bis 2015 halbiert, sondern erst im Jahr 2149, warnt Jeffrey Sachs. Das Entwicklungsprogramm UNDP schreibt: Wenn wir das nötige Geld für die Millenniumsziele nicht aufbringen, werden 2015 immer noch 47 Millionen Kinder nicht die Grundschule besuchen können, und bis dahin werden zusätzlich 41 Millionen Kinder »an der heilbarsten aller Krankheiten sterben: Armut«.[7]

Zwei Jahre nach dem Jahrtausendtreffen, im September 2002, veranstaltete die UNO erstmals eine Konferenz zum Thema Entwicklungsfinanzierung. Im mexikanischen Monterrey wurden verschiedene Möglichkeiten zur Erreichung der MDG diskutiert, unter anderem wurde das 0,7-Prozent-Ziel bekräftigt. Auch Schuldenstreichungen und globale Steuern wurden diskutiert. Im »Konsens von Monterrey« (ein zaghafter Versuch, eine Alternative zum neoliberalen Washington-Konsens zu etablieren) standen jedoch keinerlei verbindliche Ziele, das hatten die Industrieländer, allen voran die USA, erfolgreich verhindert.

Im Folgenden soll gezeigt werden, dass bei vorhandenem politischem Willen in den Industrieländern die UNO-Ziele problemlos finanzierbar wären. Denn der globale Reichtum beträgt ein Vielfaches der nötigen Ressourcen zur Beendigung der Armut.

ALTERNATIVEN

⑭ 0,7 Prozent Entwicklungshilfe

Die Bereitstellung von Geld ist immer noch der beste Indikator für die Priorität einer Politik. Das 0,7-Prozent-Ziel der Industrieländer wurde bereits 1970 von der UNO beschlossen – seither aber nicht umgesetzt. Rekordwert waren die 0,33 Prozent von 1992. Bis 2003 fiel der Wert wieder auf 0,23 Prozent. Wie geizig die reichen Länder sind, zeigt folgende schwer zu verdauende Zahl: Seit 1990 ist das Pro-Kopf-Einkommen der reichen Länder um 6070 US-Dollar gestiegen, die Entwicklungshilfeleistung ist pro Kopf hingegen um einen US-Dollar gesunken![8] Obwohl wir immer reicher werden, geben wir immer weniger her. Es gibt nur wenige positive Ausreißer: Dänemark (0,84 Prozent), die Niederlande (0,81 Prozent), Luxemburg (0,8 Prozent) und Schweden (0,7 Prozent) erfüllen das 0,7-Prozent-Ziel (2003). Schlusslicht sind die USA mit 0,08 Prozent. Der Anstieg der US-Rüstungsausgaben nach dem 11. September 2001 betrug mit 48 Milliarden US-Dollar fast so viel wie die gesamte globale Entwicklungshilfe zum damaligen Zeitpunkt.

Im Mai 2005 haben sich die Entwicklungshilfeminister der EU endlich darauf geeinigt, die EZA-Mittel bis 2010 auf 0,51 Prozent des BIP und bis 2015 schließlich auf 0,7 Prozent aufzustocken. Die Finanzminister schlossen sich kurz darauf diesem Ziel an. Allerdings wird in der Aufstockung kräftig geschummelt: So ist zum Beispiel die Irak-Entschuldung darin enthalten.

In Österreich und Deutschland wird bei der Forderung nach höherer Entwicklungshilfe reflexartig auf die angespannte Haushaltslage verwiesen. Warum die Staatskassen in zwei der reichsten Länder der Erde chronisch leer sind, diese Frage stellt dabei niemand. Würde der vorhandene Reichtum auch nur einigermaßen gerecht besteuert, würden alle öffentlichen Kassen überquellen. Allein die Finanzvermögen der privaten Haushalte betragen 140 Prozent (Österreich) und 150 Prozent (Deutschland) der Wirtschaftsleistung. Ein halbes Prozent Vermögenssteuer würde die 0,7 Prozent aufbringen. Bloß: 1993 schaffte Österreich die Vermögenssteuer ab, und Deutschland 1997. Um im »Standortwettbewerb« in Europa bestehen zu können. Eine verrückte Welt!

Ein sehr origineller Vorschlag kommt vom Sonderbeauftragten für die Millenniumsziele, Jeffrey Sachs: Die Erfüllung des 0,7-Prozent-Ziels soll Voraussetzung für die Mitgliedschaft im UN-Sicherheitsrat werden. Dieser Vorschlag ist deshalb sehr weise, weil er das Thema der globalen Sicherheit mit der Armutslinderung verknüpft.

15 Globales Management der Rohstoffpreise

Eine weitere wichtige Maßnahme, die Einkommenssituation der armen Länder zu verbessern, ist die Stabilisierung der Rohstoffpreise. Die Rohstoffpreise sind in den letzten Jahrzehnten in den Keller gesunken, nicht zuletzt deshalb, weil Weltbank und Währungsfonds dutzenden Ländern gleichzeitig Exportstrategien verordneten, was zu einem Überangebot auf dem Weltmarkt führte. Die realen Weltmarktpreise von 18 wichtigen Exportrohstoffen lagen 2000 um durchschnittlich 25 Prozent unter dem Niveau von 1980. Baumwolle war um 47 Prozent, Kaffee um 64 Prozent, Reis um 61 Prozent, Kakao um 71 Prozent und Zucker um 77 Prozent billiger.[9] Für arme Länder, die bis zu 90 Prozent von nur einem Exportgut abhängig sind, ist das eine Katastrophe. Wären die Rohstoffpreise auf dem Niveau der Achtzigerjahre geblieben, würde das Pro-Kopf-Einkommen in Subsahara-Afrika heute um 50 Prozent höher liegen. »Die Rohstofffalle erweist sich somit als Kern der Armutsfalle.«[10]

Erschwerend kommt hinzu, dass die Rohstoffpreise in einer nationalen Währung, dem Dollar notieren, was eine zusätzliche Quelle von Instabilität bildet: Steigt oder fällt der Dollar, steigen oder fallen auch die Rohstoffpreise weltweit. Es soll aber nicht vom Stand des Dollars abhängen, wie hoch der Ölpreis gerade ist. Aus diesem Grund wäre die Notierung der Rohstoffpreise in einer neutralen/künstlichen Weltwährung nötig (Kapitel *Bändigung der Finanzmärkte*).

Im Falle des Erdöls geht durch die Dollar-Notierung auch die Kontrolle über die Inflation verloren, aufgrund des hohen Einflusses des Erdöls auf den Warenkorb. Die Ölabhängigkeit trifft arme Länder übrigens noch viel härter als reiche. Während ein Preisanstieg von 15 auf 25 US-Dollar das Wirtschaftswachstum in den Industrieländern nur um 0,4 Prozent dämpft, müssen die afrikanischen Länder südlich der Sahara mit einem Rückgang ihres BIP um drei Prozent rechnen. Der Peak Oil wird somit die globale Apartheid noch vertiefen.[11]

Trotz dieser vielfältigen negativen Auswirkungen freier Preisbildung bei den Rohstoffen gibt es derzeit nur ein weltweites Rohstoffabkommen mit preisregulierender Wirkung: bei Naturkautschuk. Zwar gibt es zahlreiche andere Abkommen, sie regeln aber nicht den Preis. Die Entwicklungsländer drängten 1976 auf ein »Integriertes Rohstoffprogramm« (IRP) im Rahmen der UNCTAD, das 1989 auch zur Einrichtung eines »Gemeinsamen Rohstoff-Fonds« führte. Doch dessen Mittel sind vernachlässigbar. Bis Mitte 2003 kofinanzierte der Fonds 175 Projekte mit einer jährlichen Gesamtsumme von weniger als 13 Millionen US-Dollar. Damit lässt sich kein Weltmarktpreis stabilisieren.

Größtes Hindernis für ein effektives Management der Rohstoffpreise sind die Industrieländer. Ihnen sind kellertiefe Preise nur recht. Wie sehr sie mit zweierlei Maß messen, zeigen ihre astronomischen Agrarsubventionen. In den USA und Europa lebt nur noch ein sehr kleiner Teil der Bevölkerung von der Landwirtschaft, dennoch werden zig Milliarden von Steuergeldern in die Landwirtschaft gepumpt, um den BäuerInnen stabile Einkommen zu sichern. Gleichzeitig unternehmen die Industrieländer aber keinerlei Anstrengung zur Stabilisierung der globalen Agrarpreise, obwohl in Afrika 70 bis 80 Prozent der Bevölkerung von der Landwirtschaft leben.

Eine solidarische Staatengemeinschaft würde ein Abkommen zur Stabilisierung der Rohstoffpreise schließen, im Rahmen der UNO. Eine Alternative dazu wäre die Bildung eines Rohstoffkartells. Das hätte allerdings gegenüber einer globalen Lösung zwei Nachteile: Erstens würden sich dann einseitig die Interessen der Exporteure durchsetzen anstelle eines Interessensausgleichs zwischen LieferantInnen und EmpfängerInnen; das Gegeneinander von Nord und Süd würde noch vertieft. Zweitens wäre es in der UNO leichter, Nachhaltigkeitskriterien in die Preisgestaltung einfließen zu lassen. Das betrifft einerseits agrarische Rohstoffe, deren Anbau für den Export in den seltensten Fällen auf nachhaltige Weise geschieht. Und andererseits nicht erneuerbare, mineralische und fossile Rohstoffe, wo die Frage geklärt werden sollte, wem diese gehören. Denn weder lässt sich einfach sagen, dass sie denjenigen Menschen gehören, auf deren Land sie vorkommen, noch denjenigen, die über die größte globale Kaufkraft verfügen (Preisbildung am freien Weltmarkt). Wie viel gehört der Natur? Wie viel den kommenden Generationen? Sind Rohstoffe »globale öffentliche Güter«, die allen gehören? Hier ist eine Reihe eminent politischer Fragen offen. Es ist daher höchst an der Zeit, ein globales solidarisches und ökologisches Verteilungssystem für nicht erneuerbare Rohstoffe zu schaffen.

⑯ Globale Steuern

Ein viel kritisiertes Manko der Globalisierung ist der Umstand, dass sich ökonomische Aktivitäten globalisiert haben, die politische Regulierung hingegen nur sehr schwach (zum Beispiel Umwelt) oder gar nicht (zum Beispiel Steuern). Globale Steuern bieten gleich zwei Möglichkeiten, den Globalisierungsprozess bewusster zu steuern: zum einen durch den Lenkungseffekt, zum anderen durch das Aufkommen. Mit internationalen Steuern kann ein Teil der Globalisierungsgewinne abgeschöpft und an die VerliererInnen der globalen Konkurrenz umverteilt oder zur Finanzierung globaler öffentlicher Güter (Armutsbekämpfung, Frieden, intakte Umwelt, nachhaltige Entwicklung, kulturelle Vielfalt, stabile Finanzmärkte) herangezogen werden.

Die Zahl der Institutionen und Regierungen, die sich mit dem Thema globale Steuern auseinander setzen, nimmt stark zu. Weltbank und Währungsfonds fassten bei ihrer Frühjahrstagung 2005 erstmals dieses heiße Eisen an. Den bisher prominentesten Vorstoß machte die so genannte Lula-Gruppe (Brasilien, Frankreich, Chile und Spanien) auf der Vollversammlung der Vereinten Nationen im Herbst 2004. Diese Gruppe, zu der im Frühjahr 2005 auch Deutschland stieß, gab den viel beachteten »Landau-Bericht« heraus, in dem konkrete Möglichkeiten der Entwicklungsfinanzierung benannt werden. Der Bericht spricht sich für eine Erhöhung der Entwicklungshilfe, die Einführung der Tobinsteuer und die Besteuerung von transnationalen Konzernen aus.

Die bisherigen Vorschläge für globale Steuern:
- *Nutzung globaler öffentlicher Güter:* saubere Luft (Emissionszertifikate), Schifffahrt durch Meeresengen (hier kommt es immer öfter zu regelrechten Staus), Nutzung des erdnahen Weltraums durch kommerzielle Satelliten (auch in dieser »Dauerparkzone« kommt es zunehmend zu Platzproblemen).
- *Umweltsteuern* auf Gefahrengütertransporte (Öl, Chemikalien, Atommüll), Pestizide, Kohlenstoff, Flugtickets oder Kerosin. Der Flugverkehr wächst seit Jahren schneller als die Wirtschaft und ist zu einer wichtigen Triebkraft der Globalisierung geworden. Allerdings ist er extrem exklusiv: 95 bis 99 Prozent der Menschheit fliegen überhaupt nicht, weil sie es sich nicht leisten können.[12] Jede Besteuerung des Flugverkehrs wäre daher gleichzeitig eine globale Luxussteuer. Einen ersten Erfolg gibt es bereits: Frankreich hebt seit 1. Juli 2006 auf Flügen eine Gebühr zwischen einem und 40 Euro ein, in Summe sollen pro Jahr 200 Millionen Euro für die AIDS-Bekämpfung zusammenkommen. Zwischen zehn und 15 weitere Länder, darunter Brasilien, Chile, Norwegen und

Algerien, wollen dem französischen Beispiel folgen und 30 Länder traten bei einer Konferenz über globale Steuern im Februar 2006 einer UN-Arbeitsgruppe zum Thema bei.[13]
- *Stabilisierung der Finanzmärkte:* Tobinsteuer, Börsenumsatzsteuer, Aktienhandel (täglicher Umsatz 210 Milliarden US-Dollar) oder Anleihehandel (täglicher Umsatz 810 Milliarden US-Dollar). Angesichts der rasanten Beschleunigung der Finanzmarktumsätze und des starken Abfalls der Transaktionskosten, täte hier eine fiskalische Bremse sehr gut.
- *Grenzüberschreitende Wirtschaftsvorgänge:* Welthandel (Terra-Abgabe in der Global Marshall Plan Initiative), Finanztransaktionen, Direktinvestitionen (im Schnitt der letzten Jahre 800 Milliarden US-Dollar), Fusionen oder Gewinne transnationaler Konzerne. Der Strukturvorteil, den TNC genießen, sollte sich in entsprechenden Pflichten widerspiegeln (Kapitel *Globale Steuergerechtigkeit*). Auch das Bankgeheimnis könnte besteuert werden und damit Steueroasen.
- *Waffen:* Ein besonders häufiger Vorschlag, allerdings mit Tücken: Denn Waffenhandel sollte nicht besteuert (und damit legitimiert), sondern verboten werden.
- *HNWI-Steuer:* Wie schon gezeigt, würde eine einprozentige Besteuerung der »High Net Worth Individuals« jährlich 300 Milliarden US-Dollar aufbringen, 2008 bereits 450 Milliarden US-Dollar. Damit handelt es sich um die ergiebigste aller Steuerquellen. Zum Vergleich: Für die Bekämpfung von Malaria und Tuberkulose bräuchte es jährlich zwei Milliarden US-Dollar, der Zugang zur Grundschule für alle Menschen würde sechs Milliarden US-Dollar kosten, sauberes Trinkwasser für alle Menschen neun Milliarden.[14] Mit 300 Milliarden US-Dollar könnte auch jene Milliarde Menschen, die derzeit mit weniger als einem US-Dollar pro Tag auskommen müssen, über diese absolute Armutsschwelle gehoben werden.[15]

Eine weitere Möglichkeit, die Einnahmensituation der Entwicklungsländer ohne neue Steuern zu verbessern, ist die Schließung von Steueroasen. Nach einer Untersuchung der unabhängigen

Hilfsorganisation Oxfam verlieren die Entwicklungsländer durch ihre Existenz jährlich mindestens 50 Milliarden US-Dollar, das entspricht der Gesamtsumme der globalen Entwicklungshilfe. Das Geld geht den armen Ländern auf zwei Wegen verloren. Zum einen durch Kapitalflucht, indem die reichen Eliten ihr Geld auf Konten in Steueroasen in Sicherheit bringen. Allein die Schweiz entzieht den Entwicklungsländern fünfmal so viel Kapital, wie es ihnen an Entwicklungshilfe zuführt.[16] Andererseits durch den globalen Steuerwettbewerb: Die durchschnittliche Investorenbesteuerung ist in den Entwicklungsländern seit den Achtzigerjahren von 30 auf 20 Prozent gefallen, als Folge des verzweifelten Versuchs aller Länder, private Investoren anzulocken. Durch die Beendigung des Steuerwettbewerbs und die Schließung von Steueroasen ließen sich Zigmilliarden US-Dollar für die Entwicklungsfinanzierung aufstellen.

⑰ Loseisen der Devisenreserven

Seit dem Zusammenbruch des Systems fester Wechselkurse von Bretton Woods begannen die Wechselkurse frei zu schwanken. Deshalb mussten alle Länder Devisenreserven anlegen, um die Schwankungen ausgleichen und spekulative Attacken abwehren zu können. Der Internationale Währungsfonds drängt die Entwicklungsländer zur Anlage hoher Reserven, diese belaufen sich mittlerweile auf 1,2 Billionen US-Dollar. Das ist die Hälfte der gesamten Auslandsschulden der Entwicklungsländer. Dieses Geld ist meist in niedrig verzinsten US-Staatsanleihen, Euro- oder Yen-Papieren angelegt, es wirft einen geschätzten realen Ertrag von zwei Prozent ab. So profitieren einerseits die USA, die EU und Japan vom Zwang der armen Länder zur Hortung von Devisenreserven.

Andererseits kann das Geld nicht in Aufgaben wie Armutsbekämpfung, Umweltschutz oder Bildung investiert werden. Bei einer angenommenen nur um fünf Prozent höheren Rendite im Falle einer Investition in Infrastruktur und Beschäftigung gehen den armen Ländern jährlich 60 Milliarden US-Dollar verloren – so viel wie die gesamte globale Entwicklungshilfe.

Würde die Finanzarchitektur wie im Kapitel *Bändigung der Finanzmärkte* vorgeschlagen umgesetzt, wäre die Notwendigkeit, Devisenreserven zu halten, nicht mehr gegeben. Das Geld wäre »frei« für alternative Investitionen und die Finanzierung der MDG.

Es gibt also zahlreiche Wege, die nötigen Finanzmittel zur Beendigung der Armut zu mobilisieren, die Staatskassen der armen Länder zu füllen und die Auslandsschulden zu tilgen. Voraussetzung dazu ist einzig der politische Wille.

1 Sylke Tempel: »Globalisierung, was ist das?«, Rowohlt, Berlin 2005, S. 50.
2 ILO (2004), S. 49.
3 WEED (2004), S. 14–16.
4 UNCTAD, Handbook of Statistics 2005.
5 Der Standard, 18. November 2002.
6 WAHL (2005), S. 8.
7 UNDP (2005), S. 21.
8 UNDP (2005), S. 29.
9 ILO (2004), S. 91.
10 Rainer Falk: »Rohstoffabhängigkeit Afrikas: Gefangen in der Armutsfalle«, in Informationsdienst Weltwirtschat & Entwicklung, Sonderdienst Nr. 1/März 2004.
11 WUPPERTAL-INSTITUT (2005), S. 100.
12 WUPPERTAL-INSTITUT (2005), S. 82.
13 Der Spiegel online, 28. Februar 2006.
14 UNDP (1997), S. 112 und JETIN/DENYS (2005), S. 159.
15 UNDP (2005), S. 18.
16 Erklärung von Bern: http://www.evb.ch/index.cfm?page_id=3572

Globale Steuergerechtigkeit

»*Der Ausbreitung privaten Reichtums entspricht die Ausbreitung öffentlicher und privater Armut.*«

SVEN GIEGOLD

Kaum jemand zahlt gerne Steuern. Doch ohne Steuern können moderne und komplexe Gesellschaften nicht funktionieren. Sie sind der »Preis für die Zivilisation«, das materielle Fundament eines Gemeinwesens. Akzeptabel sind Steuern allerdings nur, wenn sie auf demokratische Weise zustande kommen und gerecht verteilt sind. Das besagt bereits die Allgemeine Erklärung der Menschen- und Bürgerrechte von 1789. Aus gutem Grund: Vor der französischen Revolution zahlten der erste und der zweite Stand – Adel und Klerus – keine Steuern. Die ganze Steuerlast musste vom dritten Stand, dem »gemeinen« Volk, getragen werden. Aus heutiger Sicht eine grobe Ungerechtigkeit. Und dennoch: Derzeit entwickeln wir uns wieder in Richtung feudaler Verhältnisse.

Einer der vielen Systemfehler der Globalisierung besteht darin, dass ausgerechnet ihre Gewinner immer weniger Steuern zahlen. Der Beitrag von Vermögen, Gewinnen und Kapitaleinkommen zur Finanzierung des Gemeinwohls – Schulen, Krankenhäuser, Trinkwasser, soziale Sicherheit – geht systematisch zurück. Grund dafür ist der freie Kapitalverkehr. Will ein Finanzminister Gewinne oder Vermögen besteuern, verabschiedet sich das Kapital ins Ausland. Der freie Kapitalverkehr fiel jedoch nicht vom Himmel, sondern wurde bewusst eingerichtet – mit internationalen Abkommen und nationalen Gesetzen. Mächtige Interessen standen dahinter: Wenn das Kapital aus seinem nationalen »Gehege« ausbrechen kann, kann es die Staaten erpressen. Ist ein Standort nicht gastfreundlich, genügt eine kurze Drohung mit »Abreise« und die Wünsche werden in der Regel erfüllt. Seit Anfang der Achtzigerjahre sind die durchschnittlichen Steuersätze auf Unternehmensgewinne in der EU-15 von 45 auf 29 Prozent gesunken, die Spitzensteuersätze der Einkommenssteuer von 62 auf 46 Prozent und die durchschnittliche Besteuerung von Zinserträgen von 47 auf 33 Prozent.[1]

An der Spitze des Steuerwettbewerbs stehen Steueroasen. Mehr als 70 Kleinstaaten wie die Virgin Islands, Monaco oder die Bahamas locken das globale Kapital mit Steuerfreiheit und Bankgeheimnis an. Auf den Virgin Islands leben 19 000 Menschen. Im Firmenbuch sind jedoch 302 000 Unternehmen eingetragen. Ausschließlicher Zweck: Steuerflucht. Schätzungen zufolge werden rund zehn Billionen US-Dollar in diesen »Offshore-Zentren« gebunkert: das Fünffache der Wirtschaftsleistung Deutschlands. Weder diese Vermögen noch die darauf erzielten Einkommen werden an die zuständigen Finanzämter gemeldet. Bei einer angenommenen Rendite von sieben Prozent und einem Steuersatz von 35 Prozent verursachen Steueroasen allein bei der Einkommens- und Kapitalertragssteuer Ausfälle in der Höhe von 250 Milliarden US-Dollar. Für jedes Prozent im Herkunftsland nicht bezahlte Vermögenssteuer kommen 100 Milliarden US-Dollar an Steuerausfällen dazu. Zum Vergleich: 100 Milliarden Euro sind das aktuelle Budget der EU.

Steueroasen gibt es nicht nur »offshore« auf hoher See, sondern auch »onshore« im Herzen Europas. Die »fruchtbarste« aller Steueroasen ist die Schweiz. Sie hat fast ein Drittel »Marktanteil« am globalen Gastgeschäft für Steuerflüchtlinge. Aber auch Österreich, Liechtenstein oder Luxemburg betreiben aktiv Beihilfe zur Steuerhinterziehung. Die Komplizenschaft bei der Untergrabung der Staatsfinanzen ist eigentlich ein Anschlag auf Rechtsstaat, Demokratie und Souveränität. Dennoch ist sie immer noch nicht Gegenstand entschlossener politischer Bekämpfung. Wer im Supermarkt eine Tafel Schokolade stiehlt, wird sofort und hart bestraft. Wer 100 Millionen Euro in eine Steueroase bringt oder wer dem Hinterzieher dabei behilflich ist, hat wenig zu befürchten. Das könnte sich bald ändern: »Die sehr niedrigen Steuerzahlungen der Konzerne führen zu riesigen Haushalts-

und Gerechtigkeitsproblemen«, meint der Wiesbadener Steuerexperte Lorenz Jarass.[2] Und genau das ist immer weniger PolitikerInnen egal.

Steueroasen sind nur die Anführer des globalen Steuerwettlaufs. Auch innerhalb der EU tobt der Steuerwettbewerb, am schärfsten bei den Unternehmensgewinnen: Österreich wirbt aggressiv – mit Inseraten einer Regierungsagentur – Unternehmen aus Deutschland ab, Bayern lockt Unternehmen aus Österreich weg. Ein unerbittliches Gegeneinander einer vorgeblichen »Gemeinschaft« – zur Freude der Konzerne. Letzter »Coup« Österreichs: die günstige »Gruppenbesteuerung« und die Senkung der Unternehmensgewinnsteuer von 34 auf 25 Prozent. Laut der Unternehmensberatungsfirma PWC wird die Körperschaftssteuer dadurch zu einer »freiwilligen Abgabe«[3]. Für die Branchen-Kollegen von der KPMG ist Österreich nun eine »Steueroase«[4]. Lange wird dieser »Vorteil« nicht halten: In der Slowakei liegt der Steuersatz schon heute bei 19 Prozent, in Ungarn bei 16 Prozent, in Irland bei 12,5 Prozent, in Zypern bei zehn Prozent. Estland stellt reinvestierte Gewinne ausländischer Investoren überhaupt steuerfrei. Hält dieser Wettlauf noch einige Jahre an, werden Großunternehmen in der EU bald gar keine Steuern mehr bezahlen.

Bei der Debatte um die Besteuerung von Unternehmensgewinnen gilt es, vorsichtig zu sein: Hier werden stets die nominellen Steuersätze bemüht, wirklich aussagekräftig sind sie nicht. Denn die tatsächlich bezahlten weichen infolge unterschiedlicher Abschreibungs-, Verlustvortrags- und anderer Gestaltungsmöglichkeiten stark ab. Deutschland zählt zu den Ländern mit den höchsten nominalen Steuersätzen (38,5 Prozent), aber den niedrigsten »realen«: laut einer EU-Studie nur 21 Prozent. Der behauptete Wettbewerbsnachteil gegenüber Österreich oder der Slowakei ist kaum gegeben. Dennoch ist der Verweis auf den hohen nominellen Steuersatz und die Androhung einer Standortverlagerung ein mächtiger Hebel, um der Politik und den Belegschaften weitere Zugeständnisse abzupressen. Tatsächlich hat die rotgrüne Regierung Kapitalgesellschaften mit großzügigen Steuergeschenken weiter entlastet. Im Jahr 2001 nahm der deutsche Fiskus null Euro aus dem Titel der Körperschaftssteuer ein, die Finanzämter sahen sich sogar mit Rückzahlungsforderungen der Konzerne konfrontiert. In den darauf folgenden Jahren blieben die Gewinnsteuereinnahmen auf kellertiefem Niveau. Steuerexperte Jarass: »Hätten wir in Deutschland den vielfach gepriesenen einheitlichen Unternehmenssteuersatz von 19 Prozent wie in der Slowakei, und wären nur drei Viertel der Gewinne der Kapitalgesellschaften tatsächlich mit diesen 19 Prozent besteuert worden, so wären dem deutschen Fiskus 2002 allein aus dieser Quelle gut 31 Milliarden Euro statt 19 Milliarden Euro zugeflossen.«[5] Erkenntnis: Das »Hochsteuerland« Deutschland ist gar keines. Das bestätigt auch das *Handelsblatt*: »Die Steuerlast, über die die Wirtschaft klagt, ist eher ein Phantomschmerz.«[6]

Ausgerechnet die, die am lautesten jammern, leisten am wenigsten. 2001 zahlte von sieben in München niedergelassenen DAX-Unternehmen nur ein einziges Steuern. BMW forderte trotz Rekordgewinn Geld vom Finanzamt zurück. DaimlerChrysler prahlte schon 1996 öffentlich: »In diesem Jahrhundert bekommt Herr Finanzminister Waigel von meinem Konzern keinen Pfennig mehr.« Zwischen 1996 und 2000 zahlte der Konzern in Deutschland nur 0,1 Milliarde Euro Steuern: 0,25 Prozent seines weltweiten Konzerngewinns.[7] Der Grund: Internationale Konzerne haben – derzeit – jede Menge Möglichkeiten, die Gewinne dort, wo sie sie erzielen, kleinzurechnen und in Niedrigsteuerländern und Steueroasen auftauchen zu lassen.

Der großen Mehrheit der klein- und mittelständischen Unternehmen ist dieser Weg versperrt. Sie sind lokal tätig und können sich auch keinen Stab an Finanzberatern leisten, um ihre Steuerleistung zu »optimieren«. Die wachsenden Klassenunterschiede zwischen den Unternehmen sind in jüngster Zeit gut dokumentierbar: Während deutsche Kapitalgesellschaften ihre Gewinne von 1997 bis 2003 um 26 Prozent erhöhten, sank ihre Steuerleistung um 17 Prozent. Im selben Zeitraum stiegen die Gewinne der Personengesellschaften und Selbständigen nur um sechs Prozent, ihre Steuerleistung nahm aber um zwölf Prozent zu.[8] Wer glaubt, die Großen würden dafür Arbeitsplätze schaffen, irrt: Die 30 DAX-Unternehmen bauten 2004 in Deutschland trotz Rekordgewinnen 35 000 Stellen ab.[9]

Die Steuerausfälle haben verheerende Folgen: Egal, ob Bildung, Gesundheit, Renten oder Infrastruktur: überall wird gespart. Die Investitionen der deutschen Städte lagen 2003 um 35 Prozent unter dem Niveau von 1992.[10] Die Gewerbesteuereinnahmen von Gelsenkirchen stürzten von 96 Millionen Euro 1999 auf 37 Millionen Euro 2002. Die Stadt weiß nicht, ob sie zuerst das Schwimmbad, die Bücherei oder das Theater zusperren soll.

In Österreich wird der Steuerrückgang durch die jüngste Körperschaftssteuersenkung mit rund einer Milliarde Euro veranschlagt. Das ist das Sechsfache des durchschnittlichen Defizits aller öffentlichen Krankenkassen in den letzten drei Jahren (170 Millionen Euro); oder mehr, als eine Grundsicherung für alle Menschen kosten würde (900 Millionen Euro); oder das Zweieinhalbfache des österreichischen Netto-EU-Beitrages (400 Millionen Euro).

Noch schmerzhafter für die Staatskassen ist die Entsteuerung von Vermögen. Diese wachsen rapide an – das andauernde (und ungleich verteilte) Wirtschaftswachstum muss sich ja irgendwo ablagern. Die Möglichkeit und Notwendigkeit, Vermögen zu besteuern, wäre daher so groß wie nie zuvor in der Geschichte. Trotzdem schaffte Österreich 1993 die Vermögenssteuer ab, Deutschland folgte 1997. Österreich führte gleichzeitig das System der Privatstiftung ein, die es Personen ab rund zwei Millionen Euro Privatvermögen erlaubt, auf zahlreiche Einkommen gar keine oder sehr geringe Steuern zu zahlen. Superreiche Deutsche wie Karl-Friedrich Flick, Heide Horten, Ralf Schuhmacher oder Franz Beckenbauer nützen dieses verlockende Steuerparadies im südlichen Nachbarland, weshalb Lorenz Jarass Österreich als »Hort für Steuerhinterzieher« bezeichnet.[11] In Österreich selbst geht praktisch der gesamte Geldadel »stiften«, allerdings nicht für den mildtätigen, sondern für den eigenen Zweck. *Schaubild 8* zeigt, dass Österreich dasjenige Industrieland ist, in dem die Vermögenssteuern am wenigsten zur Staatsfinanzierung beitragen. Auch Deutschland zählt zu den Schlusslichtern.

Schaubild 8
Beitrag der Vermögenssteuern zum Gesamtabgabenaufkommen
Österreich Letzter, Deutschland im Schlussfeld

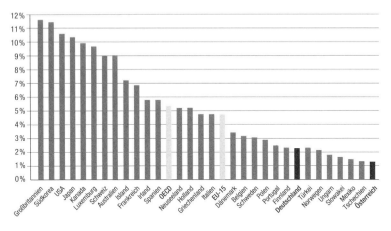

Quelle: OECD Revenue Statistics 2003

Ungefähr so schnell, wie die Steuerleistung der Vermögen sinkt, steigt die potenzielle Steuerbasis: 1970 machten die Finanzvermögen der Privathaushalte in Deutschland 71 Prozent der Wirtschaftsleistung aus, heute sind es bereits 150 Prozent. Dabei hat sich seit 1970 die Bezugsgröße – das BIP – selbst real verdoppelt.

In Österreich ist die Entwicklung ähnlich: 1970 betrugen die Finanzvermögen 57 Prozent vom BIP, 2005 waren es 140 Prozent.[12] Gemäß dem Leistungsfähigkeitsprinzip hätte sich der Beitrag der Vermögenssteuern am Gesamtsteueraufkommen zumindest verdoppeln müssen. Er ging jedoch um zwei Drittel zurück, von 3,7 Prozent im Jahr 1970 auf 1,3 Prozent 2004.[13] Die Differenz (2,4 Milliarden Euro) könnte das aktuelle Budgetdefizit schließen (2,2 Milliarden Euro im Schnitt 2000 bis 2005).

Ein dritter Wettlauf findet bei den Spitzeneinkommen statt. Lagen die Spitzensteuersätze in den Industrieländern in den Sechzigerjahren durchwegs in der 60-Prozent-Zone, so sacken sie heute in die untere 40-Prozent-Zone ab. In Deutschland stürzte er von 56 Prozent in den Achtzigerjahren auf 42 Prozent

2005 ab. Die jüngste Minimalkorrektur von drei Prozent als »Reichensteuer« zu bezeichnen, ist irreführend, sie macht nur einen Bruchteil der verlorenen Steuergerechtigkeit wett. In Österreich sank der Spitzensatz von 62 auf 50 Prozent. Auch hier geht die Schere doppelt auf: Die Spitzensteuersätze sinken nicht etwa zu einer Zeit, in der die Höchsteinkommen kleiner werden – was ihre steuerliche Entlastung rechtfertigen würde –, sondern im Gegenteil explodieren. Allein 2004 wuchsen die Managergehälter in Deutschland um 18,5 Prozent.[14] Der bestbezahlte österreichische Manager verdient heute mit 4,5 Millionen Euro das 165-fache eines durchschnittlichen Lohnes. Der bestbezahlte deutsche Manager mit zwölf Millionen Euro fast das Dreifache.

Gemäß dem »Leistungsfähigkeitsprinzip«, einer Grundregel demokratischer Steuersysteme, müssten die Spitzeneinkommen heute höher besteuert werden als in den Achtzigerjahren. Das Gegenteil ist der Fall. Die Senkung der Spitzensteuersätze wird einerseits mit einer fragwürdigen Leistungsideologie begründet (Leisten die Spitzenverdiener heute um so viel mehr als in früheren Jahren?) und andererseits – weil eine Drohung besser wirkt als ein schlechtes Argument – mit dem Standortwettbewerb um die »Führungskräfte«: Schon wieder macht der Standort Politik, und nicht die Demokratie.

Steuerwettbewerb wird zwar zunehmend als Problem gesehen, aber er hat auch BefürworterInnen. Neoliberale ÖkonomInnen wie IHS-Chef Bernhard Felderer begrüßen ihn grundsätzlich, weil er Staaten »diszipliniert«, mit den Steuereinnahmen »effizient« umzugehen. Diese Argumentation ist zutiefst undemokratisch, denn: Nicht der Wettbewerb soll darüber entscheiden, welche öffentlichen Leistungen in einem Land erbracht werden, sondern die Demokratie.[15] Wenn die BürgerInnen einen schlankeren Staat wünschten, müssten sie für Kürzungen im Bildungssystem, in der Gesundheitsversorgung, bei den Renten und für weniger soziale Sicherheit auf die Straße gehen. Das ist nirgendwo der Fall. Demonstrationen gegen Sozialabbau sind in vielen europäischen Ländern auf der Tagesordnung. In Österreich fand während des Austrian Social Forums 2004 in Linz sogar eine

Demonstration für höhere Steuern und mehr Steuergerechtigkeit statt: eine historische Premiere.

Aus neoliberaler Sicht müssten die »Verlierer« im Wettbewerb um die niedrigste Staatsquote die skandinavischen Länder sein: Schweden, Dänemark, Finnland. Sie haben die höchsten Abgabenquoten der Welt, teilweise über 50 Prozent des BIP. Zudem liegen ihre Spitzensteuersätze zwischen 52 und 59 Prozent. Geht es ihnen deshalb miserabel? Keineswegs: Sie haben nicht nur die niedrigsten Armutsraten der Welt und eine geringere Arbeitslosigkeit als Deutschland, sondern auch ein höheres Wirtschaftswachstum und niedrigere Inflation. Ihre Staatshaushalte sind nicht defizitär, sondern stark überschüssig, die Verschuldung vergleichsweise gering. So viel zur Substanz neoliberaler Theorien.

Was sind die Kosten der Steuerungerechtigkeit? Neben Ausgabenkürzungen führen die Steuerausfälle bei Gewinnen, Kapitaleinkommen und Vermögen auch zur stärkeren Besteuerung der »immobilen«, also nicht fluchtfähigen Faktoren Arbeit und Konsum. Von 1980 bis 2004 stieg in Deutschland das Aufkommen

Schaubild 9
Marsch in den Lohnsteuerstaat
Entlastung der Gewinne und Vermögen

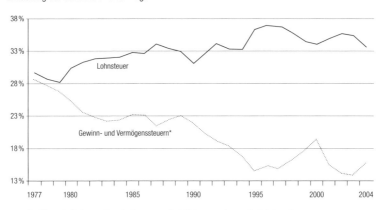

* Körperschaftssteuer + Gewerbesteuer + veranlagte Einkommenssteuer + Kapitalertragssteuer + Zinsabschlagssteuer + Vermögenssteuer

Quelle: ver.di Wirtschaftspolitik, auf Basis von: Volkswirtschaftliche Gesamtrechnungen, Statistisches Bundesamt

aus Lohnsteuer und Sozialabgaben inflationsbereinigt um 65 Prozent. Im selben Zeitraum sank die Steuerleistung aus Unternehmenstätigkeit und Vermögen real um 20 Prozent, obwohl die Gewinne deutlich rascher wuchsen als Löhne und Gehälter. »Es findet, so scheint es, eine fiskalische Umverteilung von unten nach oben statt«, befand die Enquete-Kommission des Deutschen Bundestages trocken.[16] Und keine schleichende: 1980 war die Steuerlast auf dem Faktor Arbeit dreimal so hoch wie auf dem Faktor Kapital. 2003 betrug sie bereits das Sechsfache.[17]

Diese Entwicklung stellt nicht nur eine schwere Verletzung des Leistungsfähigkeitsprinzips dar, sie hat auch den Effekt, dass die große Masse der kleinen und mittleren EinkommensbezieherInnen angesichts des »Vorbilds« der gut Verdienenden ebenfalls die Lust am Steuerzahlen verliert und unüberlegt in den Ruf nach einer Senkung der Abgabenquote einstimmt. Dass sie aber die Hauptleidtragenden sind, wenn der Staat die Investitionen kürzt und sich aus den Bereichen Bildung, Gesundheit und Alterssicherheit zurückzieht, übersehen sie dabei.

Warum dann das Ganze? Die Senkung der Abgabenquote und der Rückzug des Staates sind das Kernziel des Neoliberalismus. Der Steuerwettbewerb wird bewusst veranstaltet, um einen Hebel für Sozialabbau und Privatisierungen in die Hand zu bekommen. Die bewusst inszenierten »leeren Kassen« sind das beste »Argument« für Sparpakete. Der strategische Steuerverzicht bei Vermögen und Gewinnen frisst sich immer tiefer in die Substanz des Staates. Seit 1999 sinken die Abgabenquoten der EU-15. In Deutschland von 43 Prozent im Jahr 2000 auf 39,6 Prozent; in Österreich von 45,4 Prozent im Jahr 2001 auf 42,1 Prozent (*siehe Schaubild 10*).

Obwohl die Spar- und Zusperrpolitik schon heute allerorts zu unschönen Ergebnissen und sozialen Konflikten führt, erhöhen die Neoliberalen das Tempo. Österreichs Bundeskanzler will die Abgabenquote weiter auf 33 Prozent senken.[18] Das würde gegenüber dem aktuellen Stand ein Sparpaket von unfassbaren 20 Milliarden Euro bedeuten und den Staat Österreich in die Nähe der USA rücken (Abgabenquote 28 Prozent). Sinkende Staatsquoten bringen aber steigende Privatquoten (für Bildung, Gesundheit, Rente und Pflege). Die Menschen ersparen sich nichts, im Gegenteil, sie müssen sich nun zweit- und kostenintensiv individuell um die Versicherung sozialer Risiken und die Versorgung mit vormals öffentlichen Gütern kümmern. Private Versicherungen sind empfindlich teurer als öffentliche Sozialsysteme. Wenn uns manche Medien immer vorrechnen, dass wir – angesichts einer Staatsquote von über 40 Prozent – bis in den Juni nur »für den Staat« arbeiten, versäumen sie hinzuzufügen, dass wir, wenn wir Bildung, Gesundheit, Alterssicherheit auf dem Markt kaufen müssten, bis in den August arbeiten müssten, um dieselben lebensnotwendigen Leistungen zu erhalten.

Wir erleben gerade das Paradox, dass Deutschland und Österreich auf der einen Seite volkswirtschaftlich immer reicher und auf der anderen politisch armgeredet werden: »Wir können uns das nicht mehr leisten«, hören wir täglich. »Wir müssen sparen«, tönt es allerorts, »wir müssen den Gürtel enger schnallen«, obwohl Wirtschaft und Volkseinkommen unaufhörlich wachsen. Als »Beweis« wird auf die leeren öffentlichen Kassen gezeigt. Doch gerade Deutschland und Österreich lassen enormen Spielraum ungenutzt. Der Beitrag der Gewinn- und Vermögenssteuern zum Gesamtabgabenaufkommen lag in Deutschland 2003 bei nur 5,2 Prozent, im Durchschnitt der Industrieländer (OECD) hinge-

Schaubild 10
Abgabenquoten im Vergleich

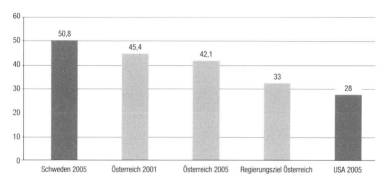

gen bei 13,8 Prozent.[19] Die Differenz entspricht 3,5 Prozent vom Bruttoinlandsprodukt und damit ziemlich exakt dem Haushaltsdefizit der letzten Jahre. Mit anderen Worten: Würde Deutschland Gewinne und Vermögen nur so hoch besteuern wie ein durchschnittliches Industrieland, hätte es über die letzten Jahre einen ausgeglichenen Haushalt erzielt. Diese Rechnung kann auch anders gemacht werden: Läge die Steuerquote Deutschlands heute so hoch wie noch 1980, nämlich bei 24,5 Prozent und nicht bei 20,5 Prozent des BIP, dann hätte es ebenfalls einen Budgetüberschuss. Die Sparorgie wäre zu Ende.

Für Österreich gilt dasselbe: Gewinn- und Vermögenssteuern trugen 2002 mit 6,4 Prozent nur halb so viel zum Gesamtabgabenaufkommen bei wie in gleich reichen Ländern. Würde die Besteuerung auf OECD-Schnitt angehoben, flössen rund sieben Milliarden Euro zusätzlich in die Staatskassen. Der Budgetüberschuss wäre doppelt so hoch wie das aktuelle Defizit. Die politische Debatte wäre eine ganz andere: Sanieren wir zuerst die Schwimmbäder und Bibliotheken – oder die sozialen Sicherungsnetze?

ALTERNATIVEN

Voraussetzung aller folgenden Maßnahmen ist die Wiederherstellung von Steuergerechtigkeit im Sinne des Leistungsfähigkeitsprinzips. Artikel 13 der Erklärung der Menschen- und Bürgerrechte von 1789 lautet: »Für die Unterhaltung der öffentlichen Gewalt und für die Verwaltungsausgaben ist eine allgemeine Abgabe unerlässlich; sie muss auf alle Bürger, nach Maßgabe ihrer Möglichkeiten, gleichmäßig verteilt werden.« Dieser Artikel kam nicht von ungefähr: Vor der Revolution waren Adel und Klerus im Gegensatz zum »gemeinen« Volk nicht steuerpflichtig. Diese Ungerechtigkeit war ein Mitgrund für die französische Revolution.[20]

⑱ Steueroasen schließen

Die Wiederherstellung des Prinzips der Steuergerechtigkeit muss zur politischen Priorität in der Gestaltung der Globalisierung werden. Als erster Schritt sollten Steueroasen geschlossen werden. Für eine ernst gemeinte Trockenlegung empfiehlt sich ein Mehrstufenprogramm. Zunächst werden Steueroasen von den Industrieländern »eingeladen«, alle Informationen über Vermögen und Einkommen von Nichtansässigen an die zuständigen Finanzämter der Herkunftsländer zu melden. Tun sie dies nicht, kann die EU Banken und Unternehmen aus ihren Mitgliedsländern verbieten, Filialen oder Briefkastenfirmen in Steueroasen zu unterhalten. Hilft das auch noch nichts, wird der Kapitalverkehr in Steueroasen bemautet oder gesperrt. Innerhalb kürzester Zeit würden selbst kapitale Steueroasen wie die Schweiz kooperieren, ihr Bankgeheimnis lockern und alle nötigen Informationen weitergeben oder selbst faire Steuersätze einheben. Wie rasch Steueroasen »geknackt« werden könnten, zeigt die intensive Suche der USA nach den Konten der Terroristen nach dem 11. September 2001. Binnen kürzester Zeit wurden tausende Bankkonten in zahlreichen Steueroasen auf der ganzen Welt geöffnet.

Falls einzelne Oasen nach ihrer Austrocknung in eine wirtschaftliche Depression schlittern sollten, könnte aus den Mehreinnahmen der Industrieländer ein Solidaritätsfonds eingerichtet werden, der ihnen bei der Umstrukturierung ihrer Wirtschaft auf saubere Geschäftszweige hilft.

Als nächster Schritt sollte ein globales Übereinkommen getroffen werden, in dem sich alle Staaten dazu verpflichten, die Vermögens- und Einkommensdaten von »Kontoausländern« an die zuständigen Finanzämter in den Herkunftsländern zu melden. Derzeit werden (ausländische) Kapitaleinkommen in den Steuererklärungen gerne »vergessen«, weil das Finanzamt nichts von den ausländischen Vermögen und Einkommen erfährt und deshalb keine Strafe zu befürchten ist. Auch das ist eine der vielen Schieflagen der Globalisierung: Man kann nicht einerseits den Kapitalverkehr liberalisieren und andererseits den dazugehörigen Informationsaustausch unterlassen. Das wäre wie Autobahnen bauen und gleichzeitig die Straßenverkehrsordnung abschaffen. Deutsche StaatsbürgerInnen haben schätzungsweise 350 Milliarden Euro in Luxemburg, der Schweiz und Österreich in Sicherheit gebracht, die Steuerausfälle betragen nach Schätzungen der deutschen Steuergewerkschaft 15 Milliarden Euro.[21] Österreich zählt hier zu den Fluchthelfern. Mit seinem strengen Bankgeheimnis lockt es deutsche Steuerhinterzieher an und verursacht dem Nachbarland massive Steuerausfälle. Das Bankgeheimnis schützt im Grunde nur Steuerhinterzieher, Geldwäscher und Terroristen und ist somit die zentrale Stütze der internationalen Wirtschaftskriminalität. Aber der Rechtsstaat befasst sich lieber mit Schokoladedieben. Noch.

Die strengen Bankgeheimnisse in Deutschland und Österreich sind auch der Grund für die Ungleichbehandlung von Kapital- und Arbeitseinkommen: Während nämlich Arbeitseinkommen automatisch ans Finanzamt gemeldet und der rechtmäßigen Steuer unterzogen werden, bleiben viele Kapitaleinkommen geheim und können erfolgreich der Steuerpflicht entzogen werden. Zwar gibt es in Österreich auf eine wichtige Sorte von Kapitaleinkommen – Zinserträge – die Quellensteuer, die anonym und automatisch abgebucht wird, doch liegt diese nur bei der Hälfte des Spitzensteuersatzes der Einkommenssteuer. Das ist mehrfach ungerecht: Zum einen werden die Oma, die im Jahr ein paar hundert Euro Sparbuchzinsen erhält, und Großanleger, die jährlich Millionen an Zinserträgen kassieren, also Ungleiche, gleich behandelt. Hinzu kommt, dass Kapitaleinkommen – von der Verwaltung abgesehen – »arbeitslos« sind, weshalb eine geringere Besteuerung als Arbeitseinkommen im Widerspruch zur oft bemühten »Leistungsgesellschaft« steht. Die »Flat Tax« auf Zinseinkommen wurde bisher damit begründet, dass Zinseinkommen ohne Quellensteuer gar nicht besteuert, weil nicht dem Finanzamt gemeldet würden. Die logische Alternative wäre die automatische Kontrollmitteilung wie beim Lohn oder Gehalt. Solche Vorschläge werden regelmäßig mit dem Verweis auf den Datenschutz versenkt. Dieses Argument ist aber irreführend, weil nicht die Informationsweitergabe an NachbarInnen, Medien, PolitikerInnen oder ArbeitgeberInnen zur Diskussion steht, sondern ausschließlich an das zuständige Finanzamt. Schon heute werden Löhne und Gehälter ganz selbstverständlich dem Fiskus gemeldet, ohne dass sich jemand »gläsern« fühlt. Löhne und Gehälter sind aber für die überwiegende Mehrheit der Bevölkerung das Haupteinkommen. Von Kapitalerträgen lebt nur eine Minderheit. Sie hat es geschafft, ihr Privileg – die Nichtmeldung ans Finanzamt – als Allgemeininteresse darzustellen. Die USA sind hier deutlich progressiver: Kapitaleinkommen werden ganz selbstverständlich dem zuständigen Finanzamt – auch anderer Bundesstaaten – gemeldet, ohne dass dies jemand als Anschlag auf Freiheit oder Privatsphäre empfände. Auch die meisten europäischen Länder pflegen längst die eine oder andere Form der Transparenz.

Erfreulich: Der erste Schritt zum wechselseitigen Informationsaustausch innerhalb der EU (und darüber hinaus) ist bereits getan. Aufgrund der grassierenden Steuerflucht hat der Rat die so genannte Zinsrichtlinie beschlossen, die am 1. Juli 2005 in Kraft trat. Zinseinkommen von BürgerInnen aus anderen EU-Staaten werden automatisch ihrem zuständigen Finanzamt gemeldet und können der jeweils gültigen Besteuerung unterzogen werden. Die Regelung hat allerdings noch entscheidende Schwachstellen. Drei Länder – Österreich, Luxemburg und Belgien – machen nicht mit, weil sie an ihrem strengen Bankgeheimnis festhalten, sie wollen weiterhin Profit auf Kosten Dritter machen und heben bis 2011 nur eine Quellensteuer ein, die teilweise an das Herkunftsland weitergeleitet wird. Da die Quellensteuer anonym und geringer als die rechtmäßige Einkommens- und Vermögenssteuer im Herkunftsland ist, bleibt die Steuerflucht weiterhin attraktiv. Die Meldepflicht gilt außerdem nur für Personen – nicht für Unternehmen oder Fonds – und nur für Zinserträge, nicht aber für Kursgewinne aus dem Aktienhandel. Diese Schlupflöcher machen aus dem positiven Ansatz Schweizer Käse. Vom Ansatz her ist die Initiative aber goldrichtig. Ziel muss sein, *alle* Kapitaleinkommen zu erfassen und die Richtlinie zu einem globalen Abkommen auszubauen. Dann wäre das Versteckspiel vor dem Fiskus zu Ende.

⑲ Global einheitliche Konzernbesteuerung

Die nächste »Disziplin« des Steuerwettbewerbs, die es zu beenden gilt, sind die Unternehmensgewinne. Das langfristige Ziel ist die global einheitliche Besteuerung von transnationalen Konzernen, bei gleichzeitiger Harmonisierung der Bemessungsgrundlagen. Eigentlich wäre das eine logische Vorbedingung von Globalisierung, schon allein um Wettbewerbsgleichheit herzustellen und Standortentscheidungen nicht durch den Steueraspekt zu verzerren. Infolge des Steuerwettbewerbs sank in den Entwicklungsländern der durchschnittliche Körperschaftssteuersatz von 30 auf 20 Prozent[22] und in der EU-15 von 45 auf unter 30 Prozent. Eine globale Harmonisierung ist allerdings kurzfristig nicht durchsetzbar, zu wenige Staaten sind noch zur globalen Kooperation bereit. Regierungen machen einseitig Politik im Interesse ihrer großen Konzerne oder profitieren als Steueroasen selbst vom Steuerwettbewerb. Das Endziel einer globalen Konzernbesteuerung muss klar im Auge behalten werden, doch vor ihrer Verwirklichung gibt es zahlreiche Maßnahmen, die im nationalen Alleingang oder innerhalb der EU verwirklicht werden können.

Die dringlichste Maßnahme innerhalb der EU ist die Beendigung des Steuerwettbewerbs bei Unternehmensgewinnen. Kein Jahr vergeht, in dem nicht ein Land eine weitere Senkung vornimmt. Die Idee der Harmonisierung ist nicht neu: Schon 1975 schlug die Kommission eine Bandbreite bei der Unternehmensgewinnbesteuerung von 45 bis 55 Prozent vor. An diesem ehrgeizigen Steuersatz ist ersichtlich: Damals war Standortwettbewerb noch kein Thema, die Abwanderung von Unternehmen musste nicht befürchtet werden. Allerdings waren auch die Ausnahmeregelungen großzügiger. 1992, einige Globalisierungsrunden später, empfahl ein Kommissionsausschuss unter der Leitung des niederländischen Finanzministers Onno Ruding immerhin noch 30 Prozent Mindestkörperschaftssteuer. Diesen Steuersatz fordern auch ver.di und Attac Deutschland. Wem eine Steuerharmonisierung unrealistisch erscheint: Die EU hat schon Größeres bewältigt: Zoll- und Währungsunion, Binnenmarkt. Es kommt nur darauf an, wessen Interessen sich durchsetzen. Entscheidend wird sein, ob es gelingt, die osteuropäischen Länder, die das derzeitige Steuerdumping am stärksten vorantreiben, ins Boot zu holen. Die einfachste Möglichkeit wäre, mögliche Steuerausfälle, die ihnen aus der Harmonisierung erwachsen, durch eine Erhöhung der Strukturbeihilfen großzügig zu entschädigen. Damit hätten sie anstelle weniger Investoren, die sehr punktuellen und vorübergehenden Wohlstand schaffen, eine »Flächenbewässerung« für den Aufbau langfristiger, lokaler Wirtschafts- und Infrastrukturen. Ein kleines Rechenbeispiel zeigt, dass die »alten« EU-15 das kaum spüren würden: Die gemeinsame Wirtschaftsleistung der zehn Beitrittsländer beträgt nur ein Fünfundzwanzigstel jener der EU-15. Die Umverteilung von nur 0,1 Prozent des BIP der »alten« Länder entspräche 2,5 Prozent des BIP der Beitrittsländer: für die einen ein Klacks, für die anderen ein Segen. Die Umverteilungsmittel könnten die alten Länder aus der Harmonisierung der Körperschaftssteuer nehmen: Davon haben sie Mehreinnahmen von ein bis zwei Prozent des BIP zu erwarten: das Zehn- bis Zwanzigfache. Somit würden beide Seiten gewinnen.

Der nächste Schritt nach der Beendigung des Steuerwettlaufs im Inneren wäre die Verhinderung der Gewinnverschiebung und Steuerflucht von Konzernen aus der EU hinaus.

Dazu genügt die Neuformulierung der Doppelbesteuerungsabkommen (DBA) mit den Handelspartnern. Derzeit steht in den meisten DBA, dass ein Gewinn, der in einem Drittland versteuert wurde (zum Beispiel auf den Cayman Islands), im jeweiligen EU-Staat nicht mehr steuerpflichtig ist. Das ist eine glatte Einladung, Gewinne in der Wüste anfallen zu lassen und »zu Hause« keine Steuern mehr zu bezahlen. Würden die DBA hingegen von der »Freistellungsmethode« auf die »Anrechnungsmethode« umgeschrieben, dann müsste der Differenzbetrag zwischen Niedrigsteuerland und Steuersitzland – die bisherige Steuerersparnis – nach dem Rücktransfer im Steuersitzland nachbezahlt werden. Der Anreiz für die Gewinnverschiebung wäre dahin.

Die deutsche Journalistin und Steuerwettbewerb-Expertin Nicola Liebert weist allerdings auf Schwachstellen des Sitzlandprinzips hin. Großbritannien und die USA praktizieren bereits das Sitzlandprinzip mit Anrechnungsmethode. Dennoch haben es die Konzerne geschafft, die Steuerleistung auch dort systematisch zu reduzieren. So ist in den USA der Anteil der Unternehmenssteuern am gesamten Steueraufkommen seit den Sechzigerjahren um zwei Drittel zurückgegangen. Laut Haushaltsbüro des US-Kongresses zahlten in der Periode 1996 bis 2000, also einer Phase des wirtschaftlichen Aufschwungs, 61 Prozent der US-Unternehmen gar keine Steuern. Microsoft lieferte laut Citizens for Tax Justice im Jahr 2001 bei einem Rekordgewinn von 12,3 Milliarden US-Dollar null Steuern beim Finanzamt ab.[23] Die Schlupflöcher dürften also groß sein. Liebert zählt folgende drei auf: Gewinne werden nicht mehr ins Mutterland rücktransferiert, sondern im Land der Tochter reinvestiert. Konzerne kaufen etwas von der Regierung (zum Beispiel Erdöl) und lassen sich die Rechnung als Steuerleistung ausstellen. Oder sie verlagern den Firmensitz in eine Steueroase. Zum Beispiel übersiedelte Philip Morris in die Schweiz und Accenture auf die Bermudas. Diese Umgehungsmöglichkeiten zeigen, dass auch das Sitzlandprinzip nicht die Ultima Ratio ist. Dennoch sind die Schlupflöcher – bei einigem Ehrgeiz der Politik – zu stopfen: Der Sitzverlagerung in eine Steueroase könnte eine Wegzugssteuer entgegenwirken: Wandert ein Konzern (aus der EU) ab, müssen die stillen Reserven nachversteuert werden. Werden überdies sämtliche Subventionen zurückgefordert, wäre ein weiteres Abwanderungshindernis geschaffen. Als »Notbremse« könnte Konzernen, die aus steuertechnischen Gründen in Steueroasen abwandern, der Marktzutritt zur EU verwehrt werden. Falls beispielsweise DaimlerChrysler als Antwort auf eine angezogene Steuerschraube auf eine Karibikinsel übersiedeln sollte (was sehr unwahrscheinlich ist, weil die nötige Infrastruktur nicht vorhanden ist), könnte die EU sagen: In dieser Steueroase ansässige Unternehmen dürfen keine Geschäfte mit der EU tätigen. DaimlerChrysler würde dann nicht davonlaufen. Der US-Kongress hat bereits darüber beraten, ob öffentliche Aufträge an Accenture als Antwort auf die Absiedelung gestrichen werden sollen.[24]

Gegen die Fälschung von Rechnungen hilft einerseits eine besser ausgestattete Steuerprüfung, andererseits internationale Kooperation beim Thema Steuern. Früher oder später sollten alle Regierungen ein Interesse daran entwickeln, dass globale Konzerne eine gerechte Steuerleistung erbringen.

Es gibt also Möglichkeiten, Schlupflöcher beim Wohnsitzlandprinzip zu stopfen. Dennoch gibt es einen alternativen Steueransatz, der die Nachteile des Sitzlandprinzips nicht hat: die »unitary taxation« oder »globale Anteilssteuer«. Bei diesem Ansatz wird der inländische Anteil an der globalen Wertschöpfung (Kapitaleinsatz, Umsatz, Beschäftigte) ermittelt und danach der gleiche Anteil des globalen Konzerngewinns dem gültigen Steuersatz unterworfen. Damit wäre eine Sitzverlagerung in eine Steueroase nutzlos, weil beispielsweise Accenture den Großteil seiner Geschäfte in den USA erledigt und nicht auf den Bermudas. Es ist auch egal, wohin Gewinne verschoben werden. Denn was zählt, ist einzig die reale Geschäftstätigkeit. Steueroasen wären somit zwecklos, denn eine Eintragung im Firmenregister schafft weder Umsatz noch Beschäftigung.

Die unitary taxation ist keine Utopie, sondern schon heute Realität. 16 US-Bundesstaaten praktizieren sie, hauptsächlich gegen den USA-internen Steuerwettbewerb. Einige Bundesstaaten wie Kalifornien wandten sie auch global an. Der massive Druck der Konzerne, aber auch die Befürchtung der EU vor einer Doppelbesteuerung ließen Kalifornien und andere Staaten wieder von der globalen Anteilssteuer abgehen. Mit dem entsprechenden öffentlichen Gegendruck könnte sie wieder eingeführt werden.

Der große Vorteil dieses Prinzips ist, dass es ein Land im Alleingang einführen kann. Allerdings ist, solange nicht alle Länder den gleichen Steuersatz einheben, der reale Standortwettbewerb nicht zu Ende. Denn ein Unternehmen hätte in diesem Fall immer noch einen Anreiz, die Produktion in Niedriglohnländer zu verlagern. Das ist zwar bei weitem nicht so leicht wie eine rein bilanzielle Gewinnverschiebung, denn die Standorte in der EU bieten zahlreiche Vorteile, die weder China noch die meisten anderen Entwicklungsländer vorweisen können, aber in gewissem Umfang doch möglich. Nicola Liebert schlägt daher die Kombination von globaler Anteilssteuer und Wohnsitzlandprinzip vor. Dann wären die meisten Schlupflöcher geschlossen und der globale Steuerwettbewerb weitgehend stillgelegt.

Eine effektive Sofortmaßnahme gegen Steuerflucht wäre die Erhöhung der Zahl der BetriebsprüferInnen. Hier klafft ein zunehmendes Missverhältnis: Während die Konzerne immer neue Wege finden, Steuern zu vermeiden, ihre Steuerabteilungen mächtig aufstocken und mittlerweile als »Profit Centers« führen, nimmt die Anzahl der KontrolleurInnen ab. Große Konzerne werden in Deutschland nur noch alle fünf Jahre durchleuchtet, mittelständische Unternehmen alle zwölf Jahre.[25] In Österreich ist die Zahl der BetriebsprüferInnen zwischen 2000 und 2004 um 13 Prozent auf 1554 gesunken. Die Zahl der Betriebsprüfungen ist sogar um 33,7 Prozent zurückgegangen.[26] Mit Sparprogrammen ist dies nicht zu begründen: Laut ver.di sammelt eine deutsche BetriebsprüferIn jährlich 1,2 Millionen Euro Steuergeld ein, ein Vielfaches seines/ihres Gehalts. Hinter dem Personalabbau kann nur das ideologische Motiv des Rückzugs des Staates stecken.

Besonders die Behörden der Entwicklungsländer können den hochgerüsteten Steuerabteilungen der Konzerne wenig entgegensetzen. Sie sind personell unterbesetzt, oft ist nicht einmal die nötige Ausbildung vorhanden. Steuerbeamte sind zwar nicht die höchste Priorität der Entwicklungszusammenarbeit, aber ihre Schulung wäre eine klassische »Hilfe zur Selbsthilfe«, denn die Entwicklungsländer hätten dann die Möglichkeit, aus eigener Kraft mehr Staatseinnahmen zu erzielen und wären weniger auf Hilfsgelder aus dem Norden angewiesen.

[20] Weltsteuerbehörde

Um die genannten Maßnahmen zu koordinieren und weiterzuentwickeln, wäre die Einrichtung einer Weltsteuerbehörde sinnvoll. Keine Angst: Die World Tax Authority (WTA) würde weder

die Biersteuer noch die Parkgebühren einheben, sondern folgende globale Aufgaben wahrnehmen:
- den weltweiten automatischen Informationsaustausch über nichtansässige Bank- und FondskundInnen organisieren;
- Doppelbesteuerungsabkommen nach der Anrechnungsmethode entwickeln;
- steuerschädliche Praktiken identifizieren und sanktionieren;
- Steueroasen schließen und im Bedarfsfall bei der Umstrukturierung der Wirtschaft behilflich sein;
- Geldwäsche ahnden und illegal erworbene Vermögen in die Ursprungsstaaten zurückführen;
- eine einheitliche Bemessungsgrundlage für Konzerngewinne definieren und eine global einheitliche Besteuerung durchsetzen;
- globale Steuern – zum Beispiel auf Devisentransaktionen oder Naturressourcen – einführen.

Die Weltsteuerbehörde wäre idealerweise in der UNO anzusiedeln, wo sie mit den anderen UN-Behörden und Abkommen, die die globalen Wirtschaftsbeziehungen regeln – ECOSOC, UNCTAD, UNDP, UNEP, Kyoto-Protokoll – aufs Engste zusammenarbeiten würde. Die WTA würde zwar einen kleinen Souveränitätsverlust für Nationalstaaten darstellen, der aber durch den enormen Souveränitätsgewinn, der aus der gerechten Besteuerung von Gewinnen, Vermögen und Kapitaleinkommen erwächst, mehr als wettgemacht würde. Schließlich: Wer WTO sagt, muss auch WTA sagen. Vom ehemaligen Steuerexperten des IWF, Vito Tanzi, kommt dazu ein treffender Satz: »Eine zukünftige Weltsteuerorganisation sollte Steuersysteme im öffentlichen Interesse der ganzen Welt ausrichten, nicht im öffentlichen Interesse einzelner Länder.«[27]

Die globale Zivilgesellschaft hat das Steuerthema erst in den jüngsten Jahren entdeckt. Oxfam hat im Jahr 2000 einen ersten Bericht herausgegeben, kurz darauf gründete sich im Schoße der Weltsozialforen das Global Tax Justice Network (TJN) mit reger Beteiligung von Attac. Bei einem Treffen der UN-Komittees von SteuerexpertInnen war das TJN der erste zivilgesellschaftliche

Teilnehmer. Der Steuerdirektor der OECD, Jeffrey Owens, brachte es auf den Punkt: »Das Entstehen von NGOs, die versuchen, die Steuervermeidungsproblematik aufzuzeigen, könnte zu einer ähnlichen Einstellungsänderung in Steuerfragen führen, wie wir sie bei Umwelt- oder sozialen Fragen schon erlebt haben. Beim Thema Steuern sind wir heute, wo wir beim Umweltschutz vor zehn Jahren waren.«[28]

1 Daten für Gewinnsteuersätze: SCHRATZENSTALLER (2002) und (2004), S. 670. Daten für Spitzensteuersätze: www.taxpolicycenter.org und EU (2004), S. 44. Daten für Zinserträge: Peter B. Sørensen: »The Case for International Tax Coordination Reconsidered«, Economic Policy 31/Oktober 2000, S. 436.
2 SCHMIEDERER/WEISS (2005), S. 74.
3 Die Presse, 24. Dezember 2004.
4 Die Standard, 29. September 2004.
5 JARASS (2005), S. 7.
6 Handelsblatt, 28. August 2001.
7 LIEBERT (2004), S. 29 und 30.
8 LIEBERT (2004), S. 28.
9 dpa, 29. März 2005.
10 SCHMIEDERER/WEISS (2005), S. 143–150.
11 SCHMIEDERER/WEISS (2005), S. 77.
12 Deutsche Bundesbank, OeNB.
13 OECD Revenue Statistics 2003.
14 SCHMIEDERER/WEISS (2005), S. IV.
15 Vgl. GIEGOLD (2003), S. 51.
16 LIEBERT (2004), S. 7 und 25.
17 JARASS (2005), S. 7.
18 Die Presse, 11. Mai 2005.
19 OECD Revenue Statistics 2004.
20 WAHL (2005), S. 11.
21 Der Spiegel, 28. Juni 2004.
22 LIEBERT (2004), S. 19.
23 LIEBERT (2004), S. 34–35.
24 Ein entsprechender Antrag wurde im US-Repräsentantenhaus mit 221 zu 182 Stimmen abgelehnt. ORF online/Futurezone, 19. Juni 2004.
25 LIEBERT (2004), S. 44.
26 »Die Betriebsprüfung« in Österreichische Steuerzeitung, 15. Juli 2005.
27 TAX JUSTICE NETWORK (2005), S. 53.
28 Financial Times, 22. November 2004.

Stopp Standortwettbewerb

»*Wenn wir Globalisierung auf eine Olympiade ›Wer produziert am günstigsten‹ reduzieren, dann müssen wir die Kinderarbeit wieder einführen.*«

NORBERT BLÜM

Drohungen sollten im demokratischen Diskurs nichts verloren haben. Sie schaffen ein repressives und depressives gesellschaftliches Klima und sind keine fruchtbare Grundlage für freie Entscheidungen. Dennoch wird seit einigen Jahren fast täglich gedroht: mit der Abwanderung von Unternehmen und dem Verlust von Wettbewerbsfähigkeit des Standorts.

Um den Standort zu sichern, müssen wir: Löhne kürzen, länger arbeiten, Sozialleistungen streichen, beim Umweltschutz auf die Bremse steigen, die Steuern für Reiche senken ... Fast wöchentlich warten Industrie und Finanz mit einer neuen Idee auf, welches Opfer wir dem Standort noch bringen könnten. Hier wird ganz nebenbei die Demokratie zu Grabe getragen. In einem demokratischen Entscheidungsprozess wäre vermutlich keine dieser Forderungen mehrheitsfähig. Die Bevölkerung trägt diese Erpressung gelähmt mit, weil ihr erfolgreich eingeredet wird, dass wir, wenn wir diese »Anpassungen« nicht vornähmen, noch schlechter dastünden; und dass es zu dieser Entwicklung ohnedies keine Alternative gebe. Egal welche Parteien an der Regierung sind, am Ende regiert der Standort. Ernst Ulrich von Weizsäcker bezeichnet das Fehlen von Wahlmöglichkeiten als »Kern der Krise der Demokratie«[1].

Im Visier der Standort-Prediger sind an erster Stelle die Arbeits- und Sozialstandards: Das ist wirklich eine »Wende«: In den letzten 150 Jahren erkämpften die Gewerkschaften allgemein geschätzte Regeln wie Arbeitszeit, Urlaub, Kündigungsschutz oder Rente. Die Wochenarbeitszeit sank von durchschnittlich 80 auf unter 40 Stunden. Für das Ansteigen von Produktivität und Wohlstand war das kein Hindernis, auch nicht für die Wettbewerbsfähigkeit. Deutschland ist heute Exportweltmeister trotz hoher Löhne und kurzer Arbeitszeiten. Dennoch soll nun dieser hundertjährige Fortschritt umgedreht werden: Anfang 2006 demonstrierten die Gewerkschaften erstmal gegen längere Arbeitszeiten, gegen die Wiedereinführung der 40-Stunden-Woche: eine historische Wende.

Mitdenken tut kaum jemand: Selbst wenn wir wieder 50, 60 oder 80 Stunden arbeiten wie vor 150 Jahren: Was nützt das, wenn dann die Menschen in den USA, China oder Brasilien 60, 70 oder 90 Stunden arbeiten? Es wird immer einen Standort geben, der noch niedrigere Standards hat. Das ist das Wesen des Wettbewerbs. Der deutsche Arbeitgeberpräsident, Dieter Hundt, wird immer verkünden können: »Die Deutschen arbeiten *im internationalen Vergleich* zu wenig. Wir müssen wieder mehr leisten.«[2] Die Deutsche Bank oder VW werden sich bei der Streichung von Arbeitsplätzen immer auf die langfristige Wettbewerbsfähigkeit berufen können, egal wie hoch die Rekordgewinne sind. Wenn EU-Industriekommissar Günter Verheugen mahnt: »Die Menschen müssen bereit sein zu mehr Mobilität in den Hirnen, aber auch in den Beinen«[3], nützt das herzlich wenig, wenn auch die Menschen in China, Mexiko oder Rumänien von ihren SpitzenpolitikerInnen zu gleichen Anstrengungen ermahnt werden: Dann müssen die EuropäerInnen noch mobiler und schneller werden, die Löhne noch weiter sinken – ein aberwitziges Karussell.

Das Argumentationsmuster der Standort-Einpeitscher ist immer dasselbe: Um den Wohlstand *langfristig* zu sichern, müssen wir *kurzfristig* den Wohlstand verringern. Die Erfahrung der langfristigen Wohlstandssicherung durch Standortwettbewerb ist jedoch ausständig. Stattdessen werden immer neue Forderungen nachgeschoben. Kaum ist eine Verzichtsmaßnahme durch, kommt die nächste. Die Vertröstung auf die langfristige Wohlstandssteigerung ist strategisch klug seitens derer, die uns in den Standortwettbewerb hineinreiten und davon profitieren, aber sie wird nie für die Mehrheit der Bevölkerung eintreten. Asien und Afrika werden noch lange nicht das Lohnniveau oder die Sozialstandards der EU erreichen. Derzeit wandert gerade die Textilindustrie von Bangladesch und Kenia nach China. Und bis überall deutsches Lohnniveau herrscht, wird es wohl noch ein paar hundert Jahre dauern.

Was bedeutet Standortwettbewerb? Der Wettbewerb, um den es hier geht, ist kein ökonomischer, sondern ein politischer: Nicht Unternehmen konkurrieren um die beste Qualität und den niedrigsten Preis, sondern Gemeinwesen (Staaten, Demokratien) um die günstigsten Bedingungen für Investoren. Staaten passen beinahe alle Politikfelder den Bedürfnissen der Konzerne an – von der Arbeits- und Sozialgesetzgebung über den Umweltschutz und die Bildungspolitik bis hin zu Steuer- und Eigentumsregeln. Alle diese Zügel und Fesseln des nationalen Kapitalismus werden nun wieder aufgeschnürt, weil die Unternehmen, die mit Abwanderung drohen können, stets am längeren Hebel sitzen – solange die Staaten sich von ihnen gegeneinander ausspielen lassen.

Der Regimewechsel zur Standortkonkurrenz besteht darin, dass der Markt nicht mehr von Staaten reguliert wird – im Interesse des Gemeinwohls –, sondern der Markt selbst zum Regulativ für Staaten wird. Nicht die Politik, sondern der globale Wettbewerb bestimmt, wie hoch Löhne, soziale Sicherheit und Umweltstandards sind. Das ist keine Krise, das ist das Ende der Demokratie.

Diese systematische Erpressung kennt glückliche Gewinner: Die Reichen sind so reich wie noch nie und die Unternehmensgewinne befinden sich auf Rekordniveau. Die Profitquote befindet sich in Deutschland auf dem höchsten Stand seit 1971.[4] Der Gewinn der 30 DAX-Unternehmen erhöhte sich 2004 um sagenhafte 88 Prozent[5], im selben Jahr, in dem lauthals gejammert wurde über mangelnde Konkurrenzfähigkeit. 2005 stiegen die Profite abermals um mehr als 20 Prozent.[6] In Österreich hat der Anteil der Gewinn- und Kapitaleinkommen am Volkseinkommen seit Ende der Achtzigerjahre von 27 auf 42 Prozent zugenommen – zulasten der Lohneinkommen. Die Gewinne von 324 untersuchten Großunternehmen haben sich zwischen 1993 und 2004 fast verdoppelt.[7] Die 37 erfolgreichsten Unternehmen der Wiener Börse haben zwischen 2000 und 2004 ihren Gewinn um 116 Prozent gesteigert.[8]

An diesen Rekorddaten ist ersichtlich, dass es den großen Unternehmen alles andere als schlecht geht und dass es so übel um die Standorte Deutschland und Österreich nicht bestellt sein kann. Ein Blick auf die beiden maßgeblichen Kennzahlen – Investitions- und Handelsbilanz – zeigt, dass Deutschland zu den erfolgreichsten Standorten der Welt zählt. Zum einen investieren ausländische Unternehmen mehr in Deutschland als deutsche Unternehmen im Ausland. Das *manager magazin* kürte Deutschland – nach den USA und China – zum drittattraktivsten Standort der Welt. Zum anderen hat Deutschland den größten Exportüberschuss aller Volkswirtschaften weltweit. Die »deutsche Krankheit«, welche die Meinungsbildner, angeführt von Hans-Werner Sinn, Chef des Münchner ifo-Instituts, diagnostizieren, ist eine eingebildete. Besser gesagt, eine vorgeschobene, um Druck auf Löhne, Sozialleistungen und Umweltstandards zu machen. Die Standortdebatte ist eine brutale Umverteilungswaffe. Die meisten Opfer sind im eigenen Land.

Während die Kassen der Global Players überquellen, sinken auf der anderen Seite Realeinkommen und Sozialleistungen und die Arbeitslosen- und Armutszahlen gehen hoch. In Deutschland lagen die Reallöhne 2004 um 0,9 Prozent niedriger als 1995.[9] In Österreich pro Beschäftigungsverhältnis sogar um 2,4 Prozent darunter. Die unteren 40 Prozent hatten um ganze 14 Prozent weniger in der Geldbörse als acht Jahre zuvor.[10] Insgesamt ist der Kuchen gewachsen, aber breite Bevölkerungsschichten bekommen ein kleineres Stück davon. Die Arbeitslosenzahl hat in beiden Ländern einen Nachkriegsrekord erreicht, die (psychologisch relevante) Jugendarbeitslosigkeit ist in Österreich heute fast doppelt so hoch wie im Jahr 2000. Das sozial gut abgesicherte »Vollzeitarbeitsverhältnis« weicht prekären Jobs.

Auch innerhalb der Wirtschaft gibt es Verlierer. Die breite Masse der klein- und mittelständischen Unternehmen und die Regionalwirtschaft kämpfen mit wachsenden Problemen: schärfer werdende Konkurrenz durch Großkonzerne und Billiganbieter, erschwerter Zugang zu Fremdkapital, Vorrang für Transit, rückläufige Investitionen der Kommunen (Gemeinden), Abbau der öffentlichen Infrastruktur und Zusammenbruch der Nahversorgung kennzeichnen das Panorama. Während die börsennotierten Unternehmen, der Finanzsektor und die Exportindustrie Rekordgewinne schreiben, ist die Masse der Bevölkerung von wachsenden Zukunftsängsten – Einkommen, Arbeitsplatz, Rente – geplagt. Einer OGM-Umfrage zufolge blickte 1999 die Hälfte der Bevölkerung mit Bangen in die Zukunft, 2005 waren es zwei Drittel. Zukunftssorgen und Konkurrenz machen krank. Die »Konkurrenz«-Krankheiten heißen Stress, Burn-out und Mobbing. Psychopharmaka sind die mit Abstand am schnellsten wachsende Medikamentengruppe, gerade unter dem wachsenden Heer der Arbeitslosen, die angeblich sorgenfrei in der »sozialen Hängematte« schaukeln.

Bei einer Gesamtbetrachtung ist es somit ein Märchen, dass *Österreich* von der Osterweiterung profitiert oder *Deutschland* von seinem Exportweltmeistertitel. Die Gleichsetzung der Konkurrenz-Gewinner mit der gesamten Bevölkerung ist ein zynischer Schachzug, der zur Verdeckung von Interessenskonflikten und zur Legitimation dieser brutalen Umverteilung dient.

Die »Wettbewerbsfähigkeit«, die angeblich »allen nützt«, soll nun als höchstes politisches Ziel festgeschrieben werden. Die EU hat sich im Jahr 2000 in ihrer Leitstrategie, der »Lissabon-Strategie«, das Ziel gesetzt, bis 2010 zum »wettbewerbsfähigsten« Wirtschaftsraum der Welt zu werden. Klingt auf den ersten Blick beeindruckend. Doch was bedeutet das vor dem eben dargestellten Hintergrund? Noch mehr Opfer und Umverteilung im Namen der – interkontinentalen – Konkurrenz? Wie sinnvoll ist so eine Strategie grundsätzlich? Drei Gründe sprechen gegen das oberste Lissabon-Ziel:

1. »Wettbewerbsfähigkeit« herstellen bedeutet, die Verwertungsbedingungen für das globale Kapital zum obersten Ziel zu machen. In einer Demokratie sollte aber die Wirtschaft den Menschen dienen und nicht alle Lebensbereiche für die Kapitalver-

wertung funktionalisiert werden. Das wäre Ökonomismus. Kapitalismus heißt, dass die maximale Verwertung des Kapitals zum *Ziel* des Wirtschaftens erhoben wird – anstatt einer gesamtgesellschaftlichen Vernunft zu dienen.

2. In der EU leben derzeit rund sieben Prozent der Menschheit. Sie verbrauchen aber rund 20 Prozent aller globalen Ressourcen, Tendenz steigend. Insgesamt verbraucht die Menschheit heute schon mehr Ressourcen, als der Planet erneuern kann. Um auf nachhaltiges Niveau zu kommen, muss die EU daher ihren Ressourcenverbrauch um mindestens zwei Drittel reduzieren. Will sie aber bei der aktuellen globalen Konkurrenz – in den Bereichen Erdöl, Rüstung, Flug- und Kraftfahrzeuge – nicht nur Erster werden, sondern gleichzeitig das höchste Wachstum weltweit erzielen, ist es unmöglich, den absoluten Ressourcenverbrauch dabei um zwei Drittel zu reduzieren. Steigt er weiter an, rauben wir Menschen in anderen Ländern und zukünftigen Generationen Lebenschancen und Existenzrechte.

3. »Wettbewerbsfähiger« als alle anderen bedeutet Handelsüberschüsse mit allen »Partnern«. Das heißt, dass alle anderen Defizite machen und sich gegenüber der EU verschulden müssen. Das ist nicht nur systemisch imperial, sondern auch volkswirtschaftlich dumm: Wenn jeder versucht, dem anderen mehr zu verkaufen, als er ihm selbst abkauft, wird der Markt, in diesem Falle die Weltwirtschaft, nicht florieren. Besonders fies ist diese Strategie gegenüber den Entwicklungsländern: Ohne Handelsbilanzüberschüsse gegenüber den reichen Ländern – und den damit verbundenen Deviseneinnahmen – können sie ihre Schulden nie zurückzuzahlen. Die Lissabon-Strategie verdammt sie zu ewiger Schuldknechtschaft. Sie ist gegen den Geist Keynes gerichtet, der ein kooperatives Handels- und Währungssystem mit einem Ausgleichsmechanismus für die Leistungsbilanzen vorschlug. In Keynes Modell müsste die EU auf ihr Lissabon-Ziel Strafe zahlen. Grundsätzlich ist »Wir gegen die anderen« ein Konzept aus vergangenen Zeiten, es ist das Wiedererwachen des Nationalismus auf supranationaler Ebene. Der Begriff »Standort« ist ein militärischer.

Standortpolitik heißt, das eigene Schlachtschiff hochrüsten für die globale Konkurrenz. Die »Waffen« lauten: Sozialballast abwerfen, Löhne kürzen, Unternehmenssteuern senken, Infrastruktur aufrüsten, Investitionen in Forschung und Entwicklung pulvern, privatisieren aus Prinzip. Die meisten »Waffen« gehen aber auch nach hinten los, richten sich gegen den eigenen Standort. Zunächst eine »weiche« Waffe: Wenn Forschungs- und Bildungswesen vorrangig auf die internationale Konkurrenzfähigkeit ausgerichtet werden (Luftfahrt, Biotechnologie, Atomenergie), kann das wertvolle Ressourcen von gesellschaftlich notwendigen, aber kommerziell uninteressanten Forschungsfeldern abziehen (nachhaltige Energieversorgung, umweltverträgliche Mobilität, ökologische Landwirtschaft). Die Leitfrage der Forschungspolitik sollte aber nicht sein, ob es gelingt, andere Länder oder Kontinente damit niederzukonkurrieren, sondern ob wir das, was wir erforschen, für gesellschaftlich wertvoll erachten. Ähnliches gilt für das Bildungswesen. Spätestens seit der Aufklärung sollte ein breites Universalwissen sowie emotionale Intelligenz und soziale Kompetenz für alle Angehörigen der Gesellschaft das zentrale Ziel der Bildungspolitik sein. Die Umfunktionierung von Schulen und Universitäten zu humanen Rohstofffabriken für die globale Konkurrenz ist ein schwerer Missbrauch am Menschen, der zwar vielleicht kurzfristige Standortvorteile verschafft, aber langfristig in die geistige und emotionale Armut führt.

Ähnliches gilt für die Infrastruktur: Ihr Ausbau ist nicht in jedem Fall ein Fortschritt: so positiv die Verbesserung des öffentlichen Verkehrs, die Verdichtung von Sozial-, Gesundheits- und Bildungseinrichtungen oder Breitband-Internet in den Regionen ist; möglichst viel billiger Strom für die Industrie ist weder ökologisch noch friedensfördernd (aufgrund der Öl- und Gasabhängigkeit), und der ungebremste Ausbau von Autobahnen und Schnellstraßen durch ganz Europa ignoriert, dass wir schon jetzt viel zu viel Verkehr haben, jenseits aller Nachhaltigkeitsgrenzen. Dennoch zählen billige Energie und noch mehr Straßen zu den mantrahaft wiederholten Forderungen für die Verbesserung des Standorts.

Der Verzicht auf Umwelt- und Klimaschutz, um die Wettbewerbsfähigkeit der energieintensiven Industrien zu erhalten, schadet wiederum der Lebensqualität, zukünftigen Generationen und dem Aufbau alternativer und beschäftigungsintensiver Wirtschaftssektoren. Dennoch stellte Österreichs Wirtschaftsminister Martin Bartenstein das Klimaschutzziel der EU im Namen des Standorts in Frage: Mit der Ansage, »Klimaschutz funktioniert global oder gar nicht«[11], forderte er ein Warten auf die USA. Würde Europa stattdessen auf erneuerbare Energien setzen, hätte es nicht nur innerhalb der Standortlogik einen doppelten Wettbewerbsvorteil: einerseits durch einen neuen Wirtschaftszweig, andererseits durch einen Vorsprung bei der Ressourceneffizienz; die EU wäre auch, wenn der Peak Oil eintritt, auf den Preissprung vorbereitet und erlitte keinen Schock, der zu Chaos und Hunger führen kann.

Schließlich: Über die meistattackierten Standortfaktoren – Löhne und Steuern – werden Deutschland und Österreich den globalen Wettbewerb nie gewinnen. Der Abstand zu Niedriglohnländern und Steueroasen ist viel zu groß. Die für Europa entscheidenden Faktoren sind Produktivität, Know-how, Technologie, Infrastruktur, soziale Sicherheit, politische Stabilität, Lebensqualität und kaufkräftige KonsumentInnen. Wer mitdenkt, wird rasch erkennen, dass mit Lohn- und Steuersenkungen genau diese Standortvorzüge geschwächt werden. Durch Steuerverzicht bei Gewinnen, Vermögen und Spitzeneinkommen hat der Staat kein Geld mehr für soziale Sicherheit, Infrastruktur oder Bildung. Und die chronische »Lohnmäßigung« hat zu ebenso chronischer Kaufkraftschwäche geführt, Deutschland ist – trotz Exportweltmeisterschaft – zum »kranken Mann« Europas geworden, weil die großen Unternehmen wie wild Löhne und Personal kürzen – und der Staat infolge des Sparwahns weniger investiert und Sozialleistungen streicht. Da darf sich niemand wundern, wenn die Gesamtnachfrage zusammenbricht. Die Inlandsnachfrage ist aber immer noch entscheidend für die »Gesundheit« einer Volkswirtschaft, da kann der Export boomen, was er will. Lohn- und Steuersenkungen richten sich gegen den eigenen Standort, die politische Liebesaffäre mit den Global Players erweist sich als makroökonomischer Schuss ins Knie.

Aufgrund dieser zahllosen Interessens- und Zielwidersprüche bezweifeln auch immer mehr ÖkonomInnen die Sinnhaftigkeit der Standort-Strategie: »Wettbewerbsfähigkeit ist ein inhaltsleerer Begriff, wenn man ihn auf nationale Volkswirtschaften anwendet«, meint etwa Star-Ökonom Paul Krugman. Sein Kollege Michael Porter kommt nach der Analyse zahlloser Standort-Strategien zum Schluss, dass ganz unterschiedliche Wege zum Erfolg führen.[12] Am klarsten formulierte es Klaus Dräger: »Wettbewerbsfähigkeit ist eine Fragestellung für Unternehmen, nicht für Staaten oder Volkswirtschaften.«[13]

Umso erstaunlicher, dass die EU in ihrer Leitstrategie dieses offensichtlich sinnlose Konzept zum Unionsziel erhoben hat. Wer steckt da dahinter? Die Bevölkerung, der Souverän? Wohl kaum. Dieses unrühmliche Ziel kommt vom European Round Table of Industrialists, einer der mächtigsten Industrie-Lobbys in der EU. In »Das kritische EU-Buch« ist nachzulesen, dass die »Platzierung von Wettbewerbsfähigkeit auf Platz eins der EU-Agenda« ihr zentraler Lobbying-Erfolg ist.[14]

Die totale Unterordnung aller Politikfelder unter das Diktat des Standorts ist vielleicht ein genialer Lobbying-Erfolg, aber auch ein demokratiepolitischer Selbstmordansatz. Steuert die EU noch tiefer in die globale Konkurrenz hinein, dann bereitet sie Populismus und Nationalismus regelrecht das Feld. Dass maßgebliche EU-Politiker selbst nach den Debakeln bei der EU-Verfassung fest dazu entschlossen sind, beweist Industriekommissar Günter Verheugen: »Wir können den Bürgern nicht versprechen, dass wir sie vor Wandel beschützen können. Im Gegenteil, der Strukturwandel wird weitergehen. Vieles, was wir jetzt erleben, ist erst der Anfang. Europas Wirtschaft darf und kann nicht vor Wettbewerb geschützt werden.«[15]

ALTERNATIVEN

㉑ Kooperation statt Konkurrenz

Die Lösung des Standortdilemmas besteht – wie bei jedem Gefangenendilemma – in der Kooperation. Wir dürfen nicht länger dulden, dass Unternehmen die Staaten gegeneinander ausspielen. Die Staaten müssen sich zusammenschließen und gemeinsam den Konzernen die Regeln vorgeben: hohe Steuer-, Sozial-, Arbeits-, Umwelt-, Sicherheits- und KonsumentInnenschutz-Standards. Das wäre eine überfällige und wirksame Antwort auf den Souveränitätsverlust und das daraus folgende Unbehagen an der Globalisierung.

Bei der Bevölkerung stößt diese Idee vermutlich auf überwältigende Zustimmung, das Problem sind in diesem Fall die höheren Ebenen der Politik. Denn in kaum einem Bereich ist das Lobbying der Konzerne mächtiger als hier. Das größte Interesse der Industrie- und Finanzkonzerne besteht in der Aufrechterhaltung des Standortwettbewerbs und des freien Kapitalverkehrs, weil dann alle anderen Forderungen leichter durchsetzbar sind. Wer mit Abwanderung drohen kann, sitzt politisch am längeren Ast. Wird der Standortwettbewerb hingegen beendet, dann wäre der Machtnerv des Kapitals durchschnitten. Deshalb stößt die Umsetzung hoher globaler Standards in den Bereichen Löhne, soziale Sicherheit, Arbeitsrechte, Umweltschutz, KonsumentInnenschutz und Steuern auf so erbitterten Widerstand. Obwohl sie eigentlich der logische Rahmen für einen fairen globalen Markt sind. Wer sich hier widersetzt, entlarvt sich als der eigentliche Globalisierungsgegner.

Da eine globale Einigung nicht so schnell kommen wird, sollte die EU als ersten Schritt die Standards in ihrem Inneren harmonisieren. Das Problem (auch) hier: Derzeit versteht sich die EU zwar als Staaten*gemeinschaft*, tatsächlich ist sie aber eine Arena. Zwischen den Mitgliedsstaaten tobt ein unerbittlicher Wettbewerb um Unternehmen, ähnlich wie auf globaler Ebene. Speziell die Beitrittsländer machen mit niedrigeren Sozial- und Steuerstandards Druck auf die alten Länder. Mit der umstrittenen Dienstleistungsrichtlinie wollte die Kommission diesen Wettbewerb auf die Spitze treiben: Dienstleistungsunternehmen hätten in ganz Europa nur noch die Gesetze ihres Herkunftslandes einhalten müssen. So hätten sich schwerkraftgleich die niedrigsten Standards durchgesetzt.

Um diese Rückwärtsspirale zu stoppen, müsste die EU den entgegengesetzten Weg beschreiten: Die Staaten formen gemeinsam den politischen Rahmen für den Markt, innerhalb dessen die Unternehmen sich bewähren können. Wenn überall gleiche Arbeits-, Sozial-, Umwelt-, Steuer und Konsumentenschutz-Standards gelten oder zumindest hohe Mindeststandards, verlagert sich der Wettbewerb wieder auf die Ebene der Unternehmen und damit auf Qualität, Produktinnovation und Preis. Um die Länder mit den niedrigeren Standards ins Boot zu holen, die ihre Standards teilweise als »Standortvorteil« ansehen, muss ihnen die Angleichung schmackhaft gemacht werden, zum Beispiel durch eine Erhöhung der Transferleistungen (Kapitel *Globale Steuergerechtigkeit*). Das wäre dann eine echte Europäische Gemeinschaft. Schon heute gibt es in den Beitrittsländern Teile der Gesellschaft, die sich für die Angleichung der Standards stark machen: Polnische, deutsche und österreichische GewerkschafterInnen demonstrierten Anfang 2006 Arm in Arm gegen die Dienstleistungsrichtlinie, weil die PolInnen niedrige Arbeits- und Sozialstandards wahrlich nicht als »Vorteil« betrachten. Außerdem wissen selbst polnische und ungarische PolitikerInnen, die nur den eigenen Standort im Auge haben, dass sie spätestens mit dem Beitritt Rumäniens und Bulgariens in derselben Lage sein werden wie heute die »alten« Länder: Ein Standortvorteil ist ebenso schnell zerronnen wie gewonnen. Sobald sich die Erkenntnis durchsetzt, dass nicht Länder den Standortwettbewerb gewinnen können, sondern nur die Konzerne, werden auch die neuen Mitgliedsstaaten auf das Angebot einsteigen.

Nachdem die EU den Standortwettbewerb in ihrem Inneren zum Stillstand gebracht hat, ist der zweite Schritt die Ausweitung der hohen Standards auf die Handelspartner. Es gibt keinen vernünftigen Grund dafür, dass die EU in freien Wettbewerb mit Steueroasen oder Ländern ohne vergleichbare Sozial-, Arbeits- und Umweltstandards tritt. Als Schutz vor dieser unfairen Konkurrenz können Zölle oder Einfuhrverbote verhängt werden, so lange, bis die Handelspartner gleiche Standards erreicht haben. Mithilfe dieses »Entwicklungsprotektionismus« kann sich die EU vor Produkten schützen, die unter Missachtung der Menschenrechte, mit geringen Sozial- oder Umweltstandards produziert wurden. Die Zolleinnahmen sollten sinnvollerweise an die Herkunftsländer rückverteilt werden, um diesen die Angleichung der Standards auf das Niveau der fortgeschrittenen EU-Länder zu erleichtern. Dann wären die Einfuhrbeschränkungen keine nationalistisch motivierte Schutzpolitik, sondern eine global ausgerichtete Strategie. Produkte, die aus ökologisch nachhaltiger und sozial vorbildlicher Produktion stammen, dürfen zollfrei eingeführt werden. Daran ist ersichtlich: Es geht nicht um Abschottung, sondern um fairen Wettbewerb oder noch besser: um fairen Handel.

Wer einwendet, dass sich die EU damit vom Weltmarkt abschneide, sei daran erinnert: Die EU ist weitgehend vom Weltmarkt unabhängig: Der Außenhandelsanteil beträgt weniger als 15 Prozent. Umgekehrt können es sich die meisten Handelspartner nicht leisten, auf den Handel mit der EU zu verzichten. Die EU ist in diesem Punkt viel mächtiger als uns glauben gemacht wird: Sie kann die Bedingungen diktieren.

Die gegenwärtige Situation, dass Industrieländer mit hoch entwickelten Sozial-, Umwelt- und Steuerstandards mit Sonderwirtschaftszonen in Entwicklungsländern konkurrieren, ist für beide Seiten absurd: In den Industrieländern herrscht große Angst aufgrund der unfairen Konkurrenz. Und Sonderwirtschaftszonen lösen keine Entwicklung aus: Diese wirtschaftlichen Enklaven, auch Freie Produktionszonen, Maquiladoras oder Sweatshops genannt, sind rechtliche Ausnahmezonen, die ausschließlich auf die Anlockung globaler Investoren und Export abzielen. In ihnen ist fast jedes Recht außer Kraft gesetzt. Zölle und Steuern liegen bei null, Arbeitsrechte und Umweltstandards zählen zu Fremdwörtern, Menschenrechte werden mit den Füßen getreten. Aufgrund der großen Armut und des riesigen Arbeitskräfteangebots von China bis Mexiko gibt es eine schier endlose Zahl von Menschen, die in diesen Höllen auf Erden zu schuften bereit sind.

Wenn David Ricardo, der »Erfinder« des Freihandels, sehen könnte, wie die globale Arbeitsteilung heute funktioniert, würde er sich vermutlich im Grabe umdrehen. Als er vor 200 Jahren vorschlug, dass sich jedes Land auf die Herstellung bestimmter Produkte spezialisieren solle, ging er davon aus, dass der Wohlstand aufgrund der jeweils günstigeren Bedingungen auf beiden Seiten wächst. Hätte er gesehen, dass sich heute nicht Länder auf bestimmte Produkte spezialisieren, sondern transnationale Konzerne ihre Wertschöpfungsketten danach aufspalten, wo die Kosten für sie am geringsten sind – auf Kosten aller anderen –, er hätte womöglich seine Theorie verworfen oder wäre der globalisierungskritischen Bewegung beigetreten und hätte für Entwicklungsprotektionismus plädiert.

Voraussetzung für grenzüberschreitende Investitionen und Handel sollte sein, dass der Wohlstand auf beiden Seiten wächst. Das ist heute meist nicht der Fall: Wandert ein Unternehmen nach China ab, bleiben in Europa Arbeitslose zurück und in China werden nicht gleichwertige Arbeitsplätze geschaffen, sondern schlechtere. Gewinner sind nur die Konzerneigentümer: die Aktionäre. Der Politologe Daniel Hausknost hat es treffend formuliert: Da in China nicht gleichwertige Arbeitsplätze entstehen wie in Europa, sondern nur solche, die zwar für eine Existenz reichen, nicht aber für den europäischen Wohlstand, wandert nicht »Glück« von Europa nach China, sondern es wandert innerhalb Europas von den Arbeitnehmern in die Chef-Etagen der Konzerne. Das moralische Argument, man dürfe den armen Chinesen doch nicht einen bescheidenen Wohlstandszuwachs verweigern, sei »ein in erpresserischer Weise angewandter Taschenspielertrick: Es sind nicht die Chinesen, die irgendwem Arbeitsplätze wegnehmen, sondern tatsächlich jene Kapitalisten, die die deutschen (österreichischen, französischen …) ArbeitnehmerInnen gegen die chinesischen (indischen, burmesischen …) ausspielen.«[16]

An einem konkreten Beispiel wird die Überlegung noch deutlicher: Ein Sportschuh kostet bei uns rund 100 Euro. Der Lohnanteil für die asiatischen FabrikarbeiterInnen beträgt davon 40 Cent. Es profitieren also weder die ArbeitnehmerInnen in China in nennenswertem Ausmaß noch die KonsumentInnen in Europa, weil der Markensportschuh trotz Produktion im Billiglohnland sauteuer bleibt. 83 von 100 Euro gehen an Einzelhandel und Markenfirma.[17] Der Schriftsteller Michael Köhlmeier bringt ein ähnliches Beispiel: Die NäherInnen in Bangladesch kämpfen für eine Erhöhung des Monatslohns von 18 auf 20 Euro, obwohl der Mindestlohn 40 Euro beträgt: In vielen Fällen geht es nicht um Glücksverlagerung, sondern um Ausbeutung.[18]

Bei gleich hohen Standards würde es immer noch zu einzelnen Abwanderungen kommen, weil einerseits die Löhne nicht über Nacht angeglichen werden könnten und andererseits Standorte sich weiterhin spezialisieren würden. Die Zahl der Abwanderungen würde sich aber in einem erträglichen Ausmaß halten. Und jene Direktinvestitionen, die auch bei gleich hohen Standards noch stattfinden, würden in den Zielländern echten Wohlstand schaffen, weil die Umwelt nicht zerstört wird, die ArbeitnehmerInnen gut entlohnt und die regionale Wirtschaft eingebunden würden: Beide Seiten hätten etwas davon.

Die Befürworter des Standortwettbewerbs argumentieren, dass dieser früher oder später dazu führe, dass sich die Löhne, Sozial- und Umweltstandards weltweit anglichen, die Schließung der Kluft sei das Ziel der globalen Konkurrenz. Angenommen, diese Behauptung stimmt und die Standortverlagerungen dienten nicht der simplen Kostenersparnis, dann würden die chinesischen Löhne früher oder später EU-Niveau erreichen. Dann wäre aber der Standortvorteil von China & Co. dahin, und all die Billiglohnproduktionen, für die die reichen Länder angeblich zu reif und entwickelt sind, müssten logischerweise – aufgrund der kürzeren Transportwege – nach Europa zurückkehren. China würde vielleicht noch Textilien erzeugen, für sich selbst. Das »Spiel« wäre aus.

Wer die Theorie der komparativen Kostenvorteile von David Ricardo kennt, könnte dieser Überlegung entgegenhalten, dass es dann zwar effizienter wäre, die Textilien wieder in Europa zu erzeugen (aufgrund des kürzeren Transports), dass sich aber Europa wohl in der Zwischenzeit auf Hightech-Produkte spezialisiert haben würde, wodurch es für beide Seiten auch weiterhin besser wäre, dass China die Produktion von Textilien besorge und Europa Hightech produziere. So gewendet entlarvt das Argument das wahre Gesicht der Standort-Einpeitscher: Sie wollen gar nicht, dass China (und alle anderen Entwicklungsländer) zu den Industrieländern aufschließen. Sie sind an einem dauerhaften Fortbestehen der Kluft interessiert, damit der kapitalistische Mehrwert aus diesem (Lohn-, Sozial-)Gefälle erzielt werden kann. Der Standortwettbewerb ist somit keine »Entwicklungshilfe«, sondern eine Festschreibung kolonialer Verhältnisse. Eine Angleichung von Standards durch den Markt würde Jahrhunderte dauern, falls sie jemals stattfindet. Die Harmonisierung der Standards bei gleichzeitiger Umverteilung ist allemal die bessere »Entwicklungshilfe«.

In diesem Sinne ist auch die Umsetzung einer neoliberalen Schnapsidee vorstellbar: das Herkunftslandprinzip. Die EU-Kommission sah bei der Dienstleistungsrichtlinie vor, dass Dienstleistungsunternehmen nur noch die Standards ihres Herkunftslandes einhalten müssten. Die Betonung auf »nur« ist hier entscheidend, weil es – innerhalb der EU – darum gegangen wäre, dass Unternehmen aus Ländern mit niedrigeren Standards auch in Ländern mit höheren Standards tätig werden und damit eine Dumping-Spirale nach unten losgetreten hätten. Auch die Kontrolle, ob sie die Standards einhielten, wäre dem Herkunftsland obliegen. Die Begründung der EU-Kommission dafür: »Die zuständigen Stellen des Herkunftslandes sind am besten in der Lage, den Dienstleistungserbringer effizient und dauerhaft zu kontrollieren.«[19] Diese Überzeugung brauchen wir nur auf die Konzerne der EU anwenden, sobald sie in Drittländern investieren. Ab sofort müssen sie die Standards der Herkunftsländer einhalten. Dann sind nicht einmal höhere Standards in den weniger industrialisierten Ländern nötig, denn kontrollieren (und sanktionieren) würde die EU, das ist laut Kommission »effizient«. Von dieser Initiative ginge sicher eine sogartige Vorbildwirkung aus.

Die lokalen Arbeitsbedingungen, Löhne und Sozialleistungen würden sich rasch angleichen, die EU-Investoren wären echte Kristallisationskerne für Entwicklung. Die Beliebtheit der EU-Konzerne würde rapide zunehmen, und Beliebtheit ist keine unwichtige Kategorie im dann immer noch herrschenden Wettbewerb mit Investoren aus anderen Ländern. Gerade aufgrund des verbleibenden Wettbewerbs zwischen den dann stärker gemeinwohlverpflichteten EU-Konzernen und den Shareholdervalue maximierenden Investoren aus anderen Ländern ist aber eine globale Lösung anzustreben. So wichtig es ist, dass die EU den ersten Schritt macht und via Entwicklungsprotektionismus und Herkunftslandprinzip den Weg für das Nachziehen weiterer Länder bereitet: Am Ende sollten globale Abkommen stehen. Nicht nur, um unfairen Wettbewerb auszuschalten, sondern grundsätzlich: Auf dem globalen Markt sollen für globale Konzerne globale Standards gelten. Der Wettbewerb zwischen Unternehmen wäre dann fairer, zwischen Staaten wäre er beendet.

1 Die Furche 40/2005.
2 Der Standard, 27. August 2004.
3 DER SPIEGEL (2005), S. 145.
4 Financial Times Deutschland, 24. November 2004.
5 DER SPIEGEL (2005), S. 12.
6 manager magazin, 30. Dezember 2005.
7 KRAUS (2005), S. 99.
8 Wirtschaftsblatt, 7. April 2005.
9 Der Spiegel 6/06, S. 21.
10 Alois Guger / Markus Marterbauer: »Langfristige Tendenzen der Einkommensverteilung in Österreich«, WIFO-Monatsberichte 9/2005.
11 Der Standard, 14. Februar 2004.
12 BEIGEWUM (2005), S. 12.
13 DRÄGER (2005), S. 19.
14 ATTAC (2006), S. 69.
15 Der Standard, 21. Juli 2005.
16 Der Standard, 10. Mai 2005.
17 www.cleanclothes.at
18 Der Standard, 31. Dezember 2005.
19 Vorschlag für eine Richtlinie des Europäischen Parlaments und Rates über Dienstleistungen im Binnenmarkt, EU-Kommission, 2004/0001 (COD), Rn 38.

Faire Spielregeln für den Welthandel

»*Freihandel ist der Protektionismus der Mächtigen.*«
VANDANA SHIVA

Die Freihandelsdebatte steht im Zentrum der Globalisierungsdebatte und die Welthandelsorganisation WTO im Kreuzfeuer der Kritik aus Süd und Nord. Lange Zeit hieß es, dass Freihandel allen Beteiligten höheres Wachstum und mehr Wohlstand bringe. Dieser Mythos beginnt immer stärker zu bröckeln.

Die Idee des Freihandels ist schon über 200 Jahre alt und geht auf die Theorie der *absoluten* Kostenvorteile des Ökonomen Adam Smith aus dem Jahr 1776 zurück. Ihr zufolge sollen Länder nicht alles, was sie brauchen, selbst produzieren, sondern sich auf die Herstellung jener Produkte spezialisieren, für die sie die besten Voraussetzungen (»Kostenvorteile«) mitbringen, beispielsweise Klima, Bodenschätze oder Wissen. Das würde die Produktivität und Effizienz der Weltwirtschaft erhöhen. Vom freien Handel (keine Zölle und Einfuhrquoten) würden dann alle profitieren. So bestechend die Theorie ist, sie hat eine ganze Reihe gravierender Schwachstellen.

Zum einen hat nicht jedes Land einen absoluten Vorteil. Manche Länder sind schlicht in keinem Produkt Weltmeister. Diesem Dilemma wollte der Ökonom David Ricardo – theoretisch – entrinnen, indem er die Theorie Smiths 1817 zur Theorie der *komparativen* Kostenvorteile ausbaute: Länder, die in mehreren Produkten überlegen sind, sollten sich auf diejenigen spezialisieren, in denen sie sozusagen am überlegensten sind, während sie die Produkte an andere Länder abtreten, in denen sie weniger überlegen sind.

> Zwei Männer können beide Schuhe und Hüte herstellen, aber der eine ist dem anderen in beiden Tätigkeiten überlegen. Wenn er Hüte macht, ist er allerdings nur um ein Fünftel oder 20 Prozent besser als sein Konkurrent, während er, wenn

er Schuhe macht, ein Drittel oder 33 Prozent besser ist. Liegt es nicht im Interesse beider Männer, dass der, der in beidem besser ist, nur noch Schuhe herstellt und der andere nur noch Hüte?[1]

Theoretisch mag eine solche Aufteilung im Interesse beider »Männer« liegen. Bei 190 Staaten ist sie hingegen nicht nur deutlich schwieriger, sondern es gibt in der Praxis keinerlei Bereitschaft eines Landes, einem anderen Staat die Produktion eines Gutes zu überlassen, um sich auf dasjenige zu spezialisieren, in dem der Effizienz-Vorsprung am größten ist. Vielmehr sind alle Länder darauf erpicht, in möglichst vielen Exportbranchen gleichzeitig zu punkten. Schon der Grundgedanke wirft Probleme auf: Angenommen, Ghana wäre im Trommelbauen besser als Deutschland, aber im Baumwollanbau noch besser: Soll dann Deutschland Trommeln bauen?

Dass Ghana den Trommelbau an Deutschland abtritt, würde – abgesehen vom kulturellen Aspekt – voraussetzen, dass es als eine Standorteinheit denkt und handelt, als »das ghanaische Kapital«, das ausschließlich nach der größten Verwertungsmöglichkeit strebt. Doch das ghanaische Kapital ist in tausende Einzelpersonen und -unternehmen zersplittert. Und unter diesen wären vermutlich diejenigen, die auf Trommelbau spezialisiert (und erfolgreich im Export) sind, nicht bereit, auf Baumwollanbau umzusteigen, nur weil dort (noch) höhere Renditen winken. Das würde voraussetzen, dass alle UnternehmerInnen ausschließlich nach dem höchsten Profit strebten beziehungsweise dass »das ghanaische Kapital« nur einen zentralen Besitzer und Lenker hätte. Nur dann könnten alle Staaten die weltweite Produktion bewusst aufteilen. Globale Planwirtschaft wäre die – unbeabsichtigte – Voraussetzung für die Umsetzung von Ricardos Freihandelstheorie.

Zurück zur Realität: Dort findet zwar eine gewisse Form der Spezialisierung statt, doch die ist eindeutig nicht zum Vorteil aller: Die Länder des Nordens haben sich auf höherwertige Industriegüter spezialisiert, während die meisten Entwicklungsländer aus der Rohstoff- und Agrarabhängigkeit nicht herauskommen.

Dieser »ungleiche Tausch« wird durch asymmetrische Preisentwicklungen noch verstärkt: Während hochwertige Industriegüter stetig teurer werden, kann man beim Verfall vieler Rohstoffpreise zusehen. Die realen Weltmarktpreise von 18 wichtigen Exportrohstoffen lagen 2000 um durchschnittlich 25 Prozent unter dem Niveau von 1980.[2] Die »Terms of Trade«, die Austauschverhältnisse, entwickeln sich krass zuungunsten des Südens. Der uruguayische Chronist Eduardo Galeano bringt es auf den Punkt: »Arbeitsteilung heißt heute: Die einen spezialisieren sich aufs Gewinnen, die anderen aufs Verlieren.«[3]

Ein zweiter entscheidender Unterschied zum 19. Jahrhundert ist, dass Kapital heute global mobil ist: Anders als zu Zeiten Ricardos kann der Norden heute im Süden produzieren, in den Norden exportieren und den Gewinn selbst einstreifen. Deutsches Kapital kann heute in Ghana sowohl Baumwolle als auch Trommeln produzieren. Die »komparativen Vorteile« kommen nicht mehr den Ländern zugute, sondern dem globalen Kapital. Altvater und Mahnkopf formulieren es knapp: »Das Theorem [Ricardos] wird nichts sagend, wenn nicht nur Waren gehandelt werden, sondern auch Kapital transferiert wird.«[4]

Drittens wurden die Transportkosten in den letzten Jahrzehnten beträchtlich gesenkt, weil die ökologischen, sozialen und militärischen Kosten nicht in den Preisen aufscheinen. Das hat zum Aufbau gigantischer globaler Transportketten und damit zu einem nicht nachhaltigen Ausmaß an Handel geführt. In Europas Supermärkten gibt es Obst aus Südamerika und Neuseeland, während europäisches Gemüse die Märkte Afrikas überschwemmt. Die USA exportieren Wegwerfessstäbchen nach Japan; Japan liefert Zahnstocher in die USA. Die Inhaltsstoffe für ein einfaches Erdbeerjoghurt sind in Summe 9000 Kilometer auf Reisen.[5] Immer mehr Regionen leiden unter Transit und den Folgen für Umwelt und Gesundheit.

Die billigsten Preise spiegeln – viertens – generell nicht die gesamten Kosten von Produkten oder Dienstleistungen wider, weil »externe« soziale oder Umweltkosten nicht eingerechnet werden. T-Shirts oder Kiwis aus Übersee sind konkurrenzlos billig, weil die Kosten von Kinderarbeit, Gesundheitsgefährdung oder Umweltverschmutzung nicht eingerechnet werden. Die Gleichsetzung des billigsten Preises mit der höchsten Effizienz ist in vielen Fällen falsch, das darauf beruhende Freihandelssystem zynisch und destruktiv.

Die Heilslehre vom Freihandel hat eine fünfte, entscheidende Schwachstelle: Die, die ihn lautstark verkünden, die Industrieländer, haben ihn selbst nicht angewandt. Egal ob die USA, Großbritannien, Deutschland, Frankreich oder Japan: Keines der heute führenden Industrieländer hat seine Grenzen aufgerissen, sondern sorgfältig mit Schutzzöllen und Subventionen seine Industrien hochgepäppelt, bis diese am Weltmarkt konkurrenzfähig waren, und erst dann die Öffnung vorgenommen. Nun verlangen sie von den armen Ländern die schnellstmögliche Öffnung. Der deutsche Ökonom Friedrich List hat diese Haltung mit der eines Mannes verglichen, der mit Hilfe einer Leiter über eine Mauer gelangt und diese dann umstößt, damit seine Verfolger nicht dasselbe tun können. Der Cambridge-Ökonom Ha-Joon Chang hat das Bild der »umgestoßenen Leiter« in einem Buch mit dem gleichnamigen Titel aufgegriffen und detailreich dargelegt, wie die heutigen Industrieländer mit Protektionismus erfolgreich waren. Großbritannien schützte schon im 18. Jahrhundert seine Industrien, die USA hatten zwischen 1830 und 1945 die höchsten Zölle weltweit.[6]

Auch die an einer Hand abzählbaren Staaten, die den Sprung von arm zu reich geschafft haben, die asiatischen »Tigerstaaten« Singapur, Hongkong, Taiwan und Südkorea, haben dasselbe Erfolgsrezept angewandt: Sie subventionierten zunächst ihre jungen Industrien bis zur Weltmarktfitness, und erst dann öffneten sie die Grenzen für den Import von Konkurrenzprodukten. Freihandel war nicht ihr Rezept. China ist das beste Beispiel, dass nicht diejenigen Länder am schnellsten wachsen, die ihre Grenzen blind aufreißen, sondern die, die eine Strategie der behutsamen Öffnung – eine differenzierte Mischung aus Schutzpolitik und Liberalisierung – wählen.

Auf der anderen Seite fallen diejenigen Länder, die sich leidenschaftlich und vorbehaltlos dem Weltmarkt ausliefern – oder ausliefern müssen (Handelsliberalisierung ist ein Kernelement der Strukturanpassungsprogramme von IWF und Weltbank) –, zurück. Zahlreiche Länder in Südasien, Afrika und Lateinamerika wurden durch Marktöffnung und Freihandel ärmer. Ein paar Beispiele:

- Ecuador exportierte nach der Liberalisierung um jährlich 5,6 Prozent mehr, doch die Importe nahmen um 15 Prozent zu. Auf diese Weise drehten die Handelsbilanzen zahlreicher Länder ins Minus, die Verschuldung stieg weiter an.
- In vielen Ländern konnte die Industrie der Importkonkurrenz nicht standhalten, es kam zu »Deindustrialisierung«: Argentinien büßte seine Maschinenbauindustrie ein, in der Elfenbeinküste kollabierte die Chemie-, Schuh- und Autozulieferindustrie. In Kenia schrumpften die Arbeitsplätze in der Textilindustrie von 120 000 auf 85 000.[7]
- Auch zahlreiche Kleingewerbe, HandwerkerInnen und KleinbäuerInnen wurden vom Freihandel hinweggerafft. In Zambia ging die Beschäftigung in den Handwerksbetrieben um 40 Prozent zurück, in Ghana sogar fast um zwei Drittel. In Mexiko gaben nach dem NAFTA-Beitritt 1,3 Millionen BäuerInnen auf, in Kenia ging die Baumwollproduktion von 70 000 auf 20 000 Ballen zurück. Im Senegal sank die Tomatenproduktion von 73 000 auf 20 000 Tonnen.[8]
- In zahlreichen Weltregionen gingen die Real- und Mindestlöhne zurück. In Mexiko liegen heute die Reallöhne um 40 Prozent unter dem Niveau von 1980, die Mindestlöhne sind sogar um zwei Drittel gesunken.[9]

Freihandel kann nie die Grundlage für Entwicklung sein, bestenfalls seine Folge. Selbst dann bedarf es eines breiten Fächers an Begleitmaßnahmen von der Umverteilung bis zum Umweltschutz, um sicherzustellen, dass Entwicklung gefördert wird und alle Beteiligten gewinnen. Sogar die freihandelsbegeisterte österreichische Zeitung *Die Presse* zitierte Ende 2005 – nach jahrelangen Hymnen auf den Freihandel – eine UNCTAD-Studie, derzufolge es »genügend Beispiele gebe, wo Staaten von Handelsliberalisierungen nicht profitieren konnten, sondern im Gegenteil Schaden erlitten«[10].

Ungeachtet dieser Erfahrungen aus den Achtziger- und frühen Neunzigerjahren wurde 1995 eine eigene Organisation zur Durchsetzung des Freihandels eingerichtet: die Welthandelsorganisation WTO. Erstes zentrales Wesensmerkmal der WTO ist, dass sie nicht Mitglied der UN-Institutionen-Familie ist. Das ist umso bemerkenswerter, als die Teilorganisationen der UNO unumstrittene Ziele verfolgen: Menschenrechte, Ernährung, Gesundheit, Entwicklung, Umweltschutz, Geschlechtergerechtigkeit. Die WTO glaubt, all diese Ziele nicht verfolgen zu müssen, weil sie sich durch Freihandel von selbst einstellen würden. Freihandel, so ihre Annahme, beschleunige das weltweite Wachstum, was einen größeren Wohlstandskuchen erzeuge, von dem wiederum alle profitieren könnten; dann würde auch Umweltschutz »leistbar«. Die Erfahrung zeigt hingegen, dass

1. das weltweite Wachstum mit zunehmendem Freihandel nicht größer wurde, sondern kleiner;

2. blindes Exportwachstum die Umwelt zerstören, die Menschenrechte verletzen und die Ungleichheit erhöhen kann;

3. es in der Standortkonkurrenz regelmäßig heißt, dass sich ein Land Umweltschutz, soziale Sicherheit oder höhere Löhne nicht leisten könne, weil es sonst an Wettbewerbsfähigkeit verlöre und seine Wachstumschancen aufs Spiel setze;

4. Umweltschutz in vielen Regionen keine Frage von Kosten und hoher Einkommen ist, sondern von nachhaltiger Wirtschaft: Gerade die Ärmsten sind auf Umweltschutz angewiesen, weil sie direkt von natürlichen Ökosystemen (Wald, Fluss, Meer, Weide) leben.

Diese Tatsachen werden in der Freihandelsdebatte ausgeblendet. In vielen Fällen gefährdet der Freihandel die Ziele, die zu erreichen er verspricht.

Ein zweiter wesentlicher Unterschied der WTO zu den UN-Organisationen ist ihre Fähigkeit zu Sanktionen. Mit dem Schiedsgericht kann sie Strafmaßnahmen gegen Mitgliedsländer verhängen, die gegen den Freihandel verstoßen. Nationale Parlamente müssen sich den Urteilen der WTO fügen. Freihandel kann somit völkerrechtlich durchgesetzt werden. Hier gibt es gleich mehrere Probleme: Zum einen kann nicht lupenreiner »Freihandel« eingeklagt werden, sondern nur die konkreten Regeln der WTO, die in vielen Fällen einseitig die Industrieländer begünstigen. Zum anderen fehlen den ärmeren Ländern die Ressourcen, um langwierige Prozesse vor der WTO zu bestreiten. Drittens steht Freihandel in systematischem Widerspruch zu »handelsfremden« Politikbereichen (»non trade concerns«) wie Umweltschutz, Gesundheitsvorsorge, Nahversorgung oder Menschenrechte. In den meisten Konfliktfällen siegt vor Gericht der Freihandel. Beispielsweise verbot die EU den Import von Hormonrindfleisch aus Nordamerika und wurde dafür von der WTO verurteilt. Thailand wollte Import-Zigaretten aus den USA mit höherem Teergehalt kennzeichnen, was die WTO untersagte. Kanada versuchte sogar, das Asbest-Importverbot der EU zu sprengen. Den USA, Kanada und Argentinien gelang es, die Gentechnik-Importverbote zahlreicher EU-Mitgliedsstaaten zu knacken. Die WTO lädt geradezu ein, sämtliche Umwelt- und Gesundheitsgesetze als »Handelshindernisse« zu attackieren und per Gerichtsbeschluss zu beseitigen.

Drittes wichtiges Wesensmerkmal der WTO ist, dass ihre Mitglieder keinen »echten« Freihandel organisieren, sondern die Industrieländer die Spielregeln einseitig zu ihren Gunsten festgelegt haben. Sie haben es geschafft, die Waren- und Dienstleistungsmärkte des Südens weit für die Konkurrenz aus dem Norden zu öffnen sowie geistige Monopolrechte im Interesse westlicher Konzerne durchzusetzen; gleichzeitig blieben die Märkte der Industrieländer für Agrar- und Textilimporte aus dem Süden fest verschlossen. Die Prediger des Freihandels sind zum Teil bis heute hartnäckige Protektionisten. So hatten die USA in jüngster Zeit keinerlei Problem mit Abschottung, wenn sie den eigenen Interessen dient – sie erhöhten Agrarsubventionen und Zölle auf Stahlprodukte, führten Textilquoten ein und verletzten den Schutz geistigen Eigentums bei Medikamenten. Die astronomischen

Agrarexportsubventionen der Industrieländer bewirken, dass LandwirtInnen aus den USA und der EU Getreide, Fleisch und Milchprodukte auf den Märkten Afrikas und Lateinamerikas billiger absetzen können als lokale KleinbäuerInnen. Sogar bei Produkten, wo der Süden »komparative Vorteile« hätte, zum Beispiel bei Baumwolle, gewinnt der Norden.

Während die Industrieländer ihre verwundbaren Sektoren so lange wie möglich protegieren, wollen sie die WTO-Agenda gleichzeitig immer weiter ausbauen und die WTO zu einer De-facto-»Weltregierung« machen. Nach geistigen Monopolrechten (TRIPS) und Dienstleistungen (GATS) wollen sie auch Investitionen, öffentliche Beschaffung und Subventionen in der WTO regeln – gegen den ausdrücklichen Willen der Entwicklungsländer. Diese fordern seit Jahren die Einlösung der Versprechen der Industrieländer aus der Uruguay-Runde und die Korrektur der Schieflage bestehender WTO-Abkommen. Bisher allerdings vergebens.

In der WTO geht es grundsätzlich nicht sehr demokratisch zu: Zwar hat formal jedes Land eine Stimme und könnte theoretisch alle Beschlüsse blockieren, doch das hat sich bisher noch niemand getraut. In der Praxis entscheiden vier Mitglieder – die USA, die EU, Kanada und Japan –, wo es langgeht. (Bei der jüngsten Konferenz in Hongkong kamen Brasilien und Indien hinzu.) Die vier »Quads« machten bislang nicht nur im Vorfeld der Konferenzen die entscheidenden Verträge unter sich aus, sondern sie ziehen sie sich auch während der Konferenzen in die so genannten »Green Rooms« zurück, um die entscheidenden Formulierungen exklusiv zu beraten. Der Rest durfte bislang nur zur Unterschrift antreten. »Der Rest« spielt bei diesem Spiel aber immer weniger mit. Zwei der letzten vier Konferenzen (Seattle 1999, Cancún 2003) scheiterten aus diesem Grund und die Fortschritte bei den anderen beiden (Doha 2001, Hongkong 2005) waren nahe null. Mit dem erwachenden Selbstbewusstsein der Entwicklungsländer manövriert sich die WTO in eine Sackgasse. Der Liberalisierungszug ist bereits ins Stocken geraten, bald wird er ganz stehen. Die Interessen der Mitgliedsstaaten sind zu unterschiedlich, es gibt keine gemeinsamen Handelsziele. Eine Freihandelszone mit ungleichen Mitgliedern stößt an ihre Grenzen.

Schon bisher nahmen die Entwicklungsländer an den Freihandelsgesprächen nur widerwillig teil. Sie hätten lieber eine starke UNCTAD (Konferenz der Vereinten Nationen für Handel und Entwicklung), die das Handelsthema, wie ihr Name schon sagt, aus einer Entwicklungsperspektive angeht. Doch mit einer Mischung aus neoliberalen Verlockungen – »Beim Freihandel gewinnen alle« – und nackter Erpressung – Androhung der Streichung von Entwicklungshilfe oder IWF-Krediten – wurden sie ins Boot geholt. Dieses »Mitmachen« kann jederzeit zu Ende sein: Nach dem Scheitern der Konferenz in Cancún im September 2003 überlegten die afrikanischen Mitglieder erstmals, geschlossen aus der WTO auszutreten.

Die globalen Ergebnisse von Strukturanpassung, »Freihandel« und WTO sprechen für sich:
- Wuchs die Weltwirtschaft pro Kopf in den Sechzigerjahren um durchschnittlich 3,6 Prozent, so waren es in den Siebzigerjahren 2,1 Prozent, in den Achtzigerjahren 1,3 Prozent und in den Neunzigerjahren nur noch 1,1 Prozent.[11] Je liberalisierter die Weltwirtschaft, desto langsamer das Wachstum.
- Zahlreiche Länder wuchsen nicht nur langsamer, sondern schrumpften. Das Entwicklungsprogramm der UNO berichtete 2003, dass »54 Länder heute ärmer sind als 1990«[12].
- Afrikas Anteil am Welthandel ging zwischen 1980 und 2004 von 5,9 auf 2,5 Prozent zurück; derjenige Osteuropas/GUS von 5,3 auf 3,5 Prozent und derjenige Lateinamerikas von 5,5 auf 5,1 Prozent.[13]
- Die offene Arbeitslosigkeit stieg zwischen 1990 und 2002 in sechs von neun Weltregionen, nur in zwei Weltregionen (Südasien und EU) sank sie, in den USA blieb sie konstant.[14]
- Seit der WTO-Gründung 1995 nimmt der Welthunger wieder zu. In den Jahren 2000 bis 2002 hungerten laut FAO 852 Millionen Menschen, um 37 Millionen mehr als 1997 bis 1999.[15]
- Die Verteilung wird weltweit ungerechter: 80 Prozent aller Menschen leben in Ländern mit wachsender Ungleichheit.[16]

Vom Export profitiert eben nur ein Teil der Wirtschaft und der Bevölkerung, ein anderer verliert. Dass der Anteil des Weltbruttosozialprodukts, der gehandelt wird, zunimmt, bedeutet automatisch eine ungerechtere Verteilung. Dass die WTO »nur« den Handel regle und die Verteilung der erzielten Gewinne eine Aufgabe der nationalen Politik bleibe, ist daher falsch: Die Ausrichtung auf Export und somit die WTO schaffen genau jene Strukturen, die eine ungerechtere Verteilung bewirken.

ALTERNATIVEN

Export und Freihandel dürfen keine Ziele an sich sein. Zahlreiche empirische Studien und Fallbeispiele zeigen, dass Export und Freihandel lokale Märkte zerstören, die Umwelt schädigen, Armut und Hunger erhöhen können. Die UN-Organisation für Entwicklung (UNDP) schreibt unmissverständlich: »Handel ist ein Mittel zur Entwicklung, aber kein Selbstzweck. (...) Indikatoren wie Exportwachstum, Export-BIP-Relation oder Marktöffnung sind keine Garanten für menschliche Entwicklung.«[17] Die UNCTAD spricht von »inmisering trade« aufgrund des rasanten Verfalls der Rohstoffpreise; die UN-Subkommission für Menschenrechte weist darauf hin, dass das TRIPS die Menschenrechte auf Gesundheit (Patente auf Medikamente) und Ernährung (Patente auf Saatgut) gefährdet. Und sogar die Weltbank gibt in einer jüngsten Studie zu, dass just die Ärmsten bei einer neuen Liberalisierungsrunde (»Doha-Runde«) verlieren würden.[18] Es ist daher unvertretbar, dass es eine eigene Organisation für die Durchsetzung von undifferenziertem Freihandel gibt. Handel und Export sind *Instrumente* der Wirtschaftspolitik und sollten nur dann eingesetzt werden, wenn sie der Erreichung der eigentlichen *Ziele* dienen: Ernährungssouveränität, Menschenrechte, nachhaltige Entwicklung, soziale Sicherheit, Schutz der indigenen Bevölkerungen, Erhalt der kulturellen Vielfalt. Handel muss den Wohlstand aller Beteiligten erhöhen.

Zu diesem Zweck müsste die WTO intensiv mit den anderen UN-Organisationen für Ernährung (FAO), Entwicklung (UNDP), Umwelt (UNEP), Arbeit (ILO), Gesundheit (WHO), kulturelle Vielfalt (UNESCO) und anderen zusammenarbeiten. Die WTO ist aber nicht nur für ihren Autismus berüchtigt – sie lässt nicht einmal die VertreterInnen der Artenvielfaltskonvention im TRIPS-Beirat zu –, sondern sie wurde ja wie beschrieben vorsätzlich außerhalb der UNO gegründet, um ungestört das alleinige Ziel des Handels verfolgen zu können! Dieses rücksichtslose Experiment ist klar gescheitert, der historische Fehler, die Handelsfrage außerhalb der UNO und abgetrennt von ihren Zielen zu regeln, muss korrigiert werden: Die Handelsfrage muss wieder innerhalb der UNO in Zusammenarbeit mit den anderen Organisationen und in Abstimmung der Ziele geregelt werden.

Die UNO verfügt seit 40 Jahren über eine Organisation, die sich mit Fragen des Handels und der Entwicklung beschäftigt, die Konferenz der Vereinten Nationen für Handel und Entwicklung (UNCTAD). Da sie aber kein Instrument zur Durchsetzung der Interessen der Industrieländer ist, wurde sie nie mit der Macht ausgestattet, über die die WTO verfügt. Die UNCTAD und ihre Schwesterorganisationen in der UNO benötigen daher dieselbe Machtausstattung wie die WTO heute. Auf diese Weise wäre wahrscheinlicher, dass die Mehrheits- und Gemeinwohlinteressen Vorrang vor reinen Handels- und Profitinteressen erhalten.

Ein häufiger Einwand lautet hier: Die Mitglieder der UNO sind dieselben wie die der WTO – warum sollten sie in einem anderen Forum eine andere Politik machen? Diese Befürchtung ist teilweise berechtigt: Sollte die WTO tatsächlich aufgelöst werden, würden die USA und die EU (beziehungsweise die Konzerne) versuchen, die UNO auf Freihandel zu trimmen. Dagegen gilt es Widerstand zu leisten. Ein Umstand wird es aber den Freihändlern innerhalb der UNO schwerer machen: Keine der UN-Organisationen hat sich das Ziel Freihandel auf ihre Fahnen geheftet. Es ist daher unwahrscheinlich, dass sich 190 Länder in einer Entwicklungs-, Umwelt- oder Ernährungsorganisation der blinden Marktöffnung hingeben.

Eine zweite Gefahr stellt die Abkehr von multilateralen Verhandlungen hin zu bilateralen dar. Hier knöpfen sich die EU und die USA die Länder einzeln vor, was zwar umständlicher ist, aber aufgrund des Machtgefälles für Supermächte lohnend. Die WTO gilt den »Quads« nur noch als globaler Mindeststandard, wenn sie von einzelnen Ländern mehr wollen, gibt es direkte Abkommen. Dieser ungleiche Bilateralismus – im Grunde ein Rückfall in koloniale Strategien – muss genauso vehement bekämpft werden wie die WTO. Der Multilateralismus ist unbedingt beizubehalten.

㉒ Freier Handel nur zwischen Gleichen

Freier Handel darf grundsätzlich nur zwischen ökonomisch gleich starken Partnern stattfinden. Alle modernen Verfassungen verbieten die Gleichbehandlung von Ungleichen. Der WTO-Jargon der »Nichtdiskriminierung« ist zynisch, weil Unterschiedliches (Weltkonzerne und lokale Unternehmen; Agrarmultis und KleinbäuerInnen; Industrie- und Entwicklungsländer) nicht unterschiedlich behandelt werden darf. Im GATT (Allgemeines Zoll- und Handelsabkommen) gibt es zwar seit 1979 das Instrument der »speziellen und differenzierten Behandlung (SDT)« von Entwicklungsländern, das jedoch kaum Wirkung entfaltete und sich in letzter Zeit tendenziell »von einem Entwicklungs- zu einem Anpassungsinstrument«[19] wandelte. Laut dem Entwicklungsökonomen und Juristen Kunibert Raffer wurde es mit der WTO-Gründung »praktisch abgeschafft«[20]. Mit dem Zwang zur Gleichbehandlung werden den Entwicklungsländern die Erfolgsrezepte der Industrieländer verweigert. Diese haben in ihrer Geschichte selbst allesamt »diskriminiert«. Die heutigen Entwicklungsländer sollten daher die gleiche Chance erhalten, ihre noch nicht wettbewerbsfähigen Wirtschaftszweige zu schützen. »Infant industry policy« und »Erziehungszölle« müssen wieder zu einem legitimen Instrument nationaler Wirtschaftspolitik werden. Klug angewandter Protektionismus bewahrt vor Selbstzerstörung. »Protegere« heißt schützen. Wieso soll es nicht erlaubt sein, Schwächere gegen Stärkere zu schützen, also Ungleiche ungleich zu behandeln? Dem Neoliberalismus ist es gelungen, aus einer legitimen Strategie (und einem Verfassungsgrundsatz) ein Schimpfwort zu machen und »Protektionismus« reflexhaft mit der Diktatur in Nordkorea zu verknüpfen. Das unterbindet jede differenzierte Debatte. Sinnvoll ist weder Totalabschottung noch Türenaufreißen, sondern – wie in jeder Beziehung – ein flexibles Öffnen und Schließen (»managed trade«), je nach Entwicklungsstand und anderen gesellschaftspolitischen Zielsetzungen (Umweltschutz, Nahversorgung, Verteilung, Strukturpolitik).

Schon Keynes hatte erkannt, dass Freihandelszonen zwischen ungleichen Partnern nur dann Sinn machen, wenn von den Gewinnern zu den Verlierern umverteilt wird. Das Thema Umverteilung ist – abgesehen von technischer Hilfe bei der Umsetzung von Freihandel – in der WTO jedoch tabu. Die einzige Freihandelszone mit Umverteilung ist derzeit die EU. Das hat sich bewährt. Mit der jüngsten Osterweiterung sind allerdings nicht nur die ökonomischen Unterschiede größer geworden, sondern auch die umverteilten Mittel kleiner. Daran könnte die EU noch scheitern. In der WTO spielen die ungleichsten Länder der Welt in einer Liga und es gibt gar keine Umverteilung – diese Variante hat mit Sicherheit keine Zukunft.

Genauso wenig, wie Superschwergewichte und Fliegengewichte »frei« gegeneinander antreten sollten, ergibt es Sinn, dass Länder mit hochentwickelten Arbeits-, Sozial-, Umwelt- und Steuerstandards in freie Konkurrenz mit Ländern mit niedrigeren Standards treten. Dabei kommen die höheren Standards zwangsläufig unter Druck. Hohe Standards sollten zur Voraussetzung für die Teilnahme am Welthandel werden. Innerhalb der WTO wird das schwierig: In der Freihandelslogik haben nämlich arme Länder oft nur dann eine Chance, wenn sie Mensch und Umwelt zerstören – ein Zynismus. Es braucht daher einen Mechanismus, der die Anhebung der Umwelt-, Sozial-, Arbeits- und Steuerstandards in allen Ländern anreizt.

Eine Möglichkeit wäre, den armen Ländern die Anhebung aus einem globalen Entwicklungsfonds – der mit globalen Steuern gespeist würde – abzugelten, dann hätten alle etwas davon. Derzeit putzen sich PolitikerInnen gerne gegenüber Forderungen nach globalen Sozial- und Umweltstandards mit dem Argument ab, dass Entwicklungsländer gegen eine Angleichung seien. Logisch, wenn ihnen im Gegenzug nichts dafür angeboten wird! Wer so argumentiert wie zum Beispiel Österreichs Wirtschaftsminister Martin Bartenstein, will gar nichts am Status quo ändern. Wenn der Norden als Gegenleistung für höhere Standards Entschuldung, Technologietransfer und Entwicklungshilfe anbietet, dann macht der Süden sicher mit. (Die Gewerkschaften im Süden sind auch ohne Gegenleistung dafür.)

Eine nachhaltige und kooperative Strategie würde die armen Länder keineswegs vom Welthandel ausschließen. Es würden nur von Beginn an solche Wirtschaftszweige aufgebaut, die Entwicklung auslösen und keine Schäden anrichten. Zum Beispiel könnten nicht länger die Schmutzindustrien aus dem Norden in den Süden übersiedeln, der Norden müsste sie selbst beherbergen. Die aktuelle Arbeitsteilung – »saubere« postindustrielle Gesellschaften hier, sklavenähnliche Arbeit und Dreckschleudern dort – ist ökosozialer Kolonialismus. Das vorgebliche Langfristziel der »Integration der armen Länder in die Weltwirtschaft« ist ohnehin die Angleichung aller Standards. Und da fragt sich: Warum nicht gleich harmonisieren, anstatt den Umweg über Sozial-, Steuer- und Umweltdumping nehmen?

Ökologische Kostenwahrheit

Derzeit verdrängen in den deutschen und österreichischen Supermärkten Äpfel aus Chile, Butter aus Neuseeland, Kartoffeln aus Ägypten und Knoblauch aus China lokale Lebensmittel. In der EU hat das Volumen der transportierten Nahrungsmittel seit 1970 um 20 Prozent zugenommen, die zurückgelegten Kilometer hingegen um 125 Prozent.

Grund für diesen Widersinn ist, dass Transport viel zu billig ist. Er wird kräftig von der Allgemeinheit subventioniert. Der Gütertransport kommt für die Schäden, die er an Umwelt, Gesundheit und Wirtschaft anrichtet, nicht auf. Das Prinzip der ökologischen Kostenwahrheit würde dem Transport sämtliche Kosten, die er verursacht, auch anlasten, die Preise würden dann die Wahrheit sagen – und entsprechende Lenkungswirkung entfalten. Bei vollständiger Kostenwahrheit müsste ein 40-Tonnen-Lkw pro Kilometer mindestens zwei Euro bezahlen. Das würde der Wirtschaft nicht schaden, sondern ihr Gesicht ändern. Sowohl die Dumping-Exporte der EU nach Afrika und in die Karibik als auch die winterlichen Obstimporte per Flugzeug nach Europa hätten dann ein Ende. Rohstoffe würden wieder stärker aus der Region kommen und Abfälle dort entsorgt werden.

Auch die Zahl der Betriebsverlagerungen würde zurückgehen, weil sich das weltweite Herumkarren vieler Güter nicht mehr rechnen würde. Betriebe würden wieder stärkere Bindungen zu den Standorten aufbauen und ihr Nomadendasein zugunsten einer höheren Sesshaftigkeit aufgeben. Eine kluge Organisation für internationalen Handel würde ökologische Kostenwahrheit zur Voraussetzung für globalen Handel machen. Die WTO betrachtet dieses Thema als »handelsfremd«.

㉓ Ökonomische Subsidiarität

Ökologische Kostenwahrheit ist außerdem die beste »Entwicklungshelferin« für das Prinzip der ökonomischen Subsidiarität. Dieses besagt, dass Waren nicht so billig wie möglich, sondern so lokal wie möglich hergestellt werden sollen. Das ist nicht zu verwechseln mit Autarkie oder Abschottung. »Regionalismus ist ein relatives, kein absolutes Prinzip«, bringt es die Wirtschaftshistorikerin Andrea Komlosy auf den Punkt. Es geht um einen pyramidalen Übergang vom Regionalen zum Globalen. Globaler Handel würde nach wie vor stattfinden, nur in der Tendenz mit Hightech-Produkten wie Computer oder Bahnsysteme, die nicht in jeder Region produziert werden können. Die Basis der Wirtschaft würde hingegen wieder in die Region zurückkehren: Lebensmittel, Baustoffe, Rohstoffe. Der Weltmarkt wäre nur noch das ergänzende »Salz in der Suppe« der lokalen Wirtschaft. Derzeit sind – Langstreckentransporte gemessen an allen Transporten – 30 Prozent Salz in der Suppe.

Die Entwicklungsstrategien der armen Länder sollten sich – im Sinne der Subsidiarität und der logischen Reihenfolge – zunächst auf den Aufbau lokaler und regionaler Märkte konzentrieren, bevor sie am globalen Handel teilnehmen. Für lokale Entwicklung sind Mikrokredite, (sanfte) Infrastrukturoffensiven und Technologietransfer vonnöten. Dies könnten neue Schwerpunkte der Entwicklungszusammenarbeit werden.

Ökonomische Subsidiarität wirft allerdings neue Fragen auf: Soll das Ziel des Handels zwischen China und der EU »nur« die Einhaltung sämtlicher Standards durch China (sowie Entwicklungsimpulse auf die chinesische Wirtschaft) sein? Oder soll auch ein gewisses Maß an kultureller Vielfalt ein Kriterium sein? Sprich: Sollen die Kleidungsstücke, die in der EU getragen werden, in China hergestellt werden, nur weil die Löhne billiger sind? Oder soll nicht China chinesische Kleidung in die EU und die EU europäische Ware nach China exportieren – zur Beibehaltung kultureller Unterschiede und deren Austausch, aber nicht Substitution? Sollen alle das Gleiche produzieren, oder doch jeder etwas anderes mit anschließendem Austausch »kultureller Spezialitäten«?

Ein konkreter Vorschlag zur Förderung des Lokalen kommt von Colin Hines, dem Initiator von »Protect the Local, Globally«.[21] Er fordert nicht nur ein »Allgemeines Abkommen über nachhaltigen Handel« (GAST) anstelle des GATT, sondern auch die Einrichtung einer »Weltlokalisierungsorganisation« (WLO), welche die Entwicklung lokaler Wirtschaftsstrukturen durch globale Verträge und Vorrangregeln fördern soll. Transnationale Konzerne sollen angereizt werden, dort, wo sie produzieren, auch zu verkaufen. Abwanderung soll erschwert werden. Kern seiner Überlegungen ist die Ablehnung des Götzen »globale Wettbewerbsfähigkeit« und stattdessen der Schutz, die Entwicklung und Diversifizierung lokaler Wirtschaftssysteme. »Was vernünftigerweise in einem Staat oder einer Region erzeugt werden kann, sollte auch dort erzeugt werden«[22], bekennt er sich zum Prinzip der ökonomischen Subsidiarität. Hines erhofft sich davon eine stärkere Kontrolle der Gemeinwesen und Staaten über wirtschaftliche Vorgänge, einen größeren sozialen Zusammenhalt, geringere Armut und Ungleichheit, mehr Möglichkeiten zu Umweltschutz und ökologischem Wirtschaften, höhere Lebensqualität und Sicherheit sowie das Ende von Abwanderungsdrohungen und Erpressungen mit dem Standort.

Im Vorschlag der »Weltlokalisierungsorganisation« steckt noch ein reizvoller »dialektischer« Gedanke. Global Governance, also globale politische Regeln und Institutionen, sollen dazu dienen, den Handlungsspielraum der kleinen Einheiten – Kommunen, Regionen, Nationalstaaten – wieder zu vergrößern.

24 Vorrang für Fair Trade

Handel soll es geben, keine Frage. Nur soll dieser allen Beteiligten und Betroffenen nützen, inklusive der Natur und zukünftigen Generationen. Es gibt bereits globale Handelsbeziehungen, die nicht auf Ausbeutung, Naturzerstörung und Gewinnmaximierung basieren: Fair Trade versucht, den ProduzentInnen im Süden einen gerechten Preis zu zahlen, Qualitätskriterien einzuhalten und in die Entwicklung der Handelspartner zu investieren, indem ein Teil der Erlöse für den Bau von Gesundheitseinrichtungen oder Schulen verwendet wird. Ein Kilo fair gehandelter Bananen wird mit 29 Cent bezahlt, während der Weltmarktpreis bei zwölf Cent liegt – ein Aufschlag von 150 Prozent. Da der Zwischenhandel ausgeschaltet wird, sind die Preisunterschiede zu den »herkömmlichen« Produkten nicht allzu groß. Fair Trade ist ein effizientes Instrument zur Überwindung der Armut.

In Europa wächst der Absatz von Fair-Trade-Produkten seit 2000 jährlich um rund 20 Prozent. Fair-Trade-Produkte finden sich nun in 2800 Weltläden und mehr als 50 000 Supermärkten. In einigen Ländern sind die erreichten Marktanteile durchaus sehenswert. So tragen in der Schweiz 47 Prozent aller verkauften Bananen, 28 Prozent aller Blumen und neun Prozent des Zuckers das Fair-Trade-Gütesiegel. In Großbritannien erreichen besiegelte Produkte Marktanteile von fünf Prozent bei Tee, 5,5 Prozent bei Bananen und 20 Prozent bei gemahlenem Röstkaffee.[23]

Weltweit sind schon mehr als fünf Millionen ProduzentInnen in mehr als 50 armen Ländern eingebunden. Es wäre höchst an der Zeit, Fair Trade vom moralischen Vorbild zum gesetzlichen Standard für den Welthandel zu machen. Neue Handelsregeln innerhalb der UNO oder das von Hines vorgeschlagene GAST könnten ein Vorrang-Regime für Fair-Trade-Produkte (gegenüber nichtfairen Waren) einführen, womit die Marktdurchdringung rasch vonstatten gehen könnte. Die EU könnte wieder den Beginn machen. Nur die WTO hindert sie derzeit daran, ihre gesamten Importe auf Fair-Trade umzustellen: ein weiterer Grund, die WTO aufzulösen und faire Spielregeln für den Welthandel zu etablieren.

»KonsumentInnendemokratie«?

An dieser Stelle sei vor einem verbreiteten Irrglauben gewarnt, nämlich dass die KonsumentInnen eine bessere Welt über den Konsum herbeikaufen könnten. Das Problematische an diesem Ansatz ist, dass er zum einen goldrichtig ist, zum anderen ein gefährliches Ablenkungsmanöver.

Zunächst ist es absolut wichtig und gut, bewusst und kritisch zu leben und zu konsumieren: langlebige Gebrauchsgüter zu bevorzugen, biologische Nahrungsmittel aus Nahversorgung zu beziehen; auf Ökostrom und öffentlichen Verkehr umzusteigen, auf Autobesitz und Kurzurlaube per Flugzeug zu verzichten und fairen Handel zu fördern.

Gleichzeitig darf aber nicht übersehen werden, dass die »Demokratie via Kaufentscheidung« nur am Ende des politischen und wirtschaftlichen Prozesses stattfindet. Was vor dem Einkauf passiert, wird anderen Interessensgruppen zur Entscheidung überlassen. Bevor die Ware in das Regal kommt, entscheiden Gesetze darüber, welche Waren überhaupt in die Regale kommen und zu welchem Preis: ob gentechnisch verändertes Essen hineinkommt, ob biologische Produkte teurer sind als umweltverschmutzende, ob Fair-Trade-Kaffee teurer oder billiger ist als Pestizid-Kinderarbeit-Kaffee, ob Ökostrom billiger oder teurer ist als Atomstrom, ob die öffentliche Rentenversicherung meinen Lebensstandard absichert oder ich gezwungen bin, privat vorzusorgen, ob Aktienfonds steuerlich oder mit Prämien gefördert werden oder nicht. Das Supermarktregal ist nur die letzte Station demokratischer Entscheidungsprozesse.

Hinzu kommt: Am Supermarktregal entscheiden nicht Menschen, sondern ihre Kaufkraft: Wer ein dickeres Geldbörsl hat, hält auch mehr »Stimmrechte«: Plutokratie. Wer sich nicht für eine gerechte Verteilung oder für wirksame Umweltgesetze einsetzt, darf sich dann nicht wundern, dass sie oder er nicht über die nötige Kaufkraft verfügt, um sich teureren Ökostrom, Bio-Kost und Fair Trade zu leisten. Wenn kein öffentliches Verkehrsmittel mehr fährt, hat der/die »KonsumentIn« gar keine Wahl.

Ein dritter Grund: Nicht alle Konzernaktivitäten sind boykottierbar. Was mache ich, wenn ein kanadischer Kupferkonzern in Zentralafrika die Lebensräume indigener Bevölkerungen zerstört. Soll ich meinen Elektroinstallateur boykottieren?

Viertens: KonsumentInnen fehlen in vielen Fällen die für eine bewusste Kaufentscheidung nötigen Informationen. So sind heute selbst in der EU Milchprodukte, Eier und Fleisch von Tieren, die mit Gentechnik-Futter gemästet wurden, nicht gekennzeichnet. In der WTO machen einige Länder, allen voran die USA, mächtig Druck, auch die bestehenden Gentechnik-Kennzeichnungen zu verbieten.

Aus diesen Gründen ist es zwar goldrichtig, kritisch und bewusst zu konsumieren, aber mindestens genauso wichtig ist es, sich für gerechte Gesetze und Spielregeln einzusetzen. Die Konzerne verwenden sehr viel Energie auf die Beeinflussung der Gesetze und Gestaltung der Spielregeln. Die StaatsbürgerInnen wären dumm, nur das relativ schwache Instrument »Konsum« zu nützen und auf das viel stärkere Instrument »Gesetz« zu verzichten.

Fair Trade ist ein exzellentes Beispiel dafür, dass freiwilliges bewusstes Konsumverhalten einen wertvollen ersten Schritt in eine gerechtere Welt darstellen kann. Im zweiten Schritt muss es darum gehen, Fair Trade zum gesetzlichen Standard zu machen.

In jüngster Zeit taucht ein interessanter Vorschlag in globalisierungskritischen Diskussionen auf. An die Stelle der WTO soll eine Organisation für fairen Handel treten, die die Vergabe von Handelslizenzen an global agierende Unternehmen an bestimmte Anforderungen knüpft. Nur wer die demokratisch vereinbarten ökologischen, sozialen, menschenrechtlichen und steuerlichen Kriterien erfüllt, erhält eine »Eintrittskarte« in den Weltmarkt. Menschenrechtsverletzer, Umweltsünder, Steuerhinterzieher, Bilanzfälscher und Sklaventreiber bekämen Globalisierungsverbot.

Der Globalisierungskritiker George Monbiot erinnert daran, dass Unternehmen kein »Selbstzweck« seien, sondern nur Instrumente oder »Maschinen«, um Wohlstand zu schaffen. Deshalb müsse die Gesellschaft diese Maschinen auch entsprechend programmieren. »So verändern wir die Ethik der globalen Wirtschaft«, freut er sich: »Nur der Netteste überlebt.«[24]

1 David Ricardo: »Über die Grundsätze der politischen Ökonomie und die Besteuerung«, Berlin 1979.
2 ILO (2004), S. 91.
3 GALEANO (2005), S.42.
4 ALTVATER/MAHNKOPF (1999), S. 158–159.
5 Stefanie Böge (1992): »Auswirkungen des Straßengüterverkehrs auf den Raum. Die Erfassung und Bewertung von Transportvorgängen in einem Produktlebenszyklus«, Diplomarbeit am FB Raumplanung der Universität Dortmund.
6 Ha-Joon Chang: »Kicking Away the Ladder – Development Strategy in Historical Perspective«, Anthem Press, London 2002.
7 CHRISTIAN AID (2005), S. 6.
8 CHRISTIAN AID (2005), S. 6–7.
9 Christoph Parnreiter: »Exportboom ohne Entwicklungspotential«, in ATTAC (2004), S. 39.
10 Die Presse, 14. November 2005.
11 ILO (2004), S. 39.
12 UNDP (2003), S. 34.
13 UNCTAD: »Handbook of Statistics 2005«, New York/Genf.
14 ILO: Global Employment Trends, 2002.
15 WORLD RESOURCES INSTITUTE (2005), S. 13.
16 UNDP (2005), S. 25.
17 UNDP (2005), S. 31–32.
18 Kym Anderson und Will Martin et al.: »Agricultural Trade Reform and the Doha Development Agenda«, World Bank Report, November 1st, Washington D. C., 2005.
19 Thomas Fritz: »Sonder- und Vorzugsbehandlung für Entwicklungsländer«, Global Issue Paper Nr. 18, im Auftrag von Germanwatch und Heinrich-Böll-Stiftung, Juli 2005. http://www.globalternative.org/pics/SDT_deutsch.pdf
20 RAFFER (2005), S. 10.
21 Autor des Buches: »Localization. A Global Manifiesto«, Earthscan, London 2000.
22 Colin Hines und Tim Lang: »Der neue globale Schutz des Lokalen«, in MANDER/GOLDSMITH (2002), S. 463–472.
23 Jean-Marie Krier: »Fair Trade in Europe 2005 – Facts and Figures on Fair Trade in 25 European countries«, Trade Advocacy Office, Brüssel 2005.
24 MONBIOT (2003), S. 249.

Ernährungssouveränität

»Ein Kind, das heute an Hunger stirbt, wird ermordet.«
JEAN ZIEGLER

Der Hunger ist eines der brennendsten Probleme der Globalisierung. Obwohl die globale Landwirtschaft in der Lage wäre, zwölf Milliarden Menschen zu ernähren (derzeit leben 6,4 Milliarden auf dem Planeten), hungern 852 Millionen, täglich sterben 24 000 Menschen an Unterernährung. Mit dem Anspruch, den Welthunger zu besiegen, wird seit 1995 in der Welthandelsorganisation (WTO) der internationale Agrarhandel liberalisiert. Das Versprechen der Liberalisierer lautet, dass Freihandel (und Gentechnik) den Hunger besiegen würden. Doch die Zahl der unterernährten Menschen nimmt seit Ende der Neunzigerjahre wieder zu. 2001 hungerten laut Welternährungsorganisation (FAO) um 37 Millionen Menschen mehr als 1998. Der durchschnittliche Fischverzehr in den Entwicklungsländern (ohne China) war 1997 niedriger als 1985.[1]

Die Agrarfrage innerhalb der WTO ist komplex: Das größte Problem sind die Subventionen der Industrieländer für Agrarexporte. Sie ruinieren direkt die BäuerInnen im Süden. US-Baumwolle wird um 47 Prozent unterhalb der Erzeugerpreise auf den Weltmarkt geworfen, EU-Weizen um 46 Prozent und EU-Magermilch sogar um 50 Prozent unterhalb der Produktionskosten.[2] Auf Jamaika machte infolge der EU-Milchpulverexporte die Mehrheit der MilchbäuerInnen dicht. Die Geflügelfleischexporte der EU zwangen 2002 40 Prozent der senegalesischen GeflügelbäuerInnen zur Einstellung der Zucht.[3] Holländische Tomaten sind auf den Märkten Afrikas billiger als lokale Produkte. US-Reis zerstörte die inländische Produktion auf Haiti. Das Absurde an den Exportförderungen: Sie kommen nicht einmal primär den BäuerInnen zugute, sondern den Konzernen: So ging ein großer Teil der österreichischen Exportförderungen an Lebensmittelkonzerne wie Nestlé, Coca Cola oder Red Bull. In Holland sahnte Nestlé 1999 bis 2004 stolze 377 Millionen Euro ab.[4] Die von der Mehrheit der WTO-Mitglieder geforderte Abschaffung von Exportsubventionen ist zweifellos ein überfälliger Schritt. Andererseits: Vollkommener Freihandel – Streichung *aller* Zölle und Agrarförderungen –, wie er nur von einer Hand voll exportstarker Länder gefordert wird, wäre noch viel schlimmer. Er bedroht nicht nur die klein strukturierte Landwirtschaft in der EU – Betriebe mit durchschnittlich 17 Hektar oder neun Milchkühen wie derzeit in Österreich hätten am freien Weltmarkt keine Chance –, sondern weltweit hunderte Millionen von Menschen. In den armen Ländern leben durchschnittlich 56 Prozent der Bevölkerung von der Landwirtschaft, in einigen Ländern wie Ruanda oder Burkina Faso mehr als 90 Prozent. Die große Mehrheit von ihnen hat keinerlei Exportinteressen, sie produzieren für sich selbst oder für den lokalen Markt. Globale Liberalisierung würde sie in Form von Billigimporten tödlich treffen, ein massenhaftes BäuerInnensterben wäre die Folge. Die Migrationsströme in die Slums und in Richtung Wohlstandsfestungen würden stark anschwellen.

Dennoch zielen die Agrarverhandlungen innerhalb der WTO (aber auch die bilateralen Freihandels- und »Partnerschaftsabkommen«) auf weitere Liberalisierung. Die Treiber und Gewinner des globalen Freihandels sind schmale Agrareliten in Nord und Süd, die auf großen Flächen industriell (und zunehmend gentechnisch) für den Export produzieren. Liberalisierung schafft für sie einen Anreiz, weltweit die fruchtbarsten Böden für Großplantagen (Soja, Zuckerrohr, Kaffee, Kakao, Ölpflanzen, Südfrüchte) zu »besetzen«. Selbst- und nahversorgende KleinbäuerInnen werden verdrängt. Es bleibt sprichwörtlich kein Platz für den Anbau von Nahrungsmitteln für die lokalen Bevölkerungen. In Mato Grosso, einem Bundesstaat Brasiliens, wichen in den Achtzigerjahren 14 000 KleinbäuerInnen riesigen Sojaplantagen.[5] Noch »enger« wird es werden, wenn infolge der Zuckermarktliberalisierung die Zuckerrohr-Anbaufläche in Brasilien von derzeit 13 Millionen Hektar auf über 100 Millionen Hektar ausgedehnt wird.⁶ Christa Wichterich formuliert es treffend: »Die Aneignung von [Land-]Ressourcen für die Exportwirtschaft bedeutet Enteignung für die Selbstversorgungswirtschaft.«⁷

Schon in den letzten zehn Jahren stiegen Handelsziffern und Hungerzahlen parallel an. Vier Fünftel aller unterernährten Kinder leben in Ländern, die Lebensmittel exportieren.⁸ In Brasilien hungert ein Drittel der Bevölkerung, obwohl das Land zu den größten Agrarexporteuren der Welt zählt. Die EU importiert jährlich zehn Millionen Tonnen hochwertiges Soja aus Brasilien – für Futterzwecke. Dass Hunger und Nahrungsmittelexport kein Widerspruch sind, zeigte schon Ökonomie-Nobelpreisträger Amartya Sen am Beispiel Irland: Am Höhepunkt der Hungerkatastrophe im 16. Jahrhundert fuhr die Insel Kartoffeln nach London aus – fürs kaufkräftige Publikum.

Man kann es auch aus der Perspektive der KonsumentInnen betrachten: Die EU »besetzt« im Ausland für den Nahrungsmittelimport 420 000 Quadratkilometer, das entspricht einem Fünftel ihres Territoriums oder einer Fläche größer als Deutschland. Zugespitzt: Die Menschen in Brasilien hungern, damit wir regelmäßig billige Schnitzel essen können. Die deutschen und österreichischen Schweine, Rinder und Hühner werden mit (Gentechnik-)Soja aus Brasilien und Argentinien gefüttert.

Durch die Ausrichtung auf den Export geht der Anbau von Nahrungsmitteln für die eigene Bevölkerung in vielen Ländern so stark zurück, dass nunmehr Nahrungsmittel importiert werden müssen. Bezogen die Entwicklungsländer in den Siebzigerjahren erst vier Prozent ihres Getreidebedarfs im Ausland, so waren es 2000 schon fast zehn Prozent, Tendenz weiter steigend.⁹ Je globalisierter der Agrarhandel, desto größer die Importabhängigkeit der Ärmsten und desto geringer ihre Fähigkeit, sich selbst zu ernähren. Genau das wäre aber das Prinzip der »Ernährungssouveränität«, das von den sozialen Bewegungen des Südens und der globalen Zivilgesellschaft eingefordert wird.

Die Exportstrategie ist noch aus einem anderen Grund fatal: Auf Druck von Weltbank und Währungsfonds begannen viele Länder gleichzeitig zu exportieren, um Devisen für den Schuldendienst an den Norden zu erwirtschaften. Infolge des rasch steigenden Angebots rasselten die Rohstoffpreise in den Keller. Zwischen 1980 und 2000 sank der Weltmarktpreis von Baumwolle um 47 Prozent, von Kaffee um 64 Prozent, Reis um 61 Prozent, Kakao um 71 Prozent und Zucker um 77 Prozent.[10] Viele Kleinbäuerinnen müssen infolge des Preisverfalls aufgeben. Das Anziehen vieler Rohstoffpreise in jüngster Zeit konnte den jahrelangen Verfall nicht wettmachen.

Auffällig ist, dass zwar die Rohstoff- und Erzeugerpreise in den Keller fallen, nicht aber die Endabnehmerpreise. Der Kaffee im Supermarkt kostet heute ungefähr gleich viel wie 1990, dennoch halbierten sich die Einnahmen der BäuerInnen – bei verdoppeltem Umsatz! 1990 betrugen die Einnahmen der südlichen Erzeugerländer noch ein Drittel des globalen Einzelhandelsumsatzes, 2005 nur noch ein Vierzehntel oder fünf von 70 Milliarden US-Dollar. Die Differenz fließt in die Taschen der (Handels-)Konzerne. Während Nestlé oder Tchibo Rekordgewinne machen, sind 125 Millionen vom Kaffeeanbau abhängige Menschen in ihrer Existenz gefährdet.[11]

Anderes Beispiel: Von einem Euro, das ein Kilo Bananen kostet, sieht die Pflückerin weniger als zwei Cent. Der Einzelhandel im Norden und der Bananenkonzern streifen das Gros des Endpreises ein. In Thailand brachte die Steigerung der Reisexporte keine höheren Nettoeinkommen für die BäuerInnen, in Mexiko führte der Anstieg der Maisexporte zu größerer Armut, weil die Preise um 70 Prozent abstürzten. Die UNCTAD hat den Begriff des »Verelendungshandels« (»inmisering trade«) geprägt: Die BäuerInnen verarmen bei steigender Exportleistung. Selbst die Weltbank gibt mittlerweile zu, dass »eine Entwicklungsstrategie, die auf Agrarexporte setzt, im derzeitigen Kontext wahrscheinlich zu Verarmung führt«[12].

Die großen Gewinner des Spiels sind die Konzerne. Sie profitieren von den fallenden Rohstoffpreisen und schöpfen den Rahm des globalen Systems ab, während die BäuerInnen weltweit in Konkurrenz gesetzt werden. Der Konzentrationsprozess im agroindustriellen Komplex ist beängstigend und zieht sich durch die gesamte Nahrungskette. Lagerhäuser, Mühlen, Röstereien, Großhändler, aber auch der Einzelhandel verschmelzen zusehends zu Oligopolen und Monopolen. Zwei Unternehmen, Monsanto und DuPont, kontrollieren zwei Drittel des Weltmarktes für Maissaatgut[13], vier Unternehmen verarbeiten 75 Prozent der Weltmaisernte, 62 Prozent der Weizenernte und 80 Prozent der Weltsojaernte. Drei Unternehmen rösten 45 Prozent der globalen Kaffeeernte, vier Firmen mahlen 40 Prozent der Kakaoernte und fünf Konzerne beherrschen 80 Prozent des globalen Bananenhandels. Ein Cargill-Manager verkündete das Ende der Marktwirtschaft so: »Wenn jemand Getreide kaufen möchte, hat er keine andere Wahl als zu uns zu kommen.«[14] Der Vorsitzende des US-Bauernverbandes meinte über die Oligopolisten: »Sie müssen nicht effizient wirtschaften, um am Weltmarkt zu überleben. Sie sind der Weltmarkt.«[15]

Die Konzentration findet nicht nur »horizontal« statt, in Form von Fusionen und Übernahmen, sondern auch »vertikal«: Cargill kontrolliert vom Weizenanbau über das Mahlen und Transportieren bis hin zur Cornflakesproduktion einen Großteil der Nahrungsmittelkette. Am Ende dieses Prozesses stehen riesige private Planwirtschaften, die die gesamte Nahrungsmittelversorgung der Menschheit kontrollieren. Der französische Schafbauer und Globalisierungskritiker José Bové bringt es auf den Punkt: Es geht nicht primär um Nord gegen Süd, sondern um »Bauern gegen Agromultis«[16].

Die Großabnehmer üben wachsenden Druck auf die BäuerInnen aus: Sie wählen vielfach nur noch solche Zulieferer aus, die hochtechnisiert und standardisiert große Mengen produzieren. Nestlé hat allein zwischen 1997 und 2000 75 Prozent seiner zuliefernden BäuerInnen von der Liste gestrichen.[17] Zwei Drittel der US-Agrarproduktion stammen von nur acht Prozent der Farmen.[18] In der EU ging zwischen 1980 und 2000 die Hälfte aller Arbeitsplätze in der Landwirtschaft verloren. Die Übertragung des industriellen EU-15-Modells auf die neuen Mitgliedsländer wird zu einem Massaker unter den BäuerInnen von Ungarn bis Polen führen: In den neuen Mitgliedsstaaten sind durchschnittlich 21,4 Prozent der Bevölkerung im Agrarsektor tätig, in den alten Ländern 4,3 Prozent. Wollen die Beitrittsländer nur das halbe Produktivitätsniveau der EU-15 erreichen, wird das vier Millionen Arbeitslose produzieren.[19] Und Unmengen von Öl in die Äcker pumpen.

Neben dem Freihandel ist die Industrialisierung der zweite große Sündenfall in der Landwirtschaft. Der massive Einsatz von Maschinen und fossiler Energie im Zuge der »Grünen Revolution« haben den ursprünglichen Sinn der Landwirtschaft verkehrt: Sie sollte eigentlich Energie liefern. Die moderne, industrielle Landwirtschaft ist aber vom Energielieferanten zum Energieverbraucher geworden. Beispiel: Eine Weidekuh liefert über ihre diversen Produkte fünf- bis zehnmal mehr Energie als in sie »investiert« wird. Ein Stall-Mastrind verbraucht hingegen bis zum 35-fachen der Energie, die es selbst als Fleisch liefert. Die schlechteste Energiebilanz hat eine Treibhaustomate: Sie verbraucht 500-mal so viel Energie als sie spendet.[20] Das auf Konkurrenz und Produktivität ausgerichtete Agrarmodell der EU entfernt sich zusehends vom Ziel der Nachhaltigkeit. Zwar gibt es ökologische »Nischen«, aber die Leitdoktrin ist die globale Wettbewerbsfähigkeit und die »Steigerung der Produktivität durch technischen Fortschritt«. Dieses Ziel aus den Römer Verträgen von 1957 wurde eins zu eins in den – gescheiterten – Verfassungsvertrag übernommen (Art. III-227), so als litte Europa heute noch an Nahrungsmittelknappheit.

Industrialisierung führt auch zu einer dramatischen Verarmung der Arten- und Sortenvielfalt. Die Grüne Revolution vernichtete in Indien 50 000 Reissorten, heute werden nur noch 30 bis 50 angebaut. Die Zahl der in den USA angebauten Bohnensorten sank seit 1900 von über 500 auf 32. In Europa ging die Zahl der gehandelten Apfelsorten von 20 000 auf wenige Dutzend zurück. (Im Supermarkt finden sich oft nur zwei oder drei.) Der Verlust der Vielfalt ging teilweise mit gravierenden Ertragseinbußen einher, weil die BäuerInnen keine lokal angepassten Sorten mehr verwenden. »Wo BäuerInnen verdrängt, weniger Nahrungsmittel erzeugt, Wirtschaftszweige ruiniert werden und Böden verarmen, kann von einer allgemeinen Wohlstandssteigerunge keine Rede sein. Ist auch die Existenz bedroht, wird der freie Agrarmarkt zu einer Bedrohung für die Menschenrechte.«[21]

In den aktuellen WTO-Verhandlungen sind Menschenrechte, Ökologie, abstürzende Rohstoffpreise oder Monopolbildung keine Themen. Es geht ausschließlich um die Durchsetzung agroindustrieller Exportinteressen. Zahlreiche soziale Bewegungen fordern daher den totalen Rückzug der WTO aus der Landwirtschaft sowie einen generellen Liberalisierungsstopp. Freihandel und Industrialisierung sind in der Ernährungsfrage der falsche Weg.

ALTERNATIVEN

Weltweit regt sich Widerstand. Auf den Weltsozialforen spielt das Thema Ernährung stets eine prominente Rolle: BäuerInnen wehren sich gegen Dumping-Importe und Patente auf Lebensmittel, Besitzlose kämpfen für Landreformen, AktivistInnen rupfen Gentechnik-Versuchsfelder aus, StaatsbürgerInnen fordern Vorrang für organische Landwirtschaft, KonsumentInnen boykottieren Gen-Food und Nahrungsmittelkonzerne, und BäuerInnen fordern gerechte ErzeugerInnenpreise.

Wichtigster Schritt ist die völlige Herausnahme der Landwirtschaft aus der internationalen Handelsliberalisierung. Weder auf der multilateralen Ebene – WTO – noch auf der bilateralen – zum Beispiel zwischen der EU und Lateinamerika – dürfen einseitig agroindustrielle Interessen durchgesetzt werden. Die Industrieländer müssen ihre destruktive Exportförderungspolitik vollkommen einstellen. Die EU darf dabei ihr Vorgehen nicht von den USA abhängig machen (»Parallelismus«), sondern muss das Richtige im Alleingang tun – so wie beim Kyoto-Protokoll, beim Strafgerichtshof oder bei der Artenvielfaltskonvention.

Die WTO ist für die Agrarpolitik auch deshalb das falsche Forum, weil völlig unterschiedliche Themenbereiche – Dienstleistungen, Industriegüter, Landwirtschaft, geistige Eigentumsrechte –

in einen Topf geworfen und gemeinsam verhandelt werden. Das führt zum sprichwörtlichen Kuhhandel: Das Haupthandelsinteresse der EU liegt im Export von Industriegütern und Dienstleistungen, es zeichnet sich ab, dass sie ihre Agrarmärkte als »Gegenleistung« für die Handelspartner öffnen und damit die Bauern opfern wird. Die Ernährungsfrage als Grundlage jeder Wirtschaft muss aus diesem Bazar befreit und unter gänzlich neuen Vorzeichen gestaltet werden.

㉕ Ernährungssouveränität statt Freihandel

Soziale Bewegungen in Süd und Nord fordern statt Freihandel die Umsetzung des Prinzips der Ernährungssouveränität: Jedes Land und jede Region sollte das Recht haben, die eigene Ernährung sicherzustellen. Im Unterschied zu Ernährungssicherheit, die nur auf die ausreichende Versorgung mit Lebensmitteln abzielt, auch durch Importe, beinhaltet Ernährungssouveränität das Recht des Einzelnen und jeder Gemeinschaft, Nahrungsmittel selbst zu produzieren. Dieses Konzept richtet sich nicht generell gegen Handel mit Nahrungsmitteln. Diese sollen nur so lokal wie möglich produziert und vermarktet werden (ökonomische Subsidiarität). Wo dies nicht möglich ist, können selbstverständlich Produkte aus anderen Regionen das Nahrungsangebot ergänzen. Logischerweise bräuchte Island auch in Zukunft keinen Wein anbauen und Bayern keine Kokosnüsse. Hingegen müssen EU-Milchprodukte schleunigst aus Jamaika und chilenische Äpfel aus Mitteleuropa verschwinden. Gerade im Agrarbereich sollte der Welthandel ergänzend sein (Austausch von Spezialitäten) und nicht verdrängerisch (Vernichtungskonkurrenz). Das Prinzip der ökologischen Kostenwahrheit im Transport würde das Ziel der Ernährungssouveränität ungemein erleichtern, weil sich das weltweite Herumfliegen-, schiffen und -karren von Lebensmitteln nicht mehr rentieren würde. Der verbleibende Agrarhandel sollte zur Gänze auf Fair Trade umgestellt werden.

Wenn sich arme Länder zum Zwecke der Ernährungssouveränität mit Zöllen oder Importkontingenten vor Billigimporten schützen, können die Subventionen der reichen Länder keinen Schaden mehr anrichten, dann ist es auch egal, ob »Exportsubvention«, »Direktzahlung« oder »Umweltförderung« draufsteht. Exportsubventionen sollten dennoch grundsätzlich verboten werden. Die EU darf den Weltmarkt nicht als Abfallkübel für ihre industriellen Überschussprodukte verwenden, ebenso wenig die USA die »Nahrungsmittelhilfe« für die Verbreitung von gentechnischem Saatgut.

Zur Anerkennung des Prinzips der Ernährungssouveränität durch die Industrieländer gehört auch, dass sie die »Besetzung« der fruchtbarsten Böden im Süden aufgeben, zumindest dort, wo Hunger herrscht, und sich mit Futtermitteln und Biokraftstoffen selbst versorgen. Zugespitzt: Der Hunger in Brasilien darf nicht länger eine Zutat unseres Sonntagsschnitzels (und zukünftig unserer Autotanks) sein. Falls dies zu etwas höheren Fleischpreisen führen sollte, wäre das nur gut. Der Fleischkonsum ist in den Industrieländern viel zu hoch. Eine Absenkung wäre der Gesundheit der BewohnerInnen Europas und der USA nur zuträglich. Im Norden leiden ungefähr so viele Menschen an Übergewicht wie im Süden hungern.

㉖ Umstellung der Agrarförderungen

Agrarförderungen sind nicht grundsätzlich schlecht: Wenn sie der Erreichung gesellschaftlicher Ziele dienen – Umweltschutz, Artenvielfalt, Erhalt bäuerlicher Strukturen, regionale Beschäftigung, Nahversorgung –, dann ist nichts gegen sie einzuwenden. Das derzeitige System zielt jedoch auf Steigerung von Produktivität und Konzentration. Die britische Queen, sicher nicht die bedürftigste Bäuerin Europas, erhält 1,1 Millionen Euro Agrarförderung aus Brüssel, ihr Sohn Charles 435 000 Euro und Fürst Albert von Monaco 300 000 Euro.[22] 20 Prozent der EU-Farmen erhalten 80 Prozent der Förderungen. Auch in Österreich sind die Förderungen nicht nach Bedürftigkeit, sondern nach Größe gestaffelt.

2001 erhielten die fünf höchstgeförderten Betriebe zwischen 500 000 und drei Millionen Euro.[23] Dieses System ist gleichermaßen ungerecht und unökologisch. Agrarförderungen sollten nach oben begrenzt sein, zum Beispiel mit 100 Hektar, und etwa ab 50 Hektar degressiv gestaffelt werden, um den Strukturwandel nicht nur zu stoppen, sondern wieder umzukehren. Kleinstrukturiertheit, Nahversorgung und die Schaffung sinnvoller Arbeit sind Ziele an sich, der Trend zu Konzentration und Industrialisierung muss gebrochen werden. Biologische Bewirtschaftung sollte zur Voraussetzung *aller* Agrarförderungen werden.

Sowohl in Deutschland als auch in Österreich gibt es hier ein gewisses »Zurück zur Industrie«. Neo-Agrarminister Horst Seehofer stellte fest: »Für mich sind konventionelle Bauern genauso wichtig wie Öko-Bauern.« Und wenn das noch nicht deutlich genug war: »Wir wollen die Gentechnik befördern.«[24] Sein österreichischer Amtskollege Josef Pröll bedient sich zwar einer »grüneren« Rhetorik, beschreitet aber realpolitisch denselben Weg. Bei der Neuauflage des Agrarumweltprogramms ÖPUL Anfang 2006 wurde dieses um 18 Prozent gekürzt. Zudem wurde Gentechnik-Verzicht *nicht* zur Bedingung für die Teilnahme am Umweltprogramm. Und die Obergrenze für Stickstoffausbringung wurde um satte 24 Prozent von 170 auf 210 Kilogramm pro Hektar angehoben.[25]

Viele KleinbäuerInnen wünschen gar keine Subventionen. Sie würden am liebsten von einem »gerechten« Marktpreis leben. Das ist sehr verständlich, aber leider eine Illusion, weil ein Marktpreis, sobald er »gerecht« gemacht wird, kein Marktpreis mehr ist. Das Anliegen, den BäuerInnen die Erzeugungskosten fair abzugelten, ist hingegen unterstützenswert. Beispielsweise fordert die 2004 gegründete IG-Milch in Österreich 40 Cent für einen Liter Milch.[26] Der Milchpreis ist wie viele andere Agrarpreise regelrecht abgestürzt, von rund 50 Cent in den Achtzigerjahren auf heute unter 30 Cent. Wenn die Agrarförderungen weiter gekürzt werden, würde noch einmal die Hälfte aller Milchhöfe in Österreich verschwinden. Ein fester ErzeugerInnenpreis von 40 Cent würde ihnen das Überleben sichern. Der freie Markt kann hier wenig helfen, es bedarf entweder einer freiwilligen Vereinbarung zwischen KonsumentInnen und ErzeugerInnen, einer Drosselung der Gesamtproduktion oder (zusätzlich) einer gesetzlichen Preisregelung. In einem so grundlegenden Bereich wie der Ernährung war das historisch die Regel. 1910 erhielten die LandwirtInnen in den USA und der EU noch 40 Cent von jedem Dollar, der für Nahrungsmittel ausgegeben wurde; heute sind es sieben Cent. Ein etwas höherer Lohn für die ErzeugerInnen wäre also durchaus gerechtfertigt.

㉗ Landreformen

Weltweit sollten Initiativen, die sich für eine Umverteilung von Land und den Zugang aller zu Produktionsmitteln einsetzen, unterstützt werden. Die globale KleinbäuerInnen- und Landlosenbewegung Via Campesina fordert die gerechte Verteilung des Bodens und den freien Zugang zu Saatgut und günstigen Krediten. Entgegen verbreiteter Vorurteile hungern die meisten Menschen nicht aufgrund von knappen Nahrungsmitteln, sondern weil ihre Einkommen zu gering sind oder sie kein Land besitzen. Laut Welternährungsorganisation (FAO) sind 70 Prozent der Hungernden Besitzlose oder KleinbäuerInnen am Land.[27] Sie brauchen keine billigeren Nahrungsmittel, sondern ein Stückchen Erde, das sie selbst bebauen können, sowie freien Zugang zu Saatgut.

Die Wirtschaftswunder der südostasiatischen Tigerstaaten begannen übrigens nicht mit Freihandel, sondern mit Agrarreformen. Indem zahlreiche BäuerInnen ein eigenständiges Einkommen erhielten, gewann die gleichzeitig entstehende Industrie breite Absatzmärkte. Die Sektoren verhalfen sich gegenseitig zum Aufschwung.

Die Vereinten Nationen könnten eine globale Ächtung von Großgrundbesitz aussprechen, die Weltlokalisierungsorganisation (WLO) könnte eine Beratungs- und Vermittlungsrolle bei der Durchführung von Landreformen übernehmen.

Soziale Bewegungen fordern – neben Landreformen – einen Diversifizierungsfonds, um KleinbäuerInnen beim Umstieg auf alternative Kulturtechniken zu helfen. Drei Beispiele:

- In China wurde von AgrarökologInnen die Reis-Fisch-Kultur neu belebt. Fische in den Reiskulturen sind Nützlinge, Pflüger und Düngerlieferanten in einem. Sie fressen nicht nur Schädlinge, sondern auch Mückenlarven, was die Malariagefahr zurückgehen lässt. Und auf dem Speiseplan der ReisbäuerInnen gibt es zusätzlich Fisch.
- In Brasilien kombinierte José Lutzenberger erfolgreich Schafe und Kaffee. An der Stelle von Herbiziden schickt er Wolltiere auf die Kaffeeplantagen, die das Kraut niedrig halten und gleichzeitig die Pflanzen düngen. Aufgrund der robusteren Gesundheit der Kaffeepflanzen weichen die Schädlinge freiwillig auf die industriellen, mit Chemie arbeitenden Plantagen aus. Auch hier gibt es wertvolle Nebenprodukte: Schafkäse und -wolle.
- In Ägypten ist ebenfalls mit ökologischem Landbau ein herausragendes Vorbildprojekt gelungen: In der Kooperative Sekem 60 Kilometer nordöstlich von Kairo wurden anfangs auf 125 Hektar (heute auf 2000) Lebensmittel, Heilpflanzen und auch Baumwolle ökologisch angebaut, und das so erfolgreich, dass mittlerweile 80 Prozent der ägyptischen Baumwolle biologisch wächst. Der Pestizideinsatz ist im ganzen Land um 90 Prozent zurückgegangen, die Erträge stiegen um 30 Prozent. Dem Sekem-Projekt haben sich bereits 150 landwirtschaftliche Betriebe angeschlossen, sieben weitere Unternehmen beschäftigen insgesamt 2000 Menschen. Ein Gesundheitszentrum und zahlreiche kulturelle Projekte runden das Projekt ab, das mit dem Alternativen Nobelpreis ausgezeichnet wurde. Es gilt laut Laudatio als »Geschäftsmodell für das 21. Jahrhundert, in dem nicht der persönliche Profit, sondern der Dienst an Mensch und Erde im Vordergrund steht«[28].

Diesen Beispielen ist gemein: Konzerne spielen hier keine Rolle. Die BäuerInnen im Süden brauchen keine Exportmärkte, keine Chemie und keine Gentechnik, sondern ökologisches Wissen, lokale Märkte und globale Kooperation. In diesen Feldern haben die WTO, Nestlé, Monsanto & Co. keinerlei Kompetenz.

Wer an dieser Stelle einwendet, dass ökologischer Landbau nicht in der Lage wäre, die Weltbevölkerung zu ernähren, sitzt einem hartnäckigen Mythos auf. Abgesehen davon, dass industrielle Landwirtschaft durch schwere Maschinen, Flurbereinigung, Einsatz von synthetischen Düngern, Pestiziden und Treibstoffen Luft und Grundwasser belastet, die Bodenfruchtbarkeit senkt, Erosion fördert und das Agrarökosystem zerstört, zeigen immer mehr Vergleichsstudien, dass der Biolandbau gar nicht ertragärmer ist. Eine in *Science* veröffentlichte 21-jährige Vergleichsstudie ergab, dass zwar die Erträge um zehn Prozent (Winterweizen) bis 42 Prozent (Kartoffeln) geringer ausfielen, dafür wuchsen auf den Öko-Feldern neben den Kartoffeln auch Bohnen und Kräuter, sodass der Gesamtertrag höher war. Gleichzeitig sank der Energieeinsatz gegenüber der Monokultur um 56 Prozent, der Düngereinsatz um die Hälfte und der Einsatz von Schädlingsbekämpfungsmitteln um 97 Prozent. Umgekehrt nahm die Zahl der Nützlinge um 100 Prozent zu, die der Regenwürmer sogar um 200 Prozent. Last but not least: Die Bodenfruchtbarkeit war nach 21 Jahren höher als zu Beginn des Beobachtungszeitraums![29] Vielleicht sollten solche Studien der WTO zugestellt werden.

1 WORLD RESOURCES INSTITUTE (2005), S. 13.
2 IATP: WTO Agreement on Agriculture: A Decade of Dumping. United States Dumping on Agricultural Markets, Minneapolis 2005.
3 EBERHARDT (2005), S. 16.
4 Grüner Bericht 2004, Der Standard, 17. November 2005 und 30. Juni 2006.
5 ACTION AID (2005), S. 35.
6 Padre Tiago Thorlby von der Comissão Pastoral da Terra (Brasilien) beim Forum Alpbach 2005.
7 Christa Wichterich: »Das Livelihood-Kozept. Ernährungssicherung als entwicklungspolitischer Paradigmenwechsel – feministisch gesehen«, in Widerspruch 24:2, S. 85–93.

8 G. Gardner/B. Halweil: »Unterernährung und Überernährung«, in Worldwatch Institute Report: »Zur Lage der Welt 2000«, Fischer, Frankfurt 2000, S. 133.
9 WUPPERTAL-INSTITUT (2005), S. 99.
10 ILO (2004), S. 91.
11 Karin Küblböck: »Der Weg ist noch nicht das Ziel«, in Südwind 4a/April 2005.
12 Bretton Woods Project: Bank on Agricultural Trade: Export Strategy Impoverishing, News, 2. Februar 2005.
13 EBERHARDT (2005), S. 6.
14 ACTION AID (2005), S. 13.
15 EBERHARDT (2005), S. 11.
16 EBERHARDT (2005), S. 5.
17 UK FOOD GROUP (2003), S. 58.
18 EBERHARDT (2005), S. 11.
19 Daniel Lešinský, Centre for Environmental Public Advocacy, Slowakei.
20 WEIZSÄCKER (1995), S. 83.
21 WUPPERTAL-INSTITUT (2005), S. 211.
22 Focus online, 16. Dezember 2005.
23 Stiftung Liechtenstein Guts- und Forstbetriebe (Wilfersdorf), Gut Waldbott (Passenheim), Graf Hardeggsche Gutsverwaltung, Stift Heiligenkreuz, Allacher Ilse und Mathias. Der Standard, 19. März 2004.
24 Berliner Zeitung, 16. Dezember 2005.
25 Der Standard, 17. Februar 2006.
26 www.ig-milch.at
27 EvB-Magazin 2/2005 (Sonderausgabe Millennium Development Goals).
28 www.sekem.org
29 »Soil Fertility and Biodiversity in Organic Farming«, Science Bd. 296, S. 1694–1697.

Technologietransfer statt globalem Patentschutz

Eine brisante Neuerung der neoliberalen Globalisierung ist die Einrichtung von weltweiten Schutzmechanismen für geistiges Eigentum. Das ist zunächst bemerkenswert, weil es hier nicht um Deregulierung geht, sondern um eine weit reichende Neuregulierung auf globaler Ebene. Es kommt offenbar immer darauf an, in wessen Interesse die Regulierung ist.

Industriepatente

In den letzten Jahrzehnten wurde Wissen immer mehr zum Kapital, darum wächst das Interesse der Konzerne, den gesetzlichen Schutz für geistiges Eigentum nicht nur in immer neue Bereiche auszuweiten (Medikamente, Saatgut, Software), sondern auch auf alle Länder der Erde. Der größte Streich gelang ihnen – wieder einmal – in der Welthandelsorganisation (WTO). Seit 1995 ist in der WTO das so genannte TRIPS-Abkommen in Kraft, das den Mitgliedsstaaten umfassenden Schutz geistiger Eigentumsrechte vorschreibt. Betroffen sind nicht nur Patente, sondern auch Urheberrechte (Copyrights), geografische Bezeichnungen (zum Beispiel Champagner, Parmaschinken), Marken und industrielles Design.

Die Industrieländer halten 97 Prozent aller weltweit gültigen Patente, 90 Prozent befinden sich im Eigentum transnationaler Konzerne. Den Entwicklungsländern, in denen 80 Prozent der Menschheit leben, gehören drei Prozent. Nur 0,02 Prozent aller Patente sind afrikanisch, selbst davon gehört der Großteil Niederlassungen transnationaler Konzerne. An diesen Zahlen ist ersichtlich, wessen Interessen das TRIPS sichert.

Einer der maßgeblichen Betreiber, James Enyart von Monsanto, hat unverblümt zugegeben, dass das Abkommen ohne Lobbying der Pharmakonzerne gar nicht zustande gekommen wäre: »Das, worüber ich Ihnen hier berichtet habe, hat es in der GATT-Geschichte noch nie gegeben: Die Industrie wurde auf ein größeres Problem im internationalen Handel aufmerksam. Sie entwarf eine Lösung, reduzierte sie auf einen konkreten Vorschlag und ließ diesen von den eigenen und vielen anderen Regierungen absegnen.«[1]

Dass die Entwicklungsländer dem Vertrag dennoch zustimmten, hat mehrere Gründe. Erstens werden die WTO-Runden nur als Gesamtpakete verhandelt und die armen Länder erhofften sich Vorteile in anderen Bereichen – bei Textilien und in der Landwirtschaft. Zweitens übten die Industrieländer sanfte und brutale Druckmittel aus, wie etwa die Androhung der Kürzung der Entwicklungshilfe oder die Zurückhaltung einer Kredittranche. Drittens regieren die Eliten mancher Entwicklungsländer nicht immer im Interesse ihrer Bevölkerungen und schließen internationale Verträge zu deren Nachteil ab. Und viertens haben zahlreiche PolitikerInnen in den armen Ländern die Tragweite des TRIPS-Abkommens, das von den reichen Ländern als Gewinn für alle gepriesen wurde, schlicht nicht erkannt.

Die Katerstimmung ist indes voll ausgebrochen, das TRIPS steht seit Inkrafttreten unter permanenter Kritik. Die ärmsten Länder (LDC) erbaten im Oktober 2005 einen Aufschub um 15 Jahre.[2] Dieses Gesuch einer »Gnadenfrist« weist auf das grundlegende Problem hin: Mit geistigen Monopolrechten wird den Entwicklungsländern ein Weg versperrt, den alle heutigen Industrieländer in ihrer Entwicklungsphase beschritten haben: die Praxis der Nachahmung. In den USA galt im 19. Jahrhundert Produktpiraterie britischer Originale als ehrenwerte Tätigkeit, die die eigene Wirtschaftsentwicklung ankurbelte.[3] Japan war noch im 20. Jahrhundert ein Modellfall fürs Raubkopieren, ganz zu schweigen von den in den Achtziger- und Neunzigerjahren hochgeschossenen Tigerstaaten. Die Schweiz, mit ihren großen Pharma-Unternehmen einer der vehementesten Befürworter von geistigen Monopolrechten, kannte bis 1907 kein Patentrecht. Die Niederlande schafften ihr 1817 eingeführtes Patentrecht 1869 wieder ab, mit der Begründung, Patente seien mit den Grundsätzen eines freien Marktes unvereinbare Monopole.[4] Die WTO selbst hat die Abkürzung WTO von der 20 Jahre älteren Welttourismusorganisation gestohlen, obwohl Artikel 15 des TRIPS-Abkommens ausdrücklich Buchstabenkombinationen schützt.[5] Kurz: Abschauen und Nachbauen war die Regel bei den heutigen Industrieländern. Mit dem TRIPS-Abkommen wird den Entwicklungsländern diese Option verschlossen.

Erschwerend kommt hinzu, dass der Patentschutz auch heikle Bereiche wie Medikamente umfasst, für den sehr langen Zeitraum von 20 Jahre lang gilt und nicht nur für Prozesse, sondern auch für Endprodukte. Somit ist das TRIPS ein sehr weit reichendes und gleichzeitig rigides Abkommen, das für Länder mit völlig unterschiedlichem Entwicklungsstand gilt und kaum Flexibilität für einen individuellen Weg zulässt. Patentschutz könne jedoch nur dann sinnvoll sein, wenn er gezielt eingesetzt werde, meint John Barton, Leiter der britischen Kommission für geistige Eigentumsrechte.[6] Das TRIPS mit seinen starren Regeln mache diese Flexibilität unmöglich und werde deshalb einen »sehr substanziellen zusätzlichen Netto-Transfer von Entwicklungsländern in die Industrieländer« bewirken, so der Abschlussbericht der Regierungs-Kommission vom September 2002. Die Weltbank schätzt die Kosten der armen Länder für den Schutz geistiger Eigentumsrechte infolge des TRIPS auf mehr als zwei Prozent ihres BIP.[7]

Die britischen ExpertInnen betonen außerdem, dass es keinerlei Beweise dafür gebe, dass geistige Monopolrechte Wachstum oder Handel förderten, günstigstenfalls würden ausländische Direktinvestitionen gefördert anstelle der Entwicklung der lokalen Industrie. Dieses Argument ist zu verstärken: Das neoliberale Ökonomieverständnis sieht den einzigen Weg des Technologietransfers in arme Länder über private Unternehmen. Die Technologie kommt dann zwar, bleibt aber schön brav im Eigentum westlicher Konzerne. Entwicklungshilfe würde dem Ziel folgen, die nötigen Technologien an öffentliche Einrichtungen oder Unternehmen in den armen Ländern zu transferieren, damit diese sich entwickeln können und die Gewinne auch im Land bleiben.

Patente auf Leben

Ganz besonders bewegen Patente auf Leben die Gemüter in Süd und Nord. 1980 wurde in den USA das erste Patent auf Mikroorganismen erteilt. »Wenn die Richter gewusst hätten, welche Entwicklung sie damit in Gang setzen würden, hätten sie dies nie getan«, glaubt Pat Mooney von der ETC Group. Die weitere Entwicklung war rasant, 1988 folgte die Harvard-Krebsmaus, 1995 das TRIPS-Abkommen der WTO und 1998 die EU-Biopatentrichtlinie. Diese sieht Patente auf Mikroorganismen, Pflanzen, Tiere und Teile des Menschen vor. Nur Eigentum an ganzen Menschen ist nicht möglich, an ganzen Tieren schon (Schaf Dolly). Aufgrund des zähen Widerstands der Bevölkerung wurde in Österreich die Richtlinie erst am 10. Juni 2005 in nationales Recht umgesetzt. Zu diesem Zeitpunkt feierte der globale Patentschutz, den das WTO-Abkommen TRIPS gewährt, bereits seinen zehnten Geburtstag. Und es konnte zwei prominente »Kinder« vorweisen: Gentechnik und Biopiraterie.

Gentechnik

Patente auf Saatgut sind die Geschäftsgrundlage für die Gentechnik in der Landwirtschaft – ohne Patentschutz wären genetische Veränderungen von Pflanzensaatgut kommerziell uninteressant. Die »grüne« Gentechnik wird von der Industrie mit großen Verheißungen beworben, sie ist aber aus mehreren Gründen hochproblematisch. Zum einen ist sie eine klassische Risikotechnologie. Die komplexen (Langzeit-)Folgen auf die veränderten Organismen, auf ihre Umwelt und auf die menschliche Gesundheit sind schlicht unbekannt. Für den Umgang mit Risikotechnologien (zum Beispiel die Atomenergie) wurde in der Umweltethik das Vorsorgeprinzip entwickelt: Wenn die Folgen einer riskanten Technologie unabschätzbar sind und von niemandem verantwortet werden können, wird auf ihren Einsatz verzichtet. Der Physiker und Alternativ-Nobelpreisträger Hans-Peter Dürr machte das Prinzip anschaulich: Eine vorsorgende Gesellschaft durchquert erst gar nicht einen Lawinenhang. Wie linear die Gentechniker denken, zeigt folgende Überlegung: Sie wollen mit der Einpflanzung eines Gens einer Pflanze eine bestimmte Eigenschaft, zum Beispiel Giftresistenz, »verleihen«. Ein Organismus ist aber ein komplexes Lebewesen, das nicht wie eine Maschine einfach ein neues Teil bekommt, es kann sich durch die Operation in vielfacher Weise verändern. Das heißt, es wird nicht nur eine neue Eigenschaft eingepflanzt, sondern eine große Zahl von Fragezeichen.

Zweites Problem: Mit der neuen Technologie soll der Hunger weltweit besiegt werden, verheißen die Konzerne. Doch dieses Versprechen ist ein reiner Vorwand: Erstens bleiben die Ernten oft weit unter den Versprechen. Die Tomatenernte in Georgien blieb ein Drittel unter dem »Plan«. Der Anbau von Bt-Baumwolle in Indonesien warf statt der versprochenen sechs Tonnen pro Hektar nur 100 Kilogramm ab. Monsanto zog sich daraufhin aus Indonesien zurück. In Indien nahmen sich zigtausende Bauern nach Missernten mit Bt-Baumwolle das Leben. Allein im Bundesstaat Andhra Pradesh wählten seit 1995 mehr als 20 000 BäuerInnen den Freitod. Tragisches Detail: Viele nahmen sich das Leben, indem sie das Insektengift tranken, das ihnen Monsanto gemeinsam mit dem Gentechnik-Saatgut verkauft hatte.[8]

Ein weiterer Hinweis darauf, dass es den Multis nicht um die Lösung des Hungerproblems geht, ist das Faktum, dass die wichtigsten Nahrungspflanzen gar nicht Gegenstand gentechnischer Forschung sind. Nur ein Prozent der Forschungs- und Entwicklungsbudgets transnationaler Life-Science-Konzerne wird in Feldfrüchte investiert, die für die Ernährung der Menschen im Süden interessant sind.[9]

Die Gentechnik-Forschung geht in eine ganz andere Richtung: Drei Viertel aller Projekte zielen auf die Resistenz der Pflanzen gegen Herbizide oder Pestizide, die im Doppelpack mit dem Saatgut verkauft werden. Mit dieser »Kombination« treiben die Konzerne die BäuerInnen in eine verstärkte Abhängigkeit. Solche »Tricks« gibt es viele: Damit die BäuerInnen nicht auf die

Idee kommen, das teuer gekaufte Saatgut ein zweites Mal zu verwenden, arbeiten die Konzerne fieberhaft an der so genannten »Terminator-Technologie«. Saatgut bleibt in der zweiten Generation steril, ist nicht vermehrungsfähig. Bisher wurden 70 Terminator-Patente genehmigt.[10] Ein dritter Trick: Während der traditionelle Sortenschutz für eine gezüchtete Sorte galt, kann Patentschutz für eine gentechnische »Erfindung« auf mehrere Pflanzen angemeldet werden. Syngenta beantragte im Januar 2005 in 115 Staaten ein Patent für 39 Pflanzen; als ob das nicht genug wäre, wurde das Patent auch für eine unbegrenzte Zahl weiterer Pflanzen beantragt, die noch gar nicht entdeckt sind.[11]

Falls jemand den »Golden Rice« als löbliches Beispiel für den Kampf der Life-Science-Konzerne gegen den Welthunger in Erinnerung hat (er sollte mit Vitamin A aufgedopt werden): Eine halbe Schale Blattgemüse, zwei Esslöffel Süßkartoffel und eine kleine Mango enthalten so viel Vitamin A wie stolze 7,5 Kilogramm Golden Rice.

Und noch etwas zum Stichwort Hunger: Die Gentechnik ist auf industrielle Großplantagen zugeschnitten, durch deren Expansion KleinbäuerInnen systematisch von ihren Feldern verdrängt werden. Damit sinkt gleichzeitig die Produktion von Nahrungsmitteln und die einfachste Alternative zum Golden Rice. Makaber gesagt: Die industrielle Landwirtschaft schafft den Hunger, den sie dann mit sündteuren »Erfindungen« zu lösen versucht – und verdient zweimal daran. Kein einziges gentechnisch verändertes Saatgut ist billiger als sein konventionelles Ausgangsprodukt. Das Saatgut für die indische Bt-Baumwolle war dreimal so teuer als konventionelles Saatgut.[12] Es geht also nicht darum, den BäuerInnen billigeres Saatgut zur Verfügung zu stellen, sondern sie von den Konzernen abhängig zu machen. Gezählte sechs Konzerne (Aventis, Dow, DuPont, Mitsui, Monsanto und Syngenta) kontrollieren 98 Prozent des gentechnisch veränderten Saatguts in der Landwirtschaft.[13] Eine Studie aus Indien ergab, dass 633 von 918 untersuchten Patenten auf Reis, Mais, Weizen, Soja und Sorghum direkt negative Auswirkungen auf KleinbäuerInnen hatten.[14] Kurz: Die Gentechnik ist nicht der beste Weg zur Lösung des Welthungerproblems, sondern in die globale Feudalherrschaft.

Zwischen 1996 und 2002 hat sich der Umsatz von transgenem Saatgut von 280 Millionen auf 4,7 Milliarden US-Dollar versiebzehnfacht.[15] Dennoch sind zwei Drittel des Weltsaatgutmarktes noch nicht von TNC kontrolliert.[16] 1,4 Milliarden BäuerInnen tauschen heute noch ihr Saatgut frei untereinander aus.[17] Jedoch verlieren sie durch den immer strengeren Sortenschutz, konkret die Regeln des Internationalen Übereinkommens zum Schutz von Pflanzenzüchtungen (UPOV), ihr jahrtausendealtes Recht, aus der Ernte neues Saatgut zu gewinnen und dieses zu tauschen. Sie müssen zunehmend das Saatgut auf dem Markt kaufen. Und dieser wird immer stärker von Gentechnik-Multis dominiert. Monsanto hält zum Beispiel in Brasilien 60 Prozent des Marktes für konventionelles Mais-Saatgut. Mit dieser Marktmacht kann es gentechnisch verändertes Saatgut durchsetzen. Den BäuerInnen bleibt immer öfter keine Wahl.

Eine letzte Zahl zeigt, dass die Konzerne nicht zum Wohle der BäuerInnen wirken, sondern gegen sie agieren: Monsanto hat bereits 460 Prozesse gegen BäuerInnen in den USA und Kanada angestrengt, die angeblich »ihr« Saatgut gestohlen haben.[18] Ein eigenes Department mit 75 MitarbeiterInnen beschäftigt sich mit Patentrechtsverletzungen. Unternehmens-Detektive sollen BäuerInnen aufspüren, die Gentechnik-Saatgut verwenden, ohne die Lizenzgebühren zu zahlen. Eine eigene Gratis-Hotline wurde eingerichtet, damit BäuerInnen sich gegenseitig anzeigen können.[19] Berühmt wurde der Fall Percy Schmeiser: Sein Rapsfeld wurde von Gentech-Pollen kontaminiert. Anstatt den Biobauern zu entschädigen, verklagte ihn Monsanto: Er hätte den Konzern bestohlen. Das kanadische Höchstgericht gab dem Konzern auch noch Recht. Der Raps auf Schmeisers Feldern sei Eigentum von Monsanto. Einziger Wermutstropfen: Schmeiser musste keine Strafe zahlen, weil er von der Verschmutzung nicht profitiert hatte.[20] Die Prozesskosten betrugen jedoch 300 000 US-Dollar. Eine durchschnittliche FarmerIn kann sich das gar nicht leisten.

Biopiraterie – Der Raub am »grünen Gold«

Ein weiterer »Nebeneffekt« des TRIPS ist die Zunahme der so genannten Biopiraterie – die Aneignung genetischer Ressourcen des Südens (Gene von Pflanzen, Tieren und Mikroorganismen) durch Konzerne aus den Industrieländern, in der Regel ohne die Zustimmung der lokalen Bevölkerung und ohne ihre Beteiligung am Gewinn. Rund 200 westliche Forschungsunternehmen scannen tierische und pflanzliche Substanzen nach kommerziell verwertbaren Wirkstoffen: Heilmittel, Kosmetika, Empfängnisverhütungsmittel, Biozide. Werden die ForscherInnen fündig, folgen umgehend Patentanträge. Damit eignet sich der Norden nicht nur die Natur des Südens an, sondern das jahrtausendealte Wissen der indigenen Bevölkerung gleich mit. Denn welche Pflanze welche Eigenschaften besitzt, das wissen meist nur die, die seit Jahrhunderten mit diesen Pflanzen leben und diese kennen. »Umgekehrt« wäre es so, als würden afrikanische, asiatische und lateinamerikanische Life-Science-Konzerne die Wirkstoffe von Salbei, Kamille und Wacholder patentieren und vermarkten. Die indische Physikerin Vandana Shiva bezeichnet die Aneignung genetischer Ressourcen durch westliche Konzerne als die »zweite Ankunft des Kolumbus«[21].

Biopiraterie – der Fall Neem

Der Neem-Baum ist ein Heiliger in Indien. Die Wirkstoffe seiner ölreichen Samen eignen sich für vielerlei Zwecke, vom Heilmittel über Kosmetika bis hin zur biologischen Schädlingsbekämpfung. Die Inderinnen und Inder nützen die Samen des Baumes seit vielen tausend Jahren. US-Forscher wurden in den Siebzigerjahren auf den »Heiligen« aufmerksam und entwickelten ein Verfahren, das Öl zu konservieren. 1992 meldeten sie in den USA ein Patent an, das sie an das Unternehmen W. R. Grace verkauften, das auch in Europa ein Patent anmeldete. Insgesamt wurden 90 Patente auf Neem erteilt. Durch den starken Anstieg der Nachfrage stieg auch der Marktpreis von Neem in Indien auf mehr als das Zehnfache. Damit ist Neem für viele InderInnen unerschwinglich geworden. Biopiraterie hat sie enteignet. Daran ändert auch ein Teilerfolg nichts: Das Patent von W. R. Grace beim Europäischen Patentamt wurde beeinsprucht. Die teils indischen KlägerInnen konnten nachweisen, dass der Konzern nichts Neues erfunden hatte, und bekamen Recht. Der Konzern zog das Patent zurück. Die anderen Patente sind nach wie vor aufrecht.[22]

Heute beruhen 40 Prozent aller Medikamente auf pflanzlichen Wirkstoffen, ihr Wert wird allein in den USA auf 68 Milliarden US-Dollar jährlich geschätzt.[23] Vier Fünftel aller Menschen nutzen hingegen natürliche Heilpflanzen für ihre Gesundheitsversorgung. Indigene Gemeinschaften sind auf vielfältige Weise mit den sie umgebenden Pflanzen und Tieren verbunden. Sie liefern Nahrung, Medizin, Material für Kleidung und Wohnungsbau, Mythen und Geschichten. Eine kommerzielle Verwertung ist ihnen oft gänzlich fremd. Sie sind Teil ihrer Kultur und Lebensform. Zudem organisieren oft Frauen die Versorgung mit Nahrungs- und Heilpflanzen. Sie folgen nicht einer Marktlogik, sondern sorgen sich um das Wohl der Gemeinschaft. Durch die Ökonomisierung der biologischen Ressourcen wird nicht nur das gewachsene sozialökologische Gefüge zerstört, sondern auch der Stellenwert von Frauen verändert.

Um diese Missstände einzudämmen, wurde beim Erdgipfel der Vereinten Nationen 1992 die so genannte Konvention zum Erhalt der Artenvielfalt (CBD) beschlossen und bis Ende 2005 von 168 Staaten ratifiziert. (Die USA sind nicht dabei.) Ziel der Konvention ist der Schutz und die nachhaltige Nutzung der Artenvielfalt auf der Erde. Außerdem sieht die Konvention im Fall des Transfers von biologischem Material von Süd nach Nord eine »vorherige Zustimmung« der HüterInnen dieses Wissen sowie eine »angemessene Gewinnbeteiligung« vor. Damit bricht die Konvention zwar mit der Handels- und Verwertungslogik des TRIPS, sie hat aber selbst zwei entscheidende Schwachstellen.

Zum einen spricht die CBD den Mitgliedsländern nur die Souveränität über die genetischen Vorkommen auf ihrem Territorium zu. Seit der Kolonialzeit wurden aber viele Pflanzen übersiedelt und befinden sich in Museen, Botanischen Gärten, Forschungslabors oder auf den Feldern des Nordens. Biologisches Material, das vor der Unterzeichnung der Konvention außer Landes geschafft wurde, kann im Norden problemlos patentiert und kommerzialisiert werden. Zweitens ist die Zuschreibung der Souveränität an Staaten zum Teil sehr problematisch, weil das biologische Wissen von der indigenen Bevölkerung, bäuerlichen Gemeinden, FischerInnen und anderen entwickelt wurde und gehütet wird, deren Lebensraum sich aber oft nicht mit nationalstaatlichen Territorien deckt. Außerdem handeln Regierungen nicht selten gegen die indigenen Gemeinschaften auf ihrem Territorium. Von daher wäre die Zuerkennung der Rechte an indigene Bevölkerungen schlüssiger.

Gesundheit – Profit vor Leben

Im TRIPS lauern noch weitere Tücken. Es schreibt den WTO-Mitgliedsländern vor, Patentschutz auch auf Medikamente einzuführen, was nicht nur für viele Entwicklungsländer völlig neu ist und ihrem bisherigen Verständnis widerspricht, dass Gesundheit ein Menschenrecht und keine Handelsware ist, sondern selbst in den Industrieländern erst seit den Sechziger- und Siebzigerjahren praktiziert wird. Patente auf Medikamente verschaffen den Pharmakonzernen astronomische Gewinne, gleichzeitig machen sie diese für Millionen Menschen unerschwinglich. Jährlich sterben 17 Millionen Menschen an behandelbaren Krankheiten, weil das nötige Geld fehlt.[24]

Es gibt einen Weg zu billigen Medikamenten: Einige arme Länder wie Brasilien, Thailand oder Indien sind in der Lage, die Medikamente westlicher Pharmakonzerne mit eigenen Industrien nachzubauen (Generika). Die große Mehrzahl der Länder, die über keine solche Industrie verfügen, könnten sie »parallel importieren«. Das TRIPS-Abkommen verbietet jedoch sowohl den billigen Nachbau als auch die »Parallelimporte«. Dies darf nur im Fall eines »nationalen Notstandes« geschehen.

Südafrika hat große Chancen, dass dieses Kriterium zutrifft: Das Land hält mit geschätzten 4,7 Millionen HIV-Infizierten traurigen Weltrekord, bis 2015 werden mehr als zehn Millionen AIDS-Tote erwartet. Ein »geschütztes« AIDS-Medikament kostet bis zu 30 000 US-Dollar pro PatientIn und Jahr; ein nachgebautes nur 350 US-Dollar. Südafrika erließ deshalb 1997 ein Gesetz, das den Nachbau von kostengünstigen Generika erlaubte. Dagegen legte eine Phalanx aus 39 westlichen Pharmakonzernen – darunter sieben deutsche: Bayer, Boehringer Ingelheim, Byk Gulden, Hoechst Marion Roussel, Knoll, E. Merck und Schering – Klage ein, mit der Begründung, dass das Gesetz gegen das TRIPS-Abkommen der WTO verstoße. Die daraufhin aufbrandende weltweite Protestwelle hatte Erfolg: Am 19. April 2001 wurde die Klage fallen gelassen.

Die Proteste haben zur Nachverhandlung des TRIPS geführt. In der Schlusserklärung der vierten WTO-Ministerkonferenz 2001 in Doha wurde festgehalten, dass »das TRIPS die Mitgliedsländer nicht davon abhalten solle, Maßnahmen zum Schutz der öffentlichen Gesundheit zu ergreifen«. Doch diese Absichtserklärung führte lange Zeit zu keiner konkreten Formulierung. Erst kurz vor der fünften WTO-Ministerkonferenz im September 2003 in Cancún gelang eine Art Kompromiss: Arme Länder, die selbst keine Generika erzeugen, dürfen diese unter bestimmten Bedingungen parallel importieren. Diese Bedingungen sind nach Ansicht von Betroffenen und ExpertInnen jedoch so kompliziert, dass sie als »unpraktikabel« bezeichnet werden. Die so genannte »Zwangslizenz« (Genehmigung für den günstigen Nachbau eines Medikaments) muss nicht nur zusätzlich vom exportierenden Land erlassen werden, sondern dieses darf auch keine Gewinnabsicht verfolgen. Fragt sich, welches Land dann noch exportieren wird. Der indische Generika-Verband hat bereits angekündigt, unter diesen Bedingungen keine »Parallelexporte« in bedürftige Länder durchzuführen. Tatsächlich wurde zwischen den Ministerkonferenzen in Cancún (2003) und Hongkong (2005) kein einziger Parallelimport getätigt. Die Gruppe afrikanischer Länder in der WTO hat deshalb einen Antrag zur Beseitigung dieser bürokratischen Schikanen eingereicht, doch dieser wurde von der EU und den USA weggewischt. Stattdessen setzte der TRIPS-Rat kurz vor der sechsten WTO-Ministerkonferenz in Hongkong im Dezember 2005 den unpraktikablen Kompromiss vom August 2003 um. Zu allem Überdruss versuchte die EU, dies als großen Erfolg für die Armen und als Beweis für die »Doha-Entwicklungsrunde« zu verkaufen.

Softwarepatente

Das Tempo, mit dem Konzerne neue Eigentumsansprüche stellen, ist atemberaubend. Kaum ist ein Thema verdaut, brennt es schon anderswo. Nach Medikamenten, Saatgut und Genen machen in diesem Fall IT-Konzerne mächtig Druck für die Ausweitung von Monopolrechten bei Software. Was die einen Eigentumsschutz nennen, heißt für die anderen, dass der freie Zugang zu wichtigen Gütern eingeschränkt wird. Aus guten Gründen gibt es bis heute in der EU keine Patente auf Software: Computerprogramme sind oft mehr als nur eine ausgeführte Rechenregel, nämlich eine »abstrakte Idee«. Ideen sind aber viel weitreichender als ihre praktische Umsetzung, deshalb ist die Sperrwirkung von Softwarepatenten »viel größer als die herkömmlicher Patente«[25]. Sie würde den Fortschritt in der Softwareentwicklung massiv behindern und vor allem kleinere Unternehmen aus dem Markt drängen. »Die Folge: schlechtere Programme, höhere Preise, weniger Innovation, weniger Arbeitsplätze.«[26] Die Softwarepatentrichtlinie wurde im Juli 2005 nach massiven Protesten der freien Software-Community und kleiner IT-Unternehmen vom Europäischen Parlament – vorerst – verhindert. Ein weiterer wichtiger Etappensieg gegen die Totalökonomisierung aller Lebensbereiche.

ALTERNATIVEN

Die Industrieländer sind nicht mit strengem Patentschutz groß geworden, sondern durch Abkupfern und Nachahmen. Es gibt keinen Grund, den heute armen Ländern diese Strategie zu verwehren. Dani Rodrik von der Harvard-Universität meint: »Eine internationale Gemeinschaft, die TRIPS und ähnliche Verträge gutheißt, straft alle Reden von Entwicklungsfreundlichkeit Lügen. (...) Die reichen Länder können TRIPS nicht einfach durch Anhänge ändern; sie müssen es gänzlich abschaffen.«[27]

㉘ Solidarischer Technologietransfer

Wenn Unternehmen ihr Wissen nicht freiwillig weltweit teilen, könnten dies öffentliche Universitäten oder andere Institutionen machen. Es gibt bereits erste Ansätze für globalen Technologietransfer über Forschungskooperationen oder globale Institutionen. Zum einen die Global Research Alliance, die aus neun führenden Forschungszentren aus aller Welt besteht und am Forschungszentrum CSRI in Südafrika ein »Nervenzentrum« betreibt. Hauptziel der Kooperation ist die Erreichung der UN-Millenniumsziele. Nach eigenen Angaben stützen sich die neun Institute auf 50000 WissenschaftlerInnen, allerdings scheinen die Aktivitäten seit den hektischen Gründungsaktivitäten 2002 etwas eingeschlafen zu sein. Eine Frage der politischen Priorität.

Zum anderen verfügt die UNIDO, die Organisation der Vereinten Nationen für industrielle Entwicklung, mit dem ICS (International Center for Science and High Technology) eine Einrichtung für solidarischen Know-how- und Technologietransfer. Ziel des ICS ist die Verbesserung der industriellen Entwicklung der Entwicklungs- und Schwellenländer. Die Hilfe soll besonders klein- und mittelständischen Unternehmen zugute kommen und nachhaltige Entwicklung vorantreiben. Beispielsweise werden Laseranwendungen, erneuerbare Energien, biologisch abbaubare Plastiksorten oder geografische Informationssysteme transferiert.

Das ICS ist ein sehr kleines Projekt. Es wird vom italienischen Außenministerium mit jährlich 3,6 Millionen Euro dotiert. Zum Vergleich: Die Einkommen der drei bestbezahlten US-Hedgefonds-Manager beliefen sich 2005 auf 3,7 Milliarden US-Dollar.[28]

Wenn tatsächliches Interesse darin besteht, die armen Länder an den Errungenschaften und am Wissen des Westens teilhaben zu lassen, dann müssten diese Initiativen zu Milliardenfonds aufgestockt werden. Es wäre ein spannendes und ehrenvolles Betätigungsfeld für WissenschaftlerInnen aus aller Welt, die Verbreitung von Wissen und Technologie voranzutreiben, mit Menschen, Institutionen und Unternehmen in den armen Ländern zusammenzuarbeiten und mitzuhelfen, die Jahrtausendziele zu erreichen.

Das Motto dieser globalen technologischen Nachbarschaftshilfe hieße: »Ich zeig dir, wie man ein Windrad baut«, oder: »Lass uns zusammen ein Windrad entwickeln«, anstatt: »Ich verkaufe dir ein Windrad oder die Lizenz, es zu bauen!«

Eine raschere Lösung bestünde darin, dass solche globalen Technologietransfer-Einrichtungen systematisch Patente aufkaufen, um sie den armen Ländern kostenlos zur Verfügung zu stellen oder im Rahmen dieser globalen Forschungskooperation weiterzuentwickeln.

Ein dritter Weg wäre der Technologietransfer »von Allmende zu Allmende«, das heißt zwischen öffentlichen Trinkwasser-, Energie-, Verkehrs- oder Gesundheitseinrichtungen aus Nord und Süd. Mehr dazu im Kapitel *Moderne Allmenden*.

㉙ Keine Patente auf Leben

In Österreich haben im Jahr 1997 mehr als 1,2 Millionen Menschen das Gentechnik-Volksbegehren unterschrieben, damit war es das zweiterfolgreichste. Eine zentrale Forderung lautete: »Kein Patent auf Leben.« Die EU-Biopatentrichtlinie von 1998 und die Umsetzung in Österreich 2005 ignorierten diese beeindruckende demokratische Willenskundgebung, deshalb formulierten Anfang 2005 mehr als 120 Organisationen folgenden Appell:

> »Der Mensch hat weder den Menschen noch Tiere, Pflanzen oder deren Bestandteile erfunden. Deshalb können diese auch nicht patentiert werden. Die Artenvielfalt ist ein Geschenk der Natur und Ergebnis agrarkultureller Leistungen vieler Generationen von Bäuerinnen und Bauern. Die Rechte der Tier- und Pflanzenzüchter sind ausreichend geschützt. Deshalb verwerfen wir alle Versuche, das für technische Erfindungen geltende Patentrecht auf Menschen, Tiere, Pflanzen oder deren Bestandteile wie Gene auszuweiten.«

Dieser Forderung ist nichts hinzuzufügen. Von der österreichischen Bundesregierung wurde sie ignoriert. Seit 10. Juni 2005 können in Österreich Lebewesen patentiert werden. Die Biopatentrichtlinie der EU muss ebenso wie das TRIPS zurückgenommen werden. Die afrikanischen WTO-Mitglieder fordern die Ausnahme des Lebens aus dem Patentschutz. Die reichen Länder sollten in dieser Frage auf Afrika hören. Dem Recht auf Eigentum müssen klare Grenzen gesetzt werden. Das Leben gehört niemandem.

Aufgrund einer anderen EU-Richtlinie dürfen Mitgliedsstaaten oder ihre politischen Untereinheiten (Länder, Kommunen) den Anbau gentechnisch veränderter Pflanzen nicht verbieten. Das wäre ein Verstoß gegen die Freiheit der Gentechnik-Konzerne im Binnenmarkt. Deshalb können Länder wie Oberösterreich oder die Toskana nur freiwillig auf Gentechnik verzichten. Von diesen freiwilligen Regionen gibt es allerdings schon 30 in der EU. Sie könnten zu einem globalen Bündnis anwachsen und schließlich eine globales Abkommen anstrengen: einen weltweiten Gentechnik-Sperrvertrag. An Mitgliedern würde es diesem Bündnis vermutlich nicht mangeln. Die Schweiz votierte in einem Referendum für ein Fünf-Jahres-Moratorium, auch in Polen und anderen Staaten gibt es Gentechnik-Stopps. Mit dem Biosafety-Protokoll haben Staaten ein innovatives völkerrechtliches Instrument in der Hand, um sich vor dem Import von gentechnisch veränderten Organismen zu schützen, es könnte als Rechtsgrundlage für das Abkommen dienen. Völkerrechtliche Verträge werden von Nationalstaaten geschlossen; es wäre aber eine gute Übung für globale

Subsidiarität, dass dem Gentechnik-Sperrvertrag auch Länder und Regionen beitreten können. Sie zählen – wie indigene Völker – zu den VerliererInnen der Globalisierung.

Um die noch vorhandene globale Biodiversität effektiv zu schützen, sollte die Artenvielfaltskonvention ausgebaut werden. Sie muss klaren Vorrang vor dem Schutz geistiger Eigentumsrechte erhalten. Wie oben beschrieben sollte die Hoheit über Pflanzenwissen nicht den Nationalstaaten überlassen werden, sondern (zumindest auch) den indigenen Bevölkerungen, die dieses Wissen entwickelt haben. Die Frage der Gewinnbeteiligung ist klug und umsichtig zu verhandeln. Manche indigenen Bevölkerungen werden die Einnahmen aus der globalen Vermarktung erfreut annehmen. Anderen wiederum ist die Marktlogik völlig fremd. Für sie zählen Geld und Gewinn nichts, sie werden schlicht eines Teils ihres ökologischen Lebenszusammenhangs, ihrer Kultur beraubt. Hier stellt sich die Frage, wie diese Menschen entschädigt werden sollen. Diese Frage soll im Rahmen der CBD unter Einbeziehung von Indigenen-VertreterInnen geklärt werden. Entscheidend ist, dass es keine Patente auf pflanzliche oder tierische Organismen« geben darf. Wenn das »grüne Gold« schon weltweit verbreitet wird, dann ohne dass es gleich jemand besitzt.

Die Konvention sollte auch dahingehend ausgeweitet werden, dass die Terminator-Technologie weltweit verboten wird. Einen Zwischenerfolg gab es hier beim Treffen der Vertragsstaaten im März 2006 in Brasilien: Das Moratorium wurde verlängert, die Konzerne blitzten ab. »Das ist ein großer Tag für die 1,4 Milliarden Armen in der Welt, die ihr Saatgut frei tauschen«, freute sich Francisca Rodriguez von der weltweiten KleinbäuerInnenbewegung Via Campesina, denn: »Terminator-Saatgut ist ein Anschlag auf die Ernährungssouveränität.« Bis zur nächsten Konferenz 2008 ist Ruhe. Eine wirkliche Lösung wäre ein Totalverbot der Technologie. Indien und Brasilien haben dieses bereits erlassen. Diesem Beispiel sollten sich alle Länder anschließen.

Eine Möglichkeit nachhaltiger Entwicklung wäre, über globale Verträge festzuschreiben, dass pflanzliche und tierische Wirkstoffe nur am Ort ihres Vorkommens gewerblich und indus-

triell verarbeitet und von dort aus global vermarktet werden dürfen. Das würde sicherstellen, dass die Einnahmen aus dem Geschäft mit den pflanzlichen Wirkstoffen denjenigen zugute kommen, die dieses gefunden und entwickelt haben.
Zudem könnten Regeln für die Entwicklung und Vermarktung genetischer Ressourcen aufgestellt werden: nur bestimmte Unternehmensformen, keine Gewinnmaximierung, Nutzung der Einnahmen für die regionale Entwicklung und die Unterstützung der indigenen Bevölkerung. Artikel 27 der Allgemeinen Erklärung der Menschenrechte besagt: »Jeder Mensch hat ein Recht auf Teilhabe am kulturellen Leben der Gemeinschaft, auf den Genuss der Künste und auf die Teilhabe am wissenschaftlichen Fortschritt und an den Nutzen, die daraus entstehen.«

Neben diesem Teilhaberecht und dem Recht auf Ernährung gibt es auch ein Menschenrecht auf Gesundheit. Der im TRIPS verankerte strenge Patentschutz auf Medikamente wird von Industrievertretern und zahlreichen PolitikerInnen, unter anderem vom österreichischen Wirtschaftsministerium[29], mit dem Hinweis vertreten, dass ohne Patentschutz die Pharmakonzerne kaum Forschung betreiben würden und deshalb gar keine Medikamente zur Verfügung stünden. Dieses Argument ist äußerst fadenscheinig. Erstens ist die Pharmabranche diejenige Industriebranche mit den höchsten Gewinnen, sie könnte problemlos einen Teil der Gewinne in intensivere Forschung stecken. Zweitens geben die Pharmakonzerne ungefähr doppelt so viel Geld für Werbung und Marketing aus wie für Forschung und Entwicklung. Drittens verwenden sie die relativ geringen F&E-Ausgaben nur zu einem Bruchteil für lebensgefährliche Krankheiten wie Malaria, Tuberkulose, Schlafkrankheit oder Kala Azar. Zum Großteil fließen sie in Gewinn bringende »Zivilisationskrankheiten« wie Übergewicht, Haarausfall oder Potenzschwäche. Viertens führten wie schon erwähnt die Industrieländer selbst erst vor kurzer Zeit Patentschutz auf Medikamente ein, die BRD 1968, Japan 1976, die Schweiz 1977 und Italien 1978. Nun soll dieser junge Standard der Industrieländer gleich für alle gelten. Fünftens bliebe auch ohne

TRIPS der Patentschutz in den Industrieländern unverändert aufrecht. Die Behauptung, ohne globalen Patentschutz hätten die Pharmakonzerne nicht das nötige Geld für Forschung, ist damit noch absurder.

Dennoch sollte aus grundsätzlichen Überlegungen nicht nur das TRIPS abgeschafft werden, sondern generell der Patentschutz bei Medikamenten. Erstens, weil es sich bei Gesundheit um ein Menschenrecht handelt und nicht um eine Handelsware, und zweitens, weil der Markt wie beschrieben bei der Forschung versagt.

Die medizinische Forschung sollte an die öffentlichen Universitäten zurückverlagert werden. Die Forschungsrichtung bei Medikamenten sollte sich daran orientieren, ob damit Gesundheitsprobleme gelöst werden können, nicht am Profit. Die öffentlichen Institutionen müssen dafür mit ausreichenden Mitteln ausgestattet werden, um dem Menschenrecht auf Gesundheit Geltung zu verschaffen. Die Weltgesundheitsorganisation (WHO) hat beispielsweise das Patent für Eflornithin, ein wirksames Medikament gegen die Schlafkrankheit, aufgekauft, es fehlen aber die Mittel, um die Produktion langfristig sicherzustellen.

Die Frage des Patentschutzes im Gesundheitsbereich böte eine Chance, dass der Norden ausnahmsweise vom Süden lernt und hier auf Monopolrechte verzichtet. Globalisierung heißt, dass Menschen voneinander lernen, und nicht, dass der Norden sein Wirtschafts- und Wertesystem der gesamten Welt aufdrückt.

㉚ Freie Software für freie Menschen

Das frei erhältliche Betriebssystem Linux ist ein gutes Beispiel dafür, dass weder Geld noch Patentschutz die zwingenden Voraussetzungen für die menschliche Erfindungsgabe und technischen Fortschritt sind. Menschen erforschen Dinge oder basteln an praktischen Lösungen einfach aus Spaß an der Sache, aus Forscherdrang oder aus dem Bedürfnis nach Kooperation. Oder weil es ein Wert ist, etwas für die Gemeinschaft zu tun.

Auch das Online-Lexikon Wikipedia legt Zeugnis davon ab, dass kreative Menschen nicht nur auf Geld anspringen. Die ehrenamtlich aufgebaute Internet-Enzyklopädie erscheint bereits in 100 Sprachen, allein die deutsche »Ausgabe« umfasst bald 400 000 Artikel.

Die Qualität von beiden ist überzeugend. Die Stadt München beschloss 2004 den Umstieg auf Linux. In der zweiten Hälfte 2006 beginnt die »Migration«, 14 000 Rechner werden umgestellt.

Das Projekt kam nur kurz ins Stocken, als die EU-Softwarepatentrichtlinie vor der Abstimmung stand. Wie berichtet, ist sie vorerst gescheitert. Sie hätte eine Flurbereinigung unter den kleinen Softwareschmieden ausgelöst. Auch die Herstellung freier Software wie Firefox wäre gefährdet gewesen. Die Gewinner wären die großen Konzerne.

In der EU sind bereits an die 30 000 Softwarepatente angemeldet. Solange die Richtlinie nicht verabschiedet wird, sind sie allerdings nicht einklagbar. Deshalb ist es wichtig, weiter Druck auf freie Software zu machen. Die »Free-Software-Community« fordert die verpflichtende Offenlegung des Quellcodes, damit die AnwenderInnen von Software diese selbst weiterentwickeln können und nicht vom bisherigen Entwickler abhängig sind (ganz analog zum Sortenschutz bei Saatgut). Das hieße nicht, dass man mit Softwareentwicklung kein Geld mehr verdienen kann. Nach wie vor würden Aufträge bezahlt werden, bloß muss der Quellcode veröffentlicht werden.

Wissen ist keine Ware wie jede andere. Die Eigentumsansprüche der Konzerne müssen in vernünftigen Grenzen gehalten werden.

---

1 ATTAC (2004), S. 15.
2 WTO Document IP/C/W/457.
3 http://www.medico-international.de/hintergrund/almaata/hintergrund_01.asp
4 Ha-Joon Chang: »Was der Freihandel mit einer umgestoßenen Leiter zu tun hat«, Le Monde diplomatique, 13. Juni 2003.
5 RAFFER (2005), S. 14.
6 http://www.iprcommission.org

7 Weltbank: »Global Economic Prospects and the Developing World 2002«, Washington D. C., 2002.
8 Vandana Shiva et al.: »Seeds of Suicide. The Ecological and Human Costs of Globalization of Agriculture«, Studie der Research Foundation for Science, Technology and Ecology, abrufbar auf www.vshiva.net
9 WUPPERTAL-INSTITUT (2005), S. 119.
10 Silvia Ribeiro: »Biopiraterie – Die Privatisierung von gemeinschaftlichen Gütern«, zu finden auf:
http://www.biopiraterie.de/texte/basics/silviaprivatisierung.php
11 http://www.etcgroup.org/documents/NRSyngentaCOM.pdf
12 EBERHARDT (2005), S. 7.
13 WUPPERTAL-INSTITUT (2005), S. 119.
14 WUPPERTAL-INSTITUT (2005), S. 119.
15 www.etcgroup.org
16 Josef Hoppichler, Gentechnik-Experte der Bundesanstalt für Bergbauernfragen in Wien.
17 WUPPERTAL-INSTITUT (2005), S. 119.
18 Silvia Ribeiro, s. o.
19 BÖDECKER / MOLDENHAUER / RUBBEL (2005), S. 25.
20 Percy Schmeiser: »Der Fall Percy Schmeiser gegen Monsanto«, in GRÖSSLER (2005), S. 189–201.
21 SHIVA (2002), S. 16.
22 Vandana Shiva und Ruth Brand: »The Fight Against Patents on the Neem Tree«, in WEIZSÄCKER / YOUNG / FINGER (2005), S. 51–54.
23 Hope Shand: »Human Nature: Agricultural Biodiversity and Farm-based food security«, S. 13, unabhängiger Bericht von Rafi/ETC Group an die FAO, Rom 1997.
24 Ärzte ohne Grenzen: http://www.msf.org
25 BÖDECKER / MOLDENHAUER / RUBBEL (2005), S. 50.
26 www.stoppt-softwarepatente.de
27 Nancy Birdsall, Dani Rodrik, Arvind Subramanian: »How to Help the Poor Countries«, Foreign Affairs, Juli/August 2005, S. 144.
28 Institutional Investor's Alpha-Magazin/Handelsblatt, 2. Juni 2006.
29 Zum Beispiel die leitende Beamtin Gabriela Habermayer auf der Veranstaltung »Die WTO vor Hongkong« der AK Wien am 6. Dezember 2005 in Wien.

Zähmung von Konzernen

»*Nutzen ohne zu schaden, das ist der Weg des Himmels.*«

LAOTSE

Transnationale Konzerne sind zur zentralen Gefahr für die Demokratie geworden: Sie können sich beinahe jede/n RechtsanwältIn oder KommunikationsberaterIn leisten, wissenschaftliche Gutachten in Auftrag geben, Öffentlichkeit und Politik durch PR und Korruption maßgeblich beeinflussen. Zu Lobbys zusammengespannt sind sie am mächtigsten: Globale Wirtschaftsabkommen wie das TRIPS oder das GATS gehen auf Konzern-Initiative zurück. Auch große EU-Projekte wie die Transeuropäischen Verkehrsnetze oder sogar der Binnenmarkt sind die Erfüllung von Konzern-Wünschen. Wichtige Gesetzesvorhaben im Interesse des Gemeinwohls werden von Industrie-Lobbys verwässert oder verhindert. Die Rede von der »konzerngetriebenen« Globalisierung ist kein Mythos, sondern beschämende Realität. Es ist hoch an der Zeit, Konzerne zu entmachten und in den Dienst des Gemeinwohls zu stellen. Konzerne brauchen klare Spielregeln und Größengrenzen.

ALTERNATIVEN

㉛ Verbindliche Regeln für Konzerne

Ein zentraler Konstruktionsfehler des Weltmarktes (der Globalisierung) besteht darin, dass wir Unternehmen zwar erlauben, grenzüberschreitend zu operieren, ihnen im Gegenzug aber keine Pflichten auferlegt haben. TNC genießen »grenzenlose« Freiheiten und erhalten immer neue Rechte in Form von freiem

Kapitalverkehr, freier Standortwahl, globaler Abkommen zu Patentschutz, Investitionsschutz ... Auf der anderen Seite fehlen die Pflichten.

Mit fortschreitender Globalisierung und jeder Fusionswelle nehmen Größe und Macht der Multis weiter zu. Gab es 1990 erst 37 000 transnationale Konzerne mit 175 000 Filialen, so waren es 2003 bereits 64 000 Konzerne mit 870 000 Filialen.[1] Viele Konzerne sind längst größer als Staaten, nicht nur gemessen am Umsatz, sondern auch am Gewinn. Die Gleichzeitigkeit der wachsenden Größe und Macht von Konzernen auf der einen Seite sowie ihre fehlende Kontrolle auf der anderen bedroht die Freiheit vieler Menschen und die Demokratie.

Zahlreiche Organisationen im Süden wurden gegründet, um gegen Erdöl-, Rohstoff-, Chemie- und Agrarkonzerne zu protestieren; um von Textilkonzernen die Einhaltung von Menschenrechten und Arbeitsstandards zu fordern; um Lebensmittel- und Pharmakonzerne davon abzuhalten, die Gesundheit der Bevölkerung zu gefährden. Bestseller wie »No Logo« oder das »Schwarzbuch Markenfirmen« sind voll mit Beispielen dafür, dass die Macht übergroßer Konzerne nicht einzelne schwarze Schafe hervorbringt, sondern strukturell die Lebensinteressen zahlreicher Menschen verletzt. Deshalb ist es nicht zu rechtfertigen, dass ausgerechnet für die mächtigsten Akteure der Gesellschaft keine verbindlichen Gesetze gelten. Auf dem globalen Parkett sind die Multis derzeit pflichtenfrei.

Um diese Schieflage zu korrigieren, braucht es klare Regeln für Konzerne. Wenn ein Konzern die Umwelt vergiftet, die Menschenrechte verletzt, eine Regierung korrumpiert, die Lebensräume von indigenen Völkern zerstört oder die Gesundheit der Bevölkerung gefährdet, muss er vor Gericht gebracht und bestraft werden können. Für die Opfer braucht es eine gerechte Entschädigung.

Ein Beispiel von vielen: Die Giftgaskatastrophe von Bhopal in Indien forderte insgesamt 20 000 Todesopfer. Sie ist bis heute nicht ausreichend entschädigt. Der verantwortliche US-Chemiekonzern Union Carbide zahlte an die Angehörigen zwischen 370 und 533 US-Dollar Entschädigung, das reichte oft nicht einmal für die Arztkosten.[2]

Lokale oder nationale Gerichte sind speziell in Entwicklungsländern nicht in der Lage, es mit multinationalen Konzernen aufzunehmen. Zusätzlich besteht oft kein Interesse der Regierungen, den (ausländischen) Investoren zu sehr zu Leibe zu rücken. Daher braucht es ein starkes rechtsstaatliches Instrument auf supranationaler Ebene, das auch den schwächeren Parteien die Möglichkeit gibt, Konzerne zu klagen.

In 39 Industrieländern gelten zwar heute schon die »OECD-Leitsätze für multinationale Unternehmen«, die seit der Überarbeitung im Jahr 2000 Kommunen, Gewerkschaften und NGOs ein Klagerecht einräumen, doch sie sind unverbindlich. Auch der viel gepriesene »Global Compact« zwischen UN-Generalsekretär Kofi Annan und den weltgrößten Konzernen kam nur unter der Bedingung zustande, dass seine Einhaltung freiwillig – und somit weitgehend wirkungslos – ist.

Das Fehlen dieser Schiedsgerichte ist umso frappierender, als die umgekehrte Situation schon heute Realität ist: Konzerne können Staaten bei internationalen Gerichten verklagen, wenn sie *ihre* Interessen verletzt sehen. Die Tribunale der Weltbank (ICSID), der UNO (UNCITRAL) und der Internationalen Handelskammer (ICC) behandeln Streitfälle zwischen Investoren und Gastländern. Sie können allerdings nur von Konzernen angerufen werden, nicht von Staaten oder betroffenen Menschen.

Weltbank/ICSID

Das wichtigste Schiedsgericht für internationale Investitionsstreitigkeiten ist bei der Weltbank eingerichtet. Das International Center for the Settlement of Investment Disputes (ICSID) behandelt seit 1972 Streitfälle zwischen Konzernen und Staaten (»investor-to-state«-Klagen), die aus bilateralen Investitionsschutzabkommen (BITs) oder regionalen Freihandelsabkommen entstehen. Die Anzahl der Klagen ist – so wie die BITs – steil ansteigend. Bis Anfang 2006 wurden 200 Fälle behandelt, ein Viertel davon seit 2004.

Ein Beispiel: Im bolivianischen Cochabamba übernahm ein Infrastruktur-Konsortium unter der Führung des US-Unternehmens Bechtel die städtische Trinkwasserversorgung. Als es die Preise stark anhob, wurde Trinkwasser für einen Teil der Bevölkerung unerschwinglich. Es kam zu massiven Protesten, die Regierung setzte das Militär gegen die eigene Bevölkerung ein und erschoss dabei einen Studenten. Doch die Menschen waren zäher: Bechtel zog sich zurück.[3] Der Konzern reichte allerdings eine Schadenersatzklage in der Höhe von 50 Millionen US-Dollar bei der Streitschlichtungsstelle der Weltbank ein. Nach weltweiten Protesten, im Zuge derer auch der Eingang des Hauptquartiers von Bechtel in San Francisco zugenagelt wurde, zog der Konzern die Klage zurück.

In einem weiteren Fall klagte der Lebensmittelgigant Nestlé das bitterarme Land Äthiopien am Höhepunkt einer Hungerepidemie auf sechs Millionen US-Dollar Schadenersatz. Der Grund: Die äthiopische Militärregierung hatte 1975 ein Unternehmen im Eigentum der Schweisfurth Group verstaatlicht, die Jahre später von Nestlé gekauft wurde. Besonders empörend war, dass Nestlé auf dem damaligen Wechselkurs bestand, weshalb es sechs Millionen US-Dollar forderte anstelle der 1,5 Millionen US-Dollar nach aktuellem Wechselkurs, die die Regierung ohnehin zu zahlen bereit war. Eine Protestwelle von 40 000 Briefen führte dazu, dass Nestlé die Klage Anfang 2003 zurückzog und die 1,5 Millionen US-Dollar in einen Hungerfonds flossen.[4]

Die Rücknahme von Klagen ist die Ausnahme, die meisten werden der Öffentlichkeit gar nicht bekannt. Von den bis Anfang 2006 bei ICSID eingereichten 202 Klagen richteten sich 191 gegen Entwicklungsländer (einschließlich Mexiko und Türkei).[5] Allein Argentinien hat derzeit Klagen im Gesamtausmaß von 20 Milliarden US-Dollar am Hals, unter anderem von Veolia, Total Fina Elf und Siemens. Diese Zahlen zeigen: Hier geht es strukturell nicht um Recht, sondern um Macht.

NAFTA

Am 1. Januar 1994 trat das Nordamerikanische Freihandelsabkommen (NAFTA, North American Free Trade Association) zwischen den USA, Kanada und Mexiko in Kraft, der Tag, an dem die Zapatisten in Mexiko ihren Aufstand begannen. Nach Artikel 11 des Abkommens können Konzerne Staaten verklagen, wenn sie sich »enteignet« fühlen. Zum Beispiel: Kanada erließ ein Gesetz, das den Transport und Vertrieb eines hochgiftigen Benzinzusatzstoffes verbot. Der US-amerikanische Investor Ethyl fühlte sich enteignet und klagte. In der Diversion erhielt er zehn Millionen US-Dollar Schmerzensgeld, Kanada zog das Umweltschutzgesetz zurück. In einem anderen Fall untersagte in Mexiko ein Bundesstaat aufgrund einer Umweltverträglichkeitsprüfung den Bau einer Sondermüllanlage, nachdem der Investor schon die Erlaubnis bei der Zentralregierung eingeholt hatte. Der Investor fühlte sich enteignet, klagte und bekam Recht. Von den ersten sechs Fällen gewannen die klagenden Konzerne vier und erhielten insgesamt 516 Millionen US-Dollar »Schadenersatz« – aus Steuergeldern.[6]

An diesem kaum bekannten Detail – Konzerne haben bereits ein mehrfaches internationales Klagerecht gegen Staaten – wird die Schieflage der Globalisierung noch deutlicher: Die Mächtigen haben sich Rechte und Rechtsinstrumente erstritten, während alle anderen Stakeholder bis heute rechtlos sind.

Engagierte Kreise beschäftigen sich schon lange mit dem Thema. Auf zivilgesellschaftlicher und auf UNO-Ebene gibt es Ansätze für verbindliche Konzern-Regeln. Greenpeace hat die »Bhopal-Prinzipien« ausgearbeitet, Friends of the Earth einen umfassenden Verhaltenskodex. Die Clean-Clothes-Kampagne fordert seit Jahren verbindliche und von einer unabhängigen Instanz zu überprüfende Verhaltensnormen für Bekleidungs- und Sportartikelhersteller. Die UNO versuchte bereits 1974 mit der »Charta über die wirtschaftlichen Rechte und Pflichten der Staaten« verbindliche Regeln für Konzerne einzuführen, die UNCTAD in den Achtzigerjahren mit dem »Code of Conducts« . Den bisher umfassendsten Vorstoß unternahm 2003 die UN-Unterkommission zur Förderung und zum Schutz der Menschenrechte. Auf der Grundlage von 30 UN-Abkommen hat sie 18 Normen für das Verhalten von Konzernen entwickelt, die von der Einhaltung von Menschenrechten über ArbeitnehmerInnen- und Umweltschutz bis hin zur Sanktion von Korruption und Bestechung reichen. Besonders fortschrittlich daran ist, dass die Regeln nicht nur für die Konzerne gelten, sondern auch für die gesamte Zulieferkette. Außerdem sind Schadenersatzzahlungen und andere Sanktionen vorgesehen, also wirksame Rechtsmittel, die Konzerne von gesellschaftsschädigendem Verhalten abhalten. Es wäre wichtig, diese Prinzipien breiter in das Bewusstsein der Öffentlichkeit zu tragen und ihre verbindliche Umsetzung von den Regierungen einzufordern. Auch sozial verantwortliche Unternehmen können einen wertvollen Beitrag leisten: indem sie sich für die Umsetzung dieser UN-Prinzipien einsetzen.

㉜ Standortschutzabkommen

Ein ähnlicher Ansatz ist das »Standortschutzabkommen«. Es würde dafür sorgen, dass die Investitionen der zumeist westlichen Konzerne in den armen Ländern tatsächlich Entwicklung auslösen. Zunächst: Privatwirtschaftliche Investitionen im Ausland sind per se weder gut noch schlecht. Sie können menschliche Entwicklung befördern (Fair Trade, Solarkocherproduktion) oder ökonomisch, sozial und ökologisch destruktiv sein (Ölprojekt, Goldmine, Exportplantage, Sweatshop). Worauf es ankommt, ist, wie sie reguliert werden. Es gibt grundsätzlich zwei Ansätze. Derzeit machen Konzern-Lobbys mächtig Druck auf ein *deregulierendes* Investitionsschutzabkommen. Ein erster Anlauf innerhalb der OECD, das MAI (Multilaterales Abkommen über Investitionen) scheiterte, ebenso die bisherigen Vorstöße in der WTO. Das MAI und seine »Verwandten« in der WTO hätten folgende Eckpunkte enthalten:
- Es gibt Konzernen ausschließlich Rechte und Staaten ausschließlich Pflichten. Konzerne erhalten ein Klagerecht gegenüber Staaten; diese Position wird in der WTO von den USA, Taiwan und der Wirtschaftskammer Österreich vertreten.
- In der WTO dürfen ausländische Unternehmen nicht schlechter behandelt werden als inländische. Inländische Unternehmen (in der Regel Kleinbetriebe) dürfen sehr wohl schlechter gestellt werden – was im Zuge des Anlockens von Investoren regelmäßig passiert: Gratis-Grundstück, Autobahn-Anschluss, Steuer-Urlaub, Subvention.
- Staaten dürfen Investoren nicht mehr regulieren. Das MAI hätte »Anforderungen an Investoren« schlicht verboten. In den GATS-Verhandlungen (Dienstleistungsabkommen der WTO) attackiert die EU zahlreiche sinnvolle Gesetze. Zum

Beispiel verlangt El Salvador, dass mindestens 50 Prozent der Gewinne vor Ort reinvestiert werden. Kamerun verlangt von ausländischen Investoren, dass sie pro 10 000 investierte Dollar einen Arbeitsplatz schaffen. Thailand lässt keine Banken ins Land, die in Steueroasen lizensiert sind. Chile reguliert den Kapitalverkehr, um von Finanzkrisen verschont zu bleiben (Kapitel *Bändigung der Finanzmärkte*). Die EU fordert die Eliminierung dieser »handelshemmenden« Regulierungen.

Diesem neoliberalen Deregulierungsansatz, der die Macht der Konzerne noch weiter vergrößern würde, sei ein *Regulierungs*ansatz im Dienst des Gemeinwohls gegenübergestellt. Ziel des Standortschutzabkommens ist die Regulierung von Investitionen, um sie für eine ökonomisch, sozial und ökologisch verträgliche Entwicklung fruchtbar zu machen. Es könnte folgende Eckpunkte umfassen.
- Existenzsichernde Löhne mit gleicher Kaufkraft wie in den Herkunftsländern (Äquivalenzprinzip).
- Volle soziale Absicherung und gute Arbeitsbedingungen, Einhaltung von ILO-Normen, nicht nur der Kernarbeitsnormen.
- Förderung von Frauen.
- Die Wertschöpfung muss mehrheitlich im Gastland erfolgen, zum Beispiel durch den Bezug von Vorprodukten aus der lokalen Wirtschaft.
- Die überwiegende Mehrheit der Schlüsselkräfte muss aus dem Gastland kommen.
- Technologietransfer an lokale Partnerunternehmen muss in irgendeiner Form stattfinden, zum Beispiel durch Joint Ventures.
- Reinvestition eines Teils der Gewinne vor Ort.
- Ausländische Investoren dürfen steuerlich gegenüber heimischen Klein- und Mittelbetrieben nicht bevorzugt werden. Diskriminierende Subventionen an ausländische Investoren werden untersagt.
- Einhaltung derselben Umweltstandards wie im Mutterland (Herkunftslandprinzip).

- Möglichkeit des Vetos gegen ökologisch destruktive Investitionen zum Beispiel im Rohstoffsektor durch die betroffene (indigene) Bevölkerung.

Neu sind Regeln für Investoren nicht. Alle heutigen Industrieländer, egal ob Großbritannien, die USA, Frankreich, Deutschland, Japan, Korea oder Taiwan, haben ausländische Direktinvestitionen reguliert. Die USA diskriminierten zum Beispiel ausländische Banken, Versicherungen und Reedereien. New York verbot noch 1914 ausländischen Banken das Eröffnen von Filialen. In manchen Bundesstaaten mussten ausländische Firmen sogar höhere Steuern zahlen als einheimische und genossen überdies keinerlei Rechtsschutz.[7] Das sind nur ein paar Beispiele, um zu zeigen, dass die heutigen Wasser-Prediger selbst reichlich Wein tranken.

Das Standortschutzabkommen würde wie ein Kartell aller Standorte wirken. Investoren wären nach wie vor willkommen, nur müssten sie sich im Interesse der Allgemeinheit verhalten, und das nicht freiwillig à la »Corporate Social Responsibility«, sondern verbindlich. Nur »nice guys« erhielten eine Eintrittskarte in den Weltmarkt. Umweltsünder, Sklaventreiber und Steuerflüchtlinge hätten keine Chance. Der Wettbewerb zwischen den Unternehmen würde sich wieder auf Qualität und Preis fokussieren und nicht auf gesellschaftspolitische Rahmenbedingungen: Es wäre das Ende von Lohn-, Sozial-, Steuer- und Umweltdumping.

Dass ärmere Länder mit niedrigeren Standards zur Angleichung ihrer Standards motiviert werden müssten, liegt auf der Hand und wurde schon in den Kapiteln *Stopp Standortwettbewerb* und *Faire Spielregeln für den Welthandel* gezeigt. Eine Mischung aus Entschuldung, Technologietransfer, höherer Entwicklungshilfe und anderen Maßnahmen würde sicher ihre rasche Zustimmung bewirken. Falls sie selbst dann nicht mitmachen, ist der »Entwicklungsprotektionismus« der Länder mit höheren Standards gerechtfertigt.

㉝ Globale Fusionskontrolle

Einer der gravierenden Konstruktionsfehler des Weltmarktes besteht darin, dass es keine Fusionskontrolle und keine Größenschranke für globale Konzerne gibt. Das ist wie ein Fußballspiel ohne Regeln. Wenn ein Foul nicht geahndet wird oder eine der Mannschaften mit 50 Spielern antreten darf, macht das Spiel keinen Sinn. Am Weltmarkt dürfen Konzerne unbehelligt zu Oligopolen, Duopolen (zum Beispiel Suez/Veolia; Moody's/Standard & Poor's) oder Monopolen (zum Beispiel Microsoft; Monsanto) verschmelzen, ohne dass es ein Instrumentarium zu ihrer Verhinderung gäbe. Derzeit ist weder ein Weltkartellamt noch eine globale Fusionskontrolle in Sicht – eine Konterkarikatur der Marktwirtschaft.

Die Einrichtung fairer Regeln wird auch durch ideologische Barrieren verhindert: Während öffentliche Monopole mit dem Argument zerschlagen werden, dass Wettbewerb mehr Effizienz bringe, feiern die Privaten eine Elefantenhochzeit nach der anderen, weil die Zusammenschlüsse Synergien brächten. Angeblich. Sicher ist, dass sie mehr Macht bringen.

Bei Fortdauern des Trends werden globale Konzerne bald nicht nur zahlreiche Industriebranchen, sondern auch die gesamte Grundversorgung kontrollieren, von der Trinkwasserversorgung und der Krankenversicherung bis zur Altersrente. Auch Schlüsselressourcen und Zukunftstechnologien und die damit verbundenen Entscheidungen in den Bereichen Forschung, Technologie, Leben und Ethik bündeln sich zunehmend in den Händen weniger transnationaler Konzerne. Bald werden wir in allen Lebensfragen von globalen Konzernkonglomeraten abhängen.

Das ist nicht so wünschenswert, wie es uns die Konzerne glauben machen wollen. Ein Beispiel: Die fünf größten privaten Ölkonzerne – Exxon, BP, Shell, Chevron und Total – fuhren 2005 mit 110 Milliarden US-Dollar einen doppelt so hohen Gewinn ein wie alle 30 DAX-Unternehmen zusammen.[8] Gleichzeitig haben sie an erneuerbaren Energien kaum Interesse. BP wird bis 2015 weniger als eine Milliarde US-Dollar pro Jahr in Solarenergie investieren. Shell zieht sich aus der Solarenergie zurück und versucht sich in der Nische alternativer Kraftstoffe. Exxon will vom Thema gar nichts wissen. Zum Vergleich: Der EU-Etat für Energieeffizienz und erneuerbare Energieträger beträgt für den Zeitraum 2003 bis 2006 kümmerliche 900 Millionen Euro.[9]

Die Pharma- und Life-Science-Branche ist eine der lukrativsten: Ihr Gewinn beträgt fast 20 Prozent vom Umsatz. Im Jahr 2005 erzielten die zehn führenden Pharmafirmen Umsätze von 320 Milliarden US-Dollar.[10] Damit ließe sich einiges machen. Diese Firmen entwickeln und verteilen aber nicht bitter benötigte Medikamente – etwa gegen Malaria, Tuberkulose und AIDS, was zwischen neun und zwölf Milliarden US-Dollar pro Jahr kosten würde –, sondern lieber Mittel gegen »Zivilisationskrankheiten« des kaufkräftigen Publikums. Für Werbung geben sie doppelt so viel aus wie für Forschung.[11]

Das Mindeste, was es braucht, ist eine effektive Fusionskontrolle und eine Größenschranke für Konzerne, um den Wettbewerb zu sichern und um die Konzentration zu großer politischer Macht bei Privaten zu verhindern. Die erste Aufgabe könnte von einem Weltkartellamt übernommen werden. Die UNCTAD registriert seit einigen Jahren Zahl und Größe transnationaler Konzerne, ihren Umsatz und ihr Filialnetz. Somit wäre die Datengrundlage innerhalb der UNO bereits vorhanden.

Und noch eine alternative Idee zur Fusionskontrolle: Ab einer bestimmten Größe, gemessen am Marktanteil, gehen transnationale Konzerne automatisch in das Eigentum der Allgemeinheit über. Konzerne, die diese Grenze überschreiten, werden öffentlich kontrolliert. Die privaten Eigentümer verlieren ihre Stimmrechte oder die Aktien werden ihnen zu festgelegten Preisen vom Souverän abgekauft. Unternehmensziel ist ab sofort nicht mehr die Profitmaximierung zugunsten der Aktienbesitzer, sondern das demokratisch definierte Gemeinwohl. Pharmakonzerne könnten von der Bekämpfung von Haarausfall und Impotenz auf Medikamente gegen Malaria und andere Armutskrankheiten umgestellt werden; Autofirmen auf die Herstellung von höchstens Drei-Liter-Autos; besser noch könnte auf Öffi-Technologie umgerüstet werden; Microsoft könnte auf die Herstellung von öffentlicher Software oder Erdölkonzerne auf erneuerbare Energien umgepolt werden.

Zu diesem Szenario wird es vermutlich nie kommen, weil die Multis alles daran setzen werden, die kritische Grenze nicht zu überschreiten. Genau das wäre aber das vorrangige Ziel: eine effektive und unaufwändige Fusionskontrolle. Multis hätten einen massiven Anreiz, vor einer klaren Wachstumsgrenze Halt zu machen. Wettbewerb und der Fortbestand kleinerer Unternehmen wären garantiert.

Sollte es dennoch in Einzelfällen zu Grenzüberschreitungen kommen, brauchen wir keine Angst vor neuen Herausforderungen zu haben: Ob ein rasch wechselnder privater Aufsichtsrat das Management von globalen Konzernen noch rascher auswechselt oder ob beispielsweise die EU BetriebswirtInnen anstellt, um globale Kolosse zu steuern, muss für die Unternehmen keinen großen Unterschied bedeuten. Globale Konzerne sind ohnehin riesige Planwirtschaften, da ist es egal, ob ein privates oder öffentliches Führungsgremium lenkt. Unter öffentlicher Kontrolle können die Kolosse langfristig und im Allgemeininteresse gelenkt werden, bei privater Planung ist derzeit nur der kurzfristige Shareholdervalue das Ziel. Und warum sollen BetriebswirtInnen immer nur für Aktienbesitzer arbeiten und nicht zur Abwechslung auch einmal für Staaten, die EU oder die UNO? Wenn die Anreizmechanismen für Manager vom Aktienkurs auf das Gemeinwohl umgestellt werden, werden sie sicher auch in dieser Disziplin gute Ergebnisse erzielen.

Jedenfalls sollten nur solche Kolosse in öffentliches Eigentum übergehen, deren Größe sinnvoll ist. Wo die Größe gar nicht nötig ist, sollte eine Zerschlagung bevorzugt werden. So ergibt beispielsweise ein öffentlicher Monopolbetrieb für gentechnisch verändertes Saatgut keinen Sinn. Solch ein Unternehmen sollte aufgelöst oder auf andere Forschungsziele umgelenkt werden, zum Beispiel ökologische Landwirtschaft. Dafür braucht es aber keinen globalen Konzern. Ein öffentliches Monopol bei der Erstellung von Betriebssystemen ist dagegen sinnvoll, weil es sich um ein »natürliches« Monopol handelt. Microsoft könnte in eine globale Forschungskooperation übergeführt und nach dem Vorbild von Linux weiterentwickelt werden.

㉞ Demokratisierung und Größenschranke für Unternehmen

Die Frage der Größe und Lenkung von Unternehmen wirft auch die Frage nach der Demokratie innerhalb von Unternehmen auf. Es ist schon eigenartig, dass in der westlichen Welt seit der Aufklärung die Demokratie als einer der höchsten Werte gilt, dass aber eine der wichtigsten Organisationsformen in Demokratien – das Unternehmen – nicht demokratisch, sondern hierarchisch und autoritär organisiert ist. Dieser Widerspruch wird weithin akzeptiert. Begründet wird er einerseits mit dem in westlichen Demokratien geltenden grenzenlosen Recht auf Privateigentum, auch bei Produktionsmitteln; und andererseits damit, dass die »Unternehmer« (Eigentümer) das finanzielle Risiko und die Verantwortung trügen, während die MitarbeiterInnen nach der Arbeit geistig »abschalten« und in Seelenruhe nach Hause gehen könnten. Nun mag diese strikte Trennung für viele kleine Unternehmen tatsächlich zutreffen, aber je größer ein Unternehmen wird, desto unklarer wird die Situation. Zum einen sind in den wenigsten Fällen die Eigentümer die Firmengründer und die Manager haben immer seltener eine langfristige Verantwortung für das Unternehmen; beide Gruppen, Eigentümer und Manager, sind tendenziell von kurzfristigen Karriere- und Gewinninteressen getrieben. Auf der anderen Seite ist ein großer Teil der MitarbeiterInnen nach wie vor an verlässlichen und stabilen, also langfristigen Zukunftsperspektiven interessiert; BetriebsrätInnen schalten auch nach der Arbeit oft nicht ab, sondern gehen mit einer genauso schweren Last der Verantwortung nach Hause. Gleichzeitig tragen alle Beschäftigten das unternehmerische Risiko ungewollt mit: durch Lohn- und Jobverlust bei schärfer werdendem Wettbewerb oder Konkurs. Bei großen Aktiengesellschaften drehen sich also die Verhältnisse vielfach um: Eigentümer und Management handeln kurzfristig bis verantwortungslos; die MitarbeiterInnen haben ein Interesse an der langfristigen Unternehmensgesundheit.

Eine weitere Entwicklung ist, dass Großkonzerne nicht immer mit Innovation punkten, sondern sehr oft mit Größe und Macht. Sie verwenden große Ressourcen darauf, ihre Marktposition abzusichern und tendenziell zu missbrauchen (von manipulativer Werbung über Dumping bis Korruption). Damit ähneln sie tendenziell nicht mehr den Kreativitätsraketen, von denen der österreichische Ökonom Josef Schumpeter geschwärmt (und die er als Argument für die Existenz von Privatunternehmen verwendet) hat, sondern mehr und mehr globalen Planwirtschaften, die mit allen Mitteln versuchen, die Konkurrenz einzuschläfern und Märkte zu monopolisieren. Es stellt sich die Frage, ob solche Kolosse auch nur von ganz wenigen dirigiert werden sollen oder ob hier nicht eine demokratischere Struktur, in der alle Beteiligten und Betroffenen mitbestimmen können, angebrachter wäre.

Zum Beispiel so: Der Staat erwirbt Stammaktien an Unternehmen ab einer bestimmten Größe, zumindest eine Sperrminorität (25 Prozent) – zur Verhinderung von Standortverlagerungen oder Massenkündigungen – oder aber einen »Gestaltungsanteil« (50 Prozent), und setzt auf diese Weise ein Verhalten der »Flaggschiffe« im Interesse der Allgemeinheit durch. Die Überlegung ist einfach: Je größer ein Unternehmen, desto komplexer ist seine Verantwortung und desto demokratischer müssen auch seine Strukturen sein. Speziell jene Großunternehmen, die von öffentlichem Interesse sind – strategische Ressourcen, Schlüsseltechnologien, öffentliche Güter und Grundversorgung –, sollten nicht von mächtigen Einzelinteressen gelenkt werden, sondern von allen Stakeholdern der Gesellschaft.

Die Beteiligung der Allgemeinheit an den Unternehmen ist eine brisante Angelegenheit, bei der – ebenso wie bei rein privaten – Fehler passieren können. Es müsste daher ein Weg gefunden werden, der zwar die öffentliche Kontrolle von Unternehmen erlaubt, diese aber frei von parteipolitischen Einflüssen und kurzfristigen Zugriffen der Regierung hält. Die Parteilichkeit und

Regierungsnähe der Verstaatlichten Industrie in der österreichischen Nachkriegsgeschichte war ein großer Fehler. In einer neuen Generation demokratischer Unternehmen sollten daher die Ziele öffentlicher Unternehmen in einem überparteilichen Beschluss festgelegt und diese dann von einem regierungsunabhängigen Management umgesetzt werden. Unabhängige Ausschreibungsverfahren und transparente Einstellungskriterien würden verhindern, dass leitende Posten von der Regierung besetzt oder die Menschen nach Parteibuch eingestellt werden. Die Vorstände und Aufsichtsräte sollten zumindest zur Hälfte von ArbeitnehmervertreterInnen und GemeinwohlanwältInnen beschickt werden. Die zu verfolgenden öffentlichen Ziele könnten sein: Versorgung aller Menschen (zum Beispiel Energie, Medikamente, Software), vorbildliche Arbeits- und Sozialstandards, Gleichstellung von Frauen und Männern, hohe Umweltstandards, Nord-Süd-Technologietransfer, KMU-Hilfe. Die zum Teil gewählten Vorstände wären dem Souverän gegenüber rechenschaftspflichtig. Gegenüber der aktuellen Herrschaft des Shareholdervalue wäre das eine kleine Revolution.

Für jene, die vor Gänsehaut kaum noch weiterlesen können: Private unternehmerische Initiative gibt es auch in diesem Szenario. Für die überwältigende Mehrheit der Unternehmen – 99 Prozent aller Unternehmen sind klein oder mittelständisch – würde sich gar nichts ändern, es könnte sogar besser werden: Die demokratischen Großen hätten nämlich ein Interesse daran, dass sich die gesamte Volkswirtschaft entwickelt, sie würden kleine oder regionale Unternehmen wo es geht unterstützen, zum Beispiel durch den Bezug regionaler Produkte, durch die Ausbildung von Lehrlingen, die die KMU übernehmen können, durch die günstige Zurverfügungstellung von Rohstoffen oder durch Forschungskooperationen. Öffentlich und privat schließen einander nicht aus, sie können und sollten einander stützen.

Sorgen sollten uns andere Fragen machen: Wie ließe sich unfairer Wettbewerb mit gewinnorientierten Großunternehmen aus Nicht-EU-Ländern vermeiden? Eine Reihe von begleitenden Maßnahmen wäre ratsam:

- Das Standortschutzabkommen würde die Möglichkeit der Konkurrenten, Kostenvorteile auf Kosten der ArbeitnehmerInnen, der Menschenrechte oder der Umwelt zu erzielen, minimieren.
- Solange das Standortschutzabkommen nicht in Kraft ist, kann die EU mit Entwicklungsprotektionismus den unfairsten Wettbewerb vermeiden.
- Ökologische Kostenwahrheit verringert insgesamt das Ausmaß des globalen Handels und damit der Konkurrenz.
- Die vorgeschlagene differenzierte Kreditpolitik öffentlicher Banken könnte demokratisch geführte Unternehmen begünstigen.

Unabhängig davon müssen die Rahmengesetze für alle (kleineren) Unternehmen kontinuierlich weiterentwickelt werden, damit der Abstand zwischen den »Vorbildern« und den Unternehmen, die »nur« die gesetzlichen Mindeststandards erfüllen, nie zu groß wird. Wenn die Großunternehmen keinen »Widerstand« mehr leisten bei der Weiterentwicklung von Umwelt- und KonsumentInnenschutz, ArbeitnehmerInnen-, Menschen- und Mitbestimmungsrechten, dann wird die Gesetzgebung auch rascher vorankommen. Diese Ziele sind viel wichtiger als das erhoffte bisschen zusätzlicher »Effizienz« durch Ausnutzung globaler Skalenerträge, mit der die fehlende Größenschranke für Konzerne argumentiert wird, die aber auf Kosten sozialer, ökologischer und menschenrechtlicher Effizienz geht. Und auf Kosten der Demokratie.

CSR – Corporate Social Responsibility?

Seit der Umweltkonferenz von Rio de Janeiro 1992 spüren Konzerne, dass es mit ihrer schrankenlosen Freiheit bald vorbei sein könnte: Die globale Zivilgesellschaft – UmweltschützerInnen, indigene Völker, Gewerkschaften, kirchliche Gruppen und GlobalisierungskritikerInnen – fordert verbindliche Regeln für globale Konzerne in den Bereichen Menschen- und Arbeitsrechte, Umweltschutz, Gesundheitsvorsorge, soziale Sicherheit und Steuern. Nicht zuletzt um diesem

Pflichtenheft zu entgehen, haben sich in Konzernkreisen Initiativen für verantwortliches Unternehmensverhalten gebildet. Die bekannteste davon ist »Corporate Social Responsibility« oder CSR. Die Grundidee: Konzerne verpflichten sich zu Verhaltensregeln, die im Widerspruch zur blinden Gewinnmaximierung stehen, um ihre Verantwortung an der Gesellschaft wahrzunehmen. Aus dieser Idee ist auch der »Global Compact« von UN-Generalsekretär Kofi Annan entsprungen. Das zentrale Problem von CSR wurde nirgendwo deutlicher als beim Global Compact: Bedingung der mitwirkenden Konzerne war, dass die soziale Verantwortung nur freiwillig sein darf, nicht verbindlich. Das sagt im Grunde alles über CSR und entlarvt es als billigen Versuch, sich auch weiterhin aus der gesellschaftlichen Verantwortung zu stehlen und vor verbindlichen Regeln zu drücken. Innerhalb der UNO gibt es seit langem Vorstöße für verbindliche Spielregeln, die am Widerstand der Konzerne scheitern. Vor diesem Hintergrund ist CSR ein Hohn, so als hätten die Feudalherren und Grafen angesichts der dräuenden bürgerlichen Revolution geschworen, sich fürderhin sozial verantwortlich zu verhalten, unter der Bedingung, dass der Feudalismus fortbestehen dürfe.

Susan George nennt CSR sarkastisch »Corporate Self Regulation«, Selbstregulierung von Konzernen. Eine Gesellschaft, in der sich die Mächtigsten die Gesetze selbst zimmern dürfen, ist keine Demokratie. Der Staatstheoretiker Jean-Jacques Rousseau meinte: »Zwischen dem Starken und dem Schwachen ist es die Freiheit, die unterdrückt, und das Gesetz, das befreit.« Das Eintreten der Konzerne für Selbstregulierung ist Ausdruck einer tiefen Missachtung der Demokratie.

Das sozial Verantwortlichste, was Konzerne daher tun können, ist für verbindliche Regeln einzutreten. Der Schweizer Wirtschaftsethiker Peter Ulrich vertritt die Ansicht, dass Corporate Citizenship, also staatsbürgerschaftliche Unternehmensverantwortung, drei Teile umfasst: Zum einen eine ethische Geschäftsidee. Es sollten nur solche Produkte auf den Markt gebracht werden, die niemandem schaden. Zweitens das – freiwillige – Wohlverhalten gegenüber Mitbewerbern, Beschäftigten und KundInnen. Und drittens eben die Verantwortung, sich als »corporate citizens« für faire und gerechte Gesetze einzusetzen.[12] Echtes staatsbürgerliches Verhalten würde somit bedeuten, dass Unternehmen sowohl individuell als auch kollektiv in den Interessenvertretungen von Handel und Industrie Vorschläge für höhere Umwelt-, Sozial- und Steuerstandards machen. Das wäre Ausdruck einer liberalen Demokratie. Im Neoliberalismus genügt es hingegen, die eigenen Interessen zu verfolgen – mit der Behauptung, das nütze allen andern auch.

Mit einer CSR-Abteilung, die direkt an die PR-Abteilung angeschlossen ist, ist es jedenfalls nicht getan. Wenn jedes Unternehmen seine eigenen Standards entwickelt, führt dies nur zu Verwirrung. Im Sinne eines fairen Wettbewerbs wäre es logisch, dass für alle die gleichen Standards gelten. Das oft gebrachte Argument, dass Unternehmen mit vorbildlichen Standards einen Wettbewerbsvorteil entwickeln können, trifft unverändert zu, wenn es verbindliche Regeln für alle gibt: Einzelne Unternehmen können sich auch dann vorbildlich verhalten, die Standards würden sich nach oben entwickeln. Gibt es hingegen keine verbindlichen Regeln, wird es immer welche geben, die von der Gesetzlosigkeit profitieren.

Zum Abschluss eine kleine Überraschung: Die neoliberale Ikone Milton Friedman ist entschieden gegen den Begriff der »sozialen Verantwortung« von Unternehmen: Diese bestünde ausschließlich darin, »für die Aktionäre ihrer Gesellschaften so viel Gewinn wie möglich zu erwirtschaften«[13]. Dafür hat er ein bestechend gutes Argument: Privatleute könnten nicht bestimmen, worin »das soziale Interesse« besteht. Deshalb folgert auch der – liberale – Autor des Büchleins »Neoliberalismus«, Gerhard Willke: »Was kann ›soziale Verantwortung‹ für ein Unternehmen heißen – außer, dass es die Gesetze befolgt?«[14]

1 GROUP DE TRAVAIL SUR LES NOUVELLES CONTRIBUTIONS FINANCIÈRES INTERNATIONALES (2004), S. 71.
2 http://www.greenpeace.org/usa/campaigns/toxics/justice-for-bhopal
3 Vgl. REIMON / FELBER (2003), 4. Kapitel: »Profitquellen. Wasser wird zur Ware«.
4 The Guardian, 24. Januar 2003.
5 WELTBANK/ICSID.
6 Public Citizen / Friends of the Earth: »NAFTA Chapter 11 Investor-to-State Cases: Bankrupting Democracy«, Broschüre, 54 Seiten, September 2001.
7 CHANG / GREEN (2003), S. 12–15.
8 Die Welt, 3. Februar 2006.
9 Gastkommentar von Hannes Swoboda, Vizepräsident des EU-Parlaments, Die Presse, 23. März 2005.
10 Handelsblatt, 20. Februar 2006 (plus eigene Berechnungen).
11 Gastkommentar von Marcia Agnell, Der Standard, 3. August 2005.
12 ULRICH (2005), S 152.
13 Milton Friedman (1962): »Capitalism and Freedoom«, Chicago. Deutsche Fassung: »Kapitalismus und Freiheit«, Seewald Verlag, Stuttgart 1971, S. 175 f.
14 WILLKE (2003), S. 143.

Soziale Sicherheit

»*Soziale Sicherheit ist die verlässlichste Grundlage der Demokratie.*«

JOHANN BÖHM[1]

»Wir können uns das nicht mehr leisten. (...) Wir müssen den Gürtel enger schnallen. (...) Deutschland lebt über seine Verhältnisse. (...) Die Renten sind nicht mehr finanzierbar. (...) Der Generationenvertrag hält nicht mehr.« Ein sonderbares Geraune geht durch das Land. Ein Verarmungsgesang wird angestimmt, eng verknüpft mit Verzichtsappellen und Sparaufrufen. Schuld sind angeblich »die demografische Entwicklung« und die »Globalisierung«. Auf der einen Seite herrscht Angst. Und Sparwut. Und Sozialabbau.

Auf der anderen Seite die Fakten: Erstens: Deutschland und Österreich werden nicht ärmer, sondern immer reicher. Es wachsen: die Wirtschaft, die Pro-Kopf-Einkommen, die Privatvermögen und die Unternehmensgewinne. Die letzten beiden explodieren geradezu. Von »weniger« keine Spur. Auch nicht seit der Wiedervereinigung, auch nicht nach dem Platzen der New-Economy-Blase, auch nicht infolge von Globalisierung und Standortwettbewerb. Die Zuwächse sind zwar nicht so berauschend wie in den Sechziger- oder Siebzigerjahren, aber Deutschland und Österreich werden trotz aller Jammerchöre auch heute noch jedes Jahr reicher. Das heißt grundsätzlich, dass wir das Niveau der sozialen Sicherheit nicht nur halten, sondern sogar ausbauen können, uns immer mehr leisten und den Gürtel immer weiter schnallen können. Es gibt keinerlei »Notwendigkeit«, irgendetwas zu kürzen, zuzusperren oder auf Investitionen in die Zukunft zu verzichten. Die große Frage lautet nur, wer den wachsenden Kuchen bekommt. Und wer davon ausgeschlossen wird. Denn immer mehr Menschen sind tatsächlich gezwungen, mit weniger auszukommen. Aber nicht, weil insgesamt weniger da ist, sondern nur damit andere umso mehr bekommen können. Wir haben, so banal das klingt, ein frappierendes Verteilungsproblem. In Zahlen:

- Weltweit nahm die Zahl der Milliardäre zwischen 2003 und 2005 um satte 67 Prozent zu. Der Club wächst deutlich schneller als Weltbevölkerung und Weltwirtschaft zusammen.[2]
- In Deutschland, dem Land mit den meisten Milliardären nach den USA, verfügt laut 2. Reichtumsbericht der Bundesregierung ein Fünftel der Bevölkerung über zwei Drittel der Nettovermögen von fünf Billionen Euro. Diese wuchsen allein 1998 bis 2003 preisbereinigt um zehn Prozent.[3]
- In Österreich verfügt das wohlhabendste Prozent der Bevölkerung laut Sozialministerium über 34 Prozent des gesamten Privatvermögens, weitere neun Prozent besitzen 35 Prozent und die »unteren« 90 Prozent 32 Prozent des gesamten Vermögens.[4]
- Die Unternehmensgewinne explodieren. In Deutschland erreichte die Gewinnquote 2005 das höchste Niveau seit 1971. In Österreich wuchsen die Gewinne der Großunternehmen zwischen 1994 und 2003 um 91 Prozent.[5] Die ATX-Unternehmen steigerten ihre Gewinne zwischen 2000 und 2004 um 116 Prozent.[6] Die DAX-Unternehmen allein im Jahr 2004 um 88 Prozent.[7]
- Obwohl die Löhne insgesamt stagnieren und die unteren Einkommen empfindlich an Kaufkraft verlieren, wachsen die Spitzeneinkommen unvermindert weiter, in Österreich legten die fünf Prozent SpitzenverdienerInnen 1995 bis 2002 um 17,6 Prozent zu.[8]
- Die Managergehälter stiegen in Deutschland 2004 um 18,5 Prozent. Die höchsten Managergehälter erreichen in Deutschland zwölf Millionen Euro (Deutsche Bank), in Österreich 4,5 Millionen (Erste Bank). Das ist das 1200-fache beziehungsweise das 450-fache von jemandem, die/der für einen 40-Stunden-Job mit 800 Euro monatlich auskommen muss.

Zweiter Mythos: Der Sozialstaat wuchert gar nicht wie ein Krebsgeschwür, wie seine Gegner es verzerrt darstellen. Die Sozialleistungsquote, also die Summe aller sozialen Leistungen in Relation zur Wirtschaftsleistung, ist seit 30 Jahren fast konstant! Wandte Deutschland 1975 31,6 Prozent des BIP für soziale Leistungen auf, so waren es 2003 32,6 Prozent, um einen müden Prozentpunkt mehr. Allerdings nur wegen der Wiedervereinigung. Westdeutschland hat heute eine geringere Sozialleistungsquote als 1975. Und das, obwohl die Arbeitslosigkeit seit damals stark gestiegen ist!

Drittens: Selbst ein »fetter« Sozialstaat muss kein Wachstums- oder Wettbewerbshindernis sein, wie es seit Jahren fast alle Leitmedien behaupten. Sozialleistungen, zum Beispiel Renten oder Sozialhilfe, werden in der Regel zur Gänze wieder ausgegeben und können somit als indirekte Subvention für die Wirtschaft an ihrer derzeit schwächsten Stelle gelesen werden: der Binnennachfrage. Verteilungsgerechtigkeit erhöht außerdem den sozialen Frieden und die politische Stabilität, beides wichtige Standortfaktoren. Drittens ist eine umfassende – soziale – Infrastruktur eine der wichtigsten Standortbedingungen überhaupt. All das wird übersehen bei der Hetzkampagne gegen Sozialleistungen und Sozialstaat. Das stärkste Argument aber lautet: Die Länder mit den umfangreichsten Sozialleistungen und den größten öffentlichen Sektoren sind gleichzeitig die wettbewerbsfähigsten Ökonomien der Welt. Dänemark, Schweden und Finnland haben die weltweit höchsten Steuer- und Staatsquoten und belegen gleichzeitig die Spitzenplätze auf dem Standort-Ranking des Weltwirtschaftsforums. Sie sind sowohl in den sozialen als auch in den wirtschaftlichen Indikatoren Spitze.

Mit dieser Erkenntnis kehren wir zurück zum Faktum, dass Geld in Deutschland und Österreich für einen besseren Sozialstaat in Hülle und Fülle vorhanden ist. Eine gerechte Besteuerung dieser wachsenden Reichtümer, wie im Kapitel *Globale Steuergerechtigkeit* vorgeschlagen, würde die öffentlichen Kassen wieder füllen und die Finanzierung der sozialen Sicherungssysteme langfristig ermöglichen. Drei Schritte wären notwendig:

1. Die gerechte Besteuerung von Unternehmensgewinnen.

2. Die Einbeziehung aller Einkommen, auch der Kapitaleinkommen, in die Einkommenssteuer.
3. Die faire Besteuerung der explodierenden Vermögen. Laut österreichischem Sozialbericht 2004 verfügen die privaten Haushalte über ein Gesamtvermögen von 950 Milliarden Euro. Zehn Prozent der Bevölkerung besitzen 69 Prozent davon. Eine 1,5-prozentige Vermögenssteuer darauf würde fast zehn Milliarden Euro einspielen. Zum Vergleich: Das aktuelle gesamtstaatliche Defizit beträgt zwei Milliarden Euro (Schnitt 2000–2005) und das der sozialen Krankenversicherung 170 Millionen Euro (Schnitt 2001–2005).

Wir haben die Wahl. Entweder wir fördern weiterhin die Konzentration des Reichtums, lassen die Besitzeinkommen und Gewinne schneller wachsen als die Wirtschaft und die Löhne, verzichten weiter auf Steuern bei Vermögen, Kapitaleinkommen und Gewinnen, machen Investitionen auf den Finanzmärkten noch attraktiver und erlauben, dass diese Geldmassen sich weltweit auf die Suche nach möglichst hohen Renditen begeben, was zu noch stärkerem Druck auf produzierende Unternehmen und auf die Löhne und zu noch höherer Arbeitslosigkeit führt. Der Staat bekommt immer weniger von diesem Reichtum, er muss seine Leistungen weiter einschränken, die Armut wächst.

Oder wir nutzen einen Teil (wenige Prozent) dieses enormen und wachsenden Reichtums, um die sozialen Sicherungssysteme zu flicken und auszubauen, um die öffentlichen Investitionen wieder hochzufahren und die Lebensqualität bis in die kleinsten Gemeinden wieder auf den Stand zu bringen, der den reichsten Ländern der Welt angemessen ist.

Soziale Sicherungssysteme sind gerecht

Das größte Hindernis beim weiteren Ausbau der sozialen Sicherungssysteme ist vermutlich ihre gegenwärtige Diskreditierung durch die »Sozialschmarotzerdebatte«. So erfolgreich sie inszeniert ist, sie entbehrt jeder empirischen Grundlage. Zum einen ist der tatsächliche Schaden relativ gering: Laut Schätzungen der früheren deutschen Bundesregierung verursacht so genannter Sozialleistungsbetrug nur sechs Prozent des Schadens, der durch Steuerhinterziehung und Subventionsbetrug entsteht. Hier wird deutlich, wer die eigentlichen Ausnützer des Systems sind. Die Steuervermeidung durch hochprofitable Unternehmen ist hier noch gar nicht eingerechnet, weil sie – derzeit – weitgehend legal stattfindet.[9] Zweitens werden Sozialleistungen insgesamt nicht über-, sondern massiv unterbeansprucht. In Westeuropa werden nur 40 bis 80 Prozent der rechtmäßigen Sozial- und Wohnungsbeihilfeansprüche tatsächlich eingelöst und nur 60 bis 80 Prozent der Ansprüche auf Arbeitslosengeld. Hauptgrund: Scham. Der Beirat für gesellschafts-, wirtschafts- und umweltpolitische Alternativen bringt es auf den Punkt: »Der Sozialschmarotzerdiskurs hat also weniger die Funktion, ein wichtiges ökonomisches Problem zu thematisieren, sondern vor allem, die Betroffenen zu stigmatisieren und ein Klima für Leistungskürzungen zu schaffen.«[10] Wir wollen aber weder stigmatisieren noch ein Klima für weitere Einschnitte schaffen, sondern uns ansehen, wie zunächst die beiden wichtigsten sozialen Sicherungssysteme, Gesundheit und Rente, dauerhaft und gerecht finanziert werden können.

Mehr Eigenverantwortung?

Die Eigenverantwortlichkeit des Individuums ist ein hoher Wert, wenn dem Menschen damit die Verantwortung für das eigene freie und bewusste Handeln zugeschrieben wird. Wenn allerdings neoliberale ÖkonomInnen von Eigenverantwortung sprechen, beziehen sie sich nicht auf diesen liberalen Grundwert, sondern meinen etwas ganz anderes. Ihrer Ansicht nach sollte sich jeder Mensch selbst gegen soziale Risiken absichern: private Rentenversicherung, private Krankenversicherung, sogar vom privaten Bildungskonto ist schon die Rede. Doch die Sozialversicherung heißt nicht von ungefähr so: Soziale Risiken sind keine individuellen und der Zwang zur privaten Absicherung wäre nicht gerecht, weil die/der Einzelne für das Eintreten nicht selbst verantwortlich ist und weil sie/er das Risiko nur im Glücksfall, nicht aber im Pechsfall alleine tragen kann. Deshalb ist hier kollektive Verantwortung gefragt und Eigenverantwortung fehl am Platz. Eigenverantwortung kann höchstens ergänzend wirken, indem man zum Beispiel einen gesunden Lebensstil pflegt oder als ArbeitgeberIn auf sichere Arbeitsbedingungen achtet. Davon abgesehen ist Eigenverantwortung immer freiwillig. Der Zwang zur Eigenverantwortung ist nichts anderes als verordnete Risikoprivatisierung – und ein tolles Geschäft für die Versicherungsindustrie.

ALTERNATIVEN

35 Sichere Renten

Tagein, tagaus behauptet die Mehrheit der ÖkonomInnen, BankerInnen und PolitikerInnen, dass die öffentlichen Rentensysteme vor der Unfinanzierbarkeit stünden. Aufgrund der Alterung der Bevölkerung seien die Renten auf dem gewohnten Niveau (Deutschland 70 Prozent vom letzten Aktivbezug, Österreich 80 Prozent) nicht mehr leistbar, lautet das Demografie-Mantra. Das wollen wir uns ansehen:

1. Die Bevölkerung altert schon die längste Zeit. Der Altenquotient hat sich in der Vergangenheit weitaus radikaler verschlechtert, als er es in der Zukunft tun wird. Während in Deutschland heute auf einen über 65-Jährigen noch rund vier Erwerbstätige kommen, werden es 2050 nur noch zwei sein, lautet der Kern der demografischen Panikmache. Doch aufgepasst: 1900 kamen zwölf 15- bis 65-Jährige auf einen über 65-Jährigen, 1950 sieben und heute vier (*siehe Schaubild 11*).[11] Aufgrund der steigenden Produktivität war das alles kein Problem: Die Wirtschaft wuchs schneller, als die Bevölkerung alterte. Das sagen alle ÖkonomInnen auch bis 2050 voraus.

2. Die öffentlichen Aufwendungen für das Pensionssystem in Österreich liegen bei rund 14 Prozent des BIP, für die deutsche Rentenversicherung bei rund zwölf Prozent. Ohne Reformen, die in beiden Ländern schon begonnen haben, wäre dieser Anteil bis 2030 auf – angeblich untragbare – 17 oder 18 Prozent vom BIP ge-

Schaubild 11

Alterung – nichts Neues

auf eine Person ab 65 Jahren kommen ... 15- bis 65-Jährige

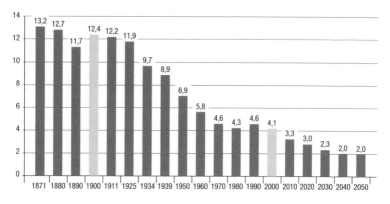

Quelle: ver.di: »Mythos Demografie« (2003)

stiegen.[12] Erste Frage: Wieso soll 2030 ein doppelt so hoher Anteil an über 65-Jährigen einen nur gleich hohen Anteil vom BIP bekommt wie heute? Wäre das nicht höchst ungerecht?

3. Nur weil wir einen etwas höheren Anteil vom Wirtschaftsprodukt an die Älteren transferieren, ist das Rentensystem noch lange nicht unfinanzierbar. Es wächst ja nicht nur der Anteil der älteren Menschen, sondern auch die Wirtschaft und das Volkseinkommen – um durchschnittlich zwei Prozent pro Jahr. Allen Prognosen zufolge ist das BIP 2030 doppelt so schwer wie heute. Frage zwei: Tut es uns weh, wenn von einem doppelt so großen Einkommenskuchen die Alten ein etwas größeres Stück (nicht einmal ein doppelt so großes) bekommen?

4. Ein Grund, warum das Stück nicht einmal doppelt so groß sein wird, liegt darin, dass für die Finanzierung der Umlagepensionen nicht entscheidend ist, wie sich das Verhältnis zwischen Alt und Jung entwickelt, sondern dasjenige zwischen EinzahlerInnen und RentenbezieherInnen. Und hier gibt es ungeahnten Spielraum: Der Anteil der Menschen im erwerbsfähigen Alter, der tatsächlich erwerbstätig ist, die »Erwerbsquote«, liegt in Öster-

reich niedriger als in vergleichbaren Ländern (Dänemark, Finnland, Schweiz). Gelänge es Österreich, bis 2030 zu diesen Ländern aufzuschließen, wären laut einer WIFO-Studie zwei Drittel des »demografischen Problems« – der daraus entstehenden zusätzlichen Kosten – erledigt. Die Pensionsbelastungsquote würde kaum merklich von 620 Pensionisten pro 1000 Aktive bis 2030 auf 716 ansteigen[13] – das wäre ein langsamerer Anstieg als in den letzten 30 Jahren. Das soll nicht zu schaffen sein?

5. Wenn wir es schaffen, hat das WIFO vor der schmerzhaften Pensionsreform 2003 berechnet, müsste der Beitragssatz von derzeit 22,8 Prozent nur auf rund 25 Prozent ansteigen. Wenn 2030 die realen Einkommen doppelt so hoch sind wie heute, dann ist eine Steigerung des Beitragssatzes um ein paar Prozentpunkte ein absoluter Klacks. Wenn heute von einem Einkommen von 100 Euro 22,8 Prozent Rentenbeiträge abgezogen werden, bleiben auf der Hand 77,2 Euro. Werden in 30 Jahren von 200 Euro 25 Prozent abgezogen, bleiben auf der Hand 150 Euro, bei gleicher Kaufkraft! Solange Wirtschaft und Einkommen weiter wachsen, ist die Angst vor höheren Beitragssätzen absolut unbegründet. Voraussetzung wäre allerdings, dass die Löhne mit der Wirtschaft mitwachsen.

6. Höhere Beitragssätze gelten dennoch als Tabu. 1999, vor Beschluss der Riester-Rente, hat die deutsche Bundesregierung berechnet, dass der Beitragssatz zur gesetzlichen Rentenversicherung von damals 19,3 Prozent bis 2030 auf 26 Prozent ansteigen müsse, wenn man das aktuelle Pensionsniveau von 70 Prozent Einkommensersatz halten wolle – unmöglich! Oder? Die Regierung befand so und legte den maximal tolerablen Beitragssatz bis 2030 mit 22 Prozent fest. Gleichzeitig wurde die Riester-Rente beschlossen. Jetzt kommt der Trick: Die – unmöglichen – 26 Prozent wären zu je 13 Prozent von Arbeitgebern und ArbeitnehmerInnen finanziert worden. Durch die 22 Prozent-Obergrenze werden Arbeitgeber und ArbeitnehmerInnen maximal je elf Prozent in die gekürzte gesetzliche Rente einzahlen. Dazu kommen allerdings vier Prozent für die Privatrente – auf ArbeitnehmerInnenseite. Macht hier einen Beitragssatz von 15 Prozent und bei den Arbeitgebern von elf Prozent. Zusammen sind es wieder 26 Pro-

zent (*siehe Schaubild 12*), genau das, was angeblich nicht möglich war und weshalb der Einstieg in die Privatrente begann. An diesem Trick ist ersichtlich: Es geht nicht um die Verhinderung von zu hohen Beitragssätzen, sondern um Umverteilung zugunsten der Arbeitgeber und zulasten der ArbeitnehmerInnen – und zugunsten der Versicherungsindustrie, die von nun an an jedem privaten Vorsorge-Euro »teilhaben« darf. Wir sehen, das »Methusalem-Komplott«[14] existiert wirklich: Es wird von Arbeitgeberverbänden, Banken und Versicherungen geschmiedet. Und Rot-Grün fiel prompt darauf herein.

Schaubild 12
Beitragssätze bis 2030 ohne und mit privater Vorsorge

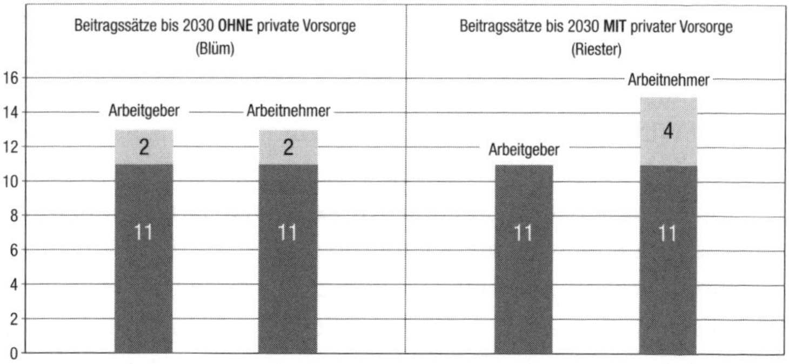

Beitragssätze bis 2030 OHNE private Vorsorge (Blüm)	Beitragssätze bis 2030 MIT privater Vorsorge (Riester)
Arbeitgeber: 11, Arbeitnehmer: 11 (jeweils +2)	Arbeitgeber: 11 (+2), Arbeitnehmer: 11 (+4)

Wie wir bereits gesehen haben, ist der Transfer eines etwas größeren Teils des BIP über leicht höhere Beitragssätze ökonomisch kein Problem, wenn der Kuchen so weiterwächst wie bisher – was derzeit von keinem Wirtschaftsforschungsinstitut in Frage gestellt wird. Ein Problem liegt allerdings darin, dass das Volkseinkommen zwar stabil um zwei Prozent pro Jahr zunimmt, allerdings stimmt die Verteilung zwischen Arbeitseinkommen und Gewinnen nicht. Löhne und Gehälter nehmen im Schnitt deutlich weniger zu, oft nicht einmal um die Inflation: Sie verlieren real an Kaufkraft, obwohl die Wirtschaft wächst. Voraussetzung für die langfristige Finanzierung der Renten via höhere Beitragssätze wäre daher, dass die Lohnsumme parallel zur Wirtschaft wächst, sprich: die Lohnquote konstant bleibt. Das war in den Sechziger- und Siebzigerjahren der Fall (hier naschten die Löhne sogar überproportional mit), in den Achtziger- und Neunzigerjahren war es umgekehrt: Die Lohnquoten sind in den meisten Industrieländern deutlich gesunken. Hier liegt die Achillesferse der Sozialversicherungen: Ihre Finanzierung hängt nicht an der Gesamtwirtschaft, sondern an den »zurückhaltenden« Löhnen und Gehältern. Deshalb braucht es zusätzliche Maßnahmen. Erstens die Koppelung der Sozialversicherungsbeiträge an das Gesamteinkommen, auch Kapitaleinkommen. Zweitens: Einhebung des Arbeitgeberbeitrages nicht von der schrumpfenden Lohnsumme, sondern von der stark expandierenden Wertschöpfung. Derzeit wird mit immer weniger menschlicher Arbeitskraft eine immer höhere betriebliche Wertschöpfung erzielt. Dadurch werden rationalisierende Unternehmen, die Menschen durch Maschinen ersetzen oder auch nur die Löhne drücken, mit sinkenden Beiträgen in die Sozialversicherung belohnt. Würden die Sozialversicherungsbeiträge der ArbeitgeberInnen an die Wertschöpfung gekoppelt, hätten Renten- und Krankenversicherung zukünftig eine sichere Finanzierungsgrundlage.

Die Ausweitung der Finanzierungsgrundlage für die sozialen Sicherungssysteme würde den – in reicher werdenden Volkswirtschaften logischen – Schritt erlauben, die noch vorhandenen Lücken im Rentensystem zu schließen. Frauenrenten haben ein chronisches Naheverhältnis zur Armutsgrenze, generell ist das Problem der Altersarmut ungelöst. Zum einen gibt es Menschen, die gar keinen Rentenanspruch erwerben, zum anderen reicht die Rentenhöhe nicht aus. In Österreich liegt der »Ausgleichszulagenrichtsatz«, eine De-facto-Mindestrente, allerdings nur für Personen, die einen Rentenanspruch haben, bei 690 Euro pro Monat. Wer davon eine Miete bezahlen und auch noch leben will, kommt kaum über die Runden. Ziel wäre daher eine Mindestpension für alle in Deutschland und Österreich lebenden Menschen, die schrittweise in Richtung 1000 Euro ansteigt. Das ist immer noch kein Reichtum, aber für die Freiheit von den gröbsten materiellen Sorgen würde es reichen. Es wäre eine Schande, wenn wir uns in den reichsten Ländern der Welt diesen Mindeststandard nicht leisten wollen. Volkswirtschaftlich ist diese Umverteilung sehr positiv, weil geringe Einkommen so gut wie zur Gänze ausgegeben werden, was die Nachfrage stimuliert – die aktuelle Hauptkrankheit Deutschlands. Hier wird sichtbar, dass Renten nicht nur Kosten sind, die die Volkswirtschaft belasten, sondern in gleicher Höhe Einkommen und Nachfrage, an der es der Wirtschaft so bitter mangelt. Die Stimmung würde sich jedenfalls merklich verbessern, wenn alle Menschen über 65 ab beispielsweise 2010 mit 1000 Euro im Monat fix rechnen können.

Die österreichische Rentenversicherung beruht seit ihrem Beginn 1908 und die deutsche seit 1957 auf dem so genannten Generationenvertrag: Die heute Berufstätigen finanzieren mit ihren Beiträgen die Renten der Älteren – in der Erwartung, dass die kommende Generation später ihre Renten finanziert. Der Anteil der über 65-Jährigen ist in den letzten 50 Jahren stark angestiegen, der Generationenvertrag hat dennoch problemlos gehalten – obwohl er seit den Fünfzigerjahren regelmäßig in Frage gestellt wird, besonders stark seit den Neunzigerjahren. Die Gründe dafür: Zum einen setzt sich schleichend das neoliberale Gesellschaftsbild durch, demzufolge Menschen voneinander unabhängig sind und deshalb nur für sich selbst sorgen sollten. Das ist falsch und unvernünftig: Menschen sind selbständig und eigensinnig, aber nicht voneinander unabhängig. Die Leugnung der gegenseitigen Abhängigkeit führt vom Individualismus zum Egoismus, was sich unter anderem in heftigen Angriffen auf den Generationenvertrag ausdrückt. Die private Versicherungswirtschaft führt einen millionenschweren Propagandafeldzug gegen das Fundament des solidarischen Rentensystems. Das Vertrauen zwischen den Generationen soll zerstört werden, um die Menschen zum Kauf von Versicherungsprodukten anzuspornen. »Vorbildlich« wird dieser Feldzug von der Wiener Städtischen Versicherung geführt. Sie hat eine ganze Serie von Fernsehwerbungen geschalten, in denen kleine Kinder ihren Eltern nichts mehr geben: kein Stück vom Kuchen mehr, keinen Teddybären, nichts. Botschaft: Auf die Solidarität und Hilfe unserer Kinder dürfen wir nicht mehr zählen. Daher: Selbst vorsorgen, zur Bank gehen und Fondsanteile oder Lebensversicherungen kaufen. Die Kassen der Banken und Versicherungen klingeln. Je mehr Eigenverantwortung, desto höher der Profit. Die Banken geben laufend Umfragen in Auftrag, wie viele Menschen schon nicht mehr an ihre öffentliche Umlagepension glauben. Innerhalb weniger Jahre stieg dieser Anteil auf über die Hälfte an. Der Feldzug macht sich bezahlt. Die Rentenangst steigt. Und der Konsumverzicht verstärkt die Wirtschaftsflaute, er ist die Wirtschaftsflaute. Zu allem Überdruss wurde die Werbespotreihe der Wiener Städtischen Versicherung mit einem Branchenpreis honoriert. Die Diskreditierung öffentlicher Güter und Dienstleistungen in der kommerziellen Werbung sollte verboten werden. Das ist so, als würde ein privater Trinkwasseranbieter per Fernsehwerbung die Qualität der öffentlichen Trinkwasserversorgung in Frage stellen, um Stimmung für die Privatisierung zu machen.

36 Finanzierung der Gesundheitsversorgung

Im Gesundheitssystem läuft die öffentliche Diskussion ähnlich. Das Mantra lautet hier: Die Kosten explodierten aufgrund des Fortschritts der Medizin und der Alterung der Bevölkerung. Doch auch hier gilt zunächst: Solange die Wirtschaft wächst, dürfen auch die Ausgaben für das Gesundheitssystem steigen, ohne dass wir einen höheren Teil des Volkseinkommens dafür ausgeben müssen. Anders: Die Gesundheitsausgaben explodieren in Deutschland zwar in absoluten Zahlen, von 25 Milliarden Euro 1970 auf 252 Milliarden Euro 2003. Aber die Wirtschaft stagniert ja nicht, im Gegenteil, das Volkseinkommen »explodiert« fast genauso schnell: Im Verhältnis zur Wirtschaftsleistung bewegen sich die Kosten der gesetzlichen Krankenversicherung seit 1975 auf mehr oder weniger gleich bleibendem Niveau: um sechs Prozent des BIP.

Frage: Wenn die Kosten des öffentlichen Gesundheitssystems nur unwesentlich höher liegen als vor 30 Jahren, wieso sind dann die Beitragssätze spürbar gestiegen? Antwort: Weil wir es mit einer dramatischen Implosion auf der Beitragsseite zu tun haben. So wie die Rentenversicherung hängt die Finanzierung der Krankenversicherung an der Lohnsumme, und diese schrumpft anteilsmäßig am Volkseinkommen. Hier und nicht bei der Kostenexplosion liegt das Finanzierungsproblem der Krankenversicherung. Es kommt aber noch ein zweiter Faktor hinzu. Die deutsche Bundesregierung hat damit begonnen, die Solidargemeinschaft aufzulösen und eine Hintertür für die Wohlhabendsten geschaffen. Menschen mit Einkommen über der Beitragsbemessungsgrenze dürfen die soziale Krankenversicherung verlassen und sich rein privat versichern. So wechseln ausgerechnet die wertvollsten Beitragszahler – solche, die den Höchstbeitrag leisten – in die private Versicherungswirtschaft. In der Regel handelt es sich um junge, gut verdienende und gesunde Singles, deren Krankheitsrisiko unterhalb des Durchschnitts liegt, weshalb sie von den privaten Versicherern mit günstigen Angeboten abgeworben werden können. Das deutsche System wird also an zwei Enden angeknabbert: sinkende Lohnquote auf der einen Seite und Auflösung des Solidarprinzips auf der anderen.

Das österreichische Gesundheitssystem hat nur mit dem ersten Phänomen zu kämpfen. Die Auflösung der Pflichtversicherung wird zwar von einigen Interessensgruppen hartnäckig gefordert, sie schaffte es sogar bis ins Regierungsprogramm 2000, doch der sozialpartnerschaftliche Konsens hält der Zerschlagung des Kerns des öffentlichen Gesundheitssystems noch stand. Die Regierung betreibt deshalb die Schwächung und Privatisierung über zwei andere »Flanken«: den Einsatz von Zuzahlungen (Selbstbehalten) und die finanzielle Austrocknung des Systems, die zu Leistungskürzungen und damit früher oder später zum Zwang der privaten Zusatzversicherung führt. Diese Strategie hat sich schon mehrfach bewährt: Erst wird die öffentliche Leistung (Bahn, Post, Bildung, Rente) finanziell ausgetrocknet und – trotz Wirtschaftswachstum – eingeschränkt, sodann wird infolge der auftretenden Qualitätsmängel nach Privaten gerufen, die das angeblich »besser« können. Im Falle des Renten- und des Gesundheitssystems kommen die Privaten zunächst nur als »Ergänzung« daher, doch ist die Zusatzversicherung nur das Einfallstor für einen langfristigen Umbau des Gesamtsystems. An dessen Ende bleibt der öffentlichen Versicherung nur die teure Armen- und Grundversorgung. Die Privaten holen sich nach den süßesten Rosinen immer größere Teile der finanzkräftigen Mittelschicht mit »Zusatzprodukten«.

In diesem Aufspaltungsprozess geht die Solidargemeinschaft verloren. Selbstbehalte führen dazu, dass Versicherte für eine Leistung, die sie grundsätzlich schon einmal bezahlt haben, ein zweites Mal ablegen müssen. Die Idee dahinter ist die sparsame »Inanspruchnahme« von Gesundheitsdienstleistungen und Medikamenten. Studien zeigen aber, dass kranke Menschen häufiger krank werden, dass »Gesundbleiben« ein Luxus ist, den sich nur Reiche leisten können. Ärmere sind hingegen gezwungen, das System öfter in Anspruch zu nehmen (schlechtere Ernährung, schlechtere Wohnung, schlechtere Arbeitsbedingungen). Mit Selbstbehalten werden somit die Schwächsten der Gesellschaft bestraft. Dass es sich um eine Strafaktion und keine gesundheitspolitisch vernünftige Maßnahme mit Lenkungswirkung handelt, zeigt ein weiteres Versagen von Zuzahlungen: Sie führen nicht dazu, dass Menschen eigenverantwortlich handeln, sprich gesünder leben, sondern dass sie, wenn sie krank werden, den Arztbesuch aufschieben. Wenn sie schließlich doch gehen, ist die Krankheit schon weiter fortgeschritten, sodass die Behandlung letztlich teurer kommt. Holland hat aus diesem Grund die 1997 eingeführten Selbstbehalte im Jahr 2000 wieder abgeschafft. Österreich zog daraus keine Lehren: Die 2001 eingeführte Ambulanzgebühr hielt peinliche zwei Jahre. Die größten Selbstbehalte bestehen bei den rezeptpflichtigen Medikamenten, obwohl hier gar nicht der/die PatientIn entscheidet, sondern der Arzt/die Ärztin – absurd: Ein Anreizsystem zum sparsameren Einsatz von zum Beispiel Medikamenten müsste bei den ÄrztInnen ansetzen und nicht bei denen, die ohnehin fast nichts mitzureden haben.

Die aktuelle Politik – finanzielle Austrocknung, Leistungskürzungen und Ausweitung von Zuzahlungen – ist der falsche Weg.

Die Alternative liegt in der Verbreiterung der Beitragsgrundlage, der Mobilisierung ausreichender Mittel für das Gesundheitssystem, einer maßvollen Leistungsausweitung und in der Abschaffung sämtlicher Zuzahlungen/Selbstbehalte. Als erster Schritt müsste in Deutschland die Versicherungspflicht wieder auf alle StaatsbürgerInnen ausgedehnt werden. Andernfalls kann man nicht von einer Solidargemeinschaft sprechen. Danach müsste die Beitragsgrundlage von der Lohnsumme auf alle Einkommen ausgedehnt werden (BürgerInnenversicherung, wie bei der Rentenversicherung). Drittens sollte die Höchstbeitragsgrundlage aufgehoben werden, das würde allein in Österreich 998 Millionen Euro einspielen[15] – fast sechsmal so viel wie das durchschnittliche Defizit sämtlicher Krankenkassen in den letzten fünf Jahren (172 Millionen Euro). Die Aufhebung der Höchstbeitragsgrundlage ist schon allein deshalb gerechtfertigt, weil das Steuer- und Abgabensystem in Summe keine »Progression« aufweist: Menschen mit höheren Einkommen zahlen gemessen an ihrem Einkommen nicht mehr Steuern und Sozialbeiträge als Menschen mit geringen Einkommen. Das kommt daher, dass nur die Einkommenssteuer progressiv ausgestaltet ist, während Umsatzsteuern und Sozialbeiträge »regressiv« wirken (Personen mit höheren Einkommen zahlen de facto einen geringeren Steuer-/Beitragssatz), weil Wohlhabende einen geringeren Teil ihres Einkommens verkonsumieren als Arme und Sozialbeiträge nur bis zu einer bestimmten Einkommenshöhe gezahlt werden; darüber liegende Einkommen sind sozialbeitragsfrei. Die Einführung von Progression im Gesamtabgabensystem wäre die Erfüllung des Leistungsfähigkeitsprinzips und somit von Steuergerechtigkeit. Viertens sollten sämtliche Selbstbehalte/Zuzahlungen abgeschafft werden. Das System wird dadurch nicht teurer, bloß die Lastenverteilung gerechter: Die Versicherungsgemeinschaft trägt sämtliche Kosten, und wälzt nicht einen Teil auf die Schwächsten – die Kranken – ab. Durch die Verbreiterung der Beitrags- und die Aufhebung der Höchstbeitragsgrundlage wären wieder ausreichend Mittel in den Kassen. Sie könnten – je nach Bedarf – für die Verbesserung des Leistungsniveaus oder für eine Beitragssenkung verwendet werden.

Dass das Gesundheitssystem immer teurer wird, ist übrigens nicht gesagt: Nicht jeder medizinische Fortschritt muss höhere Kosten bedeuten, es gibt ja nicht nur die Apparatemedizin, sondern glücklicherweise auch alternative und ganzheitliche Heilmethoden. Die systematische Integration der Alternativmedizinen in die Schulmedizin (»vom Reparieren zum Heilen«) kann medizinischen Fortschritt mit sinkenden Kosten möglich machen.

Volkswirtschaftlich ist übrigens die Aufstockung des Personals und die Beibehaltung dezentraler Gesundheitseinrichtungen überaus wertvoll: Es werden sinnvolle Arbeitsplätze geschaffen (Menschen helfen Menschen), die regionale Infrastruktur, Wertschöpfung und Kaufkraft wird erhöht, der Pendelverkehr verringert, die Umwelt entlastet, die Lebensqualität erhöht. Das Geld dafür ist vorhanden. Was fehlt, ist der Wille, gesundheitspolitische Ziele zu formulieren und dann auch zu finanzieren.

㊲ Grundsicherung: Null Armut!

Renten und Gesundheit sind die zentralen Säulen der sozialen Sicherheitsarchitektur. Ein bisher als Nebenschauplatz behandeltes Problemfeld verdient größere Beachtung: die Grundabsicherung gegen Armut. Denn die Armut ist nicht nur in Afrika und den USA auf dem Vormarsch, sondern auch in Deutschland und Österreich. Trotz 50 Jahre »immer währendem« Wirtschaftswachstum sind seit einigen Jahren immer mehr Menschen von Armut betroffen. Laut Sozialministerium stieg der Anteil der armutsgefährdeten Menschen in Österreich zwischen 1998 und 2003 von elf auf 13 Prozent.[16] Bei der Hälfte von ihnen – sechs Prozent der Bevölkerung – »verfestigt« sich die Armut. Am stärksten betroffen sind AlleinerzieherInnen, Langzeitsarbeitslosen, MigrantInnen, RentnerInnen und in all diesen Gruppen: Frauen.

Um sie vor existenzbedrohender und entwürdigender materieller Armut zu schützen, wurden in der politischen Debatte zwei Hauptmodelle der Armutsvermeidung entwickelt: die bedarfsorientierte Grundsicherung und das bedingungslose Grundeinkommen. Wie der Name schon sagt, ist Ersteres an Bedingungen geknüpft, Zweiteres nicht. Die bedarfsorientierte Grundsicherung will »allen BürgerInnen einen anerkannten, nicht diskriminierenden Mindeststandard der gesellschaftlichen Teilhabe für jene Lebenslagen garantieren, die in der Gesellschaft regelmäßig vorkommen, in denen die Erwerbstätigkeit nicht möglich oder zumutbar ist und in denen das Einkommen nicht ausreicht und kein Unterhalt erfolgt«[17]. Sie ist eine Mischung aus neuem BürgerInnenrecht (»Sozialpolitik muss mehr sein als der Lazarettwagen, der die Verwundeten und Toten aufsammelt.«[18]) und Mindestleistung – in der Arbeitslosenversicherung, Krankenversicherung, Rente und Pflege. Sie stellt somit eine Ergänzung der bestehenden sozialen Sicherungssysteme dar, nicht ihren Ersatz. Zahlreiche Modelle wurden ausgearbeitet, die Höhe liegt in der Regel zwischen 700 und 1000 Euro monatlich. Damit wird niemand reich, aber eben auch nicht (allzu) arm.

Entscheidend ist: Die bedarfsorientierte Grundsicherung ist kein bedingungsloses Einkommen, sondern an Voraussetzungen geknüpft: Arbeitslosigkeit, Fehlen anderer Einnahmequellen und Vermögen. Sie setzt außerdem Arbeitsbereitschaft, sprich die Annahme »zumutbarer« Arbeiten voraus. Hier liegt die größte Schwachstelle eines »bedingten« Grundeinkommens gegenüber einem bedingungslosen. Sie ist eng an das traditionelle Konzept der Lohnarbeit geknüpft. Die Zumutbarkeitskriterien können von der Politik je nach Laune und Ideologie verändert werden. Derzeit geht es massiv in Richtung Verschärfung.

Die Finanzierung der Grundsicherung ist kein Problem, wenn der Verfassungsgrundsatz der Sozialpflichtigkeit des Eigentums ernst genommen und der durch Globalisierung entstehende Reichtum gerecht besteuert wird. Die Reichen fordern die Verankerung ihrer Rechte hartnäckig und erfolgreich: Schutz von Privateigentum, Patenten, Erbschaftsrecht. Wieso sollen die Armen nicht ebenso mit Rechten ausgestattet werden. Noch dazu, wo sich alle ethischen Systeme einig sind, dass die Würde des Menschen auch eine ökonomische Dimension hat: Schutz vor materieller Armut.

Wird die Grundsicherung bei einem Fixbetrag, zum Beispiel 900 Euro, angelegt, wird sie volkswirtschaftlich von Jahr zu Jahr »billiger«, weil die Wirtschaft weiter wächst. Verdoppelt sich die Wirtschaft, kostet sie real nur noch 450 Euro. Legt man hingegen die »relative« Armutsschwelle fest, zum Beispiel weniger als 60 Prozent des Medianeinkommens, ein EU-Kriterium, das auch von der österreichischen Armutskonferenz gefordert wird[19], dann steigt mit wachsender Wirtschaft auch die Höhe der Mindestsicherung.

Eine andere Möglichkeit, die Armutsfalle wegzuräumen, ist das bedingungslose Grundeinkommen. Dieses würde an alle in einem Staat lebenden Menschen ausbezahlt werden – ohne Bedingungen. Wer zusätzlich ein Einkommen hat, der/dem wird es gegenverrechnet. So sehr ich mit den Motiven eines bedingungslosen Grundeinkommens – Auflockerung des Arbeitszwanges, Schaffung von Freiräumen für kreative Tätigkeiten – sympathisiere, so habe ich doch zwei schwerwiegende Einwände: Erstens: Ist es attraktiv und wird es ein Erfolg, bleibt es unfinanzierbar (weil nur noch ein kleiner Teil der Bevölkerung einer Erwerbsarbeit nachgeht). Bleibt es hingegen unattraktiv und gering, sodass es nur von wenigen in Anspruch genommen wird, ist es »elitär« und damit konfliktiv, weil die einen nicht einsehen werden, warum sie für die anderen schuften sollen. Das ist das zweite Argument: Das Grundeinkommen – der Himmel – für wenige ist auf das Weiterschmoren von 90 Prozent in der Hölle des kapitalistischen Arbeitsmarktes angewiesen. Das würde massive Akzeptanzprobleme mit sich bringen. Daher folgender Vorschlag: Wir schaffen ein bisschen Himmel für alle, mit fast allen positiven Effekten der »Vollvariante«: Zusätzlich zur bedarfsorientierten Grundsicherung, die bereits ein wasserdichtes Modell gegen die Armut ist, aber – einziger Nachteil – noch an die Arbeitsbereitschaft gekoppelt ist, bekommen alle BürgerInnen über einen bestimmten Zeitraum, zum Beispiel für drei Jahre ihres Erwerbslebens, ein bedingungsloses Grundeinkommen. In diesen Jahren dürfen sie »pausieren«, die Allgemeinheit finanziert diese Sabbaticals oder

Freijahre. Man kann sie splitten oder im Stück aufbrauchen. Durch die unterschiedlichen Präferenzen der Menschen werden sie sich einigermaßen regelmäßig entlang der Erwerbsleben streuen. Die Freijahre schaffen Platz für Bildungskarenz, künstlerische Verwirklichung oder Wanderjahre: Der Mensch steht im Mittelpunkt und nicht das Geld. Dieses Grundeinkommen finanziert sich zum Teil von selbst: Zwei Jahre sind rund 7,5 Prozent eines durchschnittlichen Erwerbslebens von 40 Jahren. Das heißt, der Arbeitsmarkt würde um rund 7,5 Prozent entlastet, die Arbeitslosigkeit könnte ungefähr um diesen Prozentsatz sinken. Die Allgemeinheit erspart sich die entsprechenden Kosten für die Arbeitslosenversicherung und kann das Geld für das »bisschen Himmel« für alle aufwenden. Für die restliche Finanzierung genügt ein kleiner Teil des vorhandenen volkswirtschaftlichen Reichtums. Der Himmel wird sich für alle lohnen.

㊳ 20-Stunden-Woche

Das Stückchen Himmel resultiert zum Teil aus einer Arbeitszeitverkürzung. Diese sollte auch auf einem zweiten Weg betrieben werden: Verkürzung der Wochenarbeitszeit. Das machen wir seit 150 Jahren erfolgreich: Mitte des 19. Jahrhunderts waren 80 Wochenstunden die Regel. Heute sind wir bei 40 oder knapp darunter angelangt. Die kontinuierliche Verkürzung war weder ein Hindernis für steigende Produktivität und Löhne noch für zunehmende soziale Sicherheit, im Gegenteil: Produktivität, Löhne und soziale Sicherheit waren noch nie so hoch wie heute – zum Zeitpunkt der kürzesten Arbeitszeit in der Geschichte.

Durch den bewusst inszenierten Standortwettbewerb wird diese Entwicklung nun in Frage gestellt. Plötzlich sollen wir wieder länger arbeiten. Dass dies die Arbeitslosigkeit nicht verringern wird, leuchtet angesichts der historischen Entwicklung ein. Vor allem aber wäre es eine Rücknahme erstrittener Arbeitsrechte: dass die Erwerbsarbeit nur einen Teil im Leben eines Menschen einnehmen soll. Daneben müssen auch Freizeit, Familie, Eigenarbeit und Selbstverwirklichung Platz haben. Dafür sind 40 Stunden immer noch zu viel. Wir sollten uns daher in Richtung 20 Wochenstunden (bei gleichem Lohn wie heute) aufmachen. Die nach wie vor zunehmende Produktivität – der wachsende volkswirtschaftliche Reichtum – erlaubt dies ökonomisch. Schwierig ist nur die politische Durchsetzung. Die Arbeitgeber wollen derzeit die Rekord-Unternehmensgewinne weder in Form höherer Löhne noch kürzerer Arbeitszeiten mit den ArbeitnehmerInnen teilen. Gesellschaftlich brächte aber eine weitere – schrittweise – Halbierung der Arbeitszeit große Vorteile:

- Die Dominanz der Erwerbsarbeit im Leben der Menschen würde einer facettenreicheren Lebensgestaltung weichen: mehr Zeit für alle anderen Bedürfnisse und Neigungen. Ein Schritt vom Güter- zum Zeitwohlstand.
- Bessere Vereinbarkeit von Beruf und Familie. Wenn ein 20-Stunden-Job ausreicht, um eine Familie zu ernähren, oder zumindest die Regel ist, können Mami und Papi je halbtags einer Erwerbsarbeit nachgehen und sich die Erziehungsarbeit teilen – ein großer Schritt zur Gleichstellung der Geschlechter. Die »Gebärverweigerung«, ein Symptom ungünstiger Rahmenbedingungen, würde vermutlich nachlassen.
- Durch die bessere Verteilung des gesamtwirtschaftlichen Arbeitsvolumens würde die Arbeitslosigkeit sinken, mit weiteren positiven Nebenwirkungen: Die Verhandlungsmacht der Gewerkschaften würde steigen, es könnten wieder Lohnabschlüsse im Ausmaß der Produktivität gemacht werden: Die Lohnquote würde sich stabilisieren und: der nötige Verteilungsspielraum für Arbeitszeitverkürzung geschaffen.

Ein weit verbreiteter Glaube in wirtschaftspolitischen Debatten ist, dass es nie wieder Vollbeschäftigung geben wird. Ob Vollbeschäftigung jemals wieder erreicht wird, hängt nicht so sehr vom Markt oder von »der technologischen Entwicklung« ab, sondern von der Politik. Sie gestaltet die Rahmenbedingungen für den Arbeitsmarkt und kann selbst auf Demografie und technologische Entwicklung entscheidend einwirken – durch Familien-, Umwelt-

und Technologiepolitik. Die Politik hat die Möglichkeit, Vollbeschäftigung wieder herzustellen oder aber die Arbeitslosigkeit »strategisch« zu erhöhen, um die Gewerkschaften weiter zu schwächen und die Umverteilung von unten nach oben fortzusetzen. Neoliberalismus-Vordenker Friedrich von Hayek empfahl Margaret Thatcher in den Achtzigerjahren, die Arbeitslosigkeit zu erhöhen, um die »Reformen« ohne größeren Widerstand durchziehen zu können. »Wenn sie kurzfristig zwanzig Prozent Arbeitslosigkeit riskiert hätte, wäre ihre Politik danach erfolgreicher gewesen.«[20] Erkenntnis: Der Spielraum der Politik ist groß – in beide Richtungen!

1 Erster österreichischer Hauptversicherungsverband-Präsident im Jahre 1948, zitiert in RÜMMELE (2005), S. 16.
2 Forbes, 27. März 2006.
3 BUNDESMINISTERIUM FÜR GESUNDHEIT UND SOZIALE SICHERUNG (2005), S. 33.
4 BUNDESMINISTERIUM FÜR SOZIALE SICHERHEIT, GENERATIONEN UND KONSUMENTENSCHUTZ (2004), S. 248.
5 KRAUS (2005), S 99.
6 Wirtschaftsblatt, 7. April 2005.
7 DER SPIEGEL (2005), S. 12.
8 Alois Guger, Markus Marterbauer: »Die langfristige Entwicklung der Einkommensverteilung in Österreich«, WIFO-Studie, September 2004.
9 Vgl. SCHMIEDERER/WEISS (2005).
10 BEIGEWUM, S. 122.
11 ver.di (2003), S. 8.
12 EU, Economic Policy Committee.
13 Alois Guger, Christine Mayrhuber: »Arbeitsmarktperspektiven und Pensionsfinanzierung bis 2030«, WIFO-Monatsberichte 9/2001.
14 Frank Schirrmacher: »Das Methusalem-Komplott«, Karl Blessing Verlag, München 2004.
15 ZECHMEISTER/MEICHENITSCH (2004), S. 68.
16 BUNDESMINISTERIUM FÜR SOZIALE SICHERHEIT, GENERATIONEN UND KONSUMENTENSCHUTZ (2004), S. 214.
17 Gerhard Bäcker-Breil: »Das Reformkonzept der bedarfsorientierten Grundsicherung«, in Dokumentation der 2. österreichischen Armutskonferenz 20.–21. Januar 2004 in Salzburg, S. 37–47. Zitiert in ROSENBERGER/TÁLOS (2003), S. 256.
18 Caritas-Direktor Michael Landau, Die Presse, 11. Juni 2005.
19 www.armutskonferenz.at
20 Profil, 25. März 1985.

Moderne Allmenden

In den letzten Jahren waren Wettbewerb und Privateigentum die Leitwerte in den westlichen Demokratien. Gemeinschaftseinrichtungen und öffentliches Eigentum wurden gering geschätzt, kaputtgespart, verkauft oder aufgelöst. Der Neoliberalismus möchte den Staat bis auf das Skelett abmagern: Justiz, Polizei, Militär, Regierung. Alles andere, von der Schule bis zum Spital, von der Trinkwasserversorgung bis zu Bahn und Wald, soll privatisiert und über den Markt geregelt werden. In dieser Radikalität ist diese Entwicklung neu, historisch bestanden verschiedene Formen des Gemeinschaftseigentums. Allmende bedeutet mittelhochdeutsch »was allen gemein ist« und bezeichnete in der Regel ein Stück Wald oder eine Weide, die allen DorfbewohnerInnen gehörte und von allen genutzt werden konnte. In diesem Kapitel soll es nicht um die Wiederherstellung von Dorfweiden gehen, sondern um die Idee der öffentlichen Güter, die von allen Menschen mit staatsbürgerlichem Rechtsanspruch (auch ohne Kaufkraft) genutzt werden können. Mit einigen Innovationen könnten sie zu einer tragenden Säule der Demokratie werden.

Moderne Allmenden sehen zum Beispiel so aus: Trinkwasserversorgungsbetriebe, Gesundheitszentren, Schulen, Universitäten, Straßen, öffentlicher Verkehr, Schwimmbäder, Seniorenheime, Saatgutbörsen, Internet, Wald. Zum Teil gibt es sie noch, zum Teil können sie auch noch von allen unentgeltlich genutzt werden. Die Tendenz ist aber, dass sie nach den Regeln des freien Marktes organisiert werden. StaatsbürgerInnenrechte werden durch Liberalisierung und Privatisierung zu Konsumgütern. Privatisierung kommt vom lateinischen »privare« und bedeutet »rauben«. Das trifft es genau: Die Öffentlichkeit wird enteignet.

Enteignung ist nicht ohne Widerstand durchzuführen, deshalb bedarf es mächtiger Hebel. Die Neoliberalen bedienen sich eines ökonomischen und eines ideologischen Hebels. Der ökonomische Hebel sind die leeren Staatskassen. Diese wurden durch neoliberale Wirtschaftspolitik – freier Kapitalverkehr, Hochzinspolitik, Steuerwettbewerb – gezielt hergestellt. Angesichts leerer Staatskassen trifft der ideologische Angriff den Staat ins Mark: Die leeren Staatskassen seien ein Ausweis der »Ineffizienz« des Staates, weshalb er sich zurückziehen und dem »effizienteren« Markt das Feld überlassen solle. Das machen gegenwärtig fast alle Regierungen. Die neoliberale Spar- und Kürzungsorgie trifft die gesamte Palette der öffentlichen Güter und Dienstleistungen. Ein paar Beispiele:

- Die Deutsche Bahn verkürzte ihr Streckennetz seit 1994 um zehn Prozent. Die Österreichischen Bundesbahnen wollen alle Strecken stilllegen, die nicht »mindestens 100 Prozent Kostendeckung« aufweisen. Auf der unmittelbaren Schließungsliste stehen 52 Nebenbahnen. Beide sind auf dem Weg zur Aktiengesellschaft.
- Die Universitäten werden in die Autonomie entlassen und gleichzeitig finanziell ausgehungert. Die Betroffenen bezeichnen das als »Entlassung in die Selbstverwaltung des Mangels«. Die Universität Innsbruck hat zu streichen begonnen: Vergleichende Literaturwissenschaft, Griechisch, Latein-Lehramt, Sprachwissenschaft und Ethnologie.
- Die Österreichische Post machte in zwei Schließungswellen 2002 und 2005 mehr als 1000 Postämter dicht.
- In Deutschland beginnen Schulen zu verfallen. In Österreich machen Volksschulen reihenweise dicht. Zum einen aufgrund der sinkenden Kinderzahl. Zum anderen aus schlichtem Geldmangel.
- Im Gesundheitssystem beginnen massiv Leistungskürzungen. Nicht nur neue, teure Leistungen werden von der Aufnahme in den Leistungskatalog der Krankenkassen ausgeschlossen (Krebsforschung), sondern auch schon bestehende, bisher leistbare: Krankentransporte, Brillen, Zahnersatz ...
- Städte und Kommunen können in Deutschland infolge sinkender Steuereinnahmen ihren zahlreichen Aufgaben nicht

mehr nachkommen. Die Investitionen lagen 2003 um 35 Prozent unter dem Niveau von 1992. Der Essener Oberbürgermeister spricht von der »schwersten Finanzkrise der Städte seit dem Bestehen der Bundesrepublik«[1].

Die Sparorgie ist zwar schon weit fortgeschritten und die Auswirkungen beginnen allerorts sichtbar zu werden, und dennoch war das erst der Anfang. Deutschlands Finanzminister Peer Steinbrück (SPD) möchte den Staat so schlank machen wie zuletzt 1973.[2] Noch radikaler sind die Pläne der österreichischen Bundesregierung, die die Staatsquote von 42 auf 33 Prozent senken will. Das wären um gut 20 Prozent weniger Staat und damit um 20 Prozent weniger öffentliche Schulen, Universitäten, Straßen, Spitäler, Kindergärten, Renten et cetera.

Für Neoliberale wäre das kein Problem, sondern erfreulich, weil diese Leistungen besser über den freien Markt organisiert werden sollen. Das mache sie billiger und effizienter, werden sie nicht müde zu behaupten. In der Realität kann tendenziell das Gegenteil beobachtet werden: Die Leistungen werden schlechter oder teurer oder beides. Bei genauem Hinsehen verwundert das nicht: Der Staat wurde in den Nachkriegsjahrzehnten bewusst nur in ausgesuchten Bereichen als »Unternehmer« tätig, eben dort, wo Wettbewerb und Gewinnlogik nicht die bestimmenden Kriterien sein sollten, sondern Gemeinwohlziele wie Versorgung aller Menschen, höchstmögliche Qualität, Versorgungssicherheit (zum Beispiel Energie, Rente), vorbildliche Beschäftigungsbedingungen und Mitbestimmung sowie weitere demokratische Zielsetzungen wie Umweltschutz oder Nahversorgung. Aus betriebswirtschaftlicher Sicht ist die Erreichung dieser Ziele nicht »profitabel«. Sehen wir uns an einigen Beispielen an, was passiert, wenn Allmenden privatisiert werden:[3]

Trinkwasser. In Großbritannien stiegen die Wasserpreise seit der Privatisierung um durchschnittlich 46 Prozent – obwohl die privaten Betreiber bis zu zwei Drittel der Beschäftigten abbauten und die Infrastruktur so vernachlässigten, dass Krankheiten wie Hepatitis A und Durchfall grassierten. In Cochabamba (Bolivien) und Tucumán (Argentinien) verdoppelten sich die Preise, in Südafrika stiegen sie um 140 Prozent.

Strom. Als Kalifornien 1998 den Strommarkt liberalisierte, wurde den BürgerInnen in der Präambel des Gesetzes eine 20-prozentige Preisreduktion in Aussicht gestellt. 2001 folgte ein flächendeckendes Blackout nach dem anderen – fünf Monate lang. Die Versorgung konnte erst durch eine 50-prozentige Preiserhöhung normalisiert werden. Auch in London, Skandinavien, Italien und Neuseeland kam es zu Blackouts. Die österreichischen Energieversorger investierten 2003 um ein Viertel weniger als noch 2000.[4] Mittelfristig ist die Versorgungssicherheit in der EU akut bedroht. Die Preissenkung für Großabnehmer – das Hauptziel der EU-Strommarktliberalisierung – ist der denkbar schlechteste Anreiz zum Energiesparen.

Gesundheit. Die solidarische öffentliche Krankenversicherung in Österreich deckt fast 100 Prozent der Bevölkerung ab. Die Zufriedenheit mit dem Gesundheitssystem ist – im internationalen Vergleich – sehr hoch. Dieses System kostet die ÖsterreicherInnen acht Prozent ihrer Wirtschaftsleistung (BIP). In den USA muss sich jeder und jede privat versichern. Das Ergebnis: 16 Prozent der Bevölkerung sind gar nicht krankenversichert, weil sie es sich nicht leisten können. Dennoch kostet das Gesundheitssystem die US-BürgerInnen fast doppelt so viel: 14 Prozent vom BIP.

Post. Seit sich der »Gelbe Riese« in Österreich für den Börsengang fit macht, ziehen die Preise an: Im Mai 2003 wurden mittelschwere Sendungen um bis zu 30 Prozent teurer. (Urlaubs-)Postfächer, die eigentlich unter das Stichwort »Kundenservice« fallen, verteuerten sich gleich um 1000 Prozent. Das ganze bei schlechterer Versorgung: Von den 2300 Postämtern in Österreich sperrte seit 2002 fast die Hälfte zu.

Telekom. Der bisher einzige Liberalisierungserfolg (gesunkene Preise, höhere Qualität) ist mit großer Vorsicht zu genießen. Zum einen zeichnet sich ab, dass die – teils hochverschuldeten – Anbieter zum Oligopol zusammenwachsen, was steigende Preise zur Folge haben wird. Dass Vodafone die Übernahme von Mannesmann von der Steuer abschrieb, ist nur eine Nebengroteske der Elefantenhochzeit auf Kosten der Allgemeinheit. Zweitens sind GeringtelefoniererInnen schon heute mit höheren Telefonrechnungen konfrontiert als vor der Liberalisierung, weil die Fixkosten gestiegen sind. Drittens sind die Investitionen im Festnetzbereich stark rückläufig, was zu technischen Problemen führen kann. Viertens werden entlegene Gebiete, wie zum Beispiel Bernhardstal im Weinviertel vom Ex-Monopolisten Telekom Austria nicht mehr ans Breitband-Internet angeschlossen. Fünftens wurden in der Branche europaweit 150 000 Jobs abgebaut.[5] Die Telekom Austria least heute Nachrichtentechniker von Personalleasingfirmen an, die sie zuvor in betriebseigenen Schulen teuer ausgebildet und dann »freigesetzt« hat! Sechstens ist die Frage der Umwelt- und Gesundheitsauswirkungen des Mobilfunks noch völlig offen. Siebtens ist ungeklärt, ob die Erfolgsdaten – gesunkene Preise, besserer Service – auf die Liberalisierung oder den Technologiesprung zurückgehen. In Großbritannien wurde schon in den Achtzigerjahren liberalisiert, doch erst mit der Mobilfunk-Technologie geriet der Markt in Bewegung. In Uruguay blieb die Telefonie staatlich, mit exzellenten Ergebnissen.

Bahn. Das emblematischste Privatisierungsdesaster ist die britische Eisenbahn. Die Entstaatlichung führte zu unpünktlicheren Zügen, höheren Kosten, vernachlässigten Reparaturen und tödlichen Unfällen. Die Infrastrukturgesellschaft Railtrack wurde nur sieben Jahre nach der Privatisierung rückverstaatlicht, weil das Schienennetz völlig im Eimer war. Nach Eigenangaben ist das britische »das schlechteste Bahnsystem der Welt«.

Wald. Die Österreichischen Bundesforste wurden 1997 in eine Aktiengesellschaft umgewandelt. Seither ist ein positives und steigendes Betriebsergebnis sowie die Dividende an den Finanzminister das vorrangige Ziel – auch wenn die Unternehmensbroschüren voll mit Nachhaltigkeitsbekenntnissen sind. Die Umwandlung der Allmende Wald in eine Cashcow lässt sich an zahlreichen Phänomencn ablesen. Schließungswellen bei Forstbetrieben, Personalabbau, (versuchter) Verkauf großer Flächen an Private (Jäger), Anzeichen von Raubbau und Kahlschlag, Verteuerung der Wegbenützung für WanderInnen und SeenbenützerInnen, Naturschutz (Pflege des Bannwaldes) nur noch gegen Entgelt aus anderen Steuertöpfen.

Gefängnisse. Private Gefängnisse in Großbritannien oder in den USA sparen gerne bei Essen, Einrichtung und Wachpersonal, was zu häufigeren Tumulten (mit Toten) führt und öffentliche Polizeieinsätze erfordert, die mit Steuergeldern bezahlt werden. Um den Gewinn zu maximieren, sparen private Gefängnisbetreiber auch bei Ausbildungsprogrammen für Häftlinge. Nebeneffekt: Die Häftlinge kommen wieder – das ließe sich als strategischer Aufbau eines Stammkundenstocks lesen. In den USA sitzen zwei Prozent der erwerbsfähigen Männer hinter Gittern. Das ist ein gutes Geschäft – auch für die Politik, da Häftlinge nicht in den Arbeitslosenstatistiken aufscheinen. Die Privatisierung der Sicherheit ist in den USA schon so weit fortgeschritten, dass die Regierung auch die Folter von Häftlingen an private Sicherheitsdienste »ausgelagert« hat: schlecht für die Menschenrechte.[6]

An dieser Beispielliste wird deutlich, was passiert, wenn Allmenden in Cashcows umgewandelt werden. Die Reduktion des Unternehmenszwecks auf Betriebswirtschaft bringt eine radikale Vernachlässigung von Gemeinwohlzielen: schlechtere Arbeitsbedingungen, Stellenabbau, sinkende Investitionen in die Infrastruktur bis hin zur Gefährdung der Versorgungssicherheit, Ausschluss kaufkraftschwacher Bevölkerungsschichten oder entlegener Siedlungen von der Versorgung, weniger Umweltschutz, weniger Menschenrechte, weniger Demokratie und Mitbestimmung. Nicht mehr haben StaatsbürgerInnen Nutzungsrechte an Trinkwasser / Kommunikation / Alterssicherheit / Mobilität / Bildung / Wald, sondern KundInnen können diese »Waren« kaufen – wenn sie das nötige Kleingeld haben und falls der Markt ein Angebot macht. Aufgrund der unterschiedlichen Zielsetzung ist ein Vergleich zwischen gemeinnützigen öffentlichen und gewinnorientierten privaten Unternehmungen unsinnig und unfair, was die Neoliberalen nicht davon abhält, ihn permanent strategisch einzusetzen, um öffentlich-gemeinnützige Unternehmen zu diskreditieren. »Der Staat ist ein schlechter Unternehmer« kann zutreffen, wenn man einen rein betriebswirtschaftlichen Maßstab anlegt. Private versagen hingegen mit Sicherheit, wenn die Erfüllung von Gemeinwohlzielen oder volkswirtschaftliche und demokratiepolitische Aspekte im Vordergrund stehen. Genau das sollte aber bei Allmenden der Fall sein.

Nun könnten wir sagen, wir machen die Privatisierungen in diesen ausgesuchten Bereichen rückgängig. Doch damit ist es nicht getan. Denn auch der Staat hat beileibe nicht alles zum Besten der Menschen gemacht, als er noch der große Versorger war. Die Mängel in den öffentlichen Betrieben reichen von Parteibuchwirtschaft über obrigkeitsstaatliche, autoritär-arrogante Beamte und schlechtes Service (auf einen Telefonanschluss musste man in Österreich monatelang warten, mit Bestechung ging es etwas schneller) bis hin zu mangelndem Umweltbewusstsein: Die öffentlichen Energieversorgungsunternehmen forcierten Stromheizungen, obwohl diese extrem unökologisch sind, nur um den Absatz und den Profit zu steigern: Staatskapitalismus vom Feinsten.

Das heißt, wir können nicht einfach zu alten Zeiten zurückkehren. Öffentliche Güter und Allmenden müssen neu gestaltet und organisiert werden, damit eröffnen wir uns breiten Spielraum für die Weiterentwicklung der Demokratie.

ALTERNATIVEN

39 Demokratisches Kleeblatt statt neoliberalem Zwilling

Der erste Schritt ist die Auswahl von Gütern und Dienstleistungen, die nicht nach den Regeln des Wettbewerbs und der Profitlogik organisiert werden sollen. Dazu könnten zählen: das Bildungswesen, die Gesundheitsversorgung, die Rentenversicherung, die Trinkwasser- und Energieversorgung, der soziale Wohnbau, der öffentliche Verkehr (Mobilität), Kommunikationsdienste (Post, Telefon, Internet), Saatgutbörsen oder der Wald. Diese und andere Bereiche sollten für alle Menschen zugänglich sein, unabhängig von ihrem Einkommen. Allmenden garantieren ein Minimum an Chancengleichheit und vermeiden Armut und gesellschaftliche Ausgrenzung. Sie sind Ausdruck des egalitären – und liberalen – Charakters einer demokratischen Gesellschaft.

Dieser egalitäre und liberale Rechtsanspruch sollte auch darin zum Ausdruck kommen, dass die NutzerInnen freundlich behandelt werden und nicht »von oben herab«. Wer gut behandelt wird, identifiziert sich auch leichter mit öffentlichem Eigentum und kann ein Bewusstsein der Miteigentümerschaft und der verantwortlichen Mit-Nutzung entwickeln. Gut organisierte Allmenden haben das Zeug zum »Kulturgut«, sie stiften sozialen Zusammenhalt und Identität. Und sie bieten eine Quelle für kollektiven Stolz. Die Menschen in Deutschland oder Österreich könnten dann vielleicht etwas weniger auf Ereignisse stolz sein, die sie über andere erheben, wie zum Beispiel besonders tolle SchifahrerInnen oder Exportüberschüsse (zulasten anderer). Stattdessen könnten sie sich gut funktionierender Gemeinschaftsgüter erfreuen: »Wir haben einen topmodernen Bahnhof«, »unser Trinkwasserbetrieb versorgt alle Haushalte mit bester Qualität«, »an unseren Universitäten können alle studieren«. Mit sozialen Ereignissen, Auszeichnungen und Verbandsgründungen können die Nicht-Selbstverständlichkeit und der Wert dieser öffentlichen Versorgungseinrichtungen im Bewusstsein der Bevölkerung verankert werden. Wasser, Energie, Bildung oder der öffentliche Verkehr eignen sich hervorragend für feierliche Gemeinschaftsakte.

Gefeiert werden sollten dabei allerdings nicht die PolitikerInnen, sondern die Menschen, die die öffentlichen Bereiche gestalten. Voraussetzung dafür ist die radikale Demokratisierung der Allmenden – durch die Einbeziehung der StaatsbürgerInnen in sämtliche Entscheidungs- und Gestaltungsprozesse. Das könnte so aussehen: Die Leitungen der Unternehmen werden hinkünftig nicht wie bisher nur vom öffentlichen Eigentümer beschickt, sondern zu gleichen Teilen vom öffentlichen Eigentümer, den Beschäftigten, den VertreterInnen der NutzerInnen und einem Gender-Gremium. Dieses »Vierer-Kleeblatt« hätte mehrere Vorteile. Die VertreterInnen der öffentlichen Hand achten so wie heute auf die betriebswirtschaftliche Vernunft, sie erfüllen also genau jene Aufgabe, die heute im Shareholdervalue verabsolutiert wird. Die BeschäftigtenvertreterInnen achten auf vorbildliche Arbeitsbedingungen, auf soziale Absicherung und auf innovative Arbeitszeitmodelle (zum Beispiel 20-Stunden-Woche, Sabbaticals et cetera), setzen gesamtwirtschaftliche Maßstäbe und zeigen dem privaten Sektor den Weg vor. Dieses »Gespann« – der öffentliche Sektor geht voran, der private Sektor rückt nach – funktionierte in den Sechziger- und Siebzigerjahren recht gut. Seit der neoliberalen Revolution in den Achtzigerjahren geht es in die Gegenrichtung: Die Vorzüge des öffentlichen Sektors werden nun als »Privilegien« diffamiert und mittels inszenierter Neidkampagnen abgeräumt. Denjenigen, denen es ein bisschen besser geht, soll es jetzt genauso schlecht gehen wie den anderen, anstatt umgekehrt. Das Problem: Tatsächliche Fälle ungerechtfertigter Privilegien haben den Neoliberalen erst die geeignete Angriffsfläche geboten, den gesamten öffentlichen Sektor zu diskreditieren.

Im neuen Modell stünden aber die Arbeits- und Entlohnungsbedingungen der in den Allmenden Beschäftigten unter den Argusaugen der Öffentlichkeit, sodass zwar eine vorbildliche, aber keine vorrechtliche Situation geschaffen werden kann. Diese Kontrollfunktion übernehmen – neben dem »Management« – die VertreterInnen der Bevölkerung (und SteuerzahlerInnen), denn sie haben einerseits ein ähnliches Interesse wie das Management: die möglichst sparsame Verwendung der öffentlichen Gelder. Allerdings, und das ist der große Unterschied zu einem privaten Partner, haben sie daneben ganz andere Interessen: höchstmögliche Qualität und flächendeckende Versorgung und Versorgungssicherheit. Das bedeutet, dass sie ihr finanzielles Effizienz-Interesse stets abwägen werden mit Qualitäts-Interessen und von daher nicht auf eine Minimierung von Beschäftigten und deren Entlohnung drängen werden, sondern auf ausreichende Beschäftigung, gute Arbeitsbedingungen und hohe Motivation. Motivation ist vielleicht das, was in den letzten Jahren am erfolgreichsten zerstört wurde. Durch ständiges Umstrukturieren, Reorganisieren, durch Personalabbau, Lohndrückerei, Kündigen und Zurückleasen über Personalverleihfirmen sowie durch mediale Diffamierung wurde den öffentlich Bediensteten stark zugesetzt. Die Inkompetenz der neoliberalen Gesellschaft in Sachen Solidarität wurde hier sehr deutlich.

Die wichtigste Aufgabe der – gewählten – VertreterInnen ist die Verbindung des »Betriebs« mit der Bevölkerung, mit den NutzerInnen. Sie erkunden deren Bedürfnisse und lassen sie als permanente Innovation in die Unternehmensentwicklung einfließen. Versäumen sie dies, werden sie abgewählt. Die Demokratie ist erst am Anfang und kein Fertiggericht. Sie bedarf einer permanenten Weiterentwicklung und Verfeinerung. Der »demos«, das Volk, darf sich ruhig nicht nur im Parlament, sondern auch in der Leitung von Post, Bahn, Telefon, Wasserversorgung und Bildungssystem wiederfinden. Dann könnten die »Volksunternehmen« zum Volk kommen, um nach den idealen Intervallen und Anschlüssen von Bussen zu fragen; dann würde das Breitband-Internet ganz selbstverständlich überallhin verlegt und nicht nur in Ballungsräume. Dann gehören die Schlangen vor den Post- und Bahnschaltern der Geschichte an. Service geht vor Profit.

In den Zeitungen, im Grunde selbst öffentliche Güter, könnten eigene Seiten für Allmenden eingerichtet werden. Dort werden Qualität und Service der Gemeinschaftsgüter permanent geprüft und diskutiert, mit NutzerInnen-Berichten und Ideenwettbewerben. Derzeit scheint nur von Interesse, ob die Deutsche Bahn oder die Österreichische Post einen Gewinnrekord erzielt und ein neues Dividendenmaximum ausschüttet. Eine triste Welt.

Das Gender-Gremium hat zwei Aufgaben: Zum einen überwacht es die Gleichbehandlung von Frauen und Männern innerhalb des Betriebes. Es achtet auf Chancengleichheit, auf gutes Betriebsklima und ahndet Sexismen, Stalking, gender-motiviertes Mobbing und Ähnliches. Zum anderen prüft es die Auswirkungen der Allmende-Leistungen auf Frauen und Männer in der Gesellschaft und bastelt umsichtig an einem diskriminierungsfreien Alltag. Auch hier wurden schon zahlreiche Fortschritte erzielt, von der kinderwagenfreundlichen Straßenbahn bis zum eigenen Frauenabteil in Zügen, doch mit professionellem Blick lassen sich immer weitere Feinheiten aufspüren, bewusst machen und korrigieren – zum Beispiel die Aussage des Chefs der Wiener Städtischen Versicherung (Kapitel *Börsen auf euren Platz!*). Die Verbesserung des gesellschaftlichen Klimas und die Beseitigung von (subtilen) Diskriminierungen und Gewaltsituationen sind das – in Geld nicht darstellbare – Ziel dieses Gremiums.

Während das Management durch ein transparentes Ausschreibungsverfahren bestellt wird, werden die anderen drei »Fraktionen« gewählt. Die BeschäftigtenvertreterInnen verfügen über das bewährte System der Betriebsratswahlen, das auch für die Entsendung in die Unternehmensleitung genützt werden kann. Die »neuen« Stakeholder müssten hingegen in einem ganz neuen Verfahren gewählt werden. Denkbar wäre, dass sich aus allen Interessierten NutzerInnen-Räte bilden, aus deren Kreis dann VertreterInnen gewählt werden. Auf kommunaler Ebene gibt es schon Erfahrung mit Direktdemokratie, zum Beispiel in der Trinkwasserversorgung. Herausfordernder ist die Einrichtung von Allmenden auf bundesstaatlicher Ebene: Gesundheit, Post, Bahn, Strom, Telefon, Internet. Viele Wahlen würden einiges an öffentlicher Aufmerksamkeit bedeuten, das ist aber auch gut so. Es geht um wesentliche soziale Einrichtungen und um Politik, die alle betrifft. Genau das ist ja der Vorwurf an neoliberale, staatsbürgerInnenferne oder obrigkeitsstaatliche Politik: dass sie abgehoben und menschenfern agiert. Hier kommt die Gesellschaft ein Stück weit »zu sich selbst«.

Solch eine Neuorganisation von Allmenden bringt viele Vorteile. Zum einen wächst in der Bevölkerung das Gefühl, dass die Unternehmen nicht nur »öffentlich« sind, sondern wirklich allen gehören und alle auch mitbestimmen können. Jede und jeder kann sich engagieren und kandidieren. Damit wächst gleichzeitig das Vertrauen in die Demokratie, das derzeit systematisch durch Sachzwang-Rhetorik, Standortwettbewerb und übermächtige Konzerne geschwächt wird. Es entsteht so auch ein neues Verständnis von Politik. Politik ist nicht etwas, was andere für uns machen, sondern Politik ist umso besser, je mehr wir sie selbst machen. In der Allmende finden Politik und Demokratie zueinander. Menschen können auf lokaler Ebene Politikerfahrung sammeln und sich für Ämter mit komplexerer Verantwortung bewähren: Zudem eignen sich Allmenden par excellence für politische Karrieren außerhalb des Parteienspektrums.

Der vielleicht wertvollste Effekt demokratisch organisierter Allmenden ist die Politisierung: dass Menschen sich wieder für das Gemeinwesen, für öffentliche Angelegenheiten interessieren. Damit werden politische Ohnmachtgefühle – die derzeit zu destruktiven oder depressiven Verhaltensmustern führen – in konstruktive Energien umgewandelt. Mitgestaltung und die Übernahme demokratischer Verantwortung tragen zur Stärkung einer Gemeinschaft bei. Sie machen die Menschen zu Citoyens und sind die Essenz der Demokratie.

Mit wachsender Politisierung und an Profil gewinnender Demokratie fällt auch Schritt eins wieder leichter: Welche Güter sind öffentlich? Welche Leistungen gestalten wir als Allmenden? Gehört der Wohnbau dazu, die Abfallwirtschaft? Sobald in einigen unstrittigen Bereichen begonnen wird – Trinkwasserversorgung, Bildung, Gesundheitsversorgung –, wird sich dieser Geist von selbst ausbreiten und seine Grenzen finden.

Das »Kleeblatt« wäre das genaue Gegenteil des aktuellen Trends, nämlich die öffentliche Hand um einen privaten Partner zu »bereichern«. Die Grundidee von »Public Private Partnerships« (PPP) klingt verlockend: Der öffentliche Partner bringt die Gemeinwohlverantwortung ein, der private das betriebswirtschaftliche Know-how und die »Effizienz«. In der Realität läuft es oft nicht ganz so symbiotisch ab. Während die Kooperation mit einem lokalen Bus- oder Abfalltransportunternehmen noch gut gehen kann, tauchen chronisch Probleme auf, wenn globale Aktiengesellschaften auf den Plan treten. Ihr Ziel ist die Maximierung des Profits, deshalb versuchen sie erfahrungsgemäß, sich vor der Erfüllung der Gemeinwohlziele zu drücken. Der öffentliche Partner geht bis zu einer Schmerzgrenze mit. Der private Partner hat bei diesem »Spiel« in der Regel die besseren Karten und kann hoch pokern, weil die öffentliche Hand nicht an einer

Vertragsauflösung interessiert ist. Dies würde erstens den Betrieb gefährden; zweitens ist nicht gewährleistet, dass ein besserer privater Partner gefunden wird, der weniger hart und kompromisslos agiert. Ein typisches Beispiel: Die privaten Partner in der Trinkwasserversorgung versprechen im Vertrag zahlreiche Leistungen, denen sie dann nicht nachkommen, etwa die Errichtung von Infrastruktur. Fordert der öffentliche Partner die Erfüllung der Vertragspflichten, sagen die Privaten, sie könnten das schon tun, nur müssten dafür die Tarife erhöht werden ...

Der Widerspruch zwischen Gewinnorientierung und Gemeinwohl führt zu permanenten Zielkonflikten. Am schwerwiegendsten ist aber, dass es durch PPP um nichts demokratischer wird, im Gegenteil: Der Einfluss der öffentlichen Hand wird stark geschwächt und die Bevölkerung wird erst gar nicht gefragt. Die Demokratie ist somit der große Verlierer des »neoliberalen Zwillings« PPP.

Für die Finanzierung der Allmenden ist ausreichender volkswirtschaftlicher Reichtum vorhanden. Ökonomisch wäre es nur vernünftig, die wachsenden Kapitalüberschüsse durch Besteuerung in sinnvolle Investitionen zu lenken. In Allmenden werden wertvolle Arbeitsplätze geschaffen, die einerseits die Umwelt nicht zerstören und andererseits die Gesellschaft und die Demokratie voranbringen. Arbeitsplätze im Gesundheitsbereich (Verbesserung der Pflege- und Betreuungsqualität), Bildungswesen (Entwicklung emotionaler und sozialer Kompetenz), in der Regionalentwicklung (Nahversorgungsbeauftragte, lokale EnergiemanagerInnen), im öffentlichen Verkehr (Flächenbahn, MobilitätsmangerInnen), im KonsumentInnenschutz (Rechtshilfe, Ombudsfrauen und -männer) sowie AbfallvermeidungsberaterInnen, urbane Komposteure oder was immer den Menschen wichtig ist. Diese Berufe wären Sinn stiftend, sie würden die Arbeitslosigkeit kräftig senken und die Nachfrage – auf ökologisch verträgliche Weise – stimulieren und somit die »deutsche Krankheit« effektiver und schneller heilen als Steuersenkungsprogramme für Großkonzerne oder Sozialabbau für die Massen.

Ein kurzer Vergleich mit Skandinavien kann vielleicht die Augen öffnen. In Deutschland und Österreich gilt der öffentliche Sektor als zu groß. Öffentlich Bedienstete gelten als ineffizient und unproduktiv, unabhängig davon, ob sie Reisepässe ausstellen oder Spitzenmedizin anbieten. Es gilt die neoliberale Regel: Je weniger öffentlich Bedienstete, desto besser. Folglich jagt eine »Verwaltungsreform« die nächste. Österreich möchte bis 2010 weitere 15 600 öffentlich Bedienstete abbauen. Der Vergleich mit Skandinavien macht unsicher: Während in Österreich der öffentliche Sektor 13 Prozent aller Arbeitsplätze schafft und in Deutschland elf Prozent, sind es in Finnland 26 Prozent, in Dänemark 30 Prozent und in Schweden sogar 32 Prozent, also jeder Dritte.

Gemäß der gültigen neoliberalen Logik müssten die skandinavischen die verstaubtesten, ineffizientesten, lahmsten und am höchsten verschuldeten Länder der Welt sein (sie haben wie berichtet die höchsten Staatsquoten und Steuersätze der Welt). Doch oh Wunder, die Realität sieht anders aus: Die skandinavischen Länder haben seit Jahren ein höheres Wachstum, eine niedrigere Arbeitslosigkeit, eine niedrigere Inflation und eine niedrigere Verschuldung als die Euro-Zone. Zudem haben sie alle drei Budgetüberschüsse. Und als Draufgabe die niedrigsten Armutsraten der Welt und die größten Erfolge bei der Gleichstellung der Geschlechter. Sie sind den Werten einer liberalen Demokratie deutlich näher als die spareifrigen EU-Länder. Diese Fakten seien den Neoliberalen ins Stammbuch geschrieben.

㊵ GAPS statt GATS

Weltweit leisten lokale BewohnerInnen Widerstand gegen Privatisierung und Liberalisierung. Aus zahlreichen Ländern wurden private Trinkwasserkonzerne regelrecht hinausgeworfen: Cochabamba, El Alto, Tucumán, Buenos Aires. Auch die Experimente in Manila, Atlanta, Potsdam und Grenoble scheiterten. In El Salvador verhinderte eine BürgerInnenfront die Privatisierung des Gesundheitswesens, die Bevölkerung von Uruguay entschied sich in mehreren Volksabstimmungen gegen die Privatisierung der Telekom- und Erdölgesellschaft sowie der Trinkwasserversorgung. Die SchweizerInnen lehnten in einem Volksentscheid die Strommarktliberalisierung ab, nachdem von Los Angeles bis London die Lichter ausgefallen waren. In Münster und Erlangen stimmten die BürgerInnen gegen den Verkauf der Wasserwerke. In Frankfurt am Main verhinderten 45 000 Unterschriften das Verleasen der U-Bahn.[7]

Der wachsende und teils erfolgreiche Widerstand ist auch die Antwort auf den immer stärker werdenden Liberalisierungs- und Privatisierungsdruck seitens multinationaler Energie-, Telekom-, Transport-, Wasser- und Gesundheitskonzerne. Sie dringen in immer mehr Länder vor und machen mächtig Druck auf Liberalisierungsabkommen in der Welthandelsorganisation (WTO). Deren Dienstleistungsabkommen GATS soll den westlichen Konzernen die Türen zu 150 Länder öffnen, die ihre öffentlichen Sektoren bisher nur widerstrebend oder gar nicht für private Anbieter geöffnet haben. Der größte Skandal dabei: Die EU fordert von mehr als 70 Ländern die Öffnung der Trinkwasserversorgung, obwohl die große Mehrheit der Menschen in der EU das selbst ablehnt. Noch brisanter wird diese Forderung im Lichte der bisherigen Erfahrungen: Es gibt kein Beispiel einer erfolgreichen Trinkwasserprivatisierung im großen Maßstab. Die Weltbank zitierte einige Jahre lang die Beispiele Buenos Aires und Manila; beide sind inzwischen gescheitert. Verwunderlich ist dies nicht: Den Konzernen geht es weder darum Städte zu modernisieren noch die gesamte Bevölkerung zu versorgen. Sie suchen Profit. Und der lässt sich mit den Ansprüchen einer Allmende – erschwingliche Tarife, hohes Service, flächendeckende Versorgung – nicht vereinen. Der Kernwiderspruch zwischen öffentlichen Gütern und Shareholdervalue ist nicht aufzulösen.

Eine Alternative zum GATS wäre das GAPS: das General Agreement on Public Services oder Allgemeines Abkommen über öffentliche Dienstleistungen. Ziel dieses UN-Abkommens (nicht in der WTO!) wäre die Versorgung aller Menschen mit den genannten Allmenden: Trinkwasser, Gesundheit, Bildung, Energie,

Kommunikation, Mobilität. Laut UNO würde die Versorgung aller Menschen mit sauberem Trinkwasser und Schulbildung zusammen 15 Milliarden US-Dollar kosten, weniger als ein Prozent des jährlichen Vermögens*zuwachses* der High Net Worth Individuals oder 0,05 Prozent ihres Vermögens! Die finanziellen Ressourcen sind also in Überfülle vorhanden, es fehlt nur der politische Wille.

Bezüglich des Know-hows gibt es zwei Wege: zunächst einen lokalen: Die Menschen vor Ort wissen oft am besten, welche soziale und technische Organisationsform für sie geeignet ist. Erfolgreiche Beispiele von Trinkwasserversorgung zeigen dies:

- Im brasilianischen Porto Alegre ist durch die direkte Mitbestimmung der Bevölkerung im städtischen Trinkwasserunternehmen die Vereinbarkeit von ökonomischen und Gemeinwohlzielen gelungen: Die Wasserwerke versorgen nicht nur 99,5 Prozent der Bevölkerung mit sauberem Trinkwasser, was Rekord unter Brasiliens Städten ist, sondern arbeiten aufgrund eines progressiven Tarifmodells auch kostendeckend und bedürfen keiner Zuschüsse seitens der SteuerzahlerInnen.[8]
- In der nordghanaischen Stadt Savelugu liefert das staatliche Wasserunternehmen Trinkwasser nur noch an, dann übernehmen selbst organisierte BürgerInnenkomitees Versorgung, Abrechnung und Instandhaltung. Zwischen 1998 und 2002 stieg der Versorgungsgrad mit sauberem Trinkwasser von neun auf 74 Prozent, die Infektionsrate mit dem Guinea-Wurm ging um 98 Prozent zurück. Die dezentralen Wasserkomitees sind zu gleichen Teilen mit Frauen und Männern beschickt.[9]
- Im malaysischen Bundesstaat Penang verzeichnet die Wasserversorgung im Eigentum von Staat, Beschäftigten und Versorgten herausragende Erfolge. Der Versorgungsgrad ist mit 99 Prozent auf Rekordniveau, die Wasserverluste sind mit 18 Prozent die niedrigsten im Land, ebenso die Wassertarife. Die Erfolgsrezepte: Streben nach Exzellenz in den öffentlichen Dienstleistungen, Dienst an den Versorgten, Nichteinmischung der Landesregierung in das Tagesgeschäft, relative Unabhängigkeit von der Bundesregierung und politischer Wettbewerb zwischen Regierung und Opposition, der zu er-

höhter öffentlicher Kontrolle, Transparenz und Rechenschaft führt. Das Unternehmen PBA ist eine private Rechtsform, die zu 75 Prozent dem Bundesstaat Penang gehört und zu 25 Prozent den Beschäftigten und KonsumentInnen. Die Gewinne werden in die Verbesserung des Unternehmens investiert.
- Im bolivianischen Cochabamba wird nach dem Desaster mit Bechtel an einem »Public Popular Partnership« gebastelt.

PPP mit »privat« (und profitorientiert) in der Mitte ist offensichtlich nicht der einzige Weg. Best-practice-Börsen könnten – als Bestandteil des GAPS – dieses Know-how verbreiten. Zum anderen ist viel technisches Know-how in den Allmenden des Nordens konzentriert. Dieses müsste dem Süden weitergegeben werden, ohne dass der Norden deswegen Eigentumsanspruch an den Energie-, Telekom- und Wasserversorgungsunternehmen des Südens anmeldet. Denn wieso sollen die Allmenden des Südens AktionärInnen im Norden gehören? Stattdessen könnten die Allmenden des Nordens eigene EZA-Abteilungen aufbauen und mit den Allmenden des Südens zusammenarbeiten (Public Public Partnership), um voneinander zu lernen und technische und demokratische Erfahrungen auszutauschen. Die Welt würde auf diese Weise zusammenwachsen, ohne dass dabei jemand verliert.

1 SCHMIEDERER / WEISS (2005), S. 145.
2 Die Welt, 25. Februar 2006.
3 Eine ausführliche Darstellung von rund 50 Privatisierungsfällen findet sich in REIMON / FELBER (2003).
4 Der Standard, 30. September 2003.
5 Österreichische Gesellschaft für Politikberatung und Politikentwicklung: »Privatisierung und Liberalisierung öffentlicher Dienstleistungen in der EU«, Studie, Wien, Mai 2003.
6 Ex-UN-Sonderberichterstatter für die Menschenrechte, Manfred Novak, Salzburger Nachrichten, 4. März 2006.
7 KLIMENTA (2006), S. 25.
8 »Reclaiming Public Water. Achievements, Struggles and Visions form around the World«, TNI und CEO, 2. Auflage, März 2005:
http://www.tni.org/books/publicwater.pdf
9 »Reclaiming Public Water! Participatory Alternatives to Privatisation«, TNI Briefing Series 2004/7.

Grenzen für die Gier

»*Goldberge türmen sich und daneben Leichenberge.*«
JEAN ZIEGLER

Armut und Reichtum wachsen derzeit parallel. Entscheidend ist der Zusammenhang: Die einen werden reich, *weil* die anderen arm werden, und umgekehrt. Die große Mehrheit der Gesellschaft empfindet die größer werdenden Ungleichheiten als Gefahr. Gleichzeitig gibt es eine breite Ablehnung gegen vollkommene ökonomische Gleichheit. Die logische Frage lautet daher: Wie groß soll die Ungleichheit sein?

Beginnen wir von vorne: Wie arm oder reich jemand wird, dass er oder sie überhaupt ökonomischen Wohlstand erreichen kann, ist nicht primär Frucht seines oder ihres Fleißes, sondern der zugrunde liegenden gesellschaftlichen Vereinbarungen. Diese beginnen beim Schutz von Privateigentum, Verträgen und Patenten, ziehen sich durch die gesamte Inszenierung und Regulierung des Marktes und reichen bis zur Steuergesetzgebung und bis zum Sozialstaat. Diese kulturellen, politischen und rechtlichen Grundnormen bestimmen, wer wie reich werden kann, erst in zweiter Instanz liegt es an den Individuen, sich innerhalb der vorgegebenen Rahmenbedingungen zu verwirklichen.

Das mag banal klingen, führt aber zur Frage, wieso wir dann überhaupt Rahmenbedingungen schaffen, die es ermöglichen, dass Menschen arm, obdachlos oder arbeitslos sind und in vielen Teilen der Welt sogar hungern? Wollen wir das wirklich? Oder sollten wir bei der Gestaltung des Wirtschaftssystems nicht der Grundmaxime folgen, dass niemand obdachlos, arbeitslos oder arm sein, dass niemandes Freiheit und Würde verletzt werden darf?

Der neoliberale Zeitgeist versucht Gedanken solcher Art zu verhindern, indem er den Markt zum Naturereignis mystifiziert und leugnet, dass er eine gesellschaftliche Abmachung und letzten Endes politische Veranstaltung ist. Würde transparenter im Raum stehen, dass alles Wirtschaften eine Umsetzung des demokratischen Willens ist, ließe sich nur sehr viel schwieriger die Existenz von Armut, Arbeitslosigkeit und Hunger akzeptieren. Infolge des naturgesetzlichen Mythos vom Markt gelingt es hingegen den Neoliberalen, den SystemverliererInnen die Schuld für Armut, Arbeitslosigkeit oder Obdachlosigkeit in die eigenen Schuhe zu schieben. Das ist zutiefst zynisch und falsch. Ob ein Wirtschaftssystem Menschen ausscheidet oder ob es alle in einer Mindestform integriert, bestimmen die Veranstalter des Spiels. Die Spielregeln für die aktuelle Form des Kapitalismus sind so angelegt, dass ein wachsender Anteil der (Welt-)Bevölkerung vom Wohlstand ausgegrenzt, systematisch enteignet und in seiner Freiheit und Würde verletzt wird.

Die durchschnittlichen Einkommen der Unselbständigen liegen in Österreich heute real um 2,4 Prozent niedriger als 1995, trotz ununterbrochenem Wirtschaftswachstum. Wie lässt sich das anders benennen als mit Enteignung? Wohl kaum sind die durchschnittlichen unselbständig Beschäftigten heute weniger fleißig als vor zehn Jahren. Gleichzeitig verdienen die US-Manager heute das 500-fache ihrer MitarbeiterInnen (Anfang der Achtzigerjahre war es noch das Vierzigfache.) Auch sie sind heute aber nicht 500-mal fleißiger oder leistungsfähiger als ihre durchschnittlichen MitarbeiterInnen, sondern wir haben schlicht und ergreifend die Spielregeln zu ihren Gunsten geändert. Nicht primär der Markt, sondern die demokratische Gesellschaft erlaubt ihnen, das 500-fache einzuheimsen. Ob Josef Ackermann zwölf Millionen Euro oder Andreas Treichl 4,5 Millionen in einem Jahr verdienen dürfen (ungefähr das 400-fache des Mindestlohns), entscheidet nicht primär ihr Aufsichtsrat, sondern die Gesellschaft, der demokratische Souverän.

Wenn wir in der Lage sind, die Grundlagen für die Wirtschaft so zu gestalten, dass breite Teile der Bevölkerung systematisch enteignet und in ihrer Würde und Freiheit, in ihren Menschenrechten verletzt werden, dann könnten wir genauso gut die Spielregeln anders gestalten – und als sozialen Mindeststandard im Kapitalismus einrichten, dass niemand hungert, arm oder obdachlos ist. Derzeit wird im Namen der Freiheit die Freiheit von weiten Teilen der Bevölkerung beschnitten, das ist nicht nur eine ethische Schande, sondern auch ein philosophischer Widerspruch.

ALTERNATIVEN

④ Gerechtigkeitsformel 20-10

Daher folgender Vorschlag: Angesichts des breiten Konsenses, dass die aktuellen Ungleichheiten zu groß sind, legen wir Grenzen für Ungleichheit fest. Wir bestimmen gemeinsam, wie groß die ökonomischen Unterschiede sein dürfen. Zum Beispiel: Die Spitzeneinkommen dürfen nicht mehr als das Zwanzigfache der Mindestlöhne betragen, und niemand soll mehr als zehn Millionen Euro Privatvermögen anhäufen dürfen: 20-10-Regel. Bitte entspannen, die Welt ginge nicht unter.

Diese 20-10-Regel wäre keine Enteignung der gegenwärtigen Elite, wie es sofort aus hundert Rohren geschossen käme, sondern die Begrenzung ihres Rechts auf Aneignung, das ihnen ohnehin nur von der Gesellschaft zugestanden wird. Enteignung findet derzeit statt, indem die einen so viel besitzen dürfen, dass die anderen zu wenig zum Leben oder Überleben haben: Solange Milliarden Menschen weltweit in Armut darben, AlleinerzieherInnen in Österreich und Deutschland sich den Kopf zerbrechen müssen, wie sie den nächsten Tag schaffen, Obdachlose und MigrantInnen auf der Straße leben oder in schimmligen Wohnungen, ist das eine permanente Enteignung und systematische Beschneidung ihrer Freiheit und Lebenswürde.

Wenn wir entscheiden, dass Privateigentum erlaubt ist (was in der Kulturgeschichte der Menschheit mehr die Ausnahme ist als die Regel), dann sollten wir uns nicht gleichzeitig vor der Frage drücken, wie viel davon legal sein soll: Genauso, wie wir nicht nur entschieden haben, dass Autofahren erlaubt ist, sondern (in Österreich) auch, dass es nur bis zu einer Grenze von 130 km/h erlaubt ist (obwohl technisch sehr viel höhere Geschwindigkeiten möglich sind und dies vermutlich auch von einigen als Einschränkung der persönlichen Freiheit empfunden wird). Es ist nicht nur erlaubt, dass jemand für das Amt des Bundespräsidenten kandidiert, sondern es ist auch geregelt, wie oft; analog dazu sollten wir nicht nur entscheiden, dass Privateigentum zulässig ist, sondern auch wie viel davon. Das kann eine absolute Grenze sein (ökologische Überlegungen) oder eine relative (soziale).

Der Grundmechanismus des Marktes bliebe dabei erhalten. Er würde nur vom bedingungslosen Selbstzweck (oder Naturgesetz) zum Instrument herabgestuft, etwas stärker in den Dienst des Gemeinwohls gestellt. Die Wirtschaft würde voraussichtlich sogar schneller wachsen als in der aktuellen ungerechten Verteilung, weil erstens die Kaufkraft der Schichten mit hoher Konsumneigung stark verbessert würde – die aktuelle Hauptkrankheit der deutschen Wirtschaft – und zweitens der Druck der Finanzmärkte auf Beschäftigtenabbau und Lohnmäßigung schwächer würde, weil das überschüssige Finanzkapital abgetragen und rückverteilt würde. Die lahmende Binnennachfrage käme wieder in Schwung.

Die Befürchtung der Vernichtung des Leistungsanreizes ist übertrieben bis falsch. Zum einen ist es Humbug, dass leistungswillige Menschen nur dann tätig werden, wenn sie das Hundertfache des Mindestlohns kassieren, beim Zwanzigfachen aber faul in der Hängematte bleiben. So simpel sind selbst CEOs nicht gestrickt. Die Mehrheit der Manager will ja nur deshalb mehr als das Zwanzigfache der »normalen« Menschen verdienen, weil es die Kollegen der Konkurrenzfirma auch tun. Diese Form des Benchmarkings ist aber wohl der schlechteste Regulationsmechanismus. Er hat dazu geführt, dass die Managergehälter in den letzten Dekaden empfindlich schneller gewachsen sind als ihre Leistung (respektive die Unternehmensgewinne). Es gibt – im Gegenteil – inflationär Beispiele dafür, dass speziell jene, die am stärksten abcashten, gleichzeitig eine miserable Performance hingelegt, zum Teil sogar mit Betrug nachgeholfen hatten. Wenn niemand mehr als das Zwanzigfache verdienen könnte, wären alle Manager aus dem Vergleichswettbewerb (und aus der Verlockung der Bilanzmanipulation) erlöst und könnten sich wieder auf das Werteschaffen (Wirtschaft) konzentrieren.

Davon abgesehen ist die maßlose Überbewertung der Leistung der CEOs bei gleichzeitiger extremer Unterbewertung der Leistung der niedrig qualifizierten Arbeiten nicht nur eine Menschen verachtende Diskriminierung (wieso wird jemand mit geringeren persönlichen Gaben und Talenten dermaßen abgestraft – du bist nur ein 500-stel wert?[1]), sondern auch systemisch falsch: Ohne die Leistungen der weniger Qualifizierten sind die Leistungen der selbst ernannten »Leistungsträger« nichts wert. Ein Unternehmen und auch die Wirtschaft ist ein System, die Beiträge aller sind unverzichtbar. Auch das spricht für eine Begrenzung der Entlohnungsschere. (Das reale Abhängigkeitsverhältnis würde in diesem System abgebildet: Ein Ansteigen der Spitzenverdienste geht nur, wenn auch die Mindestlöhne steigen.) Gänzlich absurd: Die Leistung der nicht entlohnten Arbeit, wie zum Beispiel Kinderkriegen, die für Gesellschaft und Volkswirtschaft mindestens so unerlässlich ist wie die Arbeit von CEOs, wird durch jede Aufwertung der CEOs weiter abgewertet. Somit heißt der Mechanismus, der die Einkommensschere öffnet, immer auch Sexismus.

Ich glaube weiters nicht, dass bei der 20-10-Regel alle Spitzentalente nach Nordamerika davonlaufen würden. Einerseits ist der Mensch kein Homo oeconomicus, dessen ausschließliches Lebensinteresse darin liegt, einen größtmöglichen Geldberg anzuhäufen, sondern materieller Wohlstand ist – bei reifen Menschen – eines von mehreren, gleich wichtigen Lebenszielen. (Die Verdienstgrenze würde hier in gewisser Weise einer Suchtprävention gleichkommen.) Wenn zweitens dank der 20-10-Regel in Österreich/Europa die Armut gegen null ginge, die Sicherheit ansteigen würde, die Steuereinnahmen sprudeln und die Forschungsmilliarden fließen würden, Vollbeschäftigung herrschen würde (dringend nötige Arbeiten in den Bereichen Gesundheit,

Pflege, Sozialarbeit, Biolandbau, öffentlicher Verkehr, dezentrale Energieversorgung würden finanzierbar), die Entwicklungszusammenarbeit verbessert und dadurch die Zahl der Wirtschafts- und Umweltflüchtlinge spürbar zurückgehen würde, dann hätte diese neue Verteilungsgrundlage auch viele verlockende Vorteile, die unter dem Stichwort »(Zusammen-)Lebensqualität« subsumiert werden können. Nicht zu vergessen, die Intelligenz-Riesen könnten immer noch das Zwanzigfache ihrer immer noch geringer bewerteten MitarbeiterInnen verdienen und zehn Millionen Euro ihr unantastbares Privateigentum nennen, das sind immerhin mehrere Schlösschen.

Ein letztes Gegenargument, das ich schon deutlich hören kann. Der Anreiz für technologische Innovationen würde ausbleiben, wenn nicht unbegrenzte Gewinn- und Einkommensmöglichkeiten lockten. Dass aber Geldmassen der entscheidende Anreiz für Erfinder sein sollen, ist nicht nur eine dumpfe Beleidigung der menschlichen Kreativität und Forschergabe (ja, ein Selbstzweck!), sondern auch durch zahlreiche historische Beispiele (Kinderlähmungsimpfung, Linux) widerlegt: Immer wieder stellen Menschen ihre Erfindungen unentgeltlich der Allgemeinheit zur Verfügung, technologischen Fortschritt gab es lange vor der kapitalistischen Ära. Auch Bill Gates hätte wohl kaum, statt fiebrig in der Garage zu tüfteln, sich fad vor den Fernseher gehockt, wenn er durch die betrübliche Aussicht demotiviert worden wäre, dereinst nur zehn Millionen Euro zu besitzen oder das Zwanzigfache des Mindestlohns verdienen zu können.

Ein wichtiges Argument für die Begrenzung der ökonomischen Macht von Individuen ist die Demokratie. Wenn niemand so reich und mächtig sein kann, dass er PR-Kampagnen im Alleingang finanzieren oder PolitikerInnen mit extremen Summen bestechen oder die Durchsetzung seiner privaten Interessen einer ganzen Volkswirtschaft schaden kann, wird die Politik automatisch unbestechlicher und weniger korrupt. Wenn hingegen Einzelpersonen halb so viel besitzen wie der Staat oder Einzelunternehmen ungefähr so viel umsetzen wie der Finanzminister, dann wird es heikel für die Demokratie.

Die soziale, ökologische, gerechte Gestaltung der Wirtschaft wird von vielen heiß ersehnt, aber aufgrund der gegenwärtigen Interessens- und Machtverhältnisse als Utopie betrachtet. Sämtliche Vorschläge dieses Buches ließen sich sehr viel leichter umsetzen, wenn kein Einzelner und keine organisierten Superreichen entscheidende politische Macht besäßen. Es zählt somit zu den Grundvoraussetzungen einer funktionierenden Demokratie, dass niemand in einem Gemeinwesen zu mächtig wird. Die moderne Gewaltentrennung führt sich ad absurdum, wenn Verfassung und Gesetze es erlauben, dass einzelne Menschen allein aufgrund ihrer materiellen Macht tausendmal mächtiger sind als andere. 20-10 wäre somit auch ein Meilenstein in der Weiterentwicklung der Demokratie. Die Ära der Berlusconis, Bushs und Bartensteins (Familienvermögen 104 Millionen Euro[2]) wäre vorbei.

20-10 würde schließlich Menschen dazu zwingen, nicht alle Bedürfnisse über Geld zu befriedigen – sie müssten ab der vereinbarten Grenze mit sozialer Kompetenz und emotionaler Intelligenz oder anderen Vorzügen punkten. Das wäre insofern nicht schlecht, als es sich hierbei um die Achillesfersen des Abendlandes handelt. Ein kleines Gegengewicht zum extremen Materialismus täte gut. In keiner Weltreligion oder großen Philosophie ist die maximale Anhäufung von materiellen Gütern ein zentraler Wert, im Gegenteil. Alle zeitlosen Geistesschulen legen Wert auf ein Leben, das mäßig an materiellen und reich an immateriellen Werten ist: Gefühle, Beziehungen, Werte, Gemeinschaft, Spiritualität, Natur. Selbst die Spitzenmanager pilgern zahlreich in Seminare, wo sie einen kleinen Ersatz (und Trost) finden für nicht gelebte Beziehungen, Gemeinschaft, Rituale und Sinn. Psychologisch ist eindeutig erwiesen, dass Multimilliardäre nicht glücklicher leben als Multimillionäre. Ist es nicht erstaunlich, dass wir trotz dieser Einstimmigkeit im ethisch-philosophischen Überbau die Spielregeln für den Lebensalltag in den westlichen Zivilisationen vollkommen konträr gestalten? Wäre es nicht höchst an der Zeit, den Unterbau – das Wirtschaftssystem – wieder schrittweise an den Überbau anzunähern? Die 20-10-Regel ist auf diesem langen Weg ein kleiner, aber strategisch wertvoller Schritt. 20-10 ist ein paradoxer Schritt sowohl aus der materiellen als auch aus der immateriellen Armut.

Chancengleichheit?

Die Neoliberalen sprechen auffallend gerne von Chancengleichheit – am liebsten, um Verteilungsfragen aus dem Weg zu gehen und nicht über soziale Gerechtigkeit diskutieren zu müssen. Wenn alle dieselben Startbedingungen vorfinden, so ihre Theorie, liegt es an jeder und jedem Einzelnen, sich zu verwirklichen und es zu Wohlstand zu bringen. Jede TellerwäscherIn könne es aus eigener Kraft zur MillionärIn schaffen, hören wir chronisch. Das klingt gut, doch echte Chancengleichheit ist ein reiner Mythos. Voraussetzung Nummer eins wäre nämlich ein für alle zugängliches öffentliches Bildungssystem, doch gerade das wird derzeit kaputtgespart. Sinkende Chancengleichheit zeichnet sich ab, denn eine teure Privatschule und Privatuniversität können sich schon heute nicht alle leisten. Voraussetzung Nummer zwei wäre die gleiche Verteilung des Startkapitals. Das ist schon gar nicht der Fall: Kinder wohlhabender Eltern kommen mit Millionen- oder gar Milliardenvermögen auf die Welt, Kinder von armen Schluckern mit Schulden. Wer zum Berufseinstieg einen Kredit benötigt und keine reichen Eltern hat, wird am Bankschalter mit dem Argument Chancengleichheit auf taube Ohren stoßen. Ernsthafte Chancengleichheit würde die Abschaffung des Erbrechtes voraussetzen. Oder die vererbbaren Summen begrenzen. Der Schweizer Autor Gil Ducommun schlägt vor, dass Erbschaften aufgeteilt werden: Alle Menschen erhalten beim Eintritt in das Erwachsenenalter eine bestimmte Summe als Startkapital. Dann wäre nicht nur mehr Chancengleichheit verwirklicht, sondern auch die gesellschaftliche Verantwortung über das Kapital gleichmäßiger verteilt.[3] Es läge sodann etwas mehr an jeder und jedem Einzelnen, ihres/seines Glückes eigene/r SchmiedIn zu sein. Derzeit sind laut Forbes-Magazin 43 Prozent aller Milliardäre keine ehemaligen Tellerwäscher. Sie haben die Milliarden geerbt.

---

1 Mein lieber Freund Nonno brachte es auf den Punkt: Hohe Intelligenz ist kein Verdienst, sondern ein Privileg.
2 Trend, 1. Juli 2004.
3 DUCOMMUN (2005), S. 130–133.

Ökologische Gerechtigkeit

Als man Ghandi nach der Unabhängigkeit Indiens fragte, ob Indien nun ein ähnliches Wohlstandsniveau wie England erreichen werde, antwortete er: ›England hat die Ressourcen der halben Welt für seinen Wohlstand benötigt. Wie vieler Planeten bedarf wohl ein Land wie Indien?‹

Einer der gefährlichsten blinden Flecken der neoliberalen Globalisierung ist die Zerstörung der ökologischen Lebensgrundlagen. Die Zielsetzungen der Globalisierung lauten einseitig Freihandel, Wettbewerb, Wachstum. Ob das Wachstum auf Kosten der Lebensgrundlagen geht, interessiert vorerst nicht. Zwar gibt es schon eine Reihe globaler Umweltabkommen, vom Arten- bis zum Klimaschutz, doch ihre Wirkung ist noch viel zu gering. Auch die Bemühungen um eine »Entkoppelung« des Ressourcenverbrauchs vom Wirtschaftswachstum waren bisher vergebens, weil die Effizienzgewinne stets durch Mengeneffekte aufgefressen wurden. Ein einfaches Beispiel: Ein Auto verbraucht statt acht Liter nur noch sechs. Wenn aber doppelt so viele Autos herumfahren, steigen Ressourcenverbrauch und Emissionsniveau an. Seit 1981 verbraucht die Menschheit mehr, als die Natur erneuern kann. Der »ökologische Fußabdruck« der Menschheit ist heute um ein Fünftel größer, als der Planet verkraftet. Das heißt, wir leben bereits von der Substanz und nicht von dem, was sich erneuert, was die Natur »nachhaltig« zur Verfügung stellt.

Manche mag diese Tatsache verwundern, denn hat sich nicht der Zustand der Umwelt in den letzten 20 Jahren verbessert? Sind nicht die Flüsse sauberer und die Luft reiner geworden? Die Antwort lautet: Während der Umweltschutz auf *lokaler* Ebene in den Industrieländern einige Erfolge verbuchen konnte, verschärfen sich auf *globaler* Ebene so gut wie alle ökologischen Probleme: Klimawandel, Artenverlust, Bodenerosion, Entwaldung, Anreicherung von Ökosystemen mit Schadstoffen. Eine groß angelegte Langzeitstudie der Vereinten Nationen hat 24 »Leistungen« von Ökosystemen untersucht, von der Bereitstellung von sauberem Trinkwasser und Atemluft über die Produktion von Nahrung, Holz und pflanzlichen Rohstoffen bis hin zur Regulierung von Wasser, Temperatur, Klima, Schädlingen und Krankheiten. In den letzten 50 Jahren haben sich 16 dieser Leistungen verschlechtert, fünf sind konstant geblieben, nur vier haben sich verbessert. Davon zählen aber drei zur Nahrungsmittelproduktion: Ackerfrüchte, Fisch und Fleisch. Sie haben sich durch die – ökologisch destruktive – Intensivierung der Landwirtschaft verbessert. So kann gesagt werden, dass sich fast alle Leistungen verschlechtert haben. Ein paar Beispiele:

- Die Kohlendioxyd-Konzentration in der Erdatmosphäre hat seit Beginn der Industrialisierung 1750 um ein Drittel zugenommen. Die Neunzigerjahre waren die wärmste Dekade des Millenniums.
- Die Artenvernichtungsrate liegt heute tausendmal höher als vor dem Eintritt des Menschen in die Geschichte. Ein Drittel aller Säugetiere, Vögel und Amphibien ist vom Aussterben bedroht. Laut Welternährungsorganisation sind 40 000 Pflanzenarten und damit die Ernährungssicherheit des Menschen gefährdet.
- 15 Prozent aller fruchtbaren Ackerflächen sind von Erosion betroffen, vor allem durch industrielle Übernutzung. Alle fünf Jahre geht eine Fläche größer als Deutschland verloren.[1]
- Die globale Waldfläche hat sich seit Beginn des Ackerbaus vor 10 000 Jahren halbiert; die Zahl der Feuchtgebiete seit 1950; der Fischbestand seit 1970. Ein Fünftel aller Korallenriffe und 35 Prozent der Mangrovenwälder sind verloren.
- Die Wasserentnahme aus Flüssen und Seen hat sich seit 1960 verdoppelt. Immer mehr Gewässer trocknen aus.

Infolge der Überlastung vieler Ökosysteme hat die Wahrscheinlichkeit von »nicht linearen Veränderungen« stark zugenommen, zum Beispiel regionale Klimaänderungen, plötzliche Schädlingsplagen, Entstehung neuer Krankheiten oder »Kippen« von Gewässern, so das Resümee des UN-Berichts.[2]

Entgegen einem verbreiteten Vorurteil lebt aber nicht »die Menschheit« über ihre Verhältnisse und sind nicht die Armen die Hauptverursacher von Umweltzerstörung. Der Überkonsum der Menschheit ist auf den extremen Ressourcenhunger der Industrieländer zurückzuführen. Ein Viertel der Menschheit verbraucht drei Viertel aller Rohstoffe, Nahrungsmittel und Ackerflächen. Umgekehrt müssen sich drei Viertel der Menschen mit einem Viertel vom ökologischen Kuchen bescheiden. Das große Umweltproblem sind also nicht die Armen, sondern die Reichen. Der Wissenschaftler Mathis Wackernagel hat das Konzept des »ökologischen Fußabdrucks« entwickelt. Dieser rechnet den globalen Umweltverbrauch von Menschen in Fläche um, unabhängig davon, wo sie ihn verursachen. In den ökologischen Fußabdruck gehen alle Flächen ein, die für die Erzeugung von Nahrungs- und Futtermitteln, Energie, Wohnen, Verkehr und Urlaub sowie die Entsorgung von Schadstoffen verbraucht werden.

Pro Mensch stehen 1,8 Hektar dieser »globalen Biokapazität« zur Verfügung, das ist die Nachhaltigkeitsgrenze des Planeten. Bloß: Im Durchschnitt verbraucht die Menschheit schon heute 2,2 Hektar – um 21 Prozent mehr, als die Erde verkraftet. Entscheidend ist die »Verteilung«: Der/die durchschnittliche EuropäerIn verbraucht fast das Dreifache: 4,9 Hektar, während die meisten armen Länder im nachhaltigen Bereich unter 1,8 Hektar liegen. Selbst das – absolut gesehen – ressourcenhungrige China liegt mit 1,5 Hektar pro Kopf noch klar im »grünen« Bereich.[3] *(siehe Schaubild 13)*

Die Menschen in den Industrieländern stellen also nur 15 Prozent der Weltbevölkerung, sie verbrauchen aber 28 Prozent des Getreides, 30 Prozent des Fisches, 40 Prozent des Fleisches und der Milch, 60 Prozent der Kakaoernte und 64 Prozent des Kaffees. Dieses ungleiche Verhältnis gilt für alle Rohstoffe: Nur fünf Prozent des Erdöls, acht Prozent des Erdgases, 19 Prozent des Bauxits, 20,5 Prozent des Eisenerzes und nur zwei Prozent des Nickels liegen in den Industrieländern, sie verbrauchen aber

Schaubild 13
Ökologischer Fußabdruck (Hektar pro EinwohnerIn)

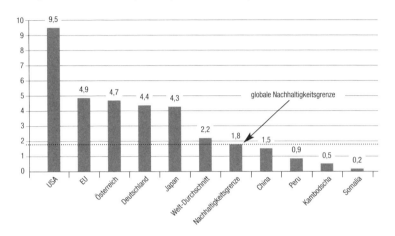

42 Prozent des Eisens und Stahls, 50 Prozent des Erdöls, 51 Prozent des Aluminiums, 57 Prozent des Bleis und sogar 64 Prozent der globalen Nickelproduktion.[4]

Wie der Norden vom Süden zehrt, zeigt sich auch in der Handelsbilanz der EU: Ausfuhren von 400 Millionen Tonnen stehen Einfuhren von 1400 Millionen Tonnen gegenüber. In Geldwert gemessen ist die Handelsbilanz dagegen fast ausgewogen, denn die von der EU exportierten Güter kosten im Schnitt 2,20 Euro pro Kilo, während die importierten Güter nur 70 Cent pro Kilo wert sind: ungleicher Tausch. Noch ungleicher wird er durch die »ökologischen Rucksäcke« der Importe. Der im Herkunftsland getätigte Materialumsatz beträgt bei den Importen 7,2 Milliarden Tonnen, bei den Exporten hingegen nur 2,3 Milliarden Tonnen.[5] Der Süden ist der ökologische Kreditgeber des Nordens. Die »Wohlstandslüge« des Nordens besteht in der Einbildung, sich aus eigener Kraft entwickelt zu haben. Vielmehr haben wir das nur mit ökologischen Anleihen »aus den Tiefen der geologischen Zeit und den Weiten des geografischen Raums« geschafft.[6] Dieser Lebensstil ist keinesfalls globalisierbar, dennoch steht der Norden als Vorbild da und viele Länder des Südens wollen »aufschließen«. Eine Gruppe von 20 neuen Verbraucherländern, angeführt von

China, Indien, Indonesien und Brasilien, beginnt dem Club der Industrieländer alle wichtigen Ressourcen streitig zu machen. Erdöl und Stahl sind nur der Beginn eines multidisziplinären Rohstoffweltkrieges.

Vernunft und Gerechtigkeit gebieten daher, nur solche Wirtschaftsweisen und Lebensstile zu wählen, die globalisierbar sind, ohne die Tragfähigkeit des Planeten zu überschreiten. Das bedeutet, dass die Reichen am Zug sind und nicht die Armen. Derzeit zeichnet sich ein ganz anderes Szenario ab: Der Norden, allen voran die USA und die EU, entwerfen militärische Ressourcensicherungsstrategien. Das europäische »Friedensprojekt« droht zu einer zweiten USA zu werden. Im Vorschlag eines »White Paper« für die Europäische Sicherheitspolitik vom Mai 2004 steht: »Die Transformation Europäischer Streitkräfte von der Landesverteidigung in Richtung Intervention und Expeditionskriegszügen ist eine unabdingbare Voraussetzung für eine effektive Europäische Sicherheitsstrategie.« Eines der Missionsziele: »Schutz der Handelswege und des freien Flusses von Rohstoffen.«[7]

Ökonomische Ursachen

Die ökonomischen Ursachen der »Wohlstandslüge« liegen vordergründig in der konkreten Ausgestaltung globaler wirtschaftspolitischer Abkommen und Institutionen, die allerdings auf bestimmten kulturellen Werten beruhen. In der abendländischen Zivilisation – allen voran in den USA und in der EU – wird Wohlstand sehr stark mit materiellem Besitz gleichgesetzt, und das nicht bis zu einer sinnvollen und vernünftigen Grenze (die großzügige Abdeckung aller Grundbedürfnisse), sondern schrankenlos. Der Materialismus ist Selbstzweck geworden, hat religiöse Züge angenommen.

Zweitens gilt die Verfolgung des Eigennutzes als legitimes und ausreichendes Motiv für wirtschaftliches Handeln. Wenn alle nur ihren Eigennutz verfolgen, kommt auch das beste Ergebnis für die Gesamtheit heraus, behaupten seit 300 Jahren führende

Ökonomen (Kapitel *Globale Kooperation*). Das bedeutet, dass zusätzliche, abwägende oder korrigierende Motive wie die Nichtschädigung anderer oder der Natur keine Leitmotive des wirtschaftlichen Handelns sind. Ziel ist nur das Gewinnmachen (weil daran Erfolg gemessen wird und gesellschaftliche Anerkennung hängt), zunächst einmal unabhängig davon, ob dabei Umwelt zerstört wird. Umweltschutz oder die Nichtschädigung anderer spielt in der Regel erst dann eine Rolle, wenn es gesetzliche Vorgaben gibt, also ein Korrektiv zum ausschließlichen Gewinnstreben.

Genau dagegen sträuben sich die transnationalen Konzerne allerdings in geballter Form: Ihre Interessenvertretungen lobbyieren gegen (strengere) Umweltschutzgesetze und, noch allgemeiner, gegen jede Form der verpflichtenden Regulierung. Nur freiwillige und unverbindliche Regeln à la Corporate Social Responsibility kommen für sie in Frage. Hier wird deutlich: Die falschen ethischen Grundlagen einer Gesellschaft – Gewinn und materieller Besitz bedeuten Erfolg und bringen Anerkennung – gebären auch die falschen Interessen: den Ruf nach dem Recht auf persönlichen Gewinn auf Kosten anderer und der Mitwelt. Anhand von drei Beispielen soll gezeigt werden, wie die konkrete Wirtschaftspolitik, die auf diesem Werte-Fundament beruht, die Umwelt schädigt:

1. Die ausländischen *Investitionen* der Global Players werden zunehmend rechtlich verbindlich »geschützt« – im Gegensatz zu den davon betroffenen Bevölkerungen der Gastländer, in denen investiert wird. Konzerne erhalten teilweise sogar ein Klagerecht gegen Staaten, wenn ihre Gewinne durch Umweltschutzgesetze geschmälert werden. Die umgekehrte Regulierung wäre viel nötiger, denn es sind vor allem Investoren aus dem Norden, die im Süden die Umwelt zerstören: Bergbaufirmen vergiften Flüsse und zerstören Ökosysteme; Holzkonzerne schlagen Wälder kahl; Ölfirmen vergiften Boden und Gewässer; Getränkefirmen senken den Grundwasserspiegel; Agrarkonzerne verdrängen mit Exportplantagen lokale BäuerInnen und verwenden große Mengen Pestizide; Unfälle von Chemiekonzernen schädigen die Bevölkerung.

2. Die *Welthandelsorganisation (WTO)* fördert den Handel unabhängig davon, wie die gehandelten Produkte und Dienstleistungen hergestellt werden. Ökologisch hergestellte Produkte dürfen gegenüber gleichartigen, aber umweltschädlicheren nicht bevorzugt werden, dies würde die WTO als Handelsverzerrung verbieten. Schon die Etikettierung (zum Beispiel von gentechnikfreien Nahrungsmitteln) kann zum Klagefall in der WTO werden, weil damit nicht etikettierte *gleichartige* (aber gentechnisch veränderte) Nahrungsmittel *diskriminiert* würden. Auch die Länge der Transportstrecken ist der WTO völlig egal. Ob ein und dasselbe Produkt aus Nahversorgung kommt oder per Flugzeug aus 5000 Kilometer Entfernung, ist einerlei. Nicht ganz: Während die Bevorzugung der Nahversorgung eine illegale Handelsverzerrung darstellt, dürfen transnationale Nahrungsmittelkonzerne besser behandelt werden.

3. Die *Weltbank* wiederum hat in ihrer Kreditvergabepolitik die längste Zeit keinerlei ökologische Kriterien angewandt. Wachstum galt als gut, egal, was dabei zerstört wurde. So finanzierte sie Riesenstaudämme, große Straßen, die Erschließung von Erdöllagerstätten und ökologisch katastrophale Bergbauprojekte. Nach jahrelanger heftiger Kritik hat sie einige Umweltstandards entwickelt, doch die Ergebnisse sind sehr mager. 2003 flossen immer noch 94 Prozent der Gelder des Energie-Portfolios der Weltbank in die Erschließung fossiler Brennstoffe und nur sechs Prozent in die von erneuerbaren Energiequellen. Die Bank finanziert sowohl ein 35 000 Kilometer langes Schnellstraßensystem in China also auch ein 14 000 Kilometer langes in Indien.[8] Auch die Förderung destruktiver Bergbauprojekte geht weiter. Am 31. Januar 2006 genehmigte die Weltbank-Tochter IFC einen 125-Millionen-Dollar-Kredit für das Goldabbauprojekt Ahafo in Ghana, das nach Angaben von FIAN weder Umwelt- noch Menschenrechtsstandards erfüllt. 9500 KleinbäuerInnen werden enteignet und zwangsumgesiedelt, ihr Land geht in das Eigentum des US-Unternehmens Newmont über.

Globale Umweltpolitik

Es gibt neben der neoliberalen auch eine »ökologische Globalisierung«, nur ist ihre Wirksamkeit aufgrund des Vorrangs von Freihandel und freiem Kapitalverkehr sehr begrenzt. In den letzten Dekaden sind zahlreiche multilaterale Umweltschutzabkommen (MEA) in Kraft getreten, darunter das Washingtoner Artenschutzabkommen (1975), das Montreal-Protokoll zum Schutz der Ozonschicht (1987), die Baseler Giftmüllkonvention (1992), die Klimarahmenkonvention (1992), aus der das Kyoto-Protokoll entsprang (1997), sowie die Artenvielfaltskonvention (1992), die wiederum das Protokoll über die Biologische Sicherheit zur Folge hatte (2000). Der entscheidende Auftakt globaler Umweltschutzpolitik war der »Erdgipfel« in Rio de Janeiro 1992. Es war nicht nur der erste UN-Gipfel zum Thema Umweltschutz, sondern er zeitigte auch zahlreiche Ergebnisse: Für das neue Jahrhundert wurde ein globales Aktionsprogramm, die Agenda 21, entworfen, die weltweit in lokale Agenda-21-Prozesse übersetzt wurde. Mehrere Umweltabkommen kamen auf Schiene, darunter die Klimarahmen- und die Artenvielfaltkonvention. Der Planet stand kurzzeitig im Mittelpunkt der Weltpolitik.

Allerdings fand der Gipfel kurz nach dem Zusammenbruch der Diktaturen in Osteuropa statt, in dessen Sog sich der Neoliberalismus weltweit durchsetzte. Der Glaube an den Markt vertiefte sich, ausländische Direktinvestitionen und Freihandel (und das daraus erhoffte Wachstum) wurden als Allheilmittel für globale Entwicklung angesehen. Intensive Störmanöver der Konzern-Lobbys gegen (ihnen unangenehme) »Regulierung« brachten den Umsetzungsprozess zusätzlich ins Stocken. Auf der Folgekonferenz »Rio + 10« 2002 in Johannesburg war der Auftritt der Konzerne so massiv (BMW stellte gleich mal eines seiner Autos ins Foyer), dass die Zivilgesellschaft, unter anderem die indische Umweltaktivistin Vandana Shiva, den Gipfel verließen. Derzeit setzen die Konzerne mit aller Macht auf freiwillige Initiativen wie CSR (Corporate Social Responsibility), um verbindliche Regeln zu verhindern.

ALTERNATIVEN

Zwei Kernnotwendigkeiten sollten die globale Wirtschaftspolitik leiten. Erstens: Die Inanspruchnahme der globalen Ökosysteme (Ressourcenentnahmen, Schadstoffausstoß) muss wieder unter die planetare Nachhaltigkeitsgrenze zurückgeführt werden. Das bedeutet eine Verminderung des ökologischen Fußbadrucks der Menschheit um mindestens 20 Prozent gegenüber heute. Zweitens: Da eine ökologische Apartheid – der materialistische Lebensstil einer Minderheit auf Kosten der Mehrheit – nicht zu rechtfertigen ist, müssen die heutigen ExtremverbraucherInnen ihren Konsum stärker einschränken als die GeringverbraucherInnen. Jedem Menschen stehen heute 1,8 Hektar zu. 2050, wenn das Maximum der Weltbevölkerung von neun Milliarden Menschen erwartet wird, nur noch 1,2 Hektar. Der Durchschnittsverbrauch in der EU liegt heute bei 4,9 Hektar, in den USA bei 9,5 Hektar und in Japan bei 4,3 Hektar.[9] Das heißt, dass der Norden die größten Hausaufgaben zu machen hat. In Sachen Nachhaltigkeit sind die Industrieländer die eigentlichen Entwicklungsländer: Sie haben noch den weitesten Weg vor sich.

Die derzeitigen Leitwerte der neoliberalen Globalisierung – freier Kapitalverkehr, Freihandel und Wettbewerb – müssen aufgegeben werden. Sie sind keine Ziele an sich und haben ihr Versprechen, den größtmöglichen Wohlstand für alle zu schaffen, nicht eingelöst. Das Wertesystem der Globalisierung muss auf den Kopf gestellt werden. Kredite, Handel und Investitionen dürfen nur dann stattfinden, wenn sie ökologisch und sozial verträglich sind. Die Bewahrung des Lebens und seiner Grundlagen ist ein Wert an sich, an dem sich jede wirtschaftliche Tätigkeit messen lassen muss.

Nachhaltige (ökologisch und sozial verträgliche) Entwicklung wäre ein alternativer Leitwert, der kein neues »Schema F« vorgibt, sondern großen Spielraum für unterschiedliche Umsetzung offen lässt. Sie ist sogar so definiert, dass jede Region/Kultur ihren eigenen Entwicklungsweg finden soll. Sie stellt nur die Kernbedingung, dass Wirtschaften ökologisch verträglich sein muss und keinen Schaden anrichten darf. Bei dieser Formulierung gibt es ein häufiges Missverständnis: Nachhaltigkeit heißt nicht, einen Ausgleich zwischen ökologischen und sozialen Zielen und bestehenden ökonomischen Interessen zu schaffen, sondern dass Wirtschaft grundsätzlich nur innerhalb der ökologischen Grenzen organisiert wird. Es ist ein Märchen, dass dies eine Beschneidung unternehmerischer Freiheit wäre. Beschnitten werden lediglich alteingesessene Gewohnheitsrechte bestimmter Gruppen, die mit der Zerstörung von Allgemeingütern und der Zukunft unsauberes Geld verdienen – von der Chlorchemie über die Zementindustrie bis zum Auto-Öl-Komplex. Wenn Wirtschaften als »Werte schaffen« verstanden wird, dann ist die gegenwärtige Industriegesellschaft gar keine Wirtschaft, sondern ein System der Wertezerstörung. Nachhaltigkeit hieße, dass nur noch solche Tätigkeiten stattfinden, die Werte schaffen. Ökologische Landbaumethoden, erneuerbare Energieversorgungssysteme, umweltverträgliche Mobilitätslösungen und Siedlungsstrukturen, Solararchitektur, Bio-Chemikalien, Naturmedizin, langlebige Konsumgüter, rezyklierbare Werkstoffe, biologisch abbaubare Verpackungen ...

42 Globales Umweltrecht vor Handels- und Investitionsfreiheit

Um auf diesem Weg voranzukommen, sollte der Bestand der globalen Umweltabkommen kräftig ausgebaut werden. Es braucht wirksame Abkommen zum Schutz der globalen Meere, Wälder, Feuchtgebiete und der Erdatmosphäre. Wer gegen globale Umweltabkommen verstößt, muss genauso empfindlich bestraft werden wie ein heutiges WTO-Mitglied, das gegen den Freihandel verstößt. Die Umweltabkommen müssen rechtlichen Vorrang bekommen vor Handels- und Investitionsschutzverträgen. Derzeit kümmert sich die WTO nicht um das Kyoto-Abkommen, die Konvention zum Schutz der Artenvielfalt oder das Protokoll über die Biologische Sicherheit – der Freihandel hat Vorrang. Umweltschutz ist aber im Gegensatz zum Handel ein Wert an sich und muss daher höher bewertet werden.

Gleichzeitig mit den Umweltabkommen muss auch der Schutz der wirtschaftlichen, sozialen, kulturellen und ökologischen Menschenrechte (Existenzrechte) ausgebaut werden. Das heißt, dass indigene FischerInnen, BäuerInnen oder WaldbewohnerInnen und ihre Lebensräume vor dem Einfall von Rohstoff-, Holz-, Agrar- oder »Life-Science«-Konzernen geschützt werden müssen und ein effektives Vetorecht gegen Investitionsentscheidungen in die Hand bekommen, etwa im Rahmen des Standortschutzabkommens.

Einer besonderen Regelung bedarf die Extraktion und Verteilung von Ressourcen. Sie sollten unter den Gesichtspunkten der Nachhaltigkeit, des Minderheitenschutzes, der internationalen und der intergenerationalen Gerechtigkeit gestaltet werden. Ein globales Rohstoffabkommen könnte im Schoße der UNO angesiedelt werden, etwa in einer neuen Weltumweltorganisation, die aus dem Umweltprogramm und der Kommission für nachhaltige Entwicklung hervorgehen könnte.

Die Kreditpolitik von Weltbank und Währungsfonds muss ebenfalls vollständig auf Nachhaltigkeit und regionale Entwicklung umgepolt werden. Der blinde Exportansatz ist fallen zu lassen. Außerdem müssen die betroffene Bevölkerung in die Kreditentscheidung und die Brettons-Woods-Zwillinge in das UN-System eingebunden werden (Kapitel *Entwicklung braucht Entschuldung*). Dann wären dem Raubbau an den Ressourcen drei kräftige Riegel vorgeschoben.

㊸ EU-Strategie für nachhaltige Entwicklung

Ökologische Gerechtigkeit heißt, dass der Norden die größten Hausaufgaben zu bewältigen hat. Die EU sollte, anstatt sich die weltweite Wettbewerbsfähigkeit zum Ziel zu setzen, ihren Ressourcenverbrauch um mindestens drei Viertel senken. Anstelle der Lissabon-Strategie braucht es eine Strategie für nachhaltige Entwicklung. Zur Erreichung dieses ehrgeizigen Ziels empfiehlt sich ein dreifacher Ansatz: *Effizienz* (zum Beispiel Energiespartechnologien), *Konsistenz* (Bedarfsdeckung mit erneuerbaren Quellen) und *Suffizienz* (Änderung des Lebensstils, Mäßigung im Verbrauch). An den Schlüsselbereichen Energie, Verkehr und Landwirtschaft sei gezeigt, wie das konkret aussehen könnte.

- In der Energieversorgung bedarf es zunächst einer radikalen Verbesserung der Effizienz. Die Forschungs-, Steuer-, Finanz- und Strukturpolitik sollten koordiniert dafür eingesetzt werden, die Energieeffizienz unserer Produktions- und Konsummuster radikal zu verbessern, um dieselben Leistungen (Wärme, Licht, Mobilität) mit einem Bruchteil des Verbrauchs zu erbringen. Danach sollen diese mit einem bunten Konzert aus erneuerbaren, letztendlich solaren Energiequellen gedeckt werden. Eine neu zu gründende »Agentur für Erneuerbare Energieträger und Energieeffizienz« könnte den Euratom-Vertrag ablösen. Sie würde bei der Erforschung energiesparender Produktionsweisen und »grüner« Quellen helfen und den Technologietransfer in die nicht industrialisierten Länder organisieren, damit diese die fossile Phase »überspringen« und direkt ins solare Zeitalter eintreten können. Die EU sollte sich einen Zeitplan für die Erreichung der Unabhängigkeit von Energieimporten und für den Ausstieg aus der Kernkraft setzen. Schweden beschreitet diesen Weg bereits. Bis 2020 will das Land »unabhängig vom Erdöl« sein.[10] Die südburgenländische Stadtgemeinde Güssing ist heute schon so weit. Bei der Umstellung von fossil auf solar entstanden in der 4400-EinwohnerInnen-Stadt 400 Arbeitsplätze.[11]
- Einen ähnlichen Paradigmenwechsel braucht es in der Landwirtschaft. Die flächendeckende Umstellung auf biologische Bewirtschaftung wäre die Analogie zum Güssinger Energie-Modell. Regelmäßigen Umfragen zufolge wünschen 80 Prozent der österreichischen Bevölkerung diesen Schritt. Wenn Agrarförderungen in Zukunft nur noch in ökologische Produktion, Vielfalt, Nahversorgung und Beschäftigungsintensität fließen sowie in Betriebe bis maximal 50 oder 100 Hektar Größe, ist dieses Ziel erreichbar.

- Die Verkehrspolitik wird zugunsten einer umweltverträglichen Mobilitätspolitik eingestellt. EU-Verkehrspolitik hat zum Ziel, möglichst viel Material mit möglichst hohem Energieaufwand über möglichst weite Strecken zu transportieren. Mobilität bedeutet dagegen die möglichst unaufwändige, material- und energiesparende Erreichbarkeit aller Ziele. Davon will die EU nichts wissen: Sie investiert gegenwärtig noch immer 63 Prozent des Mobilitätsbudgets in den Ausbau von hochrangigen Straßen und nur 27 Prozent in die umweltfreundlichere Eisenbahn[12], obwohl sich das Autobahnnetz seit 1970 schon verdreifacht hat und das Eisenbahnnetz um zehn Prozent geschrumpft ist; und obwohl der Verkehr immer noch schneller wächst als die Wirtschaft, sprich die Transporteffizienz sinkt. Derzeit emittiert eine Person in Deutschland oder Österreicher allein im Verkehr mehr Kohlendioxyd, als die Biosphäre pro Mensch aufnehmen kann. Bei echter Nachhaltigkeit steht pro Mensch und Tag höchstens ein halber Liter Benzin für Mobilitätszwecke zur Verfügung. Damit lässt sich keine Automobilgesellschaft unterhalten. Daher gilt es, ein lückenloses, komfortables und umweltverträgliches Mobilitätssystem aufzubauen. Die Transeuropäischen Netze sollten einer europäischen Strategie für Flächenbahn und öffentliche Mikromobilität weichen. Wenn wir die nächsten 30 Jahre genauso viel Ingenieurskraft, Erfindungsgabe und finanzielle Ressourcen in die Errichtung eines umweltverträglichen Mobilitätssystems lenken wie in den letzten 50 Jahren in die Perfektion des Privatautos, dann werden wir diese Jahrhundertherausforderung schaffen. Angesichts von Peak Oil und Klimawandel bleibt uns gar keine andere Wahl. Mit Verzicht hat das wenig zu tun: Am Ende haben wir zwar weniger Verkehr, aber mehr Mobilität. Und vor allem: mehr Sicherheit. Derzeit fordert der Krieg auf den Straßen der EU jährlich 40 000 Tote und 1,7 Millionen Verletzte.

44 Kostenwahrheit und Ökologisierung des Steuersystems

Solange das Wirtschaften auf einer egoistischen und materialistischen Ethik beruht und die Bewahrung der ökologischen Grundlagen kein inneres Anliegen von ProduzentInnen und KonsumentInnen ist, müssen sie von außen mit Geboten und Verboten oder mit Preissignalen »angereizt« werden. Im derzeitigen Wirtschaftssystem sind Preise die mächtigsten Anreize. Ökologische Kostenwahrheit heißt, dass die von den AkteurInnen angerichteten Umweltschäden in die Preise eingerechnet werden. Die Lenkungswirkung ist umso effizienter, je näher das Preissignal an den Beginn der Produktionskette gesetzt wird. Das Kostenbewusstsein entsteht dann schon bei den ProduzentInnen und nicht erst bei den KonsumentInnen.

Das beste Instrument, die Preise schon beim Materialinput die Wahrheit sprechen zu lassen, ist das Steuersystem. Die Debatte um die Ökologische Steuerreform ist mittlerweile 20 Jahre alt. Obwohl der Grundgedanke bestechend einfach ist – Umweltverbrauch wird stärker besteuert, Arbeit steuerlich entlastet –, ist bis heute nicht viel passiert. In Österreich sind selbst bei einer großzügigen Betrachtung nur 9,4 Prozent aller Steuern und Abgaben umweltrelevant. Um einen spürbaren Lenkungseffekt zu erzielen, müsste dieser Anteil auf 30 bis 50 Prozent des Steueraufkommens ansteigen.[13] Auch der Einstieg Deutschlands in die »Ökosteuer« war viel zu sanft: Die Ökosteuer hat bisher weder einen Ausbaustopp des hochrangigen Straßennetzes noch einen Rückgang des Verkehrsaufkommens bewirkt, weder eine Abnahme des Energieverbrauchs noch eine Extensivierung der Landwirtschaft: Öko-Kosmetik.

Der Ansatz ist hingegen richtig: Derjenige Steuerfaktor, der im Gegenzug entlastet werden sollte, ist die Arbeit. Arbeit ist volkswirtschaftlich wünschenswert, es ist unsinnig, sie steuerlich zu »bestrafen« im Vergleich zum ökologisch schädlichen Ressourceneinsatz. Wenn Arbeit im Gegenzug entlastet wird, hat dies – neben der Genesung der Umwelt – zahlreiche positive Nebeneffekte: Die Schwarzarbeit geht zurück, die Beschäftigung steigt an, die Arbeitslosigkeit sinkt, das Budget wird entlastet. So gesehen ist es höchst unverantwortlich, diese »doppelte Dividende« – bessere Umwelt, geringere Arbeitslosigkeit – nicht zu nützen. Der mächtigste Bremsblock waren bisher die verschmutzenden Industrien von Zement über Papier bis zum Frächtergewerbe, die »ökologischen Besitzstandswahrer«. Sie haben sich erfolgreich gegen eine Ökologisierung des Steuersystems zur Wehr gesetzt, absurderweise mit dem Argument, dass dadurch Arbeitsplätze zerstört würden. Aus ihrer individuellen betriebswirtschaftlichen Sicht stimmt das ja auch, aber nicht volkswirtschaftlich, weil der ökologische Strukturwandel unterm Strich mehr Arbeitsplätze schafft als zerstört, das belegen zahlreiche Studien. Noch lieber drohen sie – wieder einmal – mit dem Verlust von Wettbewerbsfähigkeit, wenn ein Land vorausginge. Doch gerade dieses Argument ist falsch: Erstens haben innovative Technologien oder Organisationsstrukturen, die die Umwelt schonen, noch nie einem Land geschadet, im Gegenteil: Wer als erster vorangeht, hat die Nase vorn (»First-mover-Vorteil«). Es gibt zahlreiche Wirtschaftsbranchen, die vom Wandel profitieren würden, von der Solarindustrie bis zum Öko-Landbau. Die gerade von den Globalisierungsgewinnern und Großindustriellen stets lautstark befürwortete »Modernisierung« und Fortschrittsfreundlichkeit gerät hier auffällig in Vergessenheit. Die ökologische Wende kommt so oder so: entweder rechtzeitig durch vernünftiges Umsteuern oder schmerzhaft durch einen plötzlichen Crash.

㊺ Ökologische Konten

Ökologische Marktpreise haben einen großen Nachteil: Die Reichen können sich mehr Umweltzerstörung leisten als die Armen. Deshalb muss eine gerechte Umweltpolitik auch mit Geboten und Verboten arbeiten. Oder mit ökologischen Rechten, zum Beispiel in Form individueller Öko-Konten. Jeder Mensch erhält das Recht auf einen ökologischen Fußabdruck bestimmter Größe (1,8 Hektar). Besonders umweltschädigende Verhaltensweisen wie etwa

Fliegen oder Autokauf würden vom persönlichen »ökologischen Konto« abgebucht. Ansätze ökologischer Preisauszeichnung gibt es bereits, das Rad müsste gar nicht neu erfunden werden.

Falls jemand argumentiert, dass dies die individuelle Freiheit zu sehr einschränken würde: Die jetzige Situation, dass sich eine Minderheit der Menschen den Großteil der Ressourcen aneignet, stellt die größte Freiheitseinschränkung der Mehrheit der Menschen und der zukünftigen Generationen dar. Nicht Öko-Diktatur droht durch ökologische Gerechtigkeit, sondern Öko-Diktatur und Öko-Apartheid finden längst statt, indem die einen so viel Umweltraum beanspruchen, dass für die Mehrheit gar kein Platz mehr bleibt. Es geht also nicht um die Durchsetzung »ökologischer Ideologie«, sondern vorrangiges Ziel ist die Verwirklichung von Freiheit für alle: eine eminent liberale Idee.

Da es um ökologische Grundrechte geht, wäre die Handelbarkeit von Öko-Konten keine gute Idee, denn dann würden die Reichen den Armen das Recht auf Verschmutzung abkaufen und die Armen würden aus Geldnot ein Grundrecht veräußern. Grundrechte sollten aber weder verhandelbar noch handelbar sein.

Die Idee der Öko-Konten ist die Weiterführung des Kantianischen Gedankens einer WeltbürgerInnengesellschaft mit globalen Rechten (zum Beispiel Teilhabe an globalen Umweltgütern) und Pflichten: der Schutz dieser Umweltgüter und ihre gerechte Verteilung innerhalb gegenwärtiger und mit den zukünftigen Generationen.

Auch ohne Öko-Konto ist eine nachhaltige Lebensführung möglich – durch Eigenverantwortung! Hier ist der Begriff endlich am richtigen Platz, weil Menschen freiwillig globale Verantwortung übernehmen können. Niemand muss auf Gesetze oder Verbote warten, um auf Autobesitz oder Flugreisen zu verzichten, Obst und Gemüse der Saison zu kaufen, Nahversorgung zu unterstützen oder auf Ökostrom und öffentlichen Verkehr umzusteigen. Dennoch sollte eigenverantwortliches IIandeln mit Gesetzen – Ordnungspolitik, Preisanreize, Öko-Konten – unterstützt werden, damit für Gemeinwohlbanausen kein Anreiz bestehen bleibt, das »Verantwortungsgefälle« auszunützen.

Die bisher vorgeschlagenen Maßnahmen zielen großteils darauf ab, Verhalten von außen zu steuern. Noch effizienter wäre die Änderung der ethischen Grundlagen unseres Handelns, damit Umweltschutz zur Herzensangelegenheit wird. Derzeit sind Egoismus und Materialismus hoch in Mode. Als erfolgreich gilt, wer Eigennutz und Besitz maximiert: die Krankheit des Westens.

Der erste Schritt zur ökologischen Ethik liegt in der Entkoppelung von Lebensglück und materiellem Reichtum. In allen Philosophien und Religionen wird Weisheit in der Mäßigung und im rechten Maß erkannt, nicht in der Maßlosigkeit. Damit Mäßigung nicht als Moral (Regel von außen) daherkommt, sondern als innerer Wert (Ethik) wachsen kann, muss eine entscheidende Erfahrung gemacht oder vermittelt werden: dass Lebensglück nicht von materiellem Reichtum abhängt, sondern von erfüllenden Beziehungen, sozialer Einbettung, Selbstverwirklichung, Sinnfindung, einer Balance aus Güter- und Zeitwohlstand sowie Vielfalt in der Lebensgestaltung. Geiz ist nicht geil und Konsum macht nicht glücklich.

(Im Gegenteil: Allzu großer Reichtum und Besitz können umgekehrt knechten und unglücklich machen. Die Menschen in den USA sind Umfragen zufolge heute deutlich weniger glücklich als 1957, obwohl sich ihr Einkommen verdoppelt hat. Im globalen Glück-Index befinden sich aus westlicher Sicht arme Länder wie Butan an der Spitze.)

Der zweite »ethische Reformschritt« ist die (Wieder-)Gewinnung der Achtung der Natur: nicht nur aller Lebewesen, sondern auch der Wälder, Flüsse, Meere, Luft und Berge. Wenn die Achtung alles Lebendigen und Seienden zum inneren Anliegen wird, findet Mitweltzerstörung erst gar nicht statt. Für miteinander verbundene Menschen kommt rücksichtsloser Eigennutz als Handlungsmotiv gar nicht in Frage, weil sie stets das Ganze wahrnehmen und jede Handlung auf ihre Auswirkungen auf die Mitwelt prüfen. Sie trachten sowohl als ProduzentInnen als auch als KonsumentInnen von sich aus danach, eine möglichst geringe ökologische »Spur zu hinterlassen«, wie es der Buddhismus formuliert (ganz nahe am wissenschaftlichen »Fußabdruck«).

Eine ökologische Ethik kann jedoch Gesetze nicht ersetzen, denn nie werden alle Menschen dasselbe empfinden und dieselben Handlungsmotive teilen. Gesetze sollen erwünschte Handlungen und Handlungsmotive unterstützen, damit auch diejenigen, die es nicht freiwillig tun, sich ökologisch verhalten.

46 Alternativer Wohlstandsindikator

Es ist absurd: Obwohl materieller Wohlstand nur eine Bedingung für eine gutes Leben ist und obwohl die rein in Geldwert gemessene Wirtschaftsleistung in keinem Zusammenhang mit Glück und Zufriedenheit einer Bevölkerung stehen muss, gilt das BIP immer noch als das Wohlstand-Maß aller Dinge. Wie entwickelt, wie fortschrittlich oder wie reich Staaten sind, wird ausschließlich am BIP festgemacht.

Doch das BIP sagt nichts darüber aus, wie viele Menschen in einem Land hungern, arbeitslos oder arm sind, wie viele kranken- oder rentenversichert, ob Frauen und Männer gleich behandelt werden und wie ausgeprägt die Mitbestimmungsrechte sind. Wenn die Umwelt durch industrielle Aktivitäten zerstört und der Rohstoffreichtum eines Landes geringer wird, wächst das BIP. Jeder Autounfall, jeder Krieg lässt das BIP ansteigen.

Das alles spricht nicht dagegen, dass wir die Summe aller produzierten Güter und Dienstleistungen in einer Volkswirtschaft messen, aber dagegen, dass wir das BIP als Wohlstandsindikator verwenden. Das BIP sagt nichts darüber aus, wie gut es uns geht!

Seit ungefähr 20 Jahren werden deshalb alternative Wohlstandsindikatoren entwickelt. Allen voran der Index of Sustainable Economic Welfare (ISEW), der Umweltschäden misst und von der Wohlstandssumme abzieht. Der ISEW Europa steigt seit den Siebzigerjahren nicht mehr – im Unterschied zum BIP.

Ein anderer Alternativindikator ist der Index für menschliche Entwicklung (Human Development Index, HDI) des Entwicklungsprogramms der Vereinten Nationen (UNDP), der neben dem Einkommen auch das Bildungs- und Gesundheitsniveau misst.

Norwegen und Schweden sind dem HDI zufolge die entwickeltsten Länder.

Ein aussagekräftiger Wohlstandsindikator sollte neben ökonomischen auch ökologische und soziale Kriterien berücksichtigen, zum Beispiel so:

Wohlfahrtsindex

ÖKOLOGIE	SOZIALES	ÖKONOMIE
CO_2-Emissionen/Kopf	Gleichstellung von Frauen	Einkommen
Materialverbrauch/Kopf	Bildungsniveau	Verteilung
Anteil biologischer Landwirtschaft	Gesundheitszustand	Arbeitslosigkeit
Artenvielfalt	Gewaltniveau	Branchenmix
Anteil Bahn am »Modal Split«	Mitbestimmung	Nahversorgung

Welche Parameter verwendet werden, ist nicht das Wichtigste. Entscheidend ist, dass das Diktat des Geldes bei der Wohlstandsmessung »verdünnt« wird in einem ganzheitlicheren Setting von Indikatoren. Die Verabsolutierung des Ökonomischen hätte – zumindest bei der Wohlstandsmessung – ein Ende.

1 UNEP: »Global Environmental Outlook 3«, London 2002, S. 64. Zitiert in RAUCH/STRIGL (2005), S. 193.
2 Millennium Assessment Ecosystem Synthesis Report 2005.
3 WWF/GLOBAL FOOTPRINT NETWORK (2005), S. 4 und 11.
4 WUPPERTAL-INSTITUT (2005), S. 54–59.
5 WUPPERTAL-INSTITUT (2005), S. 71.
6 WUPPERTAL-INSTITUT (2005), S. 157.
7 Institute for Security Studies: »European Defence. A Proposal for a White Paper«, S. 55 und 13, Paris, Mai 2004.
8 WUPPERTAL-INSTITUT (2005), S. 185.
9 WWF/GLOBAL FOOTPRINT NETWORK (2005), S. 2 und 11.
10 Ministerin Mona Sahlin, ORF online, 10. Februar 2006.
11 www.eee-info.net
12 Jacqueline McGlade, Leiterin der Europäischen Umweltagentur.
13 IFF Social Ecology/Forum Nachhaltiges Österreich: »Nicht-nachhaltige Trends in Österreich. Modul 1: Ressourceneinsatz«, Wien, März 2006, S. 48.

Globale Kooperation

»*Solidarität ist die Zärtlichkeit der Völker.*«

CHE GUEVARA

»Wer einen Weltmarkt einrichtet, muss auch die nötigen Rahmenbedingungen schaffen.« »Der ökonomischen Globalisierung muss eine politische folgen.« Sätzen wie diesen stimmen vermutlich neun von zehn LeserInnen zu. Dennoch führen sie ein bisschen in die Irre. Denn die ökonomische Globalisierung, so wie wir sie derzeit erleben und wie sie vielen Menschen Unbehagen bereitet, ist bereits das Produkt einer politischen Regulierung: von der Liberalisierung des Kapitalverkehrs über den GATT-WTO-Prozess bis hin zur Einrichtung von internationalen Tribunalen, bei denen multinationale Konzerne Staaten verklagen können.

Das heißt, es geht nicht darum, einen scheinbar chaotischen oder ungezügelten Prozess endlich zu regulieren, sondern darum, die schon vorhandenen Regulierungen zu ändern und nach neuen Zielen und Werten auszurichten. Oft braucht es nur Neugewichtungen, so gibt es heute schon globale Abkommen und Organisationen zum Schutz der Umwelt und der Menschenrechte, zur Förderung von Entwicklung und Geschlechtergleichheit und zum Erhalt der kulturellen Vielfalt. Der Haken: Sie sind in der Regel unverbindlich und besitzen nicht dieselbe Durchschlagskraft wie der Freihandel. Manche bezeichnen die WTO deshalb als die eigentliche »Weltregierung«. Sie ist der Kristallisationskern von »strong global governance«, während die UN-Organisationen vergleichsweise zahnlos sind: »weak global governance«.

Auffallend ist: Während sich »strong global governance« im Wesentlichen auf die Triade Weltbank, Währungsfonds und WTO beschränkt, gekittet durch die G7, sind die Schwachen stark an der Zahl: Innerhalb der UNO gibt es Programme, Kommissionen und Organisationen für Entwicklung (UNDP), Handel und Entwicklung (UNCTAD), nachhaltige Entwicklung (UNCED), Arbeit (ILO), Umwelt (UNEP), Ernährung und Landwirtschaft (WFP, FAO), Gesundheit (WHO), Menschenrechte (OHCHR), Frauen (UNIFEM) oder kulturelle Vielfalt (UNESCO). Dass sie weitgehend zahnlos sind, hat nicht gerade zu ihrer Bekanntheit beigetragen.

Global Governance?

Im Unterschied zu Global Government bezeichnet Global Governance weder einen Weltstaat noch eine Weltregierung, zwei gefährlich zentralistische Ideen, sondern das nötige Minimum an globaler Kooperation und Koordination von Nationalstaaten, um globale Probleme zu lösen – Beispiel Treibhauseffekt oder Steuerflucht. Der Nabel von Global Governance ist das UN-System. KritikerInnen von Global Governance befürchten, dass auf globaler Ebene das Demokratiedefizit und die Machtungleichgewichte zwischen Nationalstaaten noch verstärkt würden. Das stimmt zum Teil, doch die Alternative wäre nur radikale Deglobalisierung.

Ziel von Global Governance sollte nicht nur die Lösung globaler Probleme, sondern auch die Stärkung der Handlungsfähigkeit von Nationalstaaten und Regionen sein. Die Enquete-Kommission Globalisierung der Weltwirtschaft schreibt: »Global Governance läutet gerade nicht das Sterbeglöckchen für den Nationalstaat, sondern will ihm dort Handlungskompetenz zurückgeben, wo er diese durch Globalisierungsprozesse zu verlieren droht.«[1]

Die Voraussetzung für gelingende Global Governance ist das Bekenntnis der Nationalstaaten zur Kooperation. Das größte Hindernis hierfür ist gegenwärtig das egoistische, unilaterale Verhalten der USA. Sie machen einseitig von ihrem Veto im UN-Sicherheitsrat Gebrauch und führen ohne UN-Mandat Kriege. Zahlreiche internationale Abkommen müssen ohne die USA auskommen: das Klimaschutzabkommen, der Strafgerichtshof, die OECD-Arbeitsgruppe gegen schädliche Steuerpraktiken oder das Protokoll über Biologische Sicherheit.

Dieses unkooperative Verhalten wird von der EU nur teilweise konterkariert – etwa in Menschenrechts- oder Umweltfragen.

In ökonomischen Angelegenheiten fährt die EU im Windschatten der USA oder ist sogar treibende Kraft, etwa bei den Dienstleistungsverhandlungen der Welthandelsorganisation. Zudem schließen beide Großmächte derzeit bilaterale und regionale Freihandels- und Investitionsabkommen ab, die über den WTO-Standard hinausgehen. Dieser Unilateralismus trägt neokoloniale Züge; er sollte kooperativem Multilateralismus weichen.

Angesichts der wachsenden globalen Probleme wie Klimawandel, Umweltkrisen, Migration, Armut, Hunger und Terror wäre es fatal, sich auf diesem winzigen Planeten als Konkurrenten zu verstehen. Kooperation ist das logische Klimaxstadium politischer und kultureller Globalisierung: gewissermaßen eine »Finalität« des Globalisierungsprozesses.

Wenn alle, die dies für vernünftig halten, sich für globale Kooperation einsetzen, könnte die Ära der »Falken« und Freihändler bald vorbei sein. Die Fähigkeit zur globalen Zusammenarbeit ist letztlich eine Überlebensfrage der Menschheit. Was Immanuel Kant vor 200 Jahren im »Ewigen Frieden« als »Föderation von freien Republiken« andachte – die gemeinsame Sicherung des Weltfriedens durch einen Staatenbund –, ist aktueller und notwendiger denn je. Die UNO ist die ansatzweise Verwirklichung dieser Idee, doch vor allem im Sicherheitsrat sind Macht und Rechte ungleich verteilt – ein Grund für ihr schlechtes Funktionieren.

ALTERNATIVEN

㊷ Stärkung des UN-Systems

Der erste Reformschritt gilt deshalb dem Sicherheitsrat. Die Macht der Großen muss beschnitten und fair verteilt werden. Zweitens müssen die schwachen Organisationen in starke umgewandelt werden. Die starken Organisationen sollten nicht Freihandel und freien Kapitalverkehr durchsetzen, sondern Ziele wie soziale Sicherheit, nachhaltige Entwicklung, Ressourcen- und

Generationengerechtigkeit, Menschenrechte, die Förderung der Frauen, den Schutz von Minderheiten und indigenen Bevölkerungen. Drittens bedarf es einer Reihe von *neuen* Organisationen, wenn die bisherigen Vorschläge umgesetzt werden sollen:

Die *Weltsteuerbehörde* würde nur ergänzende globale Aufgaben wahrnehmen: Sie würde die Probleme Steuerflucht, Steuerwettbewerb und Steuerungerechtigkeit anpacken und globale Steuern einführen: auf Ressourcen, öffentliche Güter (Meeresengen, Atmosphäre) und globale ökonomische Aktivitäten (Finanztransaktionen, Handel, Investitionen, Fusionen).

Fusionskontrolle und Weltkartellamt: Um der Fusionitis Einhalt zu gebieten, braucht es ein effektives Weltkartellamt mit doppelter Stoßrichtung: Es müssen sowohl Megafusionen verhindert werden als auch marktbeherrschende Stellungen von Konzernen, die durch reines Wachstum zustande kommen. Das Weltkartellamt könnte auch bei der Überführung allzu großer Konzerne unter öffentliche Kontrolle behilflich sein.

Weltbehörde für nachhaltige Entwicklung / UNESC: Da nachhaltige Entwicklung das Leitbild einer alternativen Globalisierung darstellt, sollten auch die Institutionen, die sie fördern und umsetzen, zum Herzstück des UN-Systems werden (neben dem Sicherheitsrat). Derzeit gibt es das Entwicklungsprogramm (UNDP), die Kommission für nachhaltige Entwicklung (UNCED) und das Umweltprogramm (UNEP). Sie könnten entweder zu einer UN-Organisation für nachhaltige Entwicklung verschmelzen oder – gemeinsam mit der Arbeitsorganisation (ILO) und der Konferenz für Handel und Entwicklung (UNCTAD) – unter dem Schirm eines neuen Wirtschafts- und Sozialrats zusammengefasst werden. Dieser Vorschlag kommt vom Administrator des UNDP, Kemal Dervis. Der »United Nations Economic and Social Council« (UNESC) sollte nur die strategischen Leitlinien für die Teilorganisationen vorgeben, für Kohärenz sorgen und evaluieren. Er müsste von hoher demokratischer Legitimation sein und dürfte »keine Gruppeninteressen« vertreten. Auch Dervis plädiert dafür, sowohl die Handelsfrage (derzeit in der WTO geregelt) als auch die Bretton-Woods-Organisationen unter den Legitimationsschirm der UNO zu holen, um mit den einander widersprechenden Politiken Schluss zu machen.

Auch die von Colin Hines vorgeschlagene Weltlokalisierungsorganisation könnte unter diesem Schirm Platz nehmen. Sie bestärkt jede Region darin, einen eigenständigen Entwicklungsweg zu beschreiten anstelle des neoliberalen Washington Consensus; und sie achtet im ökonomischen Sinne auf die Einhaltung der UNESCO-Konvention zum Schutz der kulturellen Vielfalt. Diese besagt unter anderem, dass lokale Unternehmen und Märkte geschützt und gefördert werden dürfen, was der WTO-Logik diametral widerspricht.

Clearing Union, Weltfinanzbehörde und Entschuldungsgericht: Über die Clearing Union würden der globale Handel verrechnet und die Leistungsbilanzen in Balance gehalten. Die Weltfinanzbehörde könnte den Währungsfonds ablösen und die Funktion des letzten globalen Kreditgebers übernehmen. Als dritte Institution könnte im »Finanzbezirk« das vorgeschlagene FTAP angesiedelt werden, das überschuldete Länder in den Genuss eines fairen Entschuldungsverfahrens brächte.

Globales Rohstoffmanagement: Aufgabe eines solchen wäre es zunächst, die extremen Preisschwankungen abzufedern oder durch Festsetzung zu beenden. Zweitens müsste ein ökologisch nachhaltiger und sozial gerechter Umgang mit nicht erneuerbaren Ressourcen gefunden werden. Nicht erneuerbare Ressourcen sind einerseits globale öffentliche Güter, ihr Nutzen sollte allen Menschen in fairer Weise zugute kommen, inklusive kommenden Generationen. Gleichzeitig müssen aber die Lebensräume von Menschen, in denen Ressourcen lagern, geschützt und die Ressourcen in nachhaltigem Maße genutzt werden.

Stelle für Technologietransfer: Um die Abhängigkeit von westlichen Konzern-Investoren zu verringern und den armen Ländern eine eigenständige technologische Entwicklung zu erlauben, sollte ein gut dotierter Fonds für den globalen Technologietransfer eingerichtet werden. CSRI und ICS könnten zu einem Milliarden-Programm aufgestockt werden und globale Forschungskooperationen an Lösungen für Menschheitsprobleme arbeiten.

Konzerngericht (Schiedsgericht für Corporate Accountability): Um die neuen Pflichten für transnationale Konzerne durchzusetzen, braucht es eine Gerichtsinstanz, bei der lokale Bevölkerungen, indigene Minderheiten oder andere betroffene »Stakeholder« globale Investoren klagen können. Bei der UNO ist bereits eine Stelle eingerichtet (UNCITRAL), sie könnte die von der UN-Unterkommission zur Förderung und zum Schutz der Menschenrechte entwickelten Regeln für Konzerne exekutieren. Ein Beispiel: Derzeit zerstören zahlreiche Erdölkonzerne die tropischen Regenwälder Perus. Die lokale Bevölkerung verliert ihre Lebensgrundlage. Ihre Klage vor nationalen Gerichten hat aber keinen Erfolg, weil die Regierung mit dem multinationalen Konzern paktiert.

Diese Institutionen dürfen keine Weltregierung darstellen und keinen Ersatz für demokratische Strukturen auf lokalerer Ebene. Sie sind nur eine supranationale Ergänzung, ein dünner »Überzug«, die dem Subsidiaritätsprinzip streng Folge leisten. Es geht nicht um Allzuständigkeit, sondern um die unterstützende Regelung von Problem- und Politikfeldern, wo nationalstaatliches Handeln nicht mehr ausreicht. »In der Schadensvermeidung, nicht in der Wohlstandsmehrung liegt der Kern transnationaler Verantwortung.«[2] Intelligent angelegt, können globale Institutionen den Handlungsspielraum kleinerer Einheiten und die Souveränität von Nationalstaaten sogar wieder vergrößern, zum Beispiel durch die Verhinderung von Steuerflucht, stabile Rohstoffpreise, die Durchsetzung ökologischer Kostenwahrheit oder verbindlicher Regeln für Konzerne.

Ein häufiger Einwand gegen globale Behörden ist Korruption. Dieses Argument ist schwach, weil Korruption und Veruntreuung weit verbreitete Phänome sind, die auf allen Ebenen der Politik vorkommen, allein in der EU beläuft sich die bisherige Schadenssumme laut OLAF auf mehrere Milliarden Euro. Wer also wegen Korruption gegen globale Institutionen ist, müsste auch die EU und nationale Ministerien abschaffen. Grundsätzlich ist keine öffentliche Einrichtung vor Korruption gefeit. Überspitzt formuliert ist Korruption der Preis der Demokratie. Daher sollten

Demokratien nicht sinnvolle Institutionen abschaffen, sondern effiziente Korruptionsbekämpfungsprogramme einrichten.

Der wohl schwerwiegendste Einwand gegen ein gestärktes UN-System ist ein anderer: Solange sich die USA und die EU egoistisch verhalten, werden sie es auch innerhalb einer erstarkten UNO tun und versuchen, diese auf Freihandelskurs zu bringen. Solange es Egoisten gibt auf dem globalen Parkett, werden sie versuchen, ihr Eigeninteresse egal in welchem Forum durchzusetzen. Zwar würden sie sich in der UNO vermutlich schwerer tun, weil dort die Politik jeder Organisation stärker mit den anderen abgestimmt wird – was ja der Grund war, warum die WTO außerhalb der UN-Familie angelegt wurde. Andererseits macht die UNO derzeit zwar wirkungslose, aber doch inhaltlich klare Oppositionspolitik zur WTO. Diese Rolle könnte durch eine Vereinigung sämtlicher Global Governance in der UNO verwaschen werden. Das ist die größte Gefahr eines »forum shifting« von der WTO zur UNO.

Dass die USA immer auf »Falken«-Kurs bleiben werden, ist freilich nicht gesagt. Es gibt auch in den USA starke Gruppierungen, die auf den Pfad der globalen Kooperation einschwenken wollen. Immer mehr Menschen denken wirklich global. Ihnen müsste der Rücken gestärkt werden, indem andere Staaten vorausgehen. Das Nichtwarten auf die USA hat sich schon beim Kyoto-Protokoll und bei der Artenvielfaltskonvention, beim Strafgerichtshof und beim Protokoll über Biologische Sicherheit gelohnt.

Nationalstaat und Demokratie sind historisch junge Phänomene, die UNO gibt es erst seit 60 Jahren. Warum sollten Kooperation und Solidarität in einigen Jahrzehnten nicht Standard in den globalen Beziehungen sein? Der Kantianische Traum einer gleichberechtigten »Föderation freier Republiken« ist aufrecht. Dieses globalste aller Denken wurde übrigens lokal produziert: Kant kam zeitlebens kaum aus Königsberg heraus. Er hat das Motto »global denken, lokal handeln« vorgelebt.

---

1 DEUTSCHER BUNDESTAG (2002), S. 420.
2 WUPPERTAL-INSTITUT (2005), S. 129.

Neue Werte

»Warum freust du dich?«, fragte Diogenes einen jungen Mann. »Ich habe den Sieg bei der Olympiade errungen«, erwiderte der stolz, »ich habe alle Mitstreiter besiegt!« »Was für eine Ehre«, versetzte Diogenes, »ist es, Schwächere zu besiegen?«

Eine Botschaft liegt mir besonders am Herzen. Wirtschaftliche Vorgänge, vom Wochenmarkt bis zur Globalisierung, folgen keinen Naturgesetzen, sondern sind das Ergebnis demokratischer Entscheidungen freier Menschen. Diese beruhen auf Werten.

Derzeit folgt das Wirtschaften den zentralen Werten Eigennutz, Gier und Konkurrenz. Das war nicht immer und ist nicht überall so. Dem reinen Gewinnstreben waren die längste Zeit mächtige kulturelle Riegel vorgeschoben, sowohl moralischer Natur (Habgier ist Todsünde) als auch gesetzlicher (Verbot der Zinsnahme). Die positive Bewertung von Gewinnstreben und Eigennutz musste erst einmal von jemandem erdacht und eingefordert und anschließend von der Gesellschaft erlernt (und zum Naturgesetz erhoben) werden.

1705 schrieb der niederländische Arzt und Philosoph Bernard de Mandeville ein kleines Bändchen, die »Bienenfabel«, mit folgender Quintessenz: Wenn jeder nur auf sein Eigenwohl bedacht ist, geht es einer Gesellschaft insgesamt besser. Dieser – revolutionäre – Gedanke wurde wenig später von Adam Smith in einem berühmten Satz bekräftigt: »Nicht vom Wohlwollen des Metzgers, Brauers oder Bäckers erwarten wir unsere Mahlzeit, sondern davon, dass sie ihre eigenen Interessen wahrnehmen.« Dieser unscheinbare Satz läutete einen historischen Wertewandel ein: »Das Laster der Habsucht wird zum lobenswerten Geschäftssinn«, formuliert der Sozialethiker Franz Segbers. »Ohne diesen ideologischen Umwertungsprozess lässt sich der Sieg des Kapitalismus kaum erklären.«[1]

Tatsächlich werden Smiths Ausspruch und die »Bienenfabel« in ökonomischen Schriften wieder und wieder zitiert – bis heute. Waren diese Ansagen zur damaligen Zeit durchaus verständlich, weil es darum ging, das Feudalsystem zu überwinden, und weil ökonomische Eigeninitiative ein Ausdruck neu gewonnener politischer Freiheit des Städtebürgertums war, oder anders, gingen damals ökonomischer und politischer Liberalismus Hand in Hand, so kann heute, wo individuelle und politische Freiheiten weitgehend durchgesetzt sind, die Verabsolutierung ökonomischer Freiheiten in neuen Extremismus führen: Neoliberalismus.

Nach einer Phase stärkerer Regulierung des Kapitalismus in der zweiten Hälfte des 20. Jahrhunderts, dem so genannten Keynesianismus, der zu mehr Stabilität und Verteilungsgerechtigkeit geführt hatte, griff eine Gruppe von Ökonomen rund um den Österreicher Friedrich August von Hayek diese frühkapitalistischen Überlegungen auf und spitzte sie zu: »Die soziale Verantwortung eines Unternehmens besteht darin, seine Gewinne zu erhöhen«, meinte Hayek-Schüler Milton Friedman Anfang der Siebzigerjahre.[2] Das Eigeninteresse ist in dieser Sicht der beste Weg, das Gemeinwohl zu erreichen. Das hat massive Konsequenzen: Wenn jeder ausschließlich auf sich selbst schaut (weil das angeblich das beste Gesamtergebnis bringt), nehmen die Menschen im Kapitalismus tendenziell keine Rücksicht aufeinander. Niemand wird auf das Gesamtwohl achten, niemand wird soziale Verantwortung tragen, weil das gar nicht nötig ist und obendrein von höchster Stelle abgesegnet wird. Nicht weniger als sieben neoliberale Ökonomen und Lehrmeister dieser ethischen Umerziehung, darunter Hayek und Friedman, erhielten seit Mitte der Siebzigerjahre den Wirtschafts-»Nobelpreis«. Eigentlich erhielten sie den seit 1969 verliehenen Schwedischen Reichsbankenpreis, denn einen Nobelpreis für Ökonomie gibt es nicht. Aus gutem Grund: Die Ökonomie ist keine Naturwissenschaft, sie beschäftigt sich mit Interessen, weniger mit Wahrheiten. Umso gefährlicher oder religiöser ist es, in der Wirtschaft Wahrheiten zu verkünden.

Die Neoliberalen waren es auch, die den Markt metaphysisch legitimierten. Der Markt sei eine »natürliche, evolutionäre« Entwicklung, behauptete Hayek in Anlehnung an Adam Smith, dessen Vorstellung einer »unsichtbaren Hand« des Marktes einer »zutiefst religiösen« (Segbers) Sicht der Dinge entsprang. Was gottgegeben ist (Smith) oder als Naturgesetz behauptet wird (Hayek), kann nicht in Frage gestellt werden.

Die Neoliberalen sehen in der Konkurrenz den effizientesten Steuerungsmechanismus nicht nur für die Wirtschaftsbeziehungen, sondern auch für das gesellschaftliche Leben (sie machen keinen Unterschied zwischen Wirtschaft und Gesellschaft). Kaum ein Wert hat in den letzten Jahren so an Bedeutung gewonnen wie die Konkurrenz, sie durchdringt heute alle Politik- und Lebensbereiche, von der globalen Konkurrenz zwischen Unternehmen über den Standortwettbewerb zwischen Staaten bis zum Arbeitsmarkt. Ironischerweise herrscht die Konkurrenz oft dort, wo sie sein sollte, zwischen den (großen) Unternehmen, am wenigsten, und am stärksten ganz unten am Arbeitsmarkt, bei den MindestlohnempfängerInnen sowie bei den Kommunen um die verzweifelte Anlockung von Investoren.

Der Aufstieg der Konkurrenz zum Leitwert des Zusammenlebens ist umso erstaunlicher, als keine Religion oder Geistesschule sie je gepredigt hat. Stellen Sie sich vor, Jesus oder Buddha hätte gepredigt: »Konkurrenziert einander!«, oder Gandhi hätte gesagt: »Pflegt die globale Konkurrenz!«, oder Martin Luther King oder Mutter Theresa oder Simone de Beauvoir. Absurd, oder?

Da der Konkurrenzkampf aus Sicht der Neoliberalen natürlich ist, sind seine Ergebnisse automatisch auch gerecht. (Früher hätte man dies als göttliche Vorhersehung betrachtet.) Freiheit besteht im Neoliberalismus folgerichtig nur darin, sich in dieser natürlichen Konkurrenz zu bewähren. Die Freiheit des Menschen wird am Markt verortet, nicht in der Demokratie. Deshalb dürfen die Gewinner auch ihre Gewinne ungeteilt genießen, weil es ausschließlich ihr Verdienst war. Die Verlierer sind hingegen an ihrem Unglück selber schuld, sie waren – aus neoliberaler Sicht – nicht fleißig und tüchtig genug und haben daher auch keinen Anspruch auf Hilfe von der Allgemeinheit. Die gibt es gar nicht: »There is no such thing as society«, verkündete Hayek-Jüngerin

Margaret Thatcher. Es gebe Männer, Frauen, Familien und Individuen, aber eben keine Gesellschaft.

Hier tritt die Pervertierung des Individualismus durch den Neoliberalismus zutage. So wichtig die Autonomie des Individuums und sein Schutz vor staatlicher Willkür sind – der klassische Verdienst des politischen Liberalismus –, so fatal ist die Leugnung des gesellschaftlichen Zusammenhangs und damit des Zusammenhangs zwischen GewinnerInnen und VerliererInnen im Kapitalismus. Der Neoliberalismus verwechselt Individualismus mit Autismus. Er sieht nur noch die Teile und nicht mehr das Ganze. Die Neoliberalen erkennen daher auch die Existenz sozialer Risiken und die daraus erwachsende Notwendigkeit von sozialen Sicherungssystemen nicht an. Diese stellen für sie bloß eine Enteignung der wohlverdienten Gewinner des Konkurrenzkampfes durch die neidische Masse dar. Am deutlichsten hat es Friedrich August von Hayek ausgedrückt: »Der vorherrschende Glaube an soziale Gerechtigkeit ist gegenwärtig wahrscheinlich die schwerste Bedrohung der meisten anderen Werte einer freien Zivilisation.«[3] Hayek blendet in dieser Sichtweise nicht nur aus, dass der Wettbewerb und seine Regeln, aus dem die Starken erst als Gewinner hervorgehen können, zuerst von der Gemeinschaft beschlossen, in Gesetze gegossen und geschützt werden muss, was ein Verdienst der Gesellschaft ist und kein individuelles, sondern auch, dass der Wettbewerb an sich extrem parteiisch ist, weil er nicht alle Menschen gleich behandelt. Er bevorzugt nicht nur bestimmte Charaktere – Konkurrenz ist nicht jedermanns und jederfraus Sache –, sondern auch Menschen mit bestimmten sozialen und ökonomischen Voraussetzungen. Nicht alle haben dieselbe Gesundheit, dieselben Eltern, dieselben Beziehungen, dasselbe Startkapital. Der Wettbewerb ist eine massive soziale Diskriminierung. Der so genannte freie Wettbewerb eine hochideologische Konstruktion.

Die Leugnung der gegenseitigen Abhängigkeit und des ökologischen Lebenszusammenhangs ist der gröbste Irrtum des Neoliberalismus. Ein Individualismus, der die Unabhängigkeit und Zusammenhanglosigkeit der Mitglieder einer Gesellschaft und Lebensgemeinschaft behauptet, ist pathologisch – reiner Egoismus. Der Egoist strebt sein Wohl ohne Rücksicht und auf Kosten aller anderen an, leugnend oder nicht sehend, dass er von ihnen abhängt. Diesen Irrweg des Neoliberalismus gilt es zu verlassen. Wir sollten die gegenseitige Abhängigkeit aller erkennen und Solidarität und Kooperation zu den Leitwerten ökonomischer Beziehungen machen. Individuelle Freiheit und Autonomie sind fraglos hohe Werte, aber sie dürfen nicht auf Kosten anderer verwirklicht werden, sondern nur innerhalb des sozialen und ökologischen Zusammenhangs.

Um diese theoretischen Überlegungen wieder in der Praxis zu verorten, kommen wir noch einmal auf den Bäcker von Adam Smith zurück. Dieser nützt der Gesellschaft auch (oder besonders) dann, wenn er die Brötchen nur aus Eigennutz bäckt. Dies mag im von Smith beobachteten Einzelfall zutreffen (und für damalige Verhältnisse als fortschrittlich gegolten haben), doch ob es wirklich das Beste ist, wenn es alle machen, sei hier in Zweifel gezogen. Zunächst zu den prinzipiell möglichen Motiven eines Bäckers: Ob der Bäcker aus Eigennutz oder für das Gemeinwohl arbeitet, hängt sehr stark von den Systembedingungen ab: von der Möglichkeit, rentabel zu backen, von seinen individuellen Wertvorstellungen und von den ethischen Grundlagen der Gesellschaft. Aus reinem Eigennutz wird er tendenziell dann backen, wenn er dafür gesellschaftliche Achtung erfährt, weil nur der geschäftliche Erfolg zählt und weil dies die prominentesten ÖkonomInnen und PhilosophInnen bejahen. Genauso gut könnte er das Brotbacken als Dienst am Gemeinwohl (das sein eigenes Wohl mit einschließt) verstehen, wenn es dafür gesellschaftliche Ehre und Anerkennung gibt und schillernde PhilosophInnen und ÖkonomInnen ihm dies ans Herz legten. Schematisch vereinfacht sind zwei völlig gegensätzlich motivierte Bäcker vorstellbar.

Zum einen der eigennützige (kapitalistische) Bäcker:
- Dieser Bäcker hat nur ein Ziel: die Maximierung seiner Profite. Er bezahlt die Beschäftigten schlecht, nur mit dem Mindestlohn, und wenn er gute Kontakte zum Arbeitsinspektorat

oder starke Nerven hat, ergänzt er mit gemieteten Arbeitskräften, die zu Hungerlöhnen zu arbeiten bereit sind; die Arbeitsbedingungen sind schlecht, die Sicherheit entspricht gerade den gesetzlichen Mindeststandards, die Beschäftigten werden in Stress gehalten, die Bildung eines Betriebsrates mit Intrigen und Divide-et-impera-Taktiken verhindert; er wird billige, umweltschädliche Öfen und Lieferautos verwenden, das billigste Getreide und Mehl beziehen, egal woher es kommt, die Zulieferer im Preis drücken, den größtmöglichen Teil des Gewinns an sich selbst (und die Aktionäre) ausschütten und den Betriebsüberschuss nicht in bessere Ausstattung, mehr Beschäftigte oder Arbeitszeitverkürzung investieren, sondern in Aktien anderer Bäckereien, diese aufkaufen und als Finanzeigentümer eine zweistellige Rendite einfordern (oder sie wie Zitronen auspressen und schließen, um lästige Konkurrenz vom Hals zu haben). Wenn das eingesetzte Management die erwartete Rendite nicht bringt, wird es gefeuert. Damit es die Skrupel ablegt, die hohen Renditeerwartungen auch auf Kosten der Beschäftigten (und der langfristigen Unternehmensgesundheit) zu erfüllen, bekommen die Manager Aktien-Optionen: Steigt der Börsenkurs, steigt auch ihr Gehalt. Steuern wird er durch Gewinnverschiebungen in Steueroasen weitestgehend vermeiden, dafür einmal im Jahr medienwirksam einem Bettler ein Weihnachtsbrot spenden. Er wird sich in der Bäckerinnung und Wirtschaftskammer dafür einsetzen, dass der Kollektivlohn sowie die Arbeits-, Umwelt- und Qualitätsstandards gering bleiben. Die KonsumentInnen wird er mit Werbung zu manipulieren suchen, zum Kauf des nährstoffarmen, gefärbten gentechnischen Brotes verlocken und mit »Geiz-ist-geil«-Parolen das Augenmerk der KonsumentInnen ausschließlich auf den Preis lenken. Durch seine Lohnpolitik wird ein Teil seiner KundInnen gar keine andere Wahl haben als zum billigsten und qualitativ schlechteren Brot zu greifen. Gegenüber den Medien beweist er seine soziale Verantwortung mit einem Verweis auf seine Beschäftigten. Falls er das überhaupt nötig hat. Schließlich gelten harte Manager als Helden der Gesellschaft. Motto: »Geht's der Wirtschaft gut, geht's uns allen gut.«

Das ist – zum besseren Verständnis – das eine Extrem. Das andere wäre der/die solidarische, gemeinwohlorientierte BäckerIn:
- Diese/r BäckerIn würde die Beschäftigten bestmöglich entlohnen, auf angenehme Arbeitsbedingungen achten, Mitsprache zulassen, die Produktionsmittel stets erneuern, die umweltfreundlichsten Öfen und Transportsysteme verwenden, das Mehl von BiobäuerInnen aus nächster Nähe beziehen, diesen dafür einen fairen Preis zahlen, sich selbst nur so viel aus der Kassa nehmen, dass er/sie gut davon leben kann, die Überschüsse in Verbesserungen des Betriebes, Arbeitszeitverkürzungen oder gemeinnützige Einrichtungen investieren, einen fairen Steuerbeitrag zahlen, sich in den Berufsverbänden und der Öffentlichkeit für hohe Sozial-, Umwelt- und Steuerstandards stark machen, damit die Konkurrenz fair ist, hohe soziale Sicherheit herrscht und niemand betteln – und er/sie nicht spenden – muss. Er/sie würde die KonsumentInnen nicht mit »Geiz-ist-geil«-Parolen zur Preisschlacht erziehen, sondern die »ganze Geschichte« der Produkte – vom Biobauernhof über die Motivation der MitarbeiterInnen bis zu den Emissionen des Ofens und zur Steuerleistung – erzählen und damit den fairen Preis rechtfertigen. Ein höherer Gewinn als der, den er/sie für ein gutes Leben braucht, interessiert ihn/sie gar nicht. Weder ist maximaler materieller Besitz ein Ziel in seinem/ihrem Leben noch, und das hängt damit zusammen, gibt es dafür soziale Anerkennung. Im Gegenteil: Der/ die gemeinnützigste BäckerIn wird mit öffentlichen Ehren bedacht und findet sich auf den Covers der Wirtschaftsblätter. Motto: »Geht es allen gut, stimmt das Wirtschaftssystem.«

Entscheidend für das Handeln der BäckerInnen einer Volkswirtschaft – und damit sind in dieser kurzen Parabel alle UnternehmerInnen gemeint – sind die Werte, auf denen eine Gesellschaft beruht und wofür die UnternehmerInnen Anerkennung bekommen.

Derzeit werden Menschen mit medialer Aufmerksamkeit und gesellschaftlicher Wertschätzung bedacht, die nur auf den persönlichen Vorteil achten. Erfolg wird mit Eigennutz gleichgesetzt. Wer reich ist, erfährt Anerkennung, weitgehend losgelöst davon, wie er/sie zu seinem/ihrem Reichtum kam. Diese entscheidenden Hintergründe werden ausgeblendet, weil die Annahme gilt, dass erfolgreiche Einzelpersonen automatisch der Gesellschaft nützen. Die »Bienenfabel« lässt grüßen.

Es könnte auch umgekehrt sein. Wenn nur zählt, was der/die Einzelne für das Gesamtwohl tut, wenn Yachtbesitzer und Straßenkreuzerpiloten ignoriert werden und wenn die Öffentlichkeit keine Notiz von Aktienkursen nimmt, sondern sich ausschließlich dafür interessiert, wie UnternehmerInnen die Beschäftigten und die ZulieferInnen behandeln, welche Umweltwirkungen das Unternehmen hat; wenn die Medien die gemeinnützigsten UnternehmerInnen auf die Titelseiten hieven und die EhrenbürgerInnenschaft nur an solche BäckerInnen verliehen wird, die das Gemeinwohlziel am besten erfüllen, dann würde die überwältigende Mehrheit der UnternehmerInnen anders handeln als heute. Die Wirtschaft würde auf einem anderen ethischen Fundament ruhen und ihre innere Zielsetzung ändern: das Wohl aller – der KonsumentInnen, der Natur, der Beschäftigten und das eigene – wäre das Ziel des Wirtschaftens. Und nicht die Maximierung des Gewinns.

Dennoch ist es mit einem Wertewandel allein nicht getan, weil es immer Akteure geben wird, denen die herrschenden Werte egal sind und die anders handeln und den Gemeinwohlorientierten Konkurrenz machen werden. Die soziale Verantwortungsübernahme fällt schwer, wenn sie durch die Rahmenbedingungen nicht gestützt wird. Deshalb braucht es gleichzeitig gesetzliche Regelungen, um das ethisch gewünschte Verhalten verbindlich zu machen. All die feinen Züge, die der/die gemeinwohlorientierte BäckerIn an den Tag legt, müssen durch Gesetze gesichert werden: vom Umweltschutz über das Arbeitsrecht bis zur Steuerpflicht. »Das Verhältnis von Ordnungsethik und Unternehmensethik ist nicht das einer Alternative, sondern einer Ergänzung«, schreibt Peter Ulrich.[4] Diese Lektion lässt sich vom Kapitalismus lernen. Er funktioniert nicht nur mit Werten, sondern vor allem mit Gesetzen: vom grenzenlosen Schutz des Privateigentums über die Marktregulierung bis zur Gründung der Welthandelsorganisation (WTO) ist der Kapitalismus ein umfassendes System von Regulierungen und Gesetzen – wenn auch im Dienste einer anderen Ethik zugunsten bestimmter Interessensgruppen, die obendrein Regulierungen in ihrem Interesse als Deregulierung verkaufen.

Diese Überlegung führt uns zu einer Grundfrage der Globalisierungsdebatte: Genügt es, den Kapitalismus zu reformieren, also sozial, ökologisch und menschenrechtlich abzufedern, oder ist er ein Problem an sich und daher abzulösen? Derzeit ist die Skepsis gegenüber dem Kapitalismus wieder stark steigend. Eine wachsende Mehrheit ist in Nord und Süd für die Bändigung des Kapitalismus, was – nach Meinung anderer – nicht gelingen kann. Die Begründung dafür ist spannend und einer näheren Betrachtung wert.

Erstens: Der Kapitalismus beruht nicht nur auf bestimmten Werten, er *ist* ein ethisches System. Marktwirtschaft nach westlichem Muster und Kapitalismus sind keine neutralen Instrumente. Sie beruhen auf dem Konkurrenzprinzip und auf dem Streben, aus Kapital mehr Kapital zu machen, ohne Schranken. Konkurrenz und Gier sind die Werte, die die Akteure im Kapitalismus verinnerlicht haben und antreiben – dafür wird man heutzutage geachtet, nicht geächtet.

Zweitens: Ein solches System ist schwer zu bändigen, weil es keine neutrale Maschine ist, die man abschalten oder der man einen Filter aufpfropfen kann. Sie hat vielmehr einen eigenen Willen und ein (wachsendes) Eigeninteresse und wird sich daher mit allen Mitteln gegen den Filter (Änderung der Eigentumsordnung, Regulierung, Steuern) zur Wehr setzen. Percy Barnevic, Ex-Verwaltungsratsvorsitzender von ABB, vor seinem Sturz einer der meistbeachteten Global Leaders, definierte »Globalisierung als die Freiheit unserer Firmengruppe, zu investieren wann und wo sie will, zu produzieren wo und was sie will, zu kaufen und zu verkaufen wo und was sie will, und alle Einschränkungen durch Arbeitsgesetze oder sonstige gesellschaftliche Regulierungen möglichst gering zu halten«.

Es stellt sich die Frage, warum wir erst ein ethisches System wie den Kapitalismus einrichten, das unseren Charakter bildet (und unsere Interessen bestimmt), und dann versuchen, mit einem anderen Ethik-System (Ökologie, Gerechtigkeit, Solidarität, Vielfalt, Wettbewerb) gegenzuregulieren. Ist das nicht zum Scheitern verurteilt oder zumindest ineffizient?

Historisch – und besonders die aktuelle Welle der Globalisierung betrachtend – lässt sich klar zeigen, dass der Kapitalismus aufgrund seiner ihm innewohnenden Ethik nicht dazu neigt, sich regulieren, stutzen oder filtern zu lassen. Er versteht es umgekehrt, diejenigen Instanzen, die ihn eigentlich regulieren und bändigen sollten, selbst zu regulieren und zu instrumentalisieren. Der Staat mutiert zunehmend zum Assistenten des Marktes in der Standortkonkurrenz und bei der globalen Expansion der nationalen Player: Kapitalverkehr, Handelsverträge und der Schutz von Investitionen und Patenten werden immer weiter ausgebaut. Gleichzeitig schreitet die innere Landnahme des Kapitalismus – die Einverleibung immer neuer Noch-nicht-Marktbereiche – unaufhörlich voran. Die Akkumulationslogik zwingt das System zur Kommerzialisierung aller Lebensbereiche: Trinkwasser, Ernährung, Saatgut, Gesundheit, Fortpflanzung, Gene, Spiritualität. Nichts ist »heilig«, alles steht zur Disposition, die Verwertungslogik des Kapitals kennt keine Grenzen.

Auf der anderen Seite verliert die Gegenregulierung – Schutz der Umwelt, Arbeits- und Sozialstandards, Menschenrechte, lokale Märkte, indigene Bevölkerungen, Geschlechtergerechtigkeit, öffentliche Güter – trotz zahlreicher Detailerfolge auf breiter Front an Terrain: Umweltzerstörung, Ungleichheit, Hunger und Armut nehmen global oder in der Mehrheit der Erdregionen zu. (Weil das System, je mächtiger es wird, ein immer stärkeres Eigeninteresse an der schrankenlosen Kapitalakkumulation entwickelt und daher versuchen wird, alle Barrieren und Regulierungen aus dem Weg zu räumen, siehe Barnevic.)

Wäre es daher nicht effizienter und schlüssiger, anstatt sich hundert neue Filter und Beschneidungen auszudenken, die Wirtschaft von vornherein auf das richtige ethische Fundament zu stellen und die richtigen Motive zugrunde zu legen, nämlich das Gemeinwohl und die Solidarität?

ALTERNATIVEN

(48) Homo socialis statt Homo oeconomicus

Ich höre den Einwand sofort: Der Mensch ist doch kein »Gutmensch«. Er ist grausam, böse und ich-süchtig, geboren für die Konkurrenz wie ein wildes Raubtier. Genau das ist aber der große Irrtum und die Lebenslüge des Kapitalismus. Es stimmt vielleicht sogar: Der Mensch ist – von Natur aus – möglicherweise wirklich nicht »gut«. Aber er ist mit Sicherheit genauso wenig »böse«. Was der Mensch ist, wozu er sich denkend und handelnd macht, ist die freie Entscheidung jedes Einzelnen und aller Menschen zusammen. »Von Natur aus« sind wir zu beidem befähigt, zu Konkurrenz und zu Kooperation, es kommt darauf an, was wir daraus machen. Seit 300 Jahren gilt: Konkurriere deinen Nächsten und nütze nur dir selbst. Kapitalistische Gesellschaften mussten unter großem Aufwand errichtet werden, in langwierigen Massenerziehungsprogrammen (mit Bienenfabeln, »Nobelpreisen« und Forbes-Listen) wurden Egoismus, Konkurrenzbereitschaft und Kosten-Nutzen-Kalkül gelehrt und gelernt. Homo-oeconomicus-Eigenschaften sind genauso wenig angeboren wie Homo-socialis-Qualitäten. Grenzenlose Gier muss genauso erlernt werden wie grenzenlose Solidarität. Kapitalismus ist in der Geschichte der Menschheit die Ausnahme, nicht die Regel.

Die lachende Erkenntnis lautet: Genauso bewusst, wie wir uns für den Homo oeconomicus entschieden haben, können wir uns für einen anderen Menschen, ein anderes Menschenbild, eine alternative Ethik entscheiden, zum Beispiel für den Homo socialis. Dieser wäre keine reine Gegenideologie zum Homo oeconomicus, da die Freiheit des Individuums auch weiterhin zählt, allerdings fände sie an der (ökonomischen) Freiheit des Nächsten ihre Grenze; der Homo socialis erkennt die jeder echten Freiheit zugrunde liegende gegenseitige Abhängigkeit an, woraus sich Kooperation, Solidarität und Gemeinwohl als logische Werte und Methoden des gesellschaftlichen und wirtschaftlichen Zusammenlebens ergeben. Der Homo socialis wäre keine größere Utopie als der Homo oeconomicus. Der entscheidende Unterschied ist, dass dieses Menschenbild nicht als Naturgesetz behauptet oder mythologisiert wird, sondern eine bewusste Entscheidung der Gesellschaft wäre, um die wirtschaftlichen Beziehungen auf das gewünschte Werte-Fundament zu stellen. Da der Homo socialis keine Menschennatur, sondern eine Kunstfigur, eine kollektive ethische Entscheidung ist, besteht jederzeit die Möglichkeit, diese wieder umzumodeln. Demokratische Entscheidungen stehen permanent zur Disposition, das gilt zuallererst für die Werte. Um die abendländischen oder europäischen Werte wird laufend gerungen, in diese Debatte sollten auch die ökonomischen Werte einbezogen werden – zumal sie sich im Lauf der Geschichte ohnehin radikal verändert haben. Der Kapitalismus kann, da er nach 300 Jahren immer noch auf enorme und wieder wachsende Akzeptanzschwierigkeiten stößt, als gescheitert betrachtet werden: Es ist Zeit für etwas Neues.

Ein letzter Gedanke zu Homo oeconomicus und socialis: Derzeit leben wir in ethischen Parallelwelten: In den Familien- und Freundschaftsbeziehungen gelten – zumindest vom Anspruch her – ganz andere Werte als im beruflichen Alltag, in der Wirtschaft: Zusammenhalten, Wärme, Geborgenheit, Fürsorge, Teilen. Das ist unverträglich, denn die Werte sind die Basis der Lebensführung, und die können nicht mal so, mal so sein. Das ist gelebte Schizophrenie. Warum zwingen wir uns zu dieser permanenten Spaltung? Sollten wir uns nicht um Integration bemühen und diejenigen Werte, mit denen wir uns wohl fühlen, in allen Bereichen leben?

㊾ Solidarische Ökonomie

Gibt es Bereiche, in denen Konkurrenz Positives bewirken kann? Kann Konkurrenz in den Dienst des Gemeinwohls gestellt werden?

Konkurrenz ist nicht in jedem Fall und in jeder Situation schlecht, aber grundsätzlich muss man sehen, dass auch sie charakterbildend wirkt, sie prägt die KonkurrentInnen, das lässt sich schon an Kinderspielen beobachten. Es kommt wohl sehr darauf an, wie sie inszeniert wird und wie mit den Ergebnissen umgegangen wird.

Das gilt zunächst für den Sport: So sehr die olympische Idee zu begrüßen ist – Fairplay, Achtung des Gegners, wichtig ist die Teilnahme und nicht der Sieg, Friedenswirkung durch Völkerverbindung –, so zweifelhaft sind verschiedene Ausirkungen, die immer wieder anzutreffen sind. Junge Menschen erlernen Wettkampfverhalten, bauen ihr Selbstwertgefühl auf Siegen auf (oder unter Niederlagen ab), denken in Rivalitätskategorien, Leistung steht im Vordergrund und nicht das gemeinsame Erlebnis. Viele SportlerInnen haben kein feierliches Gefühl, sondern Angst mit allen körperlichen Symptomen – eine Pervertierung der positiven Funktion des Sports: Leibeslust, Bewegungsfreude, Spiel.

Sport wird außerdem entgegen der olympischen Idee immer wieder dazu verwendet, das Nationale herauszustreichen, wenn etwa der österreichische Staatsfunk ORF die Volksmoral in die Höhe jubelt, wenn »unsere SchifahrerInnen« die Medaillen abräumen.

Auch die totale Ökonomisierung des Sports – hohe Preisgelder, Doping, Werbung – hat mit der olympischen Idee nichts mehr zu tun und fördert eine Form von Konkurrenz, die gesellschaftlichen Schaden anrichtet. Wenn auch der Kapitalismus daran Schuld trägt und nicht unbedingt der Umstand des Wettbewerbs. Beim sportlichen Wettkampf kommt es daher entscheidend auf die Rahmenbedingungen an.

Konkurrenz in der Schule ist schon sehr viel problematischer, wenn die Anerkennung der Kinder und – daraus folgend – ihr

Selbstwertgefühl von Leistung abhängt, wie immer diese definiert ist. Das ist streng genommen eine Verletzung der Menschenwürde, weil Menschen um ihrer selbst willen – und in ihrer unverwechselbaren Eigenheit – anerkannt und geachtet werden sollten, und nicht aufgrund ihrer Leistungen. Damit werden nicht Menschen gebildet, sondern verwertbares Humankapital für eine ökonomistische Gesellschaftsordnung. Nur wer viel zu leisten imstande, im Selbstverzicht geübt ist und die nötigen Bildungsressourcen mitbringt, kann heute noch am Arbeitsmarkt und in der globalen Konkurrenz bestehen. Wenn der Wettbewerb härter wird und das Karussell sich schneller dreht, müssen alle schneller laufen, es gibt keine Geschwindigkeitsgrenze. Nicht mehr der Mensch und seine Bedürfnisse sind das Maß, sondern das relative Besser-Sein zum Nächsten: eine absurde Systembedingung. Die Ausrichtung des Erziehungs- und Ausbildungssystems auf die wirtschaftliche Wettbewerbsfähigkeit, auf Sieg und Überlegenheit, ist daher grundfalsch. Hier muss die Konkurrenz entthront werden. Erziehungs- und Bildungsziele sollten emotionale Gesundheit, soziale Kompetenz, Körperbewusstsein, Ganzheitlichkeit und Allgemeinbildung sein. Derzeit ist das eine wahre Utopie. Die Reduktion oder engste Anbindung des Menschen an das, was er leistet (für die »Maschine«), ist eines der unentdeckten Verbrechen des Kapitalismus.

Ein weiteres Sündenfeld der Konkurrenz ist der Standortwettbewerb. Die Konkurrenz zwischen demokratischen Gemeinwesen, die zu Standorten degradiert werden, ist ebenfalls falsch. Staaten dürfen sich nicht auf die Konkurrenz um das globale Anlagekapital einlassen und dabei alle Lebensbereiche an die Verwertungslogik anpassen, sondern sie müssen sich zusammenschließen und das globale Kapital gemeinsam regulieren: mit einem sozialen, arbeits- und menschenrechtlichen, ökologischen, konsumentInnenfreundlichen und kulturelle Vielfalt fördernden gesetzlichen Rahmen. Nur wer diese Anforderungen einhält, darf den Weltmarkt betreten. Das wäre eine positive Vision von Globalisierung.

Wo bleibt dann noch ein Feld für positive Konkurrenz? Vielleicht in der Wissenschaft? »Ehrgeiz ist der Tod des Denkens«, sprach Ludwig Wittgenstein. Wissenschaft lebt von Freiheit, Austausch und Kooperation, nicht vom Wettbewerb. Fatal wird es, wenn der Markt die Forschung finanziert und dabei die Richtung vorgibt. Dann würden nur noch rentable Anwendungen erforscht werden. Pharmakonzerne stecken zum Beispiel Milliarden in die Forschung gegen Haarausfall, gleichzeitig sterben Millionen Menschen an Malaria und Tuberkulose – für Aktiengesellschaften »unprofitable« Krankheiten. Das hektische Getue um eine europäische Elite-Universität bei gleichzeitiger Austrocknung der Basis des Bildungssystems – der fruchtbarste Nährboden für wissenschaftliche Höchstleistungen – ist ein trauriges Zeugnis der Erfassung aller Lebensbereiche von der Konkurrenz-Logik.

Kann also Konkurrenz überhaupt Sinn ergeben? Vielleicht doch: in überschaubaren, demokratisch regulierten Märkten, in denen kein Einzelakteur zu mächtig wird.

Es darf ruhig mehrere BäckerInnen geben, und es sollen sich in diesem Wettbewerb auch die Besten durchsetzen, allerdings nicht diejenigen, die den höchsten Gewinn machen, sondern diejenigen, die den größten Beitrag zum Gemeinwohl leisten: die die qualitativ besten Brote backen und gleichzeitig die positivsten Auswirkungen auf das gesamte Umfeld haben. Dafür müssen aber Gesetze sorgen, unterstützt durch die entsprechende Ethik.

Die Gesellschaft muss außerdem dafür sorgen, dass diejenigen BäckerInnen, die in Konkurs gehen, entweder anderswo Beschäftigung und Einkommen finden oder sozial gut abgesichert und voll anerkannt bleiben. Dann dient der Wettbewerb zur Herauskristallisierung einer Arbeitsteilung nach individuellen Stärken und nicht der Vernichtung von KonkurrentInnen. Im derzeitigen Kapitalismus geht es um die »Ausschaltung« der Konkurrenz, um »feindliche Übernahmen« mit randvollen »Kriegskassen« und die »Eroberung« von Marktanteilen. Ellbogentechnik statt gegenseitiger Hilfe ist angesagt. »Competere«, die lateinische Wurzel von »competition«, heißt »zusammentreffen, übereinstimmen«, nicht einander killen. Heute verlieren die, die den Konkurrenzkampf verlieren, gleichzeitig die gesellschaftliche

Achtung, sie werden sogar als Schuldige ihres Schicksals abgestempelt und – im günstigeren Fall – mit Armut vermeidenden Sozialleistungen abgespeist. Der Gedanke, dass in einem Konkurrenzkampf nicht alle gewinnen können, leuchtet zwar völlig ein, dennoch werden die VerliererInnen derzeit sozial ausgegrenzt: eine grausame Gesellschaft, die sich die sozialdarwinistischen Werte ihres Wirtschaftssystems angeeignet hat.

Zweitens dürfen einzelne BäckerInnen nie so mächtig werden, dass sie einen entscheidenden Einfluss auf die Spielregeln nehmen können. In der aktuellen Phase der Globalisierung werden die Spielregeln weitgehend von den Lobbying-Organisationen der globalen Konzerne gemacht. Das ist erstens das Gegenteil von Demokratie. Zweitens wächst die Macht der Konzerne unaufhörlich weiter. Oligopole und Monopole bilden sich, der Wettbewerb erlischt in immer mehr Branchen. Global Players sind heute riesige Planwirtschaften, die oft in mehr als 100 Ländern gleichzeitig präsent sind, also mächtiger als jede staatliche Planwirtschaft. Jakob von Üxküll meint ironisch: »Die 51 größten Planwirtschaften sind Konzerne, erst dann kommt Kuba.«[5] Dennoch ist weit und breit keine globale Fusionskontrolle in Sicht. Hier hat der Kapitalismus über die Marktwirtschaft gesiegt. Seit Marx hätten wir das wissen müssen. Das Kapital strebt zum Monopol, nicht zum Markt. Kapitalismus heißt, dass die Vermehrung des Kapitals oberstes Ziel ist. Der Wettbewerb ist dabei nur ein Hindernis. Wettbewerb und Kapitalismus sind Gegensätze.

Um Demokratie und Unternehmenskonkurrenz zu sichern, sollte daher eine Größenschranke für Unternehmen festgelegt werden. Dann kann sich die Gesellschaft zwar die Eigeninitiative vieler Menschen zunutze machen – Privatinitiative ist grundsätzlich gut, weil sie der Kreativität und dem Freiheitsbedürfnis vieler Menschen Raum gibt; aber globale Konzernkolosse sind zu groß und zu mächtig, um von wenigen Privatleuten gesteuert zu werden; diese Personen werden schlicht zu mächtig für eine funktionierende Demokratie. Riesenkonzerne sollten daher verkleinert oder demokratisch kontrolliert werden. Die Wirtschaft braucht grundsätzlich keine globalen Riesenkonzerne. Wozu?

Wegen dem möglicherweise bisschen mehr Effizienz – selbst das ist umstritten – sollen wir uns auf globale Standortkonkurrenz, Monopolkapitalismus und Lobbykratie einlassen?

Falls es ratsam sein sollte, Forschung und Produktion in bestimmten Bereichen weltweit zu koordinieren, etwa im Software-, Umweltschutz- oder Gesundheitsbereich, dann kann dies gut und gerne unter demokratischer Kontrolle geschehen. Gerade in den strategischen Wirtschaftsbereichen sollten Einzelinteressen klein gehalten werden und das öffentliche Interesse führend sein.

Bei näherer Betrachtung bleibt nicht viel übrig von der »nützlichen Konkurrenz«. Die Debatte um diesen Kardinalwert des Abendlandes sollte jedenfalls intensiv und demokratisch geführt werden.

An Hinweisen, dass es gar keine Konkurrenz braucht, mangelt es nicht. Weltweit entstehen erfolgreiche Projekte, die gänzlich ohne ökonomischen Wettbewerb auskommen, die aber sehr wohl Eigeninitiative zulassen und Kreativität fördern, wenn auch nicht im Dienste des Profits, sondern des Gemeinwohls. Das Beispiel Sekem in Ägypten wurde bereits vorgestellt. In Brasilien ist ein ganzer Wirtschaftssektor am Entstehen: die solidarische Ökonomie. Sie ist eine Antwort auf die Kapitalismuskrise der Achtzigerjahre, in der erstmals Massenarbeitslosigkeit herrschte und vielen Menschen bittere Armut drohte. Da der freie Markt unfähig war, ihnen zu helfen, versuchten sie es auf anderem Weg: mit Selbsthilfe und Solidarität. Zahlreiche Kooperativen und Genossenschaften entstanden, heute gibt es mehr als 20 000 Betriebe mit mehr als zwei Millionen Beschäftigten. Das Tätigkeitsspektrum reicht von Zucker- und Schuhfabriken über NäherInnen-Genossenschaften bis hin zu Fair-Trade-Netzwerken. Die Betriebe sind teils selbst verwaltete Produktionsunternehmen, teils agrarische Genossenschaften und teils informelle Netze in den Armenvierteln und indigenen Gemeinschaften.

Der zuständige Staatssekretär für solidarische Ökonomie, Paul Singer, meint, dass die solidarische Ökonomie genauso charakterbildend wirkt wie der Kapitalismus. Während letzterer zu

Egoismus und Gier erzieht, fördert die solidarische Ökonomie Solidarität und Gemeinwohlorientierung. StudentInnen, die Praktika in solidarischen Betrieben absolvieren, wollten danach unbedingt in diesem Sektor bleiben, berichtet er. Die gegenseitige Hilfe ist das stärkste Rückgrat des fragilen Sektors. Die ersten Gewinne einer Zuckerfabrik, die von den Beschäftigten in Selbstverwaltung geführt wird, flossen nicht in die Taschen anonymer AktionärInnen, sondern in die Ausbildung der Beschäftigten, um den Analphabetismus zu überwinden.

Kooperative Wirtschaftsformen hat es immer gegeben, sie haben den Kapitalismus stets begleitet. Der Raiffeisen-Konzern, heute eine globale Aktiengesellschaft, begann als nicht profitorientierte Genossenschaft. Es ist genau zu prüfen, was Europa von seiner eigenen Vergangenheit und von erfolgreichen Beispielen aus dem Süden lernen kann.

Denkbar ist der schrittweise Aufbau eines dritten Sektors neben der profitorientierten Privatwirtschaft und dem öffentlichen Sektor, der zwar auf Privatinitiative und Förderung von Kreativität beruht, aber nicht gewinnorientiert ist und deshalb von der öffentlichen Hand unterstützt und von der Vernichtungskonkurrenz ausgenommen werden kann. Vielleicht gelingt es uns, »Wettbewerb« wieder etwas mehr im Sinne von »competere« als »zusammenlaufen« und »voneinander lernen« zu definieren?

---

1 Franz Segbers: »Zähmung der Habsucht. Eine unvollendete Geschichte«, in KIRCHLICHER HERAUSGEBERKREIS JAHRBUCH GERECHTIGKEIT (2005), S. 69–75.
2 The New York Times Magazine, 13. September 1970.
3 Wirtschaftswoche, 1. November 1996. Das Interview ist vom Februar 1981 und wurde erneut abgedruckt, weil es als »so aktuell wie vor 15 Jahren« angesehen wurde.
4 ULRICH (2005), S. 151.
5 Die Presse, 2. Oktober 2005.

Nie wieder »Idiotes«

»*Öffentlichkeit ist der Sauerstoff der Demokratie.*«
GÜNTER WALLRAFF

Die gegenwärtige Form der Globalisierung ist kein Naturgesetz, sondern wird politisch ganz bewusst gemacht. Wer behauptet, es gebe keine Alternative, hat sich für den demokratischen Diskurs schon disqualifiziert.

Die verbreiteten Ohnmachtgefühle, die die gegenwärtige Form der Globalisierung auslöst, werden durch die undemokratische Sachzwang-Rhetorik und durch das neoliberale Menschen- und Gesellschaftsbild noch verstärkt. Wenn »there is no such thing as society« (Thatcher) und der Mensch als unabhängiges Einzelkämpferwesen behauptet wird, dann ist die/der Einzelne wirklich ohnmächtig, weil alleine kann niemand die Welt bewegen.

Der Mensch ist nicht nur ein persönliches Einzel-, sondern immer auch ein verbundenes Sozialwesen, ein Beziehungs- und Bindungswesen. Ohne emotionalen Austausch, Ansprache, soziale Anerkennung und Verankerung können Menschen nicht leben. Ohne Gemeinschaft ist kein Individuum existenzfähig. Der Neoliberalismus ist dafür blind und behauptet die Unabhängigkeit des Menschen. Er verwechselt Individualismus mit Egoismus.

Aus der Erkenntnis der gegenseitigen Abhängigkeit entspringt eine gewisse Verantwortung für das Ganze, für das Gemeinwesen. Wenn ich mich nicht nur als private Person verstehe, sondern auch als verbundenes Sozialwesen, kann ich mich in den öffentlichen Angelegenheiten nicht für unzuständig erklären. Mein Eigenwohl ist untrennbar mit dem Gemeinwohl verknüpft.

Im antiken Griechenland, an der Geburtsstätte der Demokratie, gab es einerseits Menschen, die diese kollektive Verantwortung wahrnahmen, sie gingen zum Marktplatz und beteiligten sich an der »ekklesia« (Versammlung), um die öffentlichen Angelegenheiten zu regeln. Diejenigen Wahlberechtigten, die zu Hause blieben, galten als »idiotes«. Aber nicht deshalb, weil sie zu dumm waren um mitzuentscheiden, sondern weil »idios« im Altgriechischen »eigen, privat« bedeutet. Die Dummheit besteht darin, soziales Desinteresse zu pflegen und die Regelung der öffentlichen Angelegenheiten anderen zu überlassen: dem Kapital, müsste man heute ergänzen.

»Idiotes« sind das wertvollste Kapital der Neoliberalen, da sie freiwillig auf politische Mitgestaltung verzichten. Dagegen sind Citoyens, politische Menschen, das wertvollste Kapital der Demokratie. Citoyens nehmen an der Regelung der öffentlichen Angelegenheiten teil, mischen sich ein. Einmischung ist der Sauerstoff der Demokratie, politische Beteiligung das beste Gegenmittel zu Ohnmacht und Depression. »Depression ist die Belohnung fürs Bravsein« (Marshall Rosenberg), fürs Nichteinmischen.

Nur eine bewusste Verantwortungsübernahme für das Gemeinwohl durch möglichst viele Menschen kann uns aus der gegenwärtigen Marktherrschaft (und Depression) befreien. Die Essenz der liberalen Demokratie besteht darin, dass sich Citoyens

LIBERALISMUS	NEOLIBERALISMUS
Gleiche politische Rechte für alle	Gleichheit/Freiheit auf dem Markt
Staatsbürger (Citoyens)	Besitzbürger (Bourgeois)
Ich partizipiere an der Res publica, also bin ich.	Ich habe Privateigentum, also bin ich.
Wirtschaft ist Teil der Res publica, somit Gestaltungsgegenstand. Gerechtigkeit wird demokratisch definiert.	Markt ist metaphysisches Ereignis, eine quasireligiöse, »natürliche« Ordnung. Die Ergebnisse sind gerecht.
Alles ist miteinander verbunden.	Der Mensch ist ein unabhängiges Einzelwesen.
Gesellschaft als Rechts- und Solidarzusammenhang	Gesellschaft als Marktzusammenhang
Wirtschaft dient der Gesellschaft (eingebettet)	»Freie« Marktwirtschaft: entgrenzt und entfesselt

Quelle: Eigene Zusammenstellung, auf Basis von ULRICH (2005), S. 78.

per Verfassung das Recht zuerkennen, das Gemeinwesen, die Res publica, frei zu gestalten. Das ist die reifste Form von Freiheit und Eigenverantwortung. Das neoliberale Verständnis von Freiheit erschöpft sich darin, Konkurrenten auf dem Markt niederringen zu dürfen und den so angehäuften Privatreichtum vom Staat geschützt zu wissen. Mit liberalen Idealen hat das nichts gemein. Die Gleichsetzung von Liberalismus und Neoliberalismus ist eine verhängnisvolle Verwechslung.

ALTERNATIVEN

㊿ Citoyens braucht die Demokratie

Deshalb lautet der Vorschlag dieses Kapitels, jeder Mensch sollte eine (individuelle) Form des politischen Engagements wählen, sich in irgendeiner Form für das Gemeinwohl einsetzen, sich in die öffentlichen Angelegenheiten einmischen, die Demokratie mit Sauerstoff versorgen.

Das Ausmaß und die Art des Engagements sind selbstverständlich individuell: Politisches Engagement muss entgegen einem verbreiteten Vorurteil nicht in einer Partei stattfinden. Der erste Schritt zum politischen Menschen ist die Erkenntnis, betroffenes Mitglied einer Gemeinschaft, einer Demokratie zu sein, deren Angelegenheiten alle angehen. Ob die/der Einzelne dann durch achtsames Verfolgen der politischen Geschehnisse und öffentliches Ansprechen politischer Inhalte, durch Weitergabe von Informationen und Materialien, durch finanzielle Unterstützung oder aktive Mitarbeit in Organisationen und sozialen Bewegungen oder durch den Einsatz für die Weiterentwicklung der Demokratie einen Beitrag leistet, ist gleich wertvoll. Hier soll und darf eine »Rollenteilung« stattfinden.

Dennoch möchte ich – aus heutiger Sicht, angesichts des erbärmlichen Zustands der Demokratie – für eine Form des Engagements besonders werben: die Unterstützung von Nichtregierungsorganisationen (NGOs), »zivil«gesellschaftlichen Organisationen und sozialen Bewegungen. Ich sehe in ihnen derzeit das größte Potential, die Probleme in der Welt zu erkennen, bewusst zu machen und Alternativen zu entwickeln. Einzelne können – außer durch kritischen Konsum – kaum etwas bewirken und Parteien sind bereits zu sehr im realpolitischen Getriebe gefangen, um große und entscheidende Änderungen herbeizurufen. (Außerdem sind derzeit fast alle Parteien vom neoliberalen Virus infiziert, Rot-grün in Deutschland machte fast die gleiche Politik wie Schwarz-blau in Österreich.)

Ich sehe deshalb den wirksamsten Hebelansatz und den größten Unterstützungsbedarf bei der Zivilgesellschaft, in der Citoyens organisiert sind. Nichtregierungsorganisationen und soziale Bewegungen sind heute am ehesten imstande, Menschen zu politisieren. Politisieren heißt daran erinnern, dass wir in einer Demokratie leben, dass die öffentlichen Angelegenheiten alle angehen und dass eine bessere Welt nur dann kommt, wenn sich Menschen mit sozialer Verantwortung dafür einsetzen. Selbstbefreiung aus dem Idiotentum, aus der neoliberalen Einzelhaft.

Die globalisierungskritische Bewegung ist relativ jung, aber sie hat schon einige Erfolge erzielt: Die Tobinsteuer wurde vor wenigen Jahren noch als Utopie verworfen, heute fordern immer mehr Parlamente und Regierungen ihre Umsetzung. Die Entschuldung der ärmsten Länder ist nur durch die Erlassjahr-Bewegung in Gang gekommen. Das neoliberale Investitionsschutzabkommen (MAI) wurde ebenso gestoppt wie die EU-Softwarepatentrichtlinie; das GATS-Abkommen der WTO geriet genauso in Verruf wie die Strukturanpassungsprogramme von Währungsfonds und Weltbank; eines der Neem-Patente musste ebenso zurückgenommen werden wie die Trinkwasserprivatisierung in Cochabamba oder Tucumán. In Uruguay erstritt die Bevölkerung einen Verfassungszusatz, wonach das Trinkwasser ein öffentliches Gut bleibt. Die Ablehnung des neoliberalen EU-Monsterverfassungsvertrages in Frankreich und den Niederlanden ist ein Verdienst der stärker werdenden europäischen und globalen Zivilgesellschaft. Die neoliberale Globalisierung, aus der Sicht ihrer

Betreiber und Gewinner das Beste und Fortschrittlichste, was der Menschheit je passieren konnte, würde ohne eine wachsende Zahl couragierter und engagierter Citoyens aller Länder, Klassen, Berufe, Geschlechter, Altersstufen, Hautfarben und persönlichen Geschichten nicht einmal kontrovers diskutiert werden. Gemeinsam streiten sie für eine gerechtere Welt und wandeln auf diese Weise Frustration und Ohnmacht in konstruktive »politische« Energien um.

Bei den Weltsozialforen, die seit 2001 stattfinden, fließen tausende lokale Initiativen aus allen Erdenwinkeln zusammen. Sie tauschen Erfahrungen aus, knüpfen Kontakte, tanken globalen Geist und kehren mit frischer Motivation in alle Welt zurück. Das ist die erste genuine Globalisierungsbewegung. Zum ersten Weltsozialforum kamen 20 000 Menschen, vier Jahre später waren es bereits 155 000. Wenn diese Menschen sich alle nur als Einzelwesen verstünden und auf Koordination und gemeinsame politische Initiative verzichteten, dann hätten wird das »Ende der Geschichte« wohl schon erreicht.

So aber können wir gleichzeitig darauf hoffen und daran arbeiten, dass der Kapitalismus und die neoliberalen »Werte« auf allen Ebenen überwunden werden. Von der lokalen bis zur globalen Ebene. Soziale Bewegungen haben im Lauf der Geschichte Verbesserungen erreicht, die zum jeweiligen Zeitpunkt ihres Einforderns als verrückte Utopie galten. Vor 118 Jahren wurde die Sklaverei abgeschafft, vor 109 Jahren promovierte die erste Frau an einer österreichischen Universität, die Menschenrechte wurden erst vor 58 Jahren deklariert, die moderne Umweltbewegung ist keine 40 Jahre alt. Die nächste große Bewegung ist die wirtschaftskritische Bewegung, die das globale Diktat des Ökonomismus brechen und die Wirtschaft wieder in den Schoß der Gesellschaft und der planetaren Ökosysteme einbetten wird.

Am Anfang jeder Macht ist Unterwerfung. Wer sich ohnmächtig fühlt und resigniert, leistet einen – ungewollten – Beitrag zur Herrschaft. Wenn alle die, die nichts tun, weil sie glauben, nichts bewirken zu können, sich politisch beteiligen, dann haben wir schon morgen eine andere Welt.

LITERATURVERZEICHNIS

ACTION AID (2005): »Power hungry. Six reasons to regulate global food corporations«, Januar 2005. www.actionaid.org

AKYÜZ, Yilmaz (2005): »Reforming the IMF: Back to the Drawing Board«, Studie, Third World Network, Genf, November 2005.

ALTVATER, Elmar et. al. (2001): »Die Gewalt des Zusammenhangs: Neoliberalismus, Militarismus, Rechtsextremismus«, Promedia, Wien.

ALTVATER, Elmar (2003): »Von der Währungskonkurrenz zum Währungskonflikt: Was passiert, wenn das Erdöl nicht mehr in Dollar, sondern in Euro fakturiert wird?«, Vortrag auf der Sommerakademie des Österreichischen Zentrums für Frieden und Konfliktlösung, Burg Schlaining, Juli 2003 (http://www.vdw-ev.de/publikationen/Altvater-Oelwaehrung.pdf).

ALTVATER, Elmar/MAHNKOPF, Birgit (2004): »Grenzen der Globalisierung. Ökonomie, Ökologie und Politik in der Weltgesellschaft«, 6. Aufl., Westfälisches Dampfboot, Münster.

ATTAC (2004): »Die geheimen Spielregeln des Welthandels. WTO – GATS – TRIPS – MAI«, Promedia, 2., erweiterte Auflage, Wien.

ATTAC (2006): »Das kritische EU-Buch. Warum wir ein anderes Europa brauchen«, Deuticke, Wien.

BARLOW, Maude/CLARKE, Tony (2004): »Blaues Gold. Das globale Geschäft mit dem Wasser«, Kunstmann, München, Aktualisierte Neuausgabe.

BEIGEWUM (2005): »Ökonomische Mythen der Ökonomie. Anleitung zur geistigen Selbstverteidigung in Wirtschaftsfragen«, VSA, Hamburg.

BLANKENBURG, Stephanie: »Den Bullen reiten? – Möglichkeiten zur wirtschaftlichen Bändigung«, in Heinz Füreder/Erwin Kaiser/Ingeborg Pflügl/Roland Widowitsch (Hg): »Trotz Gegenwind. Analysen und Perspektiven für eine resozialisierte Arbeitswelt von morgen«, ÖGB-Verlag, Wien 2005, S. 67–96.

BÖDECKER, Sebastian/MOLDENHAUER, Oliver/RUBBEL, Benedikt (2005): »Wissensallmende. Gegen die Privatisierung des Wissens der Welt durch ›geistige Eigentumsrechte‹«, AttacBasisTexte 15, VSA, Hamburg.

BOFINGER, Peter (2005): »Wir sind besser, als wir glauben«, Pearson Studium, München.

BRODBECK (2001), Karl-Heinz: »Die fragwürdigen Grundlagen des Neoliberalismus«, in Zeitschrift für Politik, Jahrgang 48, 1/2001, S. 49–71.

BRODBECK, Karl-Heinz (2002): »Buddhistische Wirtschaftsethik. Eine vergleichende Einführung«, Shaker Verlag, Aachen.

BUND/MISEREOR (Hrsg.) (1996): »Zukunftsfähiges Deutschland. Ein Beitrag zu einer global nachhaltigen Entwicklung«, Studie des Wuppertal-Instituts für Klima, Umwelt, Energie, Birkhäuser, Basel.

BUNDESMINISTERIUM FÜR GESUNDHEIT UND SOZIALE SICHERUNG (2005): »Lebenslagen in Deutschland – Der 2. Armuts- und Reichtumsbericht der Bundesregierung«, Berlin, Februar 2005.

BUNDESMINISTERIUM FÜR SOZIALE SICHERHEIT, GENERATIONEN UND KONSUMENTENSCHUTZ (2004): »Bericht über die soziale Lage 2003–2004«, Wien.

CHANG, Ha-Joon (2002): »Kicking away the ladder: Development Strategy in Historical Perspective«, Anthem Press, London.

CHANG, Ha-Joon / GREEN, Duncan (2003): »Investitionsverhandlungen in der WTO als Agenda des Nordens: ›Hört auf unsere Worte, vergesst unsere Taten‹«, Broschüre, 44 Seiten, herausgegeben von WEED und Germanwatch, Bonn/Berlin.

CHRISTIAN AID (2005): »The Economics of Failure. The real cost of ›free‹ Trade for Poor Countries«, Briefing Paper, Juni 2005.

COPUR, Burak / SCHNEIDER, Ann-Kathrin (2004): »IWF & Weltbank: Dirigenten der Globalisierung«, AttacBasisTexte 12, VSA, Hamburg.

DER SPIEGEL (2005): »Spiegel-Serie: Globalisierung. Die Neue Welt«, Spiegel spezial Nr. 7/2005.

DEUTSCHER BUNDESTAG (2002): »Schlussbericht der Enquete-Kommission Globalisierung der Weltwirtschaft – Herausforderungen und Antworten«, 14. Wahlperiode, Drucksache 14/9200, 16. Juni 2002.

DIETER, Heribert (2002): »Nach den Finanzkrisen. Die ordnungspolitische Gestaltung der Globalisierung«, Studie der Stiftung Wissenschaft und Politik, Berlin, Mai 2002.

DRÄGER, Klaus (2005): »Alternativen zur Lissabon-Strategie in der EU. Europa braucht eine integrierte Nachhaltigkeitsstrategie«, in »Widerspruch« 48/ 1. Halbjahr 2005, S. 17–29.

DUCOMMUN, Gil (2005): »Nach dem Kapitalismus. Wirtschaftsordnung einer integralen Gesellschaft«, Verlag Via Nova, Petersberg.

EBERHARDT, Pia (2005): »Dick im Geschäft. Handelspolitik im Dienste des Agrobusiness«, WEED-Broschüre, 46 Seiten, Berlin, Oktober 2005.

ERKLÄRUNG VON BERN (2005): EvB-Magazin 2/2005, Sonderausgabe Millennium Development Goals, Bern.

EU (2004): »Structures of the Taxation Systems in the European Union«, Brüssel.

FELIX, David (2002): »The Rise of Real Long-Term Interest Rates since the 1970s: Comparative Trends, Causes and Consequences«, Gutachten für die Enquete-Kommission »Globalisierung der Wirtschaft – Herausforderungen und Antworten«.

GALEANO, Eduardo (2005): »Die offenen Adern Lateinamerikas. Die Geschichte eines Kontinents«, Peter Hammer Verlag, 18. Aufl., Wuppertal.

GIEGOLD, Sven (2003): »Steueroasen: trockenlegen!«, VSA, Hamburg.

GIEGOLD, Sven (2005): »Steuerkonkurrenz, Steueroasen und Entwicklung«, in WEED: »Globalisierung und Steuergerechtigkeit. Schritte gegen Steuerflucht und Steuerwettlauf nach unten«, Konferenzdokumentation, Berlin, April 2005, S. 19–30.

GRÖSSLER, Manfred (Hrsg.) (2005): »Gefahr Gentechnik. Irrweg und Ausweg«, Concord Verlag, Mariahof.

GROUP DE TRAVAIL SUR LES NOUVELLES CONTRIBUTIONS FINANCIÈRES INTERNATIONALES (2004): »Rapport á Monsieur Jacques Chirac, Président de la République«, Englische Version, Paris, Dezember 2004.

HAUSKNOST, Daniel (2005): »Weg ist das Ziel. Zur Dekonstruktion der Ökologiebewegung«, LIT Verlag, Münster.
HINES, Colin (2000): »Localization. A Global Manifiesto«, Earthscan, London.
HUFFSCHMID, Jörg (2002): »Politische Ökonomie der Finanzmärkte«, VSA, Hamburg.
ILO (2004): »Eine faire Globalisierung. Chancen für alle schaffen«, Weltkommission für die Soziale Dimension der Globalisierung/ILO, 2004.
INKOTA (2004): »Entschuldung für die Armen? Fünf Jahre nach Köln – eine Bilanz der HIPC-Initiative«, INKOTA texte 2, Berlin.
IWF (2005): »The Managing Director's Report on the Fund's Medium-Term Strategy«, September 2005.
JARASS, Lorenz (2005): »Kapitalbesteuerung in Deutschland und in Europa – EU-Steuerharmonisierung«, in WEED: »Globalisierung und Steuergerechtigkeit. Schritte gegen Steuerflucht und Steuerwettlauf nach unten«, Konferenzdokumentation, Berlin, April 2005, S. 5–13.
JETIN, Bruno/DENYS, Lieven (2005): »Ready for Implementation. Technical and Legal Aspects of a Currency Transaction Tax and its Implementation in the EU«, WEED-Studie, 238 Seiten, Berlin, November 2005.
KIRCHLICHER HERAUSGEBERKREIS JAHRBUCH GERECHTIGKEIT (2005): »Armes reiches Deutschland. Jahrbuch Gerechtigkeit I«, Druck- und Verlagshaus, Frankfurt/Main.
KITZMÜLLER, Erich/BÜCHELE, Herwig (2005): »Das Geld als Zauberstab und die Macht der internationalen Finanzmärkte«, LIT Verlag, 2. Aufl., Münster.
KLIMENTA, Harald (2006): »Das Gesellschaftswunder. Wie wir Gewinner des Wandels werden«, Aufbau Verlag, Berlin.
KRAUS, Alfred (2005): »Weniger Arbeit – mehr Dividende. Dividendenpolitik der österreichischen Kapitalgesellschaften«, Studie der Kammer für Arbeiter und Angestellte für Wien, März 2005.
KÜBLBÖCK, Karin (1999): »Die Internationalen Finanzinstitutionen – Fall oder Falle für Reformen?«, in Kurswechsel 1/1999.
LIEBERT, Nicola (2004): »Globalisierung, Steuervermeidung und Steuersenkungswettlauf. Die zunehmende Umverteilung von unten nach oben«, WEED-Broschüre, 60 Seiten, Bonn.
LIPKE, Isabel (2003): »Derivate. Das unbekannte Wesen«, WEED-Arbeitspapier, 55 Seiten, Berlin.
MANDER, Jerry/GOLDSMITH, Edward (Hrsg.) (2002): »Schwarzbuch Globalisierung. Eine fatale Entwicklung mit vielen Verlierern und wenigen Gewinnern«, Riemann, 2. Aufl., München.
MIES, Maria (2001): »Globalisierung von unten. Der Kampf gegen die Herrschaft der Konzerne«, Rotbuch Verlag, Hamburg.
MONBIOT, George (2003): »United People. Manifest für eine neue Weltordnung«, Riemann. München.
OGGER, Günter (2001): »Der Börsenschwindel. Wie Aktionäre und Anleger für dumm verkauft werden«, C. Bertelsmann, München.

RAFFER, Kunibert (2005): »Reinforcing Divergence between North and South: Unequal Change and the WTO Famework«, in Journal für Entwicklungspolitik XXI/4, 2005, S. 6-24.

REDAK, Vanessa/WEBER, Beat (2000): »Börse«, Rotbuch Verlag, Hamburg.

REIMON, Michel/FELBER, Christian (2003): »Schwarzbuch Privatisierung. Wasser, Schulen, Krankenhäuser – Was opfern wir dem freien Markt?«, Ueberreuter, Wien.

ROSENBERGER, Sieglinde/TÁLOS, Emmerich (Hg.) (2003): »Sozialstaat. Probleme, Herausforderungen, Perspektiven«, Mandelbaum, Wien.

RÜMMELE, Martin (2005): »Kranke Geschäfte mit unserer Gesundheit. Symptome, Diagnosen und Nebenwirkungen der Gesundheitsreform«, Niederösterreichisches Pressehaus, St. Pölten–Linz–Wien.

SCHMIEDERER, Ernst/WEISS, Hans (2005): »Asoziale Marktwirtschaft. Insider aus Politik und Wirtschaft enthüllen, wie die Konzerne den Staat ausplündern«, Kiepenheuer & Witsch, Köln.

SCHRATZENSTALLER, Margit (2002): »Coordination of European Corporate Tax Systems – Current Discussion and an Alternative Reform Proposal«, mimeo, Göttingen.

SCHRATZENSTALLER, Margit (2004): »Aktuelle Entwicklungen der Unternehmensbesteuerung im europäischen Kontext«, in WSI-Mitteilungen 12/2004, S. 669–676.

SCHULMEISTER, Stephan (1996): »Zinssatz, Investitionsdynamik, Wachstumsrate und Staatsverschuldung«, WIFO-Studie im Auftrag des Bundesministeriums für Finanzen, Wien.

SCHULMEISTER, Stephan (2003): »Aktienkursdynamik und Realkapitalbildung in den USA und in Deutschland«, WIFO-Studie, Wien.

SHIVA, Vandana (2002): »Biopiraterie. Kolonialismus des 21. Jahrhunderts. Eine Einführung«, Unrast, Münster.

STADLER, Lisa/HOERING, Uwe (2003): »Das Wasser-Monopoly. Von einem Allgemeingut und seiner Privatisierung«, Rotpunktverlag, Zürich.

STIGLITZ, Joseph (2002): »Die Schatten der Globalisierung«, Siedler, Berlin.

STIGLITZ, Joseph (2004): »Die Roaring Nineties. Der entzauberte Boom«, Siedler, Berlin.

STOCKHAMMER, Engelbert (2005): »Shareholder value-orientation and the investment-profit puzzle«, Journal of Post Keynesian Economics 28, 2: 193–216.

TAX JUSTICE NETWORK (2005): »Tax Us if You Can. The True Story of a Global Failure«, Briefing Paper des Tax Justice Network, Broschüre, 70 Seiten, September 2005. Netz: www.taxjustice.net

UK FOOD GROUP (2003): »Food, Inc. Corporate Concentration from Farmer to Consumer«, Broschüre, 92 Seiten, London, November 2003.

ULRICH, Peter (2005): »Zivilisierte Marktwirtschaft. Eine wirtschaftsethische Orientierung«, Herder, Freiburg.

UNCTAD (2003): »Economic Development in Afrika. Trade Performance and Commodity Dependence«, New York/Genf.

UNCTAD (2004): »Economic Development in Africa. Debt Sustainability: Oasis or Mirage?«, New York/Genf.

UNCTAD (2005): »Developing countries in international Trade. Trade and Development Index«, New York/Genf.
UNDP (1997) und (2003): »Human Development Report«, New York.
UNDP (2005): »Human Development Report 2005«, summary, New York.
VER.DI (2003): »Mythos Demografie«, Broschüre, 28 Seiten, Berlin, Oktober 2003.
WAHL, Peter (2005): »Internationale Steuern. Globalisierung regulieren – Entwicklung finanzieren«, WEED-Broschüre, 56 Seiten, Berlin, Mai 2005.
WEED (2001): »Kapital braucht Kontrolle. Die internationalen Finanzmärkte: Funktionsweise – Hintergründe – Alternativen«, Broschüre, 3. überarbeitete und aktualisierte Auflage, 74 Seiten, Bonn.
WEED (2003): »Auslandsinvestitionen und Unternehmensverantwortung. Zwischen ökonomischer Liberalisierung und sozial-ökologischer Regulierung«, Broschüre, 51 Seiten, Bonn.
WEED (2004): »Schuldenreport 2004«, Broschüre, 88 Seiten, Berlin, Juli 2004.
WEIZSÄCKER, Ernst Ulrich von/LOVINS, Amory B./LOVINS, L. Hunter (1995): »Faktor vier. Doppelter Wohlstand – halbierter Naturverbrauch. Der neue Bericht an den Club of Rome«, Droemer Knaur, München.
WEIZSÄCKER, Ernst Ulrich von/YOUNG, Oran R./FINGER, Matthias (Hrsg.) (2005): »Limits to Privatization. How to Avoid Too Much of a Good Thing: A Report to the Club of Rome«, Earthscan, London.
WILLKE, Gerhard (2003): »Neoliberalismus«, Campus, Frankfurt.
WISSENSCHAFTLICHER BEIRAT VON ATTAC (2005): »ABC der Globalisierung. Von ›Alterssicherung‹ bis ›Zivilgesellschaft‹«, VSA, Hamburg.
WORLD RESOURCES INSTITUTE (2005): »Ecosystems and Human Well-Being. Synthesis. A Report of the Millennium Ecosystem Assessment«, Island Press, Washington.
WUPPERTAL-INSTITUT (2005): »Fair Future. Begrenzte Ressourcen und globale Gerechtigkeit«, C. H. Beck, München.
WWF/Global Footprint Network (2005): »Europe 2005. The Ecological Footprint«, Broschüre, 24 Seiten.
ZECHMEISTER, Ingrid/MEICHENITSCH, Josef (2004): »Analyse und Empfehlungen zur zukünftigen Finanzierbarkeit des Gesundheitswesens«, Studie im Auftrag der ›ARGE Öllinger‹/Grüner Klub im Nationalrat, Wien, Februar 2004.
ZELLER Christian (2004): »Die globale Enteignungsökonomie«, Westfälisches Dampfboot, Münster.
ZIEGLER, Jean (2005): »Das Imperium der Schande. Der Kampf gegen Armut und Unterdrückung«, C. Bertelsmann, 2. Aufl., München.

MEIN DANK GILT ...

- ... Agi und Lotti.
- ... der großen Pachamama, Heimstatt des Geistes, aus dem solches rinnt.
- ... für persönliche Treffen, Lektorat oder wertvolle Beratung: Peter Adelmann, Elmar Altvater, Christian Bellak, Nonno Breuss, Günther Chaloupek, Franz Gall, Jörg Huffschmid, Madayo Kahle Armbruster, Astrid Konrad, Karin Küblböck, Heinz Leitsmüller, Konrad Paul Liessmann, Bernhard Mark-Ungericht, Markus Marterbauer, Corinna Milborn, Moreau, David Mum, Christian Mücke, Martina Neuwirth, Leonhard Plank, Sybille Pirklbauer, Werner Raza, Stephan Schulmeister, Cornelia Staritz, Engelbert Stockhammer, Erik Türk, Beat Weber, Petra Ziegler, Thomas Zotter.
- ... der sehr professionellen *und* menschlichen Betreuung seitens des Verlages, voran Martina Schmidt, Lektorin Bettina Wörgötter und Katrin Wurch.
- ... und Attac, für den »Sauerstoff«, mit dem es nicht nur die Demokratie versorgt, sondern auch alle Herzen und Hirne, die Alternativen für eine andere Welt herbeisehnen, -denken und -streiten.